Bernd Brümmer

Guitar Solo Guide

Das Workbook zum eigenständigen & kreativen Solospiel

Wann spielen? Was spielen? Wie spielen?

EM 5275

GERIG

Impressum

Best.-Nr.: EM 5275
ISBN 978-3-87252-307-5

Covergestaltung: Susanne Thienel
Layout: Susanne Thienel / Thomas Petzold
Notensatz: Jo Janse van Leewe, NL-Weert
Griffdiagramme: Bruno Zimmermann
Lektorat & Redaktion: Thomas Petzold

Autorenkontakt: www.gitarrespielen.net
Verlagskontakt: www.gerig.de

Printed in Germany

10 9 8 7 6 5

Vorwort

Es gibt eine Menge Bücher zur E-Gitarre, doch ein zentrales Thema ist kaum aufgearbeitet: *Das Solospiel.* Zwar ist es kein Problem, Bücher zum Nachspielen von Licks und Riffs, zum Drill von Skalen und Technik oder Lehrgänge zur Harmonielehre zu finden. Aber die wesentlichen Fragen zum Solospiel wie z. B. *Wie finde ich Ideen? Wie kann ich die Ideen zu einem Solo ausbauen? Welche Aufgabe hat die Spieltechnik? Welchen Nutzen kann ich aus Tonleitern, Akkorden, aus der ganzen Theorie für ein Solo ziehen? Wie baue ich ein Solo auf? usw.* wurden bislang nur unzureichend beantwortet. Über die Gründe lässt sich spekulieren. Aber sicherlich hat es auch damit zu tun, dass das Solospiel äußerst komplex und vielschichtig ist und zudem eine der größten Herausforderungen für einen Musiker darstellt.

Aus dieser Situation entstand mein Entschluss, endlich ein grundlegendes Buch zum Solospiel zu schreiben. Das Ergebnis ist der vorliegende *„Guitar Solo Guide"*, der die wesentlichen Fragen zum Thema macht und umfassend Erklärungen, Anregungen und praktische Übungen zu den wichtigsten Aspekten liefert. *„Guitar Solo Guide"* ist in Methodik und Aufbau ein Workbook, bei dem es um das *Verstehen* <u>und</u> um das *Anwenden* geht.

Verstehen
Ich habe den „Guitar Solo Guide" klar und systematisch gegliedert, damit du dich in der umfangreichen Thematik *Solospiel* leicht zurecht findest. Ausführlich werden die verschiedenen Gesichtspunkte des Solospiels erklärt und durch Noten, Tabulaturen, Grafiken, Diagramme und die beiliegende **Audio-CD** veranschaulicht. Dabei musst du *nicht* in einer bestimmten Reihenfolge vorgehen. Der „Guitar Solo Guide" ist so aufgebaut, dass du bei jedem Thema einsteigen kannst, das dich interessiert.

Querverweise zu anderen Kapiteln machen Zusammenhänge deutlich. Eine weitere Hilfe ist das ***Lexikon*** am Ende des Buches, das einen direkten Zugriff auf die wichtigsten Stichworte ermöglicht. Im Lexikon berücksichtigte Begriffe sind durch ⇒ gekennzeichnet.

Anwenden
Besonders wichtig war mir, den „Guitar Solo Guide" durchgängig praxisorientiert zu gestalten. Jedes Thema wird an konkreten Beispielen verdeutlicht und durch Aufgaben und Übungen ergänzt. Insgesamt sind weit über 250 Aufgaben und Übungen zusammen gekommen. Darüber hinaus stehen auf der CD 16 JamTracks / Playbacks (live und „Midi-free" eingespielt) aus unterschiedlichen Stilrichtungen zum Üben bereit. So braucht man das Solospiel weder den Genies noch dem Zufall zu überlassen, sondern kann die Gestaltung eines Gitarrensolos eigenständig und kreativ selbst in die Hand nehmen.

01 - 16

Danken möchte ich allen, die zum Gelingen dieses Buches beigetragen haben. Mein besonderer Dank gilt Thomas Petzold (Gerig Verlag) und Ralf Werner (Papagayo Studio) für die gute Zusammenarbeit, Paul Braun (b) und Stefan Seegel (dr) für ihren großartigen Job bei den CD-Playbacks, meinen Schülern für ihr beständiges Fordern und Fragen, und vor allem meiner Familie, deren Unterstützung dieses Buch überhaupt erst möglich gemacht hat.

Jetzt viel Spaß und Erfolg mit dem „Guitar Solo Guide"!

Bernd Brümmer

Inhalt

Vorwort . . . 3
CD-Übersicht . . . 6
Abkürzungen und Bezeichnungen . . . 8
Intro . . . 9

I. Wann spielen? . . . 11
Spielen und Pausieren . . . 12
Phrasen und Pausen . . . 12
Länge und Verteilung von Phrasen und Pausen . . . 12
Die Dichte einer Phrase . . . 17
Timing . . . 19
Das Tempo . . . 19
Der Beat . . . 19
Zählen . . . 21
Rhythmus-Grundbausteine . . . 23

II. Was spielen? . . . 27
Quellen für Deine Ideen . . . 28
Solo . . . 28
Melodie . . . 29
Singen . . . 30
Rhythmus . . . 30
Akkorde, Tonleitern . . . 31
Spieltechniken und Spielweisen . . . 32
Stimmung . . . 32
Das Tonmaterial . . . 33
Orientierung auf dem Griffbrett . . . 33
Absolute Position: Die Töne . . . 33
Relative Position: Die Intervalle . . . 35
Tonleitern . . . 41
Die Intervallstruktur einer Tonleiter . . . 42
Modes . . . 43
Etablieren einer Tonalität . . . 44
Blues-Tonleitern . . . 44
Akkorde . . . 44
Akkorde und Akkordsymbole . . . 45
Voicing . . . 46
Arpeggios . . . 47
Wesentliche Akkordtöne . . . 52
Akkordfolgen und Tonleitern . . . 59
Leitereigene Akkorde und Stufenakkorde . . . 59
Standard-Akkordfolgen . . . 62
Modale Akkordfolgen . . . 64
Weitere Akkordfolgen . . . 66
Der harmonische Rhythmus . . . 72
Inside/Outside . . . 73
Zusammenfassung: Die Tonauswahl . . . 76
Motive variieren und weiterführen . . . 77
Motive . . . 77
Motive verschieben . . . 78
Metrisches Verschieben . . . 78
Melodisches Verschieben (Transponieren) . . . 79
Rhythmische Veränderungen . . . 81

Verändern des Notenwerts und der rhythmischen Position . . . 81
Abweichen von Metrum und Beat . . . 82
Melodische Veränderungen . . . 85
Weglassen und Hinzufügen von Tönen . . . 85
Verändern der Tonhöhe . . . 90
Variation durch Spieltechniken und Spielweisen . . . 91
Motive verkürzen und erweitern . . . 92
Sequenzieren . . . 96
Sequenzen mit Arpeggios . . . 96
Sequenzen mit Tonleitern . . . 102
Sequenzen mit Griffbrett-Mustern . . . 107

III. Wie spielen? . . . 109
Spieltechniken und Spielweisen . . . 110
Anschlagen . . . 110
Anschlagen mit dem Plektrum . . . 110
Saiten dämpfen . . . 129
Dynamik . . . 132
Die Bedeutung der Dynamik . . . 132
Dynamisches Spielen auf der Gitarre . . . 132
Akzentuierung . . . 136
Vibrato . . . 139
Vibrato mit der Greifhand . . . 139
Vibrato mit dem Whammybar . . . 141
Artikulation . . . 142
Tenuto und staccato . . . 142
Let ring . . . 143
Legatotechniken . . . 144
Übersicht . . . 144
Hammer-On . . . 145
Pull-Off . . . 151
Hammer-On/Pull-Off Kombinationen . . . 155
Tapping . . . 159
Slide . . . 162
Bend . . . 163
Whammybar . . . 168
Aufbau und Dramaturgie eines Solos . . . 170
Vorgaben für das Solo . . . 170
Gliederung des Solos . . . 170
Wiederholung als Prinzip . . . 172

Anhang . . . 173
Lösungen zu den Aufgaben . . . 174
Die Stammtöne auf dem Griffbrett . . . 184
Die Intervallbezeichnungen . . . 185
Der Quintenzirkel der Dur-Tonarten . . . 186
Die Dur-Tonarten und ihre Stufenakkorde (Übersicht) . . . 186
Fingersätze für Tonleitern . . . 187
CD-Empfehlungen . . . 191
Stichwort-Lexikon . . . 194
Kopiervorlagen . . . 199

CD-Übersicht

Playbacks

Track #	Seite	Titel	Akkordfolge	Tempo
01	17, 44	**Rodeo Drive**	II: A I ⁒ I D I ⁒ I A I ⁒ I E I ⁒ I A I ⁒ I D I ⁒ I E I ⁒ I D C I A :II	𝅗𝅥 = 90
02	17, 65	**Bad Or Better**	I Em I ⁒ I ⁒ I ⁒ I II: Em7 I Em11 I Em7 I Em9 I Em7 I Em11 I Em7 I D :II	♩ = 152
03	17	**Cruisin'**	II: Fmaj7 I Dm7 I Bbmaj7 I Gm7/(11) :II	♩ = 80
04	50, 59	**2Cool4U**	II: Am C°7 I Bm7 Bb7 :II	♩ = 88
05	44, 50, 67	**Strike Two**	II: G7 I ⁒ I ⁒ I ⁒ I C7 I ⁒ I G7 I ⁒ I D7 I C7 I G7 I ⁒ :II	♩ = 150
06	55, 57	**Bossa**	II: Em7 I A7 I Dmaj7 I F#m7 Fm7 :II	♩ = 142
07	44, 56, 57	**Rock it!**	II: C I G/B I Am I F :II	♩ = 160
08	65	**Atmosphere**	II: Gmaj7 I Gmaj7 A F#m7 I Gmaj7 I Gmaj7 F#m7 A I Gmaj7 I Gmaj7 A F#m7 I Gmaj7 I Em7 F#m7 G A :II	♩ = 90
09	65	**Straight Away**	II: Dm I Bb I F I F I Dm I Bb I C I Csus4:II	♩ = 132
10	66	**The Bottom Line**	II: A I ⁒ I G/A I ⁒ I D/A I ⁒ I A I ⁒ :II und Variationen	♩ = 126
11	66	**Now And Then**	II: E I ⁒ I C#m I ⁒ I B I ⁒ I A I ⁒ :II	♩ = 134
12	67	**Hit The Road**	II: D D/F# I G G/A I D D/F# I G G/A I Bm Bm/A I Bm/G G/C I A I A D/A D/A A :II	♩ = 108
13	44, 58, 68	**Take It Or Leave It**	II: A I F#m I D I Dm :II	♩ = 60
14	44, 70	**Heaven of 7**	II: Cm7 Am7/b5 I Dm7/b5 G7/#5 I Cm7 I C7/#9 C7/b9 I Fm7 Fm9 I Fm7 Bb11 I Ebmaj7 Ebmaj9 I Ebm7 Ab13 I Dm7/b5 I G7/#5 G7 I Cm7 Am7/b5 I Dm7/b5 G7/#5 :II	♩ = 60
15	65, 74, 75	**What's Up?**	II: Am7 I Dm7 I Am7 I Dm7 :II	♩ = 120
16	65, 75	**Dorian Groove**	II: Bbm11 I Bbm6/9 :II	♩ = 100

Beispiele (Fragmente)

Track #	**Seite**	**Kapitel/Abschnitt**	**Inhalt**
17 18 19 20	13 14 14 14	Länge und Verteilung von Phrasen und Pausen	Beispiel (2) Beispiel (3) Beispiel (4) a Beispiel (4) b
21	17	Die rhythmische Dichte einer Phrase	3 Beispiele
22	20	Der Beat	Aufgabe 7a
23	25	Rhythmus-Grundbausteine	Aufgabe 2, Demonstration a) straighte Achtel b) swingende Achtel
24 25	50 50	Arpeggios	Arpeggio-Linie Arpeggio-Variationen
26 27	55 56	Wesentliche Akkordtöne als Fixpunkte der Melodie	Beispiele 1 a - c Beispiele 2 a - c
28	74	Inside/Outside: Verlassen der Tonalität	Beispiele 1 - 3

29	78	Metrische Verschiebung	Beispiel a, b
30	79	Melodische Verschiebung (Transposition)	Beispiel a, b
31	81	Verändern des Notenwerts und der rhythmischen Position	Beispiel 1, 2
32 33	84 84	Off-Beat-Variation	Beispiel Ausgangsmotiv + (1) Vorgezogene Töne a, b Beispiel Ausgangsmotiv + (2) Nachgezogene Töne a, b
34 35	87 88	Chromatische Verzierung	Beispiel 1 Ausgangsmotiv, chrom. Verzierung Beispiel 2 Ausgangsmotiv, chrom. Verzierung
36	88	Verzierung durch Vorschlagnoten	Beispiel a, b (mit / ohne)
37	91	Variation durch Spieltechniken und Spielweisen	Ausgangsmotiv + Beispiele 1a/b, 2a/b, 3a/b
38	93	Motive erweitern	Beispiele 1, 2, 3
39 40	94 94	Motive variieren, verkürzen und erweitern	Beispiel 1 Beispiel 2
41	125	Der Anschlagwinkel	Aufgaben: Beispiel
42	126	Die Position des Anschlags	Aufgabe/Übung
43 44	127 128	Sweeping	Beispiel: Arpeggio-Lick mit und ohne Sweeping Aufgaben: Sweeping-Lick
45 46	 131	Saiten dämpfen	Beispiele 1, 2 Beispiel: Rake
47	136	Anschwellen von Tönen mit dem Volumeregler/-pedal	Aufgabe a, b
48 49	135 138	Akzentuierung	Beispiele 1a b c, 2a b Aufgabe 3 a - c (Akzentverschiebung)
50	139	Vibrato	Beispiele a, b (jeweils ohne und mit Vibrato)
51	141	Vibrato mit dem Whammy Bar	Aufgaben: Licks 1, 2
52	142	Artikulation: Tenuto und staccato	Beispiel in 1. tenuto und 2. staccato
53 54	143, 144 144	Let ring	Aufgaben: Lick 1, 2 Aufgaben: Lick 3
55	145	Legatotechniken	Übersicht: Beispiel 2
56	158	Hammer On / Pull Off-Kombinationen	Aufgabe 4: Licks a - c
57 58	160 161	Tapping	Aufgabe 3 Aufgabe 4
59 60	163 163	Slide	Aufgabe 3: Beispiel 2 Aufgabe 4: Lick
61 62 63 64	166 167 167 167	Bend	Aufgabe 5: Pre-Bend & Release Aufgabe 6: Mikrobending Aufgabe 7: Bend & Vibrato Aufgabe 8: Harmony Bending Lick 1, 2
65	168	Whammy-Bar Bend	Aufgaben 1 - 3

Abkürzungen und Bezeichnungen

	Downstroke
V	Upstroke
	staccato (verkürzter Notenwert)
	tenuto (ausgehaltener Notenwert)
	Akzent
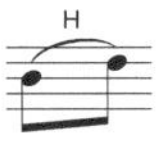	Hammer-On
	Pull-Off
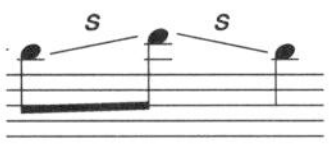	Slide aufwärts / abwärts
	Hammer-On, Pull-Off, Slide mit der Anschlaghand („Tapping“)
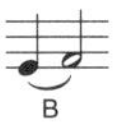	Bend
	Mikrobending um 1/4 Ton
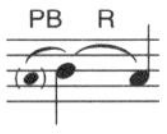	Pre-Bend (Silent Bend), Release
WB	Whammy Bar (Vibrato-/Tremolohebel)
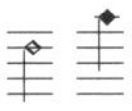	Flageolet (harmonics)
	Vibrato
tr ~	Triller
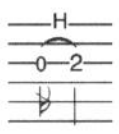	Vorschlagnote
%	Faulenzer - wie vorheriger Takt
let ring	Töne so lange wie möglich klingen lassen
mute	Abdämpfen der Saite(n)
palm mute	Abdämpfen mit dem Handballen
throughout	durchgängig
8va	eine Oktave höher spielen als notiert

Hinweis zur Notation

In diesem Buch werden die international gebräuchlichen Notennamen (a, b, c, d, e, f, g) verwendet: „**b**“ entspricht dem deutschen „**h**“, „**b♭**“ dem deutschen „**b**“.

Intro

„Wie fange ich das ⇒ Solo an?" - „Was soll ich in diesem Solo spielen?" - „Alles, was ich spiele, klingt gleich." - „Wie macht das der Gitarrist XY? Ich möchte das genauso können wie er." - „Ich kann alle möglichen Griffbilder rauf- und runterspielen; meine Solos klingen zwar harmonisch richtig, sagen aber nichts aus." - „Was muss ich alles können um ein Solo zu spielen?" - „Was ist ein gutes Solo?" - „Wie erreiche ich das Publikum?" - „Irgendwie komme ich nicht weiter; ich spiele noch immer die gleichen Sachen wie vor Jahren" usw.

Solche Aussagen und Fragen werden dir nicht unbekannt sein. Nach weitverbreiteter Methode könnte ich dir nun eine Mixtur aus Tonleitern, Theorien und Techniken vorsetzen, die du dir erst einmal „unbedingt draufschaffen" musst. Doch wäre dir damit wirklich geholfen? Selbstverständlich sind Spieltechniken und musikalisches Wissen nicht verkehrt, aber sie können überflüssig, wenn nicht sogar hinderlich sein. Mir schwebt dabei folgendes Bild vor:
Ein Koch hat alle Zutaten und Gewürze der Welt zur Verfügung; er erliegt den vielen Möglichkeiten, fügt mehr als nötig hinzu und ruiniert so das Gericht. Weniger ist mehr! Auch mit wenigem handwerklichen Können und wenigen theoretischen Kenntnissen lässt sich eindrucksvoll Musik machen.

In diesem Buch geht es also nicht um eine Anhäufung von Spieltechniken und Wissen. Du musst weder deine Zeit noch Energie vergeuden, z.B. mit dem Drill von Skalen und Fingersätzen, mit dem Einüben einzelner Licks oder technischer Spielereien, die du vielleicht gar nicht brauchst. Sondern in diesem Buch geht es darum, zu entdecken, zu verstehen und zu lernen, mit der Gitarre etwas auszudrücken und damit die Zuhörer zu erreichen. Es soll dich anregen und unterstützen, die Fertigkeiten und Fähigkeiten auszubilden, die du wirklich benötigst, um deine musikalischen Ideen eigenständig und kreativ umzusetzen.

Für wen ist das Buch geeignet?

„Guitar Solo Guide" richtet sich an Gitarristen, die bereits einige Zeit spielen und kann sowohl im Selbststudium als auch im Unterricht verwendet werden. Ich setze nicht allzuviel voraus: Ein paar Erfahrungen im Umgang mit Akkorden, Fingersätzen, Tonleitern, ein paar musikalische Grundkenntnisse sind ausreichend. Denn fast alle Dinge, die vorkommen, werden erklärt – sei es im fortlaufenden Text oder in Kurzform nochmals im 194 ***Lexikon*** (Kennzeichnung: ⇒). Die Themen sind stilübergreifend angelegt und betreffen Rock, Pop, Jazz, Blues gleichermaßen. Hast du bereits praktische Erfahrungen mit dem Solospiel (z.B. in einer Band, durch Jam-Sessions oder Aufnahmen), ist das von Vorteil, aber keine Voraussetzung für die Arbeit mit diesem Buch. Beispiele und Übungen nehmen einen breiten Raum ein. Am wichtigsten aber ist deine Motivation, Solospielen lernen zu wollen. Denn Soloing ist keine Sache, die sich in drei Monaten abhaken läßt. Ein guter Solist zu werden, braucht Zeit, Übung und Geduld.

Zur Arbeit mit diesem Buch

Du musst das Buch nicht von vorne bis hinten durcharbeiten! „Guitar Solo Guide" ist so aufgebaut, dass du das Thema herausgreifen kannst, das dich besonders interessiert und das dir bei einer Frage/einem Problem weiterhilft. Schlage einfach im betreffenden Kapitel nach. Das Buch gliedert sich nach den drei grundlegenden Fragen, die man an ein Solo stellen kann.

Teil I: *„Wann spielen?"* Hier geht es um die zeitbezogenen Fragen eines Solos wie z.B. Phrasierung, Timing, Tempo, Rhythmus.

Teil II: *„Was spielen?"* Hier wird der Inhalt eines Solos aus verschiedenen Blickwinkeln beleuchtet. Es geht u.a. um Ideen, Motive, Tonmaterial, Weiterführen von Ideen, Variationen.

Teil III: *„Wie spielen?"* Hier werden Fragen nach Spieltechniken, Sound sowie nach Aufbau und Dramaturgie eines Solos behandelt.

Anhang: Hier finden sich Lösungen zu den Aufgaben, weitere Übersichten und Griffbilder/Fingersätze, CD-Empfehlungen, Kopiervorlagen (Notenlinien/Tabulatur, Griffdiagramme) sowie ein Lexikon.

Beschäftige dich mit dem gewählten Thema über einen längeren Zeitraum (z.B. ein paar Monate). Nimm dir genügend Zeit für die Aufgaben/Übungen und arbeite mit den Playbacks auf der CD (Track 01-16). Denn Solospiel lernt man, indem man es tut. Sei offen für die kleinen, aber entscheidenden Entdeckungen. Gerade auf die Nuancen und Details kommt es an. Achte auf die unterschiedlichen Wirkungen, die sich je nach Situation erzielen lassen; finde weitere Varianten; erfinde eigene Übungen usw. Vor allem, schaffe dir kein totes Kapital an, sondern setze das, was du gelernt hast, in deinen Solos ein!

I.

Wann spielen?

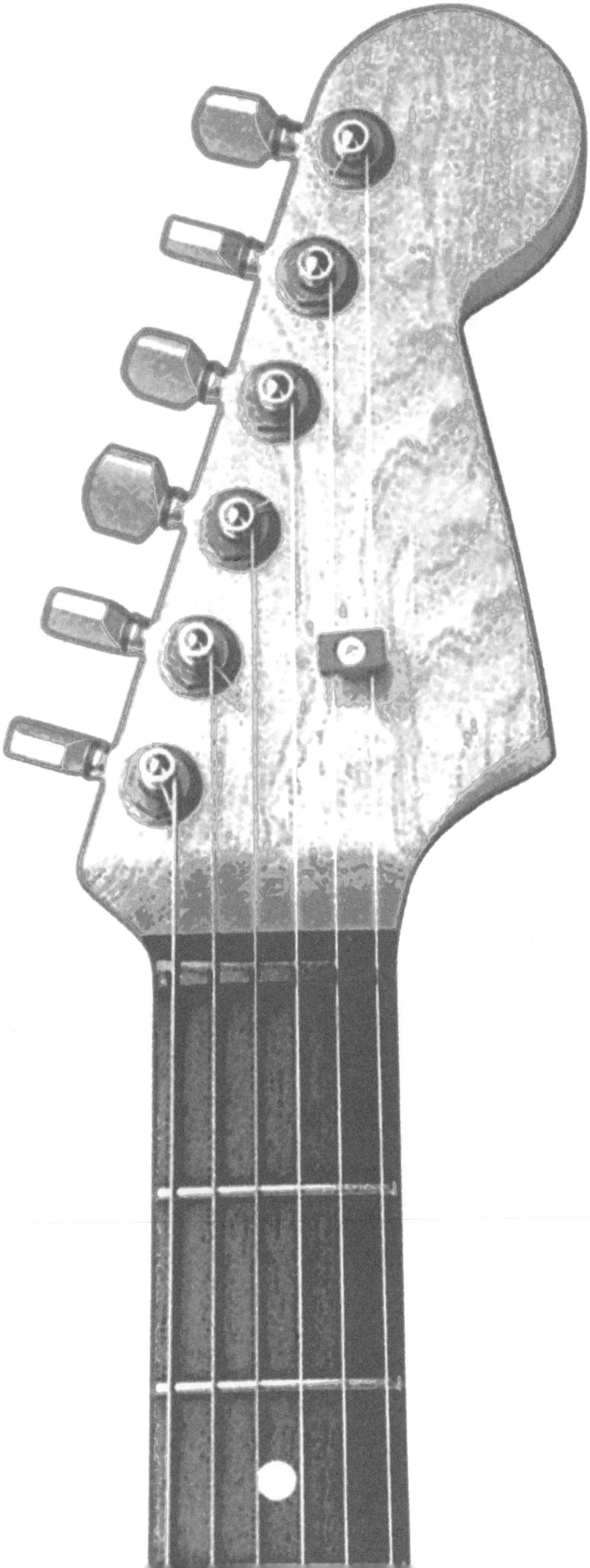

Zeiteinteilung ist für Musik von grundlegender Bedeutung. In diesem Teil des Buches geht es um die zeitgebundenen Aspekte des Solospiels, um Spielen und Pausieren, um Rhythmus, Tempo, Timing.

Spielen und Pausieren

Phrasen und Pausen

Ein Solo lässt sich mit einer Rede vergleichen. Stelle dir also einen Redner vor, der ohne merklich Luft zu holen, ohne Pausen zu machen, in einer Tour spricht, dessen Worte nur so aus ihm heraussprudeln, wobei der Redefluss über dich hinwegströmt und du keine Gelegenheit erhältst, über das gerade Gesagte nachzudenken, weil schon die nächste Aussage kommt, so dass du der Rede nach kurzer Zeit nicht mehr folgen kannst und deine Ohren zuklappen und du nur noch darauf wartest, dass der Redner endlich zu einem Ende findet.

Ein guter Redner fasst seine Gedanken in Sätze, die er durch Pausen voneinander trennt. Er fügt nach einem Satz eine kurze, nach einem Abschnitt eine längere Pause ein. Dadurch gliedert er seine Rede und die Zuhörer können folgen. Er wird auch gezielt größere und kleinere Pausen dazu benutzen, um das Interesse zu lenken, um die Bedeutung einer Aussage zu unterstreichen, um die Aufmerksamkeit zu wecken oder um die Spannung zu erhöhen.

In der Musik verwenden wir viel Zeit und Mühe darauf, Töne und Klänge zu produzieren. Allzuleicht vergessen wir dabei, dass Spielen und Pausieren zusammen gehören und sich gegenseitig bedingen. Das Ziel ist - wie bei einer Rede - ein effektives Verhältnis zwischen Klang und Ruhe herzustellen. Wie ein Satz Gedanken in Form bringt, werden unsere musikalischen Ideen durch 77 Phrasen in eine Form gebracht. Der Inhalt einer Phrase beruht auf den musikalischen ***Ideen*** bzw. ***Motiven***.

Eine *Phrase* besitzt einen Anfang und ein Ende. Eine *Pause* grenzt eine Phrase von der nachfolgenden ab. Pausieren verleiht der Phrase Gewicht. Der Zuhörer bekommt Zeit, die Inhalte richtig wahrzunehmen und zu hören. Du als Solist kannst unterdessen die nächsten Schritte entwerfen. Das innerliche Nachklingen des gerade Gespielten hilft dabei. Die Pause ermöglicht zudem, den Verlauf und die Dramaturgie des Solos mit Überblick zu steuern. Pausieren verbessert nicht nur die Kommunikation zwischen dir als Solisten und dem Publikum, sondern auch mit der Band. Wenn die Mitspieler deinem Solo folgen können, können sie es auch richtig unterstützen. Weiterhin soll deutlich hörbar werden, dass die Tonfolge zusammengehört. Das kann dadurch erreicht werden, dass die Phrase als Bogen aufgefasst und in einem Atemzug gespielt wird – unterstützt durch Artikulation, Dynamik und Tongebung.

Länge und Verteilung von Phrasen und Pausen

Die Länge einer Phrase oder einer Pause kann einen Beat oder auch etliche Takte betragen. Es verhält sich wie beim Sprechen: Sätze/Phrasen und Pausen sind meist von Natur aus unterschiedlich lang, was einen bestimmten, natürlichen Rhythmus in die Sprech- bzw. Spielaktivität bringt. Eine Folge von gleich langen Phrasen in einem Solo kann zeitweise seinen musikalischen Sinn haben und interessant sein (z. B. Steigerung durch Wiederholung). Auf Dauer wirkt das für den Zuhörer aber uninteressant und langweilig, weil vorhersehbar. Die Länge und die Verteilung von Phrasen und Pausen sollte also im Soloverlauf variieren.
In den folgenden Aufgaben und Übungen lernst du Schritt für Schritt, mit Spiel- und Pausenanteilen umzugehen und ein Gefühl dafür zu entwickeln. Vielleicht wirst du das Pausieren am Anfang als übertrieben und die Pausen als zu lang empfinden, weil du gewohnt bist oder meinst, dass in einem Solo viel und dauernd gespielt werden muss. Mit der Zeit wirst du aber merken, dass Pausieren so natürlich ist wie das Atmen und eines der wirkungsvollsten Elemente des Soloing darstellt.

Übungsanleitung

Spiele jede Teilaufgabe mindestens 2 Minuten lang!

Konzentriere dich ausschließlich auf die Wirkung von Spielen und Pausieren. Dazu ist es sinnvoll,
a) das Tonmaterial und
b) den Rhythmus möglichst überschaubar zu halten:

a) Tonmaterial - Beschränke dich zunächst auf wenige Töne. Später kannst du das Tonmaterial erweitern, Arpeggios und Tonleitern verwenden. Aber nur dann, wenn es dich nicht vom eigentlichen Ziel der Übungen ablenkt. Halte dich dabei an die folgende Reihenfolge:
1. *Begrenze das Tonmaterial zunächst auf* ***drei Töne****!*
2. *Begrenze das Tonmaterial auf* ***fünf Töne****!*
3. *Verwende ein* ***Arpeggio****!*
4. *Verwende eine* ***Tonleiter****!* 47 41

b) Rhythmus - Setze durchgängig ein ⇒ *Metronom* ein! Wähle zu Beginn stets ein langsames Tempo (z. B. 60 bpm) und spiele einfache Notenwerte (Ganze, Halbe, Viertel). Steigere erst dann den Schwierigkeitsgrad durch ein höheres Tempo und/oder andere Notenwerte (Achtel/Sechzehntel, punktierte Noten, Triolen), wenn du die Spiel- und Pausenteile im Griff hast.

Beispiele für 1 Takt spielen - 1 Takt pausieren

1 Begrenze das Tonmaterial zunächst auf 3 Töne!

1a Notenwerte: Tonmaterial: a, c, d

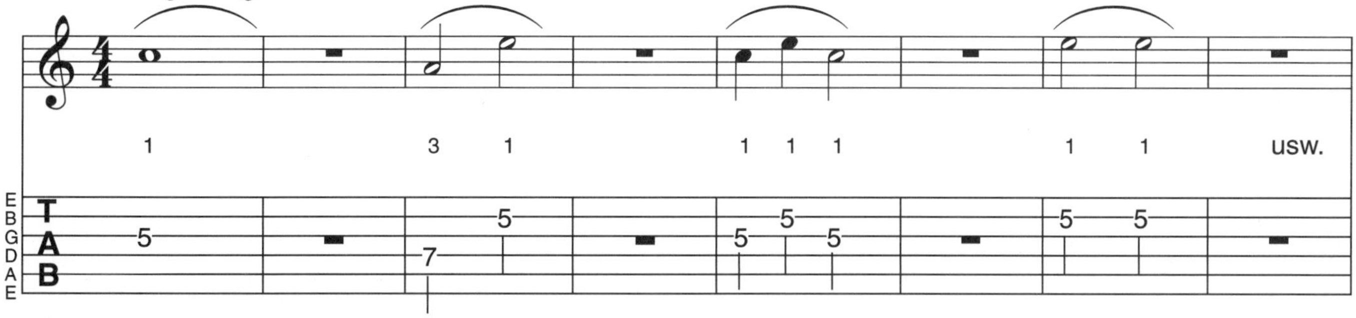

1b Notenwerte: Tonmaterial: e, g, a

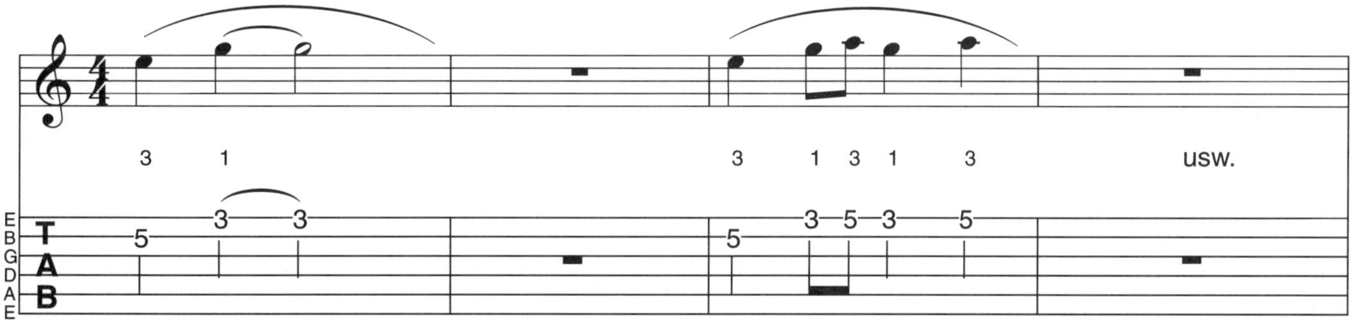

1c Notenwerte: Tonmaterial: e, g, a

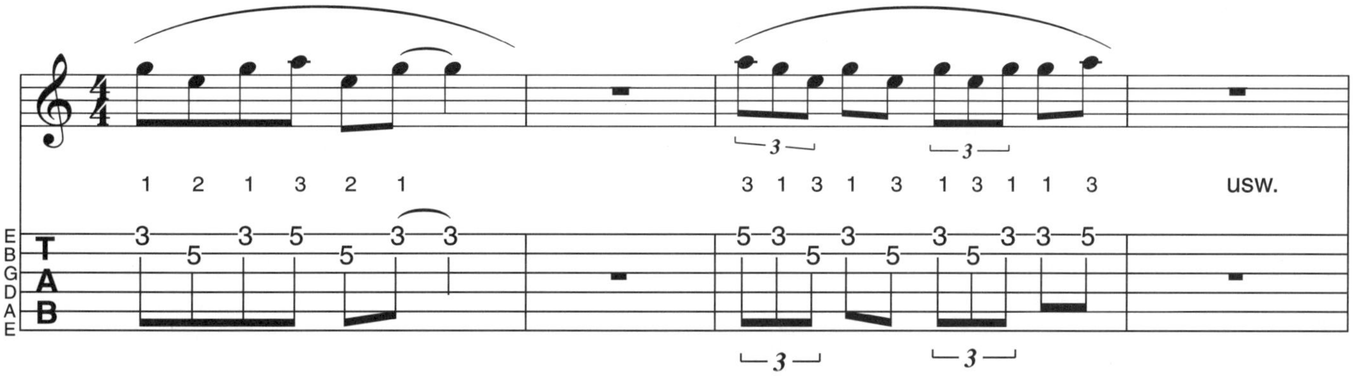

2 Verwende 5 Töne!

Notenwerte: gemischt Tonmaterial: c, d, e, g, a

17

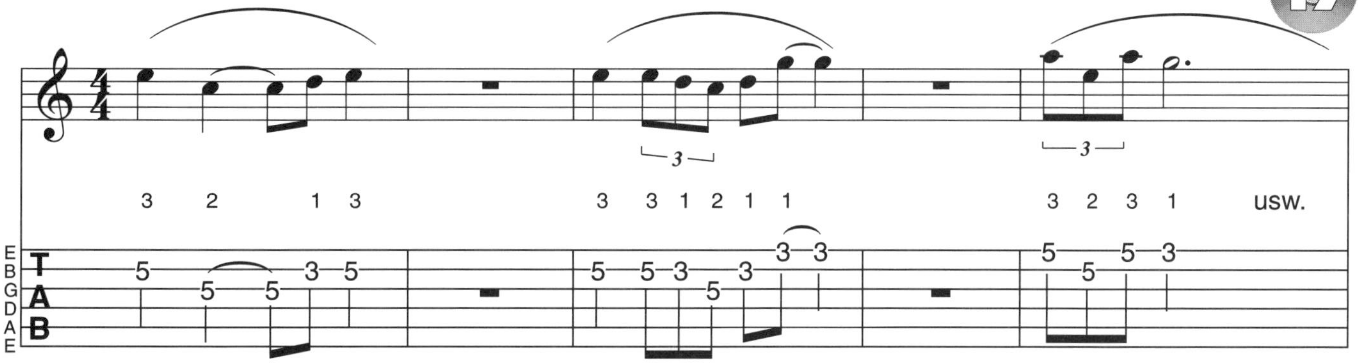

3 *Verwende ein Arpeggio!*

47 *Das Tonmaterial: Arpeggios.*

Notenwerte: ♪ 𝅘𝅥𝅯

Tonmaterial: C7-Arpeggio

18

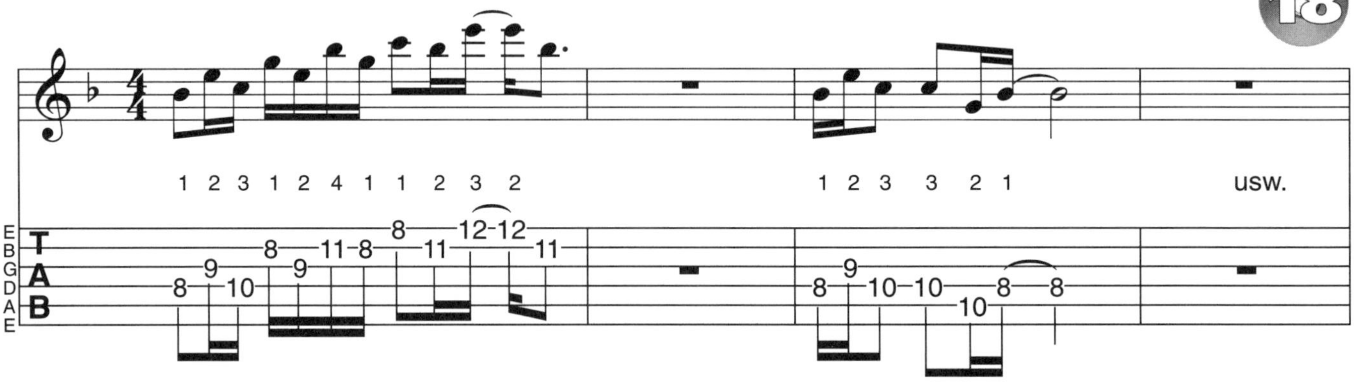

4 *Verwende eine Tonleiter!*

41 *Das Tonmaterial: Tonleitern* 187 *Anhang: Fingersätze*

4a

Notenwerte: ♩ ♪

Tonmaterial: C-Dur-Pentatonik

19

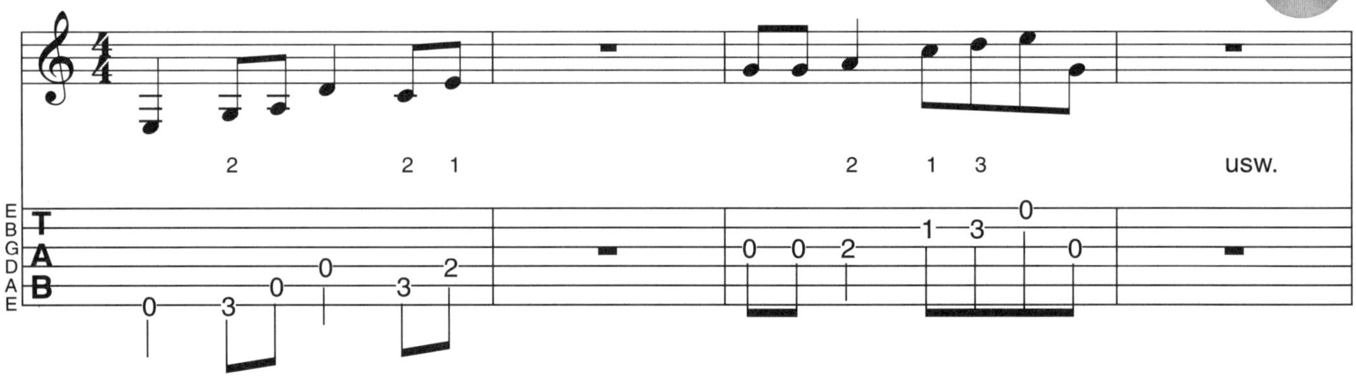

4b

Notenwerte: ♩ ♪ 𝅘𝅥𝅯

Tonmaterial: D-Dorisch

20

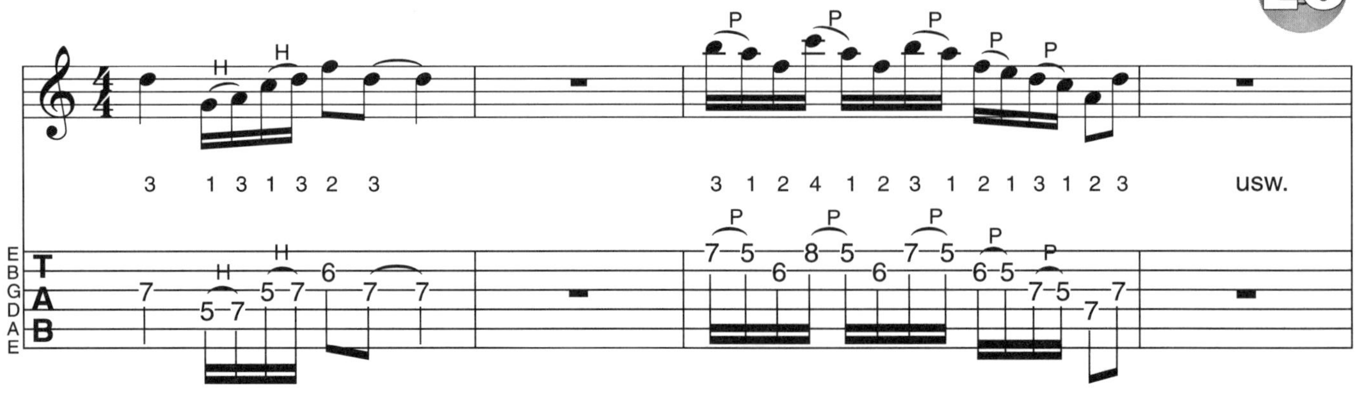

Aufgaben und Übungen

I. Taktweise gleichmäßig

Hier dienen die Takte als Einteilung von Spielen und Pausieren. Die Spiel- und die Pausenanteile sind jeweils gleichlang (12-14 Übungsanleitung und Beispiele).

I. Taktweise gleichmäßig	Takte spielen	Takte pausieren
a)	1	1
b)	2	2
c)	3	3
d)	4	4

Beispiel für Aufgabe I a) 1 Takt spielen, 1 Takt pausieren

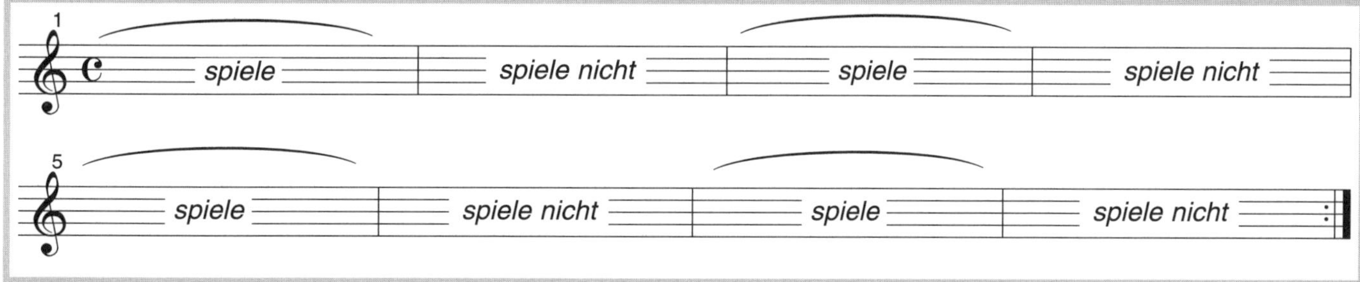

II. Taktweise ungleichmäßig

Wiederum dienen die Takte als Einteilung von Spielen und Pausieren. Die Spiel- und die Pausenanteile sind aber unterschiedlich lang (12-14 Übungsanleitung und Beispiele). .

II. Taktweise ungleichmäßig	Takte spielen	Takte pausieren
a)	1	2
b)	2	1
c)	2	3
d)	2	4
e)	3	1
f)	3	2
g)	3	4
h)	4	1
i)	4	2
j)	4	3

Beispiel für Aufgabe II a) 1 Takt spielen, 2 Takte pausieren

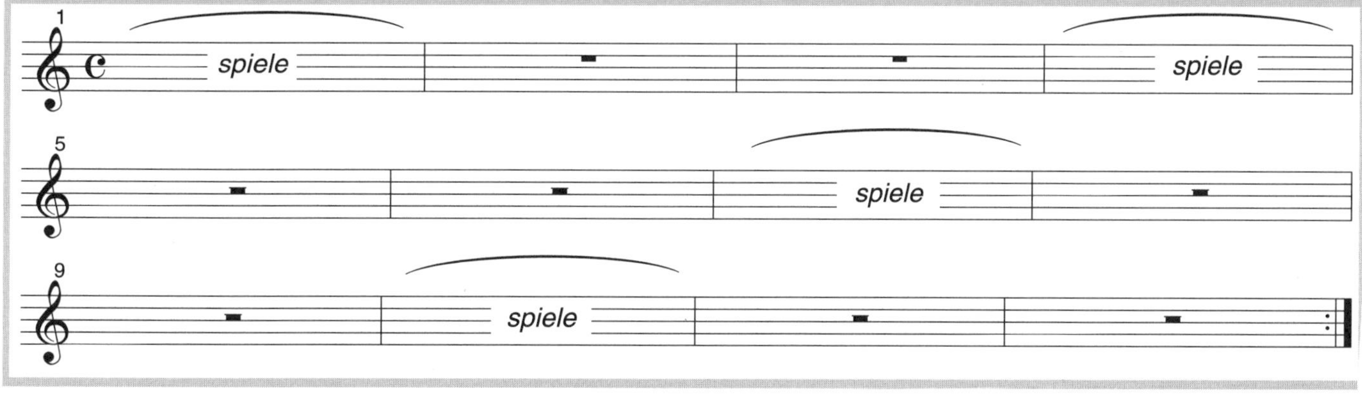

III. Taktteile

Als Einteilungsraster wählen wir hier eine Unterteilung des Taktes in halbe Takte. Die Spiel- und Pausenanteile können gleich oder verschieden lang sein (12-14 Übungsanleitung und Beispiele).

III. Taktteile	Takte spielen	Takte pausieren
a)	1/2	1/2
b)	1/2	1 1/2
c)	1 1/2	1/2
d)	1 1/2	1 1/2
e)	1 1/2	1/2
f)	2 1/2	1 1/2
g)	2 1/2	2 1/2
usw.		

Beispiel für Aufgabe III c) 1 1/2 Takte spielen; 1/2 Takt pausieren

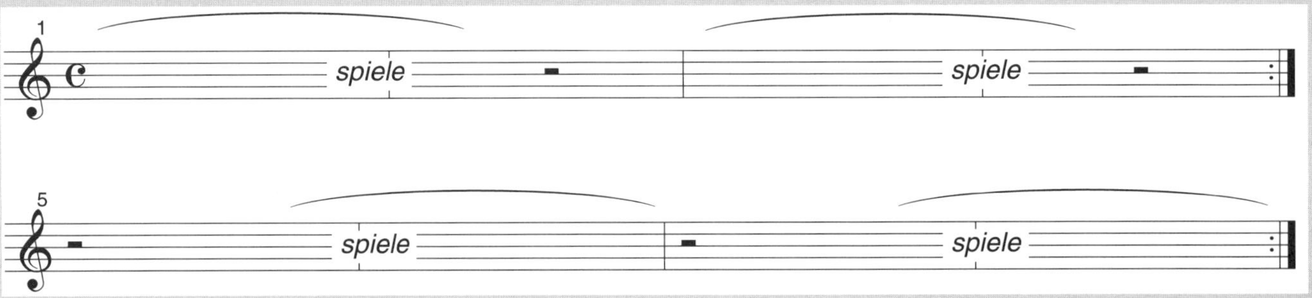

IV. Unregelmäßige Spiel- und Pausenanteile

Spiel- und Pausenanteile sind unregelmäßig, d. h. Beginn und Länge sind jeweils ohne feste Regeln gewählt (12-14 Übungsanleitung und Beispiele).

a) Spiele und pausiere wie abgebildet.

Beispiel: Unregelmäßige Spiel- und Pausenanteile

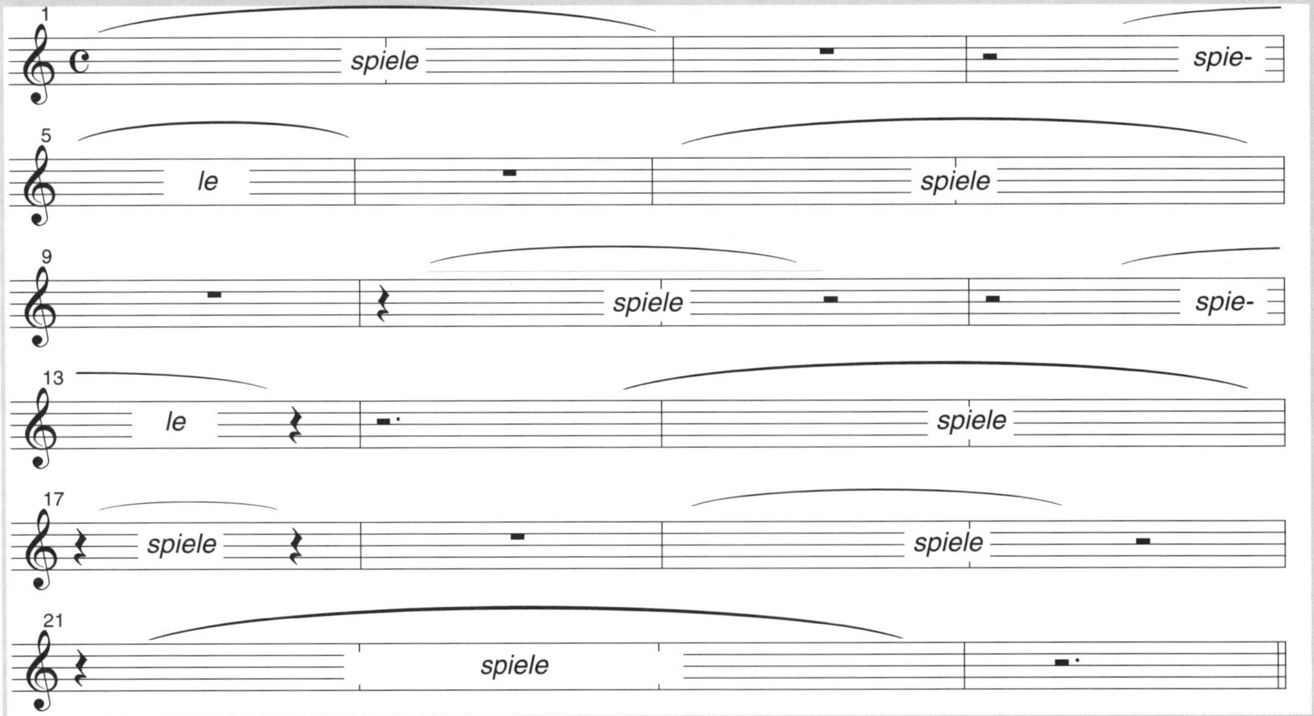

b) Erfinde und notiere selbst drei Übungen (Umfang 16, 24 und 32 Takte) mit unregelmäßigen Spiel- und Pausenanteilen. Spiele diese Übungen.

V. Spielen und Pausieren über eine Akkordfolge

Teile zuerst die Akkordfolge in Spiel- und Pausenanteile ein. Wähle dazu aus jedem der Übungsabschnitte I - IV eine Aufteilung aus und wende sie auf die Akkordfolge an (Zum Überblick: I. taktweise gleichmäßig, II. taktweise ungleichmäßig, III. Taktteile, IV. unregelmäßige Spiel- und Pausenanteile).

33 Informationen zu ***Arpeggios*** und ***Tonleitern*** findest du im Kapitel ***„Das Tonmaterial"***.

1 mit Playback 01

01

ll: A l % l D l % l A l % l E l % l A l % l D l % l E l % l D C l A :ll

a) Verwende die den Akkorden entsprechenden Arpeggios.
b) Verwende die A-Dur-Pentatonik.
c) Verwende die A-Moll-Pentatonik.
d) Verwende eine Bluestonleiter.

2 mit Playback 02

02

l Em l % l % l % l
ll: Em7 l Em11 l Em7 l Em9 l Em7 l Em11 l Em7 l D :ll

a) Verwende die E-Moll-Pentatonik
b) Verwende E-Dorisch
c) Verwende E-Äolisch

3 mit Playback 03

03

ll: Fmaj7 l Dm7 l Bbmaj7 l Gm7 (11) :ll

a) Verwende die F-Dur-Pentatonik.
b) Verwende die F-Dur-Tonleiter.

Die Dichte einer Phrase

Wieviele Töne eine Phrase enthält, bezeichnet man als deren Dichte bzw. genauer als deren *rhythmische Dichte* (denn die Anzahl der Töne beeinflusst zugleich den Rhythmus). Eine Phrase mit geringer rhythmischer Dichte verwendet wenige Noten mit langen Notenwerten, je nach Tempo z. B. Ganze, Halbe, Halbetriolen, Viertel, Vierteltriolen. Das kann relaxed, spannend, aber auch inaktiv und simpel klingen.

Eine Phrase mit hoher rhythmischer Dichte verwendet viele Noten mit kurzen Notenwerten, je nach Tempo z.B. Achtel, Achteltriolen, Sechzehntel usw. Das kann sehr aktiv und schwierig klingen, aber auch nicht nachvollziehbar oder gar nervend sein.

Beispiel a) Phrase mit geringer rhythmischer Dichte

21

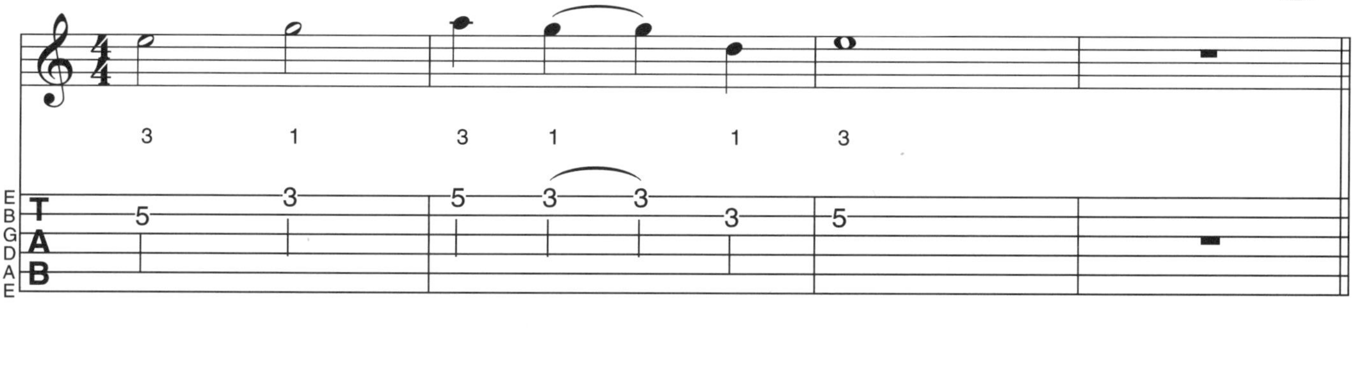

Beispiel b) Phrase mit mittlerer rhythmischer Dichte

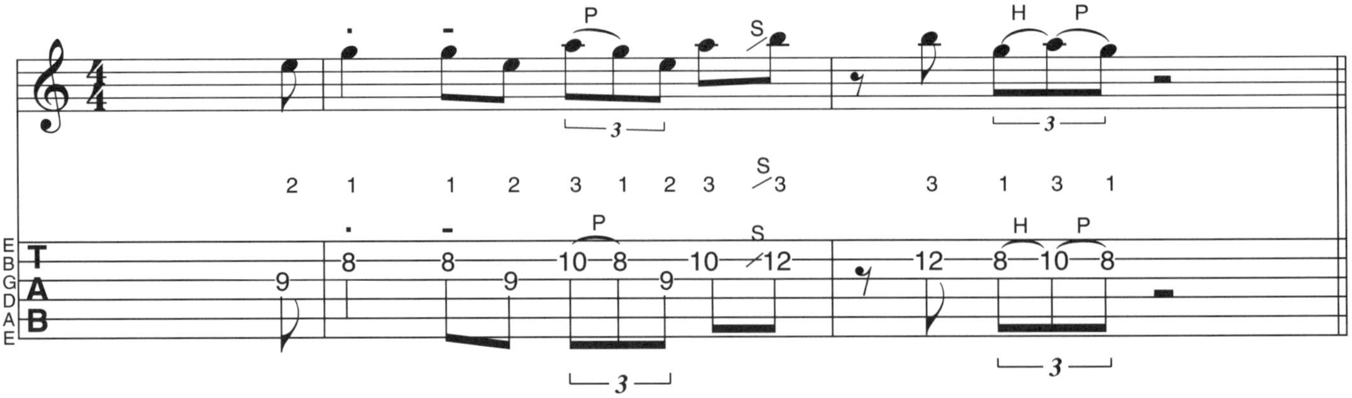

Beispiel c) Phrase mit hoher rhythmischer Dichte

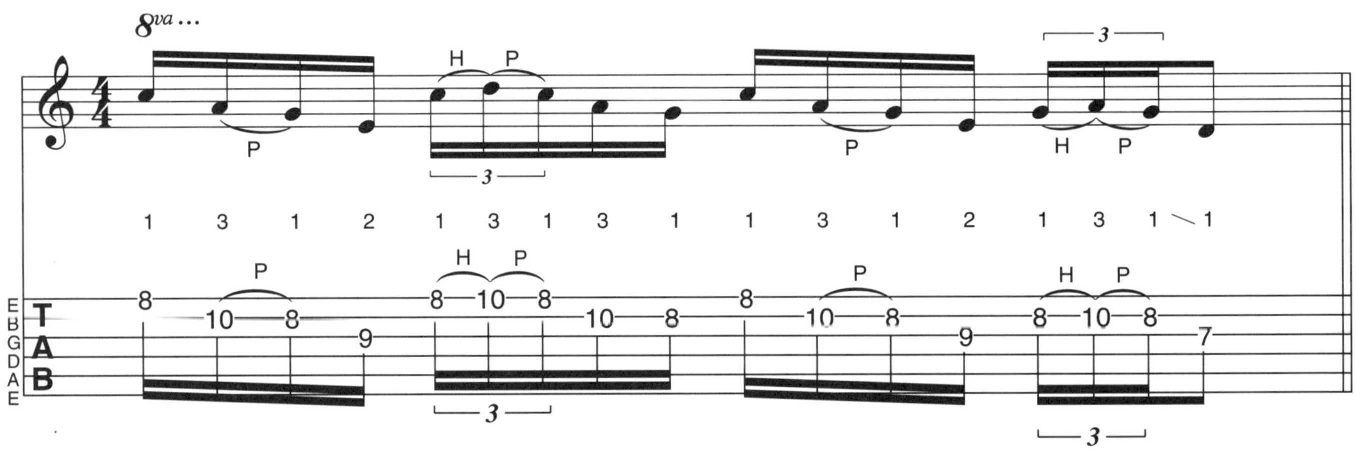

Wie der Wechsel von Spielen und Pausieren wird auch die rhythmische Dichte des Gespielten vom Zuhörer besonders gut wahrgenommen und stellt ein weiteres Mittel dar, das Solo zu gestalten. Man kann Phrasen mit geringer, mittlerer und hoher rhythmischer Dichte in unterschiedlicher Länge mischen, um - wie bei einer Rede - die Aufmerksamkeit und das Mitdenken der Zuhörer zu wecken und zu binden.

Aufgaben und Übungen

Mache die Aufgaben und Übungen aus dem vorangegangenen Kapitel (*„Länge und Verteilung von Phrasen und Pausen"*) erneut. Konzentriere dich jetzt aber auf die rhythmische Dichte deiner Phrasen. Verwende dazu die folgenden Aufgabenstellungen.

1 Spiele alle Phrasen ausschließlich mit den gleichen Notenwerten, also z. B. nur Ganze Noten (dann Halbe, Viertel, Achtel, Sechzehntel, Halbetriolen, Vierteltriolen, Achteltriolen)

2 Wechsele zwei unterschiedliche Notenwerte miteinander ab.
Beispiel: 1. Phrase mit Halben, 2. Phrase mit Vierteln, 3. Phrase mit Halben usw.

3 Beginne jede Phrase mit langen Notenwerten und beende sie mit kürzeren Notenwerten.

4 Beginne jede Phrase mit kürzeren Notenwerten und beende sie mit längeren Notenwerten.

5 Steigere die rhythmische Dichte der Phrasen.
Beispiel: 1. Phrase Ganze, 2. Phrase Halbe, 3. Phrase Viertel, 4. Phrase Achtel usw. (auch Triolen)

6 Beginne mit einer Phrase, die kurze und viele Noten enthält, und baue dann die rhythmische Dichte mit jeder weiteren Phrase kontinuierlich ab (= Umkehrung von Aufgabe 5).

Timing

Eine Abfolge von Noten- und Pausenwerten bildet das, was wir als *Rhythmus* bezeichnen. Ob schnell oder langsam, also in welchem *Tempo* gespielt wird, ändert nichts am Rhythmus. Das Tempo ändert lediglich die messbare Zeitdauer. Ein Rhythmus ist also allein dadurch bestimmt, welche Noten- und Pausenwerte vorkommen und wie sie angeordnet sind.

Das *Timing* [engl. = Zeiteinteilung, Zeit- und Rhythmusgefühl, das Gefühl für den richtigen Zeitpunkt] betrifft gleichermaßen das Tempo und den Rhythmus und ist die ausschlaggebende Komponente beim Soloing wie beim Musikmachen überhaupt. Die tollsten Spieltechniken, die ausgefeiltesten Melodien, der beste Sound usw. werden ein Publikum wenig beeindrucken, wenn die Darbietung zeitlich und rhythmisch ungenau ist und unkontrolliert schwankt. Mehr noch, wenn die Spieltechnik und die musikalischen Ideen für sich alleine genommen auch nichts Besonderes darstellen, ein kontrolliertes Tempo und ein interessanter und exakt dargebotener Rhythmus machen alles andere wett. Die Verbesserung des Timings sollte also stets deine höchste Beachtung finden und an oberster Stelle im Übungsplan stehen.

Das Tempo

Das Tempo kann den Charakter eines Musikstückes positiv wie negativ beeinflussen. Das ideale Tempo unterstützt den Ausdruck. Doch nicht immer empfinden wir das Tempo von gestern auch heute noch optimal. Von großer Bedeutung ist also die Frage, welches Tempo wir als langsam bzw. als schnell empfinden und wovon das abhängt. Dafür gibt es u.a. biologische Ursachen. Unser Herzschlag erzeugt einen Beat. Der Puls ist von Mensch zu Mensch in Abhängigkeit vom Alter, der Konstitution, dem aktuellen Befinden, den Anforderungen usw. verschieden. Der Ruhepuls liegt etwa zwischen 60 und 80 Schlägen pro Minute [engl. beats per minute = *bpm*] und dient quasi als individueller Tempomaßstab. Ein Tempo, das deutlich darüber liegt, empfinden wir als schnell und anregend. Ein Tempo, das deutlich darunter liegt, als langsam und schleppend. Je größer der Abstand zu unserem inneren Metronom ist, desto extremer wirkt das Tempo auf uns.

Dass bei einem Auftritt etliche Musiker und Bands (nicht nur) zu Beginn ihrer Karriere schneller als vorgesehen spielen, findet dadurch eine plausible Erklärung: Der Herzschlag ist aufgrund der aufregenden Live-Situation schneller als gewöhnlich und zieht das Tempo des Stückes mit. Ähnliches gilt für Temposchwankungen: Kleine und kontrollierte Veränderungen des Tempos lassen die Musik lebendig wirken. Starke Temposchwankungen offenbaren handwerkliche Schwächen der Musiker. Abhilfe schafft der *bewusste* Umgang mit dem Tempo beim Üben und bei Live-Situationen.

20 (Übungen dazu in ***„Der Beat“***)

Das Tempo des Musikstückes bestimmt die kleinsten Notenwerte, die man noch spielen kann. So sind Sechzehntelnoten z. B. bei Tempo ♩ = 120 bpm für die meisten spielbar, bei 180 bpm werden viele damit Schwierigkeiten bekommen. Daneben macht eine sehr schnelle Tonfolge ab einem bestimmten Tempo kaum noch Sinn, denn unser Gehör kann die einzelnen Melodietöne nicht mehr unterscheiden und nimmt sie als zusammenhängendes Toncluster (ähnlich einem Akkord) wahr. Allenfalls der erste und letzte Ton bleiben einzeln erkennbar. Dem Geschwindigkeitsrausch sind also sowohl beim Spielen als auch beim Zuhören natürliche Grenzen gesetzt.

Der Beat

83 Je nach Kultur gibt es unterschiedliche Zugänge zu rhythmischer und zeitlicher Einteilung. In Pop, Rock, Blues und Jazz vermischen sich die europäische Orientierung an ***Metrum*** und Takt und die ursprünglich aus der schwarzafrikanischen Musikkultur stammende Orientierung am Beat.

Der *Beat* [engl. = Schlag] ist der Puls der Musik. Wir tippen den Beat mit dem Fuß, schwingen im Beat, Tanzen zum Beat. Der Beat läuft in einem Musikstück gleichmäßig durch und entspricht den Hauptzählzeiten. In der Regel dient die Viertelnote als Bezugspunkt. *On-Beat* bedeutet, dass auf dem Beat gespielt wird. *Off-Beat* bezeichnet alle rhythmischen Positionen, die sich nicht auf dem Beat (also weg vom Beat, daneben, vorher/nachher) befinden.

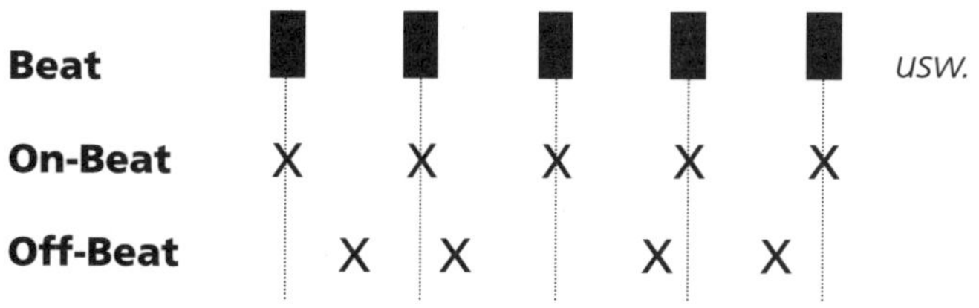

Darüber hinaus kann eine bestimmte Unterteilung des Beats (Microtiming) zum typischen Rhythmus-Merkmal werden, z. B. die swingenden Achtel im Jazz, der 25 ⇒ *Shuffle-Rhythmus* (vgl. ***Binäre und ternäre Spielweise***) im Blues/Blues-Rock, die Sechzehntel im Funk etc.

Aufgaben und Übungen

Timing - Tempo - Beat

Bei diesen Übungen geht es darum, ein klares Gefühl und Gespür für den Beat zu bekommen, unabhängig davon, ob ein Metronom mitläuft oder nicht. Es soll dir möglich sein, *exakt auf dem Beat (On-Beat) und kontrolliert neben dem Beat (Off-Beat) zu spielen*. Gewöhne dich von Anfang an daran, den Grundschlag mit dem Fuß mitzutippen - es wird dir besonders bei schwierigen Rhythmen eine Hilfe sein. Das Metronom sollte genauso laut sein, wie du spielst oder mit den Händen klatschst. Du befindest dich genau dann auf dem Beat, wenn du den Klick des Metronoms nicht hörst, d. h. dein gespielter Ton bzw. dein Klatschen überdeckt den Metronomschlag exakt im richtigen Moment. Verwende bei den Übungen keinerlei Hall oder Effekte. Spiele locker, aber bestimmt.

1 Klatsche die Beats zum Metronom (= Viertelnoten). Beginne mit einem mittleren Tempo (70 bpm). Klatsche vier Beats, pausiere vier Beats. Wiederhole dieses Pattern mindestens zehn Mal. Wenn du sicher bist, ändere schrittweise das Tempo. Übe mit schnelleren, aber auch mit extrem langsamen Tempi (z. B. 40 bpm).

2 Wie Übung 1. Klatsche drei Beats, pausiere drei Beats.

3 Wie Übung 1. Entwirf dir beliebige Patterns auf einem Blatt Papier und mache die Übung damit. Beispiele:
a) Vier Beats klatschen, zwei Beats pausieren
b) Sechs Beats klatschen, drei Beats pausieren
c) Zwei Beats klatschen, ein Beat pausieren
d) Drei Beats klatschen, ein Beat pausieren usw.

4 Setze die Patterns aus Übung 3 zu einer Kette zusammen. Notiere dir mehrere solcher Ketten auf einem Blatt. Klatsche die Ketten in einem durch. Probiere wieder unterschiedliche Tempi aus.

5a Stelle das Metronom auf 40 bpm ein. Wir fassen die Schläge des Metronoms als 2. und 4. Beat von vier Schlägen auf. Beat 1 und 3 denken wir uns dazu (das ergibt ein tatsächliches Tempo von 80 bpm). Klatsche alle vier Schläge durch, während du die Schläge laut mitzählst. Wechsele erst dann zu einem höheren Tempo, wenn du ganz sicher bist.

5b Klatsche jetzt nur die Schläge 1 und 3. Achte darauf, dass sich dein Klatschen und das Klicken des Metronoms zu einem gleichmäßig durchlaufenden Beat ergänzen.

6 Wähle einen festen Ton auf der Gitarre (z. B. c auf der G-Saite am V. Bund) und mache damit die Übungen 1 bis 5. Beachte, dass unterschiedliche Tonlängen möglich sind. Spiele also einmal mit lang ausgehaltenen 142 Tönen (***tenuto***), dann mit ganz kurzen (***staccato***) und schließlich mit einer Tonlänge, die irgendwo dazwischen liegt. Achte auf Gleichmäßigkeit bei der Tonlänge und bei der Anschlagstärke. Probiere das Ganze auf verschiedenen Saiten und in unterschiedlichen Lagen.

7 Die nächsten zwei Übungen haben das Ziel, dass du ein noch genaueres Gefühl für den „richtigen Punkt" bekommst. Dazu unterscheiden wir das Spielen auf dem Beat, leicht vor dem Beat (⇒*ahead*) und leicht hinter dem Beat (⇒*laid back*). Leicht vor dem Beat zu spielen erzeugt ⇒ *Drive*, treibt an, kann aber auch gehetzt wirken und dazu führen, dass das Tempo beschleunigt. Leicht hinter dem Beat zu spielen wirkt relaxed, cool und kann Spannung erzeugen; es kann aber auch den Drive und das Tempo des Stückes bremsen.

7a Stelle das Metronom auf 60 bpm ein. Wähle einen festen Ton auf der Gitarre. Spiele nach dem folgenden Muster. Ein Durchgang beträgt jeweils 16 Beats (= vier Takte im 4/4 Takt).

1. Durchgang: genau auf dem Beat
2. Durchgang: ahead
3. Durchgang: genau auf dem Beat
4. Durchgang: laid back

22

Wiederhole dieses Muster mehrfach. Sobald du eine gewisse Sicherheit erreicht hast, ändere das Tempo.

7b Verkürze jetzt die Länge eines Durchgangs zunächst auf 8 Beats (= zwei Takte), später dann auf 4 Beats (= ein Takt).

8 Diese Übung hilft dabei, den Beat zu verinnerlichen. Dafür benötigst du einen programmierbaren Drumcomputer, Sequenzer, Midisoftware o.ä. Die „Begleitung" wechselt zwischen einem Takt (= 4 Beats), in welchem der Beat geschlagen wird, und einem Takt Pause, in welchem du alleine den Beat durchhalten musst. ⇒*Loope* diese zwei Takte (Endloswiederholung).

8a Beginne mit einem mittleren Tempo (z. B. 70 bpm) und wähle einen festen Ton auf der Gitarre. Versuche den Beat konstant durchzuziehen. Der Kontrollpunkt ist die Stelle, an der der Klick des Drumcomputers wieder einsetzt. Du solltest, ohne dein Timing verändern zu müssen, exakt mit diesem ersten Schlag zusammentreffen. Achte auf Gleichmäßigkeit bei der Anschlagstärke. Variiere von Mal zu Mal die Tonlänge. Probiere das Ganze ebenso auf anderen Saiten und in anderen Lagen. Übe in schnellerem, wie in langsamerem Tempo.

8b Jetzt verdoppeln wir die Anzahl der Takte. D. h. der Klick vom Drumcomputer ist zwei Takte zu hören und dann zwei Takte nicht.

Zählen

Durch die Einteilung in Takte wird Musik zählbar. Jede rhythmische Position sowohl innerhalb eines Taktes als auch im ganzen Musikstück kann durch Zählen eindeutig bestimmt werden. Daneben unterstützt das Zählen auch unser rhythmisches Vorstellungsvermögen.

Zum Auszählen eines Taktes werden für die Hauptzählzeiten (Grundwert) die Zahlwörter verwendet (gesprochen eins, zwei, drei usw.). Für die Zwischenwerte benutzt man zusätzliche Silben.

Beispiele

Grundwert Halbe

Hauptzählzeiten im 2/2-Takt

eins zwei

Viertel im 2/2-Takt

eins und zwei und

Vierteltriole im 2/2-Takt

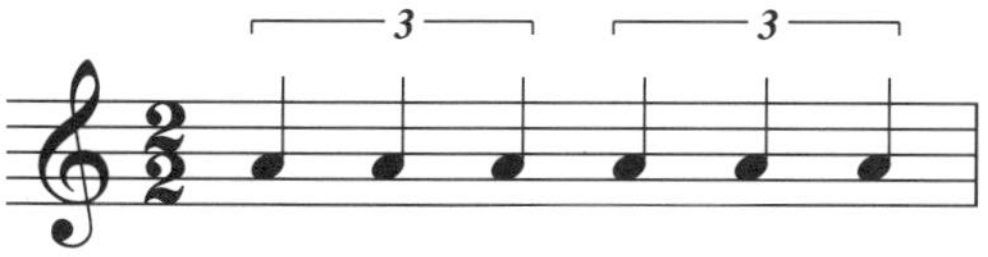

ein - ner - lei zwei - er - lei

Grundwert Viertel

Hauptzählzeiten im 3/4-Takt

Hauptzählzeiten im 4/4-Takt

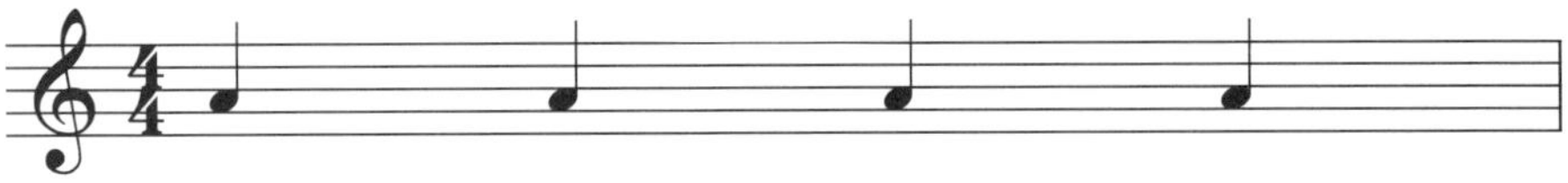

Hauptzählzeiten im 5/4-Takt

Achtel im 4/4-Takt

Sechzehntel im 4/4-Takt

Achteltriole im 4/4-Takt

Grundwert Achtel

Hauptzählzeiten im 6/8-Takt

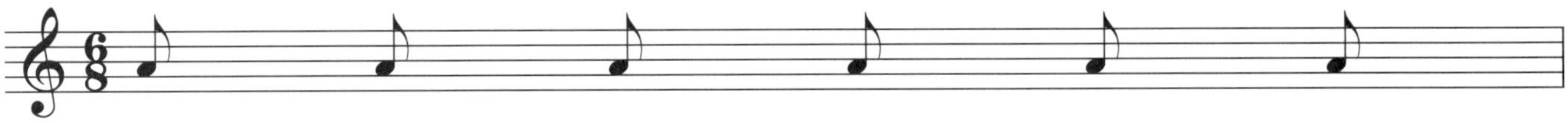

Sechzehntel im 6/8-Takt

Sechzehnteltriole im 6/8-Takt

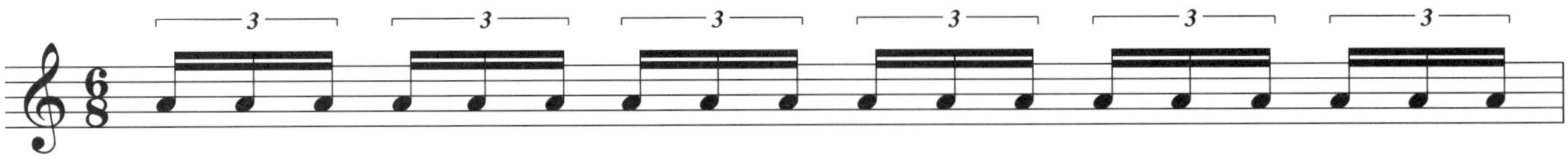

Aufgaben und Übungen

Stelle das Metronom auf 60 bpm ein. Zähle die obigen Beispiele laut jeweils acht Takte lang. Das Metronom (und dein Fuß) schlägt dabei immer den Grundwert. Mache die Übung mehrfach bei unterschiedlichem Tempo.

Rhythmus-Grundbausteine

Jeder Rhythmus, und erscheint er auch noch so kompliziert, lässt sich in einzelne Bausteine zerlegen. Im folgenden sind die Grundbausteine für Viertel, Achtel, Sechzehntel, Viertel- und Achteltriolen systematisch aufgeführt. Beachte die Ähnlichkeiten zwischen den Pattern der unterschiedlichen Notenwerte.

Viertel-Pattern

Achtel-Pattern

Sechzehntel-Pattern

Vierteltriolen-Pattern

Achteltriolen-Pattern

Aufgaben und Übungen

Mache alle Übungen mit Metronom im 4/4-Takt. Beginne mit 60 bpm. Spiele zunächst 142 wie notiert das „c“ (G-Saite V. Bund), später auch andere Töne, Saiten, Lagen. Variiere die Tondauer (***tenuto, staccato***) und die Tonstärke (***leise, mittel, laut***). 132

Wenn du Schwierigkeiten hast, reduziere das Tempo und zähle laut mit. Erhöhe das Tempo erst, wenn dein Timing völlig sicher ist.

1 Viertel-Pattern

1a Spiele jedes einzelne der 15 Pattern für sich, bis du es bei beliebigem Tempo auf Anhieb beherrschst.

1b Spiele die Pattern der Reihe nach (ohne Unterbrechung), also Pattern 1, 2, 3, …

1c Spiele hintereinander (ohne Unterbrechung): Erst die Pattern mit ungerader Nummer 1, 3, 5, ... , dann die Pattern mit gerader Nummer 2, 4, 6, ...

1d Stelle dir mehrere beliebige Folgen aus den Pattern zusammen. Spiele die Pattern in dieser Reihenfolge.

Beispiele für Pattern-Folgen
3, 9, 13, 4, 15, 1, 7, 14, 11, 2, 8, 5, 12, 6, 10 (ohne Wiederholungen)
5, 8, 8, 11, 7, 4, 5, 1, 4, 12, 14, 3, 1, 2, 15, ... (mit Wiederholungen)

2 Achtel-Pattern

2a ⇒***Binäre*** **Spielweise**

Spiele die Achtel wie notiert (= „straight" bzw. „even"), d. h. jedes Achtel besitzt die gleiche Länge (üblich im Rock, Latin, Funk). Symbol: 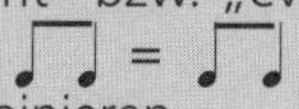 Aufgaben wie in 1. Um z. B. einen 4/4 Takt aufzufüllen, sind zwei Pattern zu kombinieren.

2b ⇒***Ternäre*** **Spielweise**

Spiele „swingende Achtel", d. h. die Achtel werden nicht wie notiert, sondern je nach gewünschtem Effekt mal mehr, mal weniger triolisch gespielt, indem das erste Achtel länger ausgehalten und das zweite Achtel verzögert wird (üblich im Swing, Blues, Rock'n'Roll, Boogie-Woogie).

Symbol:  Aufgaben wie in 1.

3 Sechzehntel-Pattern

Aufgaben wie in 1. Vier Pattern ergeben einen 4/4 Takt.

4 Vierteltriolen-Pattern

Aufgaben wie in 1. Zwei Pattern ergeben einen 4/4 Takt.

5 Achteltriolen-Pattern

Aufgaben wie in 1. Zwei Pattern ergeben einen 4/4 Takt.

6 Kombinationen

Mische die Pattern durcheinander. Notiere fünf verschiedene Mischungen im Umfang von jeweils 16 Takten auf Notenpapier. Nimm auch zusätzliche Pausen hinzu (ganze, halbe, viertel Pausen usw.). Spiele die Kombinationen in unterschiedlichen Tempi von langsam bis schnell; variiere Saiten und Lagen. Wiederhole diese Übungen in regelmäßigen Abständen. Falls du die Kombinationen irgendwann auswendig kannst, mische die Pattern neu.

7 Transkriptionen

Als weitere Steigerung kannst du dir notierte Melodien und Solos vornehmen. Versuche, die einzelnen Rhythmus-Grundbausteine zu erkennen. Spiele dann nur den Rhythmus. Variiere Tempo, Tondauer, Tonstärke, Saiten und Lagen.

II.

Was spielen?

In diesem Teil des Buches geht es darum, wie man Ideen und Motive für ein Solo finden kann, welche Rolle das Tonmaterial spielt und wie Motive variiert und weitergeführt werden können.

Quellen für deine Ideen

Aus dem Alltag des Gitarristen stellen wir uns folgendes Szenario vor: Dir wird ein Musikstück vorgelegt, in dem du ein Gitarrensolo spielen sollst. Zur Vorbereitung hast du eine begrenzte Zeit zur Verfügung (Live-Session: 1 min, Studio: 10 min, Band: bis zur nächsten Probe). Das Solo selbst ist nicht festgelegt („Lass' dir was einfallen"). Jetzt heißt es also, kreativ sein! Solange dir etwas einfällt, ist das kein Problem. Was aber tun, wenn dir mal nichts einfällt? Dann stellt sich die Frage: Woher bekommt man Ideen und Anregungen für ein Solo? Die Antwort mag überraschen: Von überall! Denn so verschiedenartig, wie Solos sein können, so unterschiedlich sind auch die Zugänge dazu. Einige der Quellen, aus denen du Ideen schöpfen kannst, werden im folgenden aufgezeigt.

Überblick
Neue Ideen entstehen nicht im luftleeren Raum. Sie entstehen in der Auseinandersetzung mit Vorhandenem und Bekanntem. Auch um ein Solo zu entwickeln, ist Vorhandenes und Bekanntes ein sicherer Ausgangspunkt. Die erste Quelle ist natürlich das Musikstück selbst. Sammle zunächst alle verfügbaren Informationen über das Stück und kläre die Vorgaben des Solos ab (Melodie/Thema, Akkorde, Tempo, Rhythmik, formaler Ablauf, Stimmung, Stilistik, Stellenwert des Solos usw.). An konkretem melodischem Material liefert das Musikstück Phrasen, Motive sowie einzelne melodische und rhythmische Elemente, die du übernehmen und variieren kannst. Die Akkorde und die dazugehörigen Tonleitern verweisen auf die harmonisch richtige Tonauswahl. Durch Singen kann man ganz neue Ideen finden. Spielweisen und -techniken sowie Sounds dienen ebenfalls als Ideenquellen und können darüber hinaus die Umsetzung einer bestimmten Idee oder Stimmung unterstützen. Handelt es sich um einen Titel, von dem bereits Aufnahmen vorliegen (⇒ *Standard*, ⇒ *Coverversion*), kannst du aus den dort vorhandenen Solos, auch wenn sie von anderen Instrumenten als der Gitarre gespielt werden, Anregungen holen.

Hat man erst einmal ein paar Ideen zusammengetragen, kann man sie **variieren, ergänzen** und **zu einem Solo ausbauen**. 77 Und wie meistens, wenn man sich intensiv mit etwas beschäftigt, fallen einem - scheinbar wie von selbst - auch weitere Dinge ein.

Es hat etliche Vorteile, die gefundenen Ideen und Motive in Notenschrift und Tabulatur festzuhalten:

1. Es beugt dem Vergessen vor.
2. Die sichtbare Darstellung kann bei der Weiterentwicklung des Solos helfen.
3. Mit der Zeit wird sich eine Menge an eigenen Motiven und Licks ansammeln.
4. Es dokumentiert deine Entwicklung auf diesem Gebiet.
5. Es ist eine hervorragende Übung für das Schreiben und Lesen der Notenschrift.

Solo

Sicherlich ist es eine reizvolle Aufgabe, zu versuchen, ein besonders gut gelungenes Gitarrensolo oder auch nur einzelne Licks zu kopieren. Zudem besitzt ein vorhandenes Solo schon vieles von dem, was wir suchen. Aber was hilft das bei einem anderen Titel? Wenn du solche Ziele wie musikalische Selbstständigkeit, Flexibilität und eigenen Stil anstrebst, dann solltest du versuchen, *aus* Solos zu lernen. Das beginnt damit, dass du mit einer bestimmten Fragestellung an das Vorhandene herangehst. Greife einen einzelnen Aspekt heraus, der dich besonders interessiert, und stelle Fragen dazu. Untersuche dabei ganz genau, was wie mit welcher Wirkung gemacht wird (durch Hören, Spielen, Nachahmen und Notieren). So isolierst du die Idee, die dahintersteckt, von ihrem Umfeld und machst sie für dein eigenes Solospiel verfügbar.

Die Solo-Checkliste ...

... zur Phrasierung
Wie lang sind die Phrasen, wie lang die Pausen? Wie sind die Phrasen und Pausen verteilt? Wo sind Phrasen mit höherer/geringerer rhythmischer Dichte? Welchen Eindruck hinterlässt diese Art zu phrasieren?

... zur Spieltechnik
Welche Spieltechniken werden verwendet? An welchen Stellen? Mit welcher Intensität? Was bewirkt eine bestimmte Spieltechnik (Sound, Stimmung usw., Vergleich mit anderer Spielweise)?

... zum Aufbau
Wo sind Phasen der Spannung, der Entspannung? Wo sind die Höhepunkte, die Tiefpunkte? Wodurch wird das erreicht? Wie beginnt, endet das Solo? Wo gibt es auffällige Wiederholungen? Welchen Effekt haben sie?

... zu Inhalt, Motiven
Ist das Solo eher melodischer, rhythmischer, spieltechnischer Natur oder eine Mischung? Wo liegen die inhaltlichen Schwerpunkte (Hauptmotive)? Werden Motive aus der Melodie des Stückes verwendet? Welche Ideen werden fortgeführt? Wo stehen Motive für sich alleine?

... zur Tonauswahl

Werden viele verschiedene oder eher wenige Töne verwendet? Über welchen Tonumfang erstreckt sich das Tonmaterial? Welche Tonleitern liegen dem Solo zugrunde? Werden Arpeggios verwendet? Welche? Klingen alle Töne harmonisch inside? Wo sind die Stellen, an denen harmonisch „schräge" Töne (outside, chromatische Überleitung, Umspielungen usw.) erklingen? Welche Töne sind das und in welchem harmonischen Zusammenhang (Akkorde) stehen sie?

... zur Stimmung/Atmosphäre

Welche Stimmung erzeugt das Solo? Unterstützt es dadurch das Musikstück? Was ist für diese Stimmung hauptsächlich verantwortlich? Wie könnte man die Stimmung besser treffen?

... zum Sound

Welchen Beitrag leisten die Spieltechniken zum Sound? Welcher Ampsound und welche Effekte werden verwendet? Welche Bedeutung hat der Sound für das Solo? Wie würde das Solo mit einem anderen Sound wirken?

Aufgaben und Übungen

1 Nimm dir ein Solo deines Lieblingsgitarristen auf vor (für den Anfang ein einfaches). Wähle einen Aspekt aus, der dich besonders interessiert, und formuliere schriftlich Fragen dazu (Beispiele siehe oben). Untersuche nun Schritt für Schritt das Solo auf diese Fragen hin. Lasse die betreffende(n) Stelle(n) mehrfach laufen und höre genau zu. Mache Notizen. Spiele bzw. ahme die Passage(n) im wesentlichen nach. Ergänze deine Aufzeichnungen durch eine Transkription. Übertrage die Ideen, auf die du gestoßen bist, in andere Zusammenhänge (Playbacks, Stücke deiner Band usw.).

2 Wähle dir einen Aspekt aus, den du in der nächsten Zeit beim Hören von Musik (zuhause, im Auto, im Kaufhaus, bei einem Konzert usw.) besonders beobachten wirst. Formuliere Fragen dazu. Behalte die Fragen im Hinterkopf und versuche sie jedesmal zu beantworten. Schreibe dir besonders interessante Dinge auf, um sie nicht zu vergessen. Versuche die Ideen bei nächster Gelegenheit auf der Gitarre umzusetzen.

3 Auch (oder gerade) aus den eigenen Solos kann man lernen. Wenn du noch keine Aufnahmen von dir besitzt (Aufnahmen von deiner Band, Mitschnitte von Sessions, Home-Recording usw.), wird es Zeit, welche zu machen: Spiele zu einem der Playbacks 01 - 16 ein Solo, während ein Kassettenrekorder das ganze aufzeichnet. - Gehe dann wie in Übung 1 vor.

Melodie

Die Melodie eines Musikstückes ist eine hervorragende Quelle für melodische Ideen (Je nach Musikstück und Stilistik kann die Melodie bzw. das Thema/die Themen natürlich mehr oder weniger ergiebig für ein Solo sein).

Ohne große Mühe ergibt sich ein Solo, indem du einfach die Melodie des Stückes auf der Gitarre wiederholst und/oder leicht veränderst. Das kann z. B. dann gut wirken, wenn es sich um ein Gesangstück handelt, wobei man die Melodie auch instrumental interpretiert.

Abwechslungsreicher wird das ganze, wenn man lediglich einzelne Teile der Originalmelodie herausgreift, variiert und mit neuen Ideen verbindet. Ein gutes Beispiel dafür ist *„Isn't she lovely"* (**Stevie Wonder**) in der Version von **Lee Ritenour** (Soloalbum *„Captain Fingers"*, ⇒ *CD-Empfehlungen* im Anhang). Ritenour verwendet einige Motive der Melodie als Ausgangspunkte für sein erstes Solo.

Auch Phrasen und Motive aus anderen Musikstücken können als mehr oder weniger kenntliche Zitate verwendet werden. Zum Beispiel lassen **John McLaughlin** und **Al di Meola** in *„Short Tales of the Black Forest"* in ihrem gemeinsamen Improvisationsteil etliche musikalische Zitate aufblitzen u. a. auch aus *„Pink Panther"*, was das Publikum besonders entzückt (CD ⇒ *„Friday Night in San Francisco")*.

Aufgaben und Übungen

Lerne die Melodie bzw. das Thema des Stückes, in dem du ein Solo spielen sollst/willst, auswendig.

1 Spiele als Solo exakt die Melodie.

2 Variiere die Melodie, indem du z. B. Töne weglässt, Verbindungstöne hinzufügst, leichte rhythmische Änderungen vornimmst usw. (***vgl. „Motive variieren und weiterführen"***) 77

3 Verwende nur einzelne Motive der Melodie und fülle die „Lücken" mit eigenen Ideen.

4 Füge ein Motiv aus einem anderen Musikstück ein (musikalisches Zitat).

Singen

Eine Möglichkeit, auf relativ natürlichem Wege melodische Ideen zu bekommen, ist das Singen. Der Weg von der musikalischen Idee im Kopf, von der Stimmung oder dem Gefühl, das einem innerlich vorschwebt, zum klingenden Ergebnis ist über unser natürliches Instrument, die Stimme, kürzer und direkter als über die Gitarre. Das Singen führt (logischerweise) zu singbaren Melodien, die man im Allgemeinen als melodiös, schön oder eingängig bezeichnet. Indem man versucht, die gesungenen Ideen möglichst genau auf der Gitarre nachzuahmen, kann man lernen, durch die Gitarre zu „singen". Viele Gitarristen singen deshalb auch gleichzeitig, was sie spielen. Sobald du die erste Scheu überwunden und etwas Übung erlangt hast, wirst du durch das freie Singen zur Akkordfolge (⇒ *Scat*) Motive entdecken.

Aufgaben und Übungen

Gliedere das Solo in Teile (z. B. A-Teil/B-Teil; Blöcke von jeweils 4 Takten, 8 Takten ...), die du dir nacheinander einzeln vornimmst. Spiele die Akkordfolge eines Teils (als ⇒*Loop*) und summe oder singe eine Melodie dazu (auf „da", „lo", „na" ...). Übertrage 110 diese Ideen auf die Gitarre. Nutze dabei gezielt ***Spieltechniken***, um den Ausdruck möglichst genau zu treffen.

Rhythmus

Rhythmische Figuren/Motive sind ein guter Ausgangspunkt, um ein Solo zu entwickeln. Du kannst rhythmische Ideen in der Melodie/dem Thema, der Akkordbegleitung usw. finden. Achte auch auf die Rhythmen, die die verschiedenen Instrumente spielen (Gitarre, Bass, Schlagzeug, Keyboard usw.).

Aufgaben und Übungen

1 Beginne damit, das Musikstück auf seine typischen und prägenden Rhythmen hin zu untersuchen. Vernachlässige die Tonfolge, konzentriere dich ausschließlich auf den Rhythmus. Stelle dir eine Sammlung der rhythmischen Motive/Pattern zusammen, indem du sie notierst.

2 33 Ergänze die Rhythmen durch ***Tonmaterial***. Probiere unterschiedliche Möglichkeiten aus. Nutze Spieltechniken, um den Motiven auf der Gitarre Leben einzuhauchen.

Akkorde, Tonleitern

Akkorde, Tonleitern sowie das zugehörige Wissen helfen uns, harmonisch passende Töne zu finden. Ideen für das Solo kann man z. B. durch Arpeggios oder Sequenzen bekommen.

Ausführliche Informationen und Anregungen zu Tonleitern, Akkorden, Arpeggios, Pattern und Sequenzen findest du in den Kapiteln 33 ***„Das Tonmaterial"*** und ***„Sequenzieren"***. 96

Beispiel: „Neo-classical" Arpeggio-Linie im Stil von Yngwie ⇒ Malmsteen

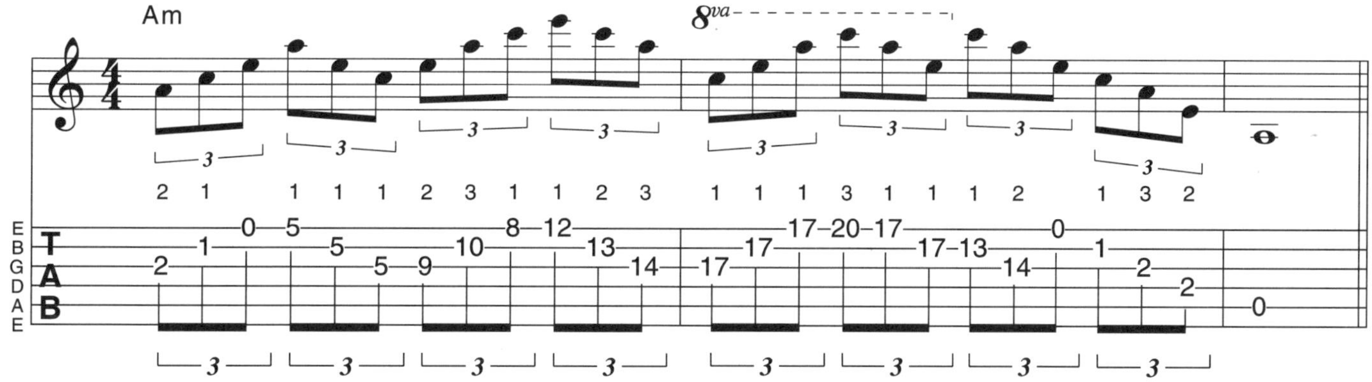

Beispiel: Pattern und Sequenz auf Basis der C-Dur-Tonleiter

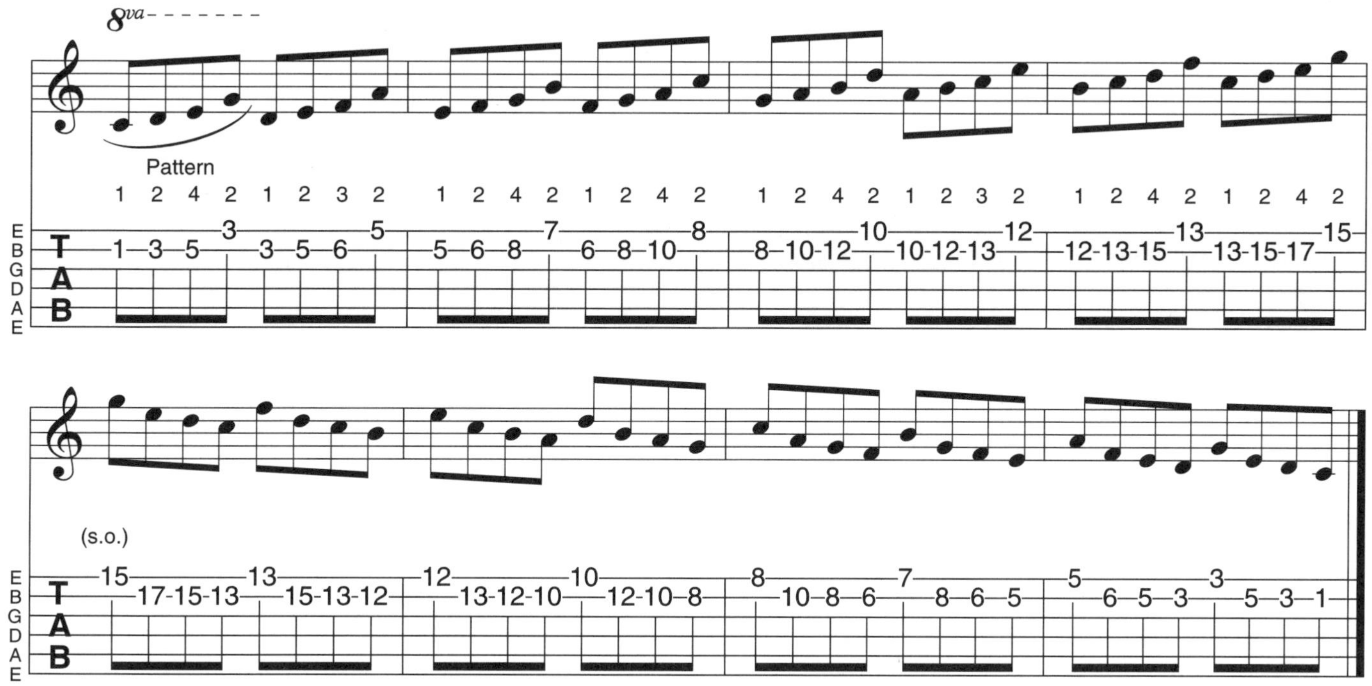

Spieltechniken & Spielweisen

Spieltechniken und Spielweisen sind mitverantwortlich für den Sound, den Ausdruck und die Stimmung eines Solos und stellen damit einen weiteren Ansatzpunkt dar. Im Extremfall kann es aber auch soweit gehen, dass die Hauptaussage bzw. der Zweck eines Solos allein in der Darstellung der Spieltechnik liegt. Weitere Informationen und Anregungen findest du im 110 Kapitel: ***„Wie spielen? - Spieltechniken und Spielweisen"***

Beispiel: Tapping-Spieltechnik als wesentliches Merkmal

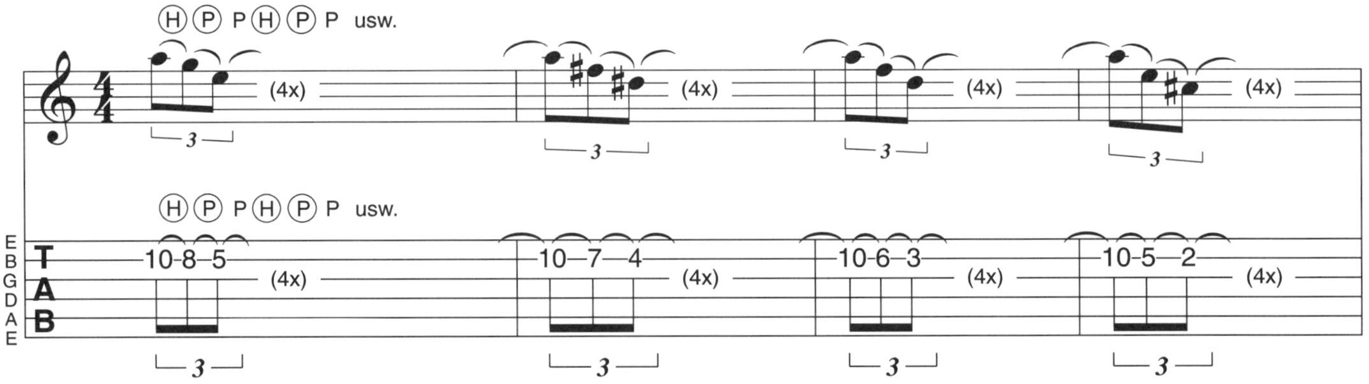

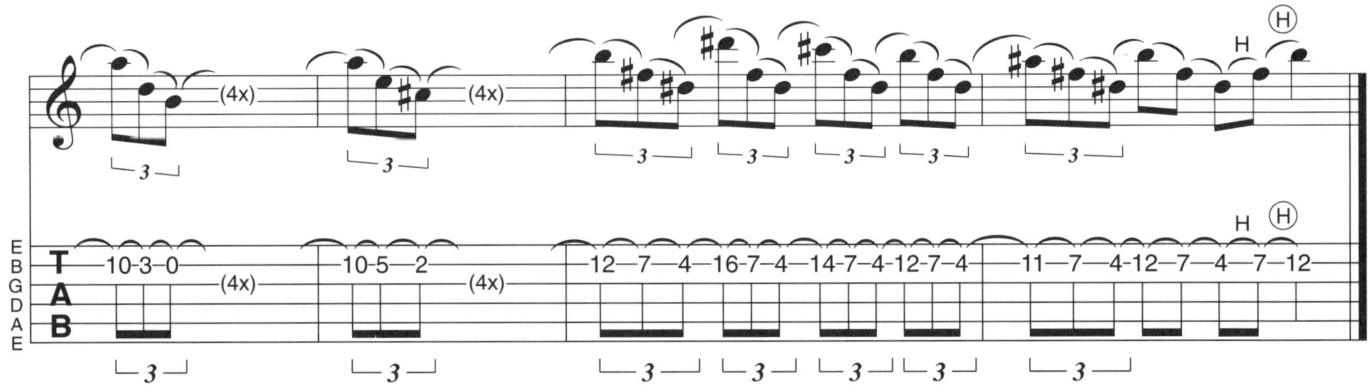

Stimmung

Die Stimmung und die Atmosphäre, die ein Solo heraufbeschwören kann, wirkt auf den Zuhörer auf eine unterschwellige, aber zugleich mächtige Art. Denn es geht dabei hauptsächlich um Gefühle, und die sind eine sehr individuelle Angelegenheit. Was einer als romantisch empfindet, kann für einen anderen depressiv wirken. Auch lassen sich Stimmungen und Assoziationen relativ schwer in Worte fassen (z.B. weich, aggressiv, schön, kaputt, überwältigend, erinnert an eine Blumenwiese, an eine laue Sommernacht, ...). Trotzdem sollte allein der Umstand, dass ein Solo Stimmungen und Gefühle bei den Zuhörern wecken kann, Grund genug sein, sich mit diesem Aspekt näher zu befassen.

Aufgaben und Übungen

1 Höre dir Solos unterschiedlicher Gitarristen und Stilistiken an. Versuche dabei die Stimmungen und die Gefühle, die das Solo bei dir hervorruft, zu erfassen und - so schwierig es auch fällt - in ein paar Worten zu beschreiben. Versuche herauszufinden, was hauptsächlich für diese Stimmung verantwortlich ist. Achte besonders darauf, wie Spieltechniken verwendet werden, welche Rolle der Sound spielt, wie das Solo aufgebaut ist (⇒*Dramaturgie, S. 170*), welche Bedeutung das Solo für das Musikstück hat.

2 Höre dir ebenso Aufnahmen eigener Solos hinsichtlich Stimmungen und Gefühlen an.

3 Vergleiche deine Eindrücke mit denen eines Freundes/einer Freundin oder eines Mitmusikers. Achte besonders darauf, was ihr gleich und was ihr verschieden auffasst.

Das Tonmaterial

Als Playback läuft eine bestimmte Akkordfolge. Du spielst auf der Gitarre dazu, was dir gerade so in den Sinn kommt, und probierst, ohne großartig darüber nachzudenken, verschiedene Tonkombinationen in unterschiedlichen Lagen aus. Du wirst feststellen: Nicht jeder Ton passt bzw. klingt gleich gut. Die besondere Aufgabe besteht nun darin, für die laufende Akkordfolge die „guten" Töne herauszufinden.

Um auch mit anderen Akkordfolgen klarzukommen, ist das Ausprobieren auf die Dauer ein umständliches und zeitintensives Verfahren. Es stellt sich also grundsätzlich die Frage, welche Töne sind in welchem harmonischen Zusammenhang (= Akkorde, Akkordfolgen) geeignet und warum?

Aber so harmlos sich diese Frage zunächst anhört, sie bringt eine ganze Theorie-Lawine ins Rollen, mit der Gefahr, unter ihr begraben zu werden. Damit das nicht passiert, werde ich in diesem Kapitel die grundlegenden Begriffe und Zusammenhänge ordnen und erläutern, um schließlich die Frage nach der geeigneten Tonauswahl zu beantworten.

Orientierung auf dem Griffbrett

Fingersätze bzw. Griffbilder werden verwendet, um Tonleitern, Akkorde und Arpeggios auf der Gitarre spielbar zu machen. Doch oft verkommt ein Fingersatz/Griffbild zu einer *„black-box"*: Gerade für Gitarristen ist es typisch, dass sie einen Fingersatz zwar auf und ab spielen können, aber keine Ahnung haben, was sie da überhaupt machen. Besonders augenfällig wird das z.B. bei einem Tonartenwechsel oder wenn es um Tonfolgen geht, die nicht in einen einzigen Fingersatz passen. Um sich von diesen Einschränkungen zu befreien und einen ungezwungenen Umgang mit dem Griffbrett zu erreichen, kommt man nicht umhin, die Lage der Töne (*absolute Position*) sowie die Intervall-Beziehungen zwischen den Tönen (*relative Position*) zu kennen. Mit anderen Worten: Du solltest auf dem Griffbrett die Lage jedes beliebigen Tons und jedes beliebigen Intervalls quasi im Schlaf beherrschen. Hilfreich ist es, auf geometrische Gemeinsamkeiten zwischen Akkorden, Arpeggios und Tonleitern auf dem Griffbrett zu achten.

Absolute Position: Die Töne

Wer die Lage der Töne auf dem Griffbrett noch nicht oder nur unzulänglich kennt, sollte die Gelegenheit beim Schopfe packen und es endlich nachholen. Einfach und wirksam ist die *„Ein Ton pro Tag-Methode"*.

Nimm dir zuerst die Stammtöne a, b, c, d, e, f, g vor. Lerne am ersten Tag die Lage aller a's. Wiederhole am zweiten Tag die a's und lerne die b's. Wiederhole am dritten Tag die a's und die b's, lerne die c's usw. Nach nur sieben Tagen wirst du die Stammtöne in allen Positionen auf dem Griffbrett lokalisieren können. Sodann machst du mit den Zwischentönen weiter. Immer in gleicher Weise:

1. Wiederholen der bisher gelernten Töne
2. Einen neuen Ton in allen Lagen lernen.

Nach weiteren fünf Tagen wirst du auch die Positionen von a# (b♭), c# (d♭), d# (e♭), f# (g♭) und g# (a♭) kennen.

184 ***Die Stammtöne auf dem Griffbrett***

Die „Ein Ton pro Tag Methode"

Tag	Töne, die wiederholt werden	Neuer Ton, der in allen Lagen zu lernen ist
1. Tag	-	a
2. Tag	a	b
3. Tag	a, b	c
4. Tag	a, b, c	d
5. Tag	a, b, c, d	e
6. Tag	a, b, c, d, e	f
7. Tag	a, b, c, d, e, f	g
8. Tag	a, b, c, d, e, f, g	a# (= b♭)
9. Tag	a, b, c, d, e, f, g, a#	c# (= d♭)
10. Tag	a, b, c, d, e, f, g, a#, c#	d# (= e♭)
11. Tag	a, b, c, d, e, f, g, a#, c#, d#	f# (= g♭)
12. Tag	a, b, c, d, e, f, g, a#, c#, d#, f#	g# (= a♭)
ab dann:	a, b, c, d, e, f, g, a#, c#, d#, f#, g#	-

Aufgaben und Übungen

Die folgenden Aufgaben sollen deine Kenntnisse über die Lage der Töne auf dem Griffbrett testen und festigen. Beginne wie immer langsam. Sprich bei allen Aufgaben die Tonnamen laut dazu. Setze auch, sobald du eine gewisse Sicherheit erreicht hast, das Metronom ein. Steigere das Tempo. Mische zur weiteren Steigerung unterschiedliche Aufgabenteile ohne Zwischenpause (z. B. 1b, 2b, ...). Wiederhole die Aufgaben von Zeit zu Zeit, um dein Wissen aufzufrischen.

1 Spiele und benenne die *Stammtöne* auf jeder Saite vom I. bis XII. Bund.

a) tiefe und hohe E-Saite
b) A-Saite
c) D-Saite
d) G-Saite
e) B-Saite

2 Spiele und benenne die Töne an einem bestimmten Bund.

a) Leersaiten (0. Bund) und XII. Bund
b) III. und XV. Bund
c) V. und XVII. Bund
d) VII. und XIX. Bund
e) X. und XXI. Bund

3 Diese Übung hilft, sich noch besser mit gleichen Tönen und Oktaven auszukennen.

Tonwiederholung auf benachbarten Saiten am Beispiel c

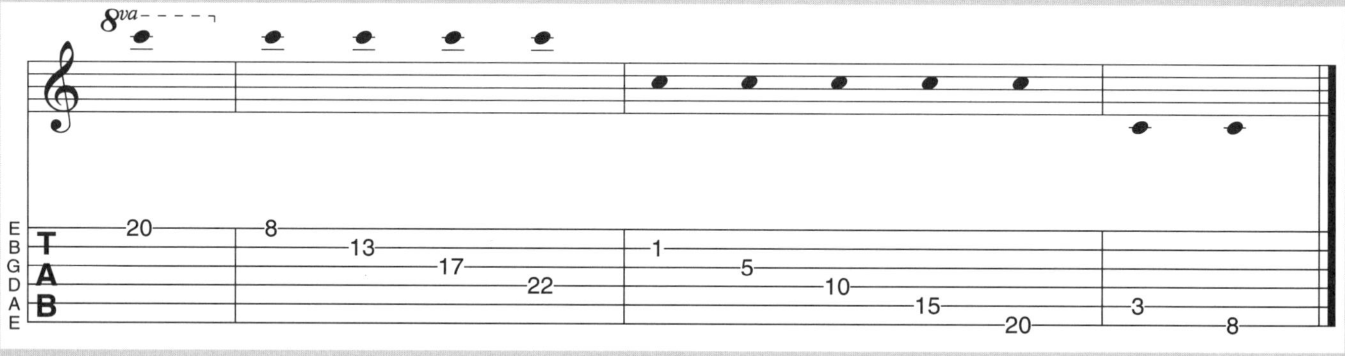

Tonwiederholung auf benachbarten Saiten am Beispiel f

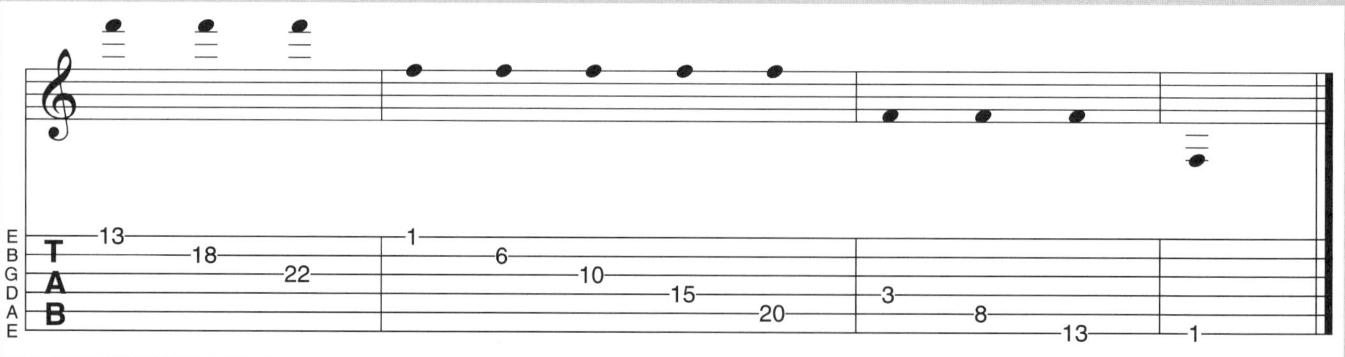

3a Spiele die Töne in der Reihenfolge wie abgebildet. Wenn du beim letzten Ton angelangt bist, spiele ohne Pause wieder genauso rückwärts. Verwende zunächst zum Greifen nur den Zeigefinger (Variationen: nur den Mittelfinger, nur den Ringfinger). Die weiten Positionswechsel sind eine besondere Schwierigkeit bei dieser Übung.

3b Notiere die Übung für jeden der Stammtöne. Verfahre in gleicher Weise wie in a.

3c Notiere die Übung für die noch fehlenden Zwischentöne. Verfahre in gleicher Weise wie in a.

3d Zur weiteren Steigerung: Mache die Übungen, ohne auf das Griffbrett zu schauen. Deine Greifhand wird mit der Zeit ein Gefühl für die Entfernungen entwickeln.

Relative Position: Die Intervalle

Intervalle bilden auf dem Griffbrett geometrische Muster. Hast du erst einmal das System durchschaut und gelernt, wirst du selbst Fingersätze und Griffbilder für Tonleitern, Akkorde und Arpeggios entdecken. Schließlich wirst du dich von den Denkmustern der üblichen Fingersätze lösen können - nicht, weil sie nicht mehr wichtig wären oder nicht mehr zum Einsatz kämen - sondern weil dir diese Kenntnisse einen freieren Umgang mit dem Griffbrett ermöglichen.

Die Oktaven dienen uns als wichtigste Orientierung. Sucht man auf dem Griffbrett alle c's, so ergibt sich eine charakteristische Verteilung. Das gilt für alle gleichen Töne: Sie bilden immer diese Anordnung (entsprechend verschoben).

Alle c auf dem Griffbrett

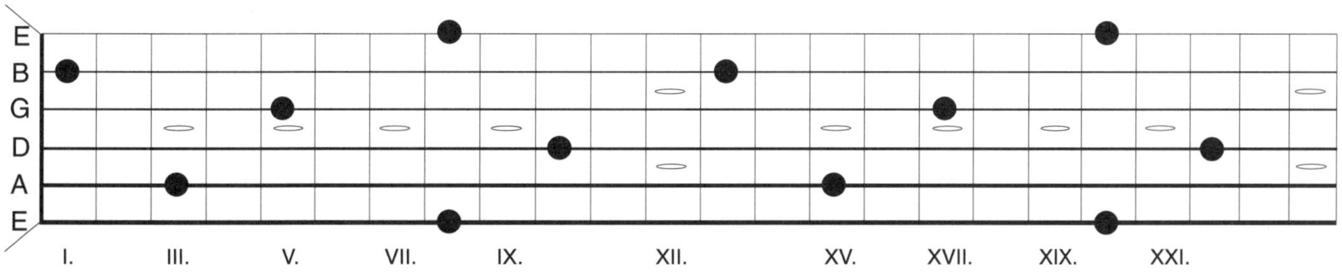

Wir unterteilen dieses Gesamtmuster in fünf Bereiche, die fünf Oktavmuster. Sie sind nach den Lagerfeuer-Akkorden C, A, G, E, D benannt, denen sie zugrunde liegen. Die Reihenfolge, in der ein Oktavmuster an das nächste anschließt, ist immer die gleiche: C-A-G-E-D-C-A-G-E-D-... Das ist leicht zu merken (engl.): CAGED.

Die fünf Oktavmuster

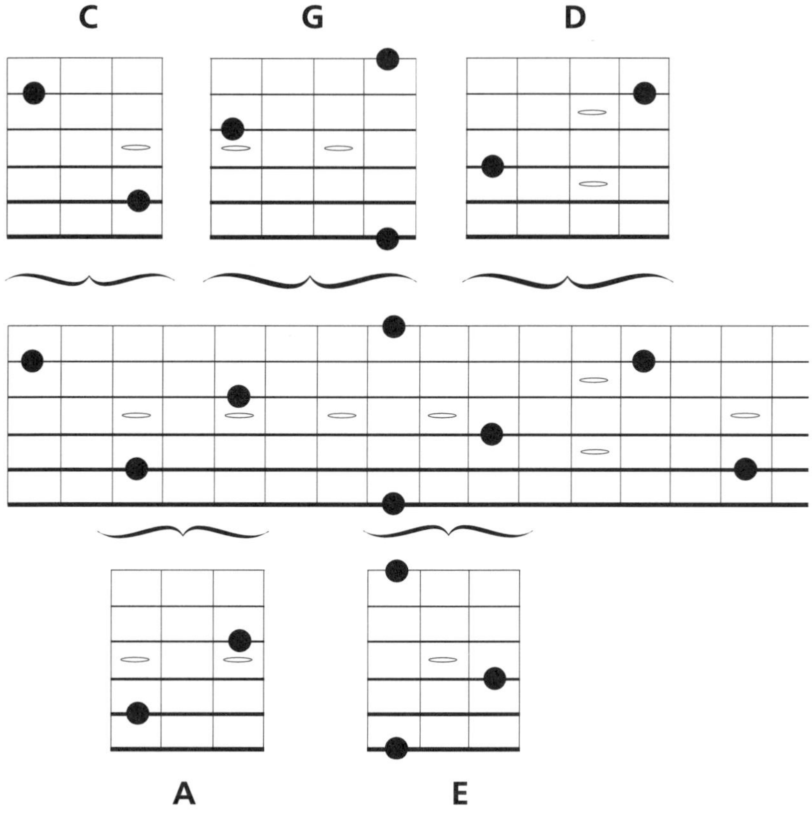

Wir gehen von einer Dur-Tonleiter mit der Intervallstruktur 1, 2, 3, 4, 5, 6, maj7 aus. Auf dem Griffbrett wird jeder Ton durch das Intervall gekennzeichnet, das er zum Grundton bildet.

Die Grundtöne (Oktavmuster) erhalten dabei die ⇒ *Intervallziffer* „1". Präge dir die Anordnung der Intervalle sorgfältig ein.

Beachte: 1 = 8
2 = 9
4 = 11
6 = 13.

Zwischenintervalle, wie z. B. b2, #5, 7 usw. findest du jeweils einen Halbton (bzw. einen Bund) höher oder tiefer.

184 ***Die Intervallbezeichnungen***

Die harmonischen Intervalle von C-Dur auf dem Griffbrett (c = ①)

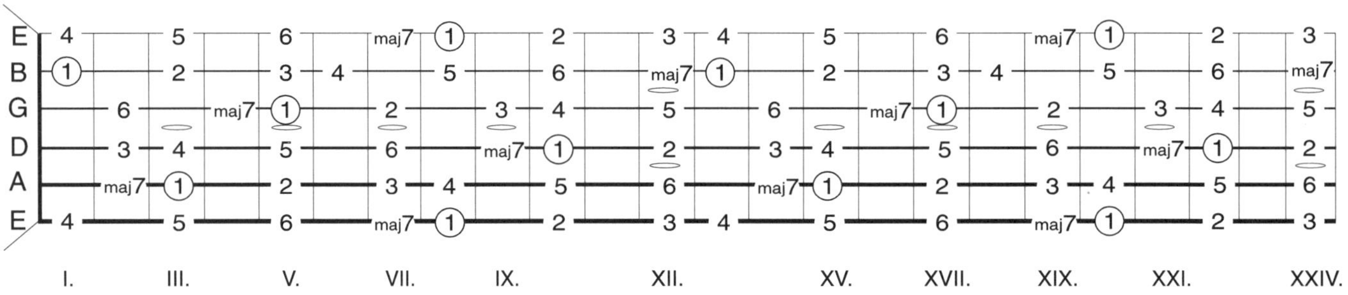

Aufgaben und Übungen

1 *Trage das Intervall (Intervallziffer) ein.*

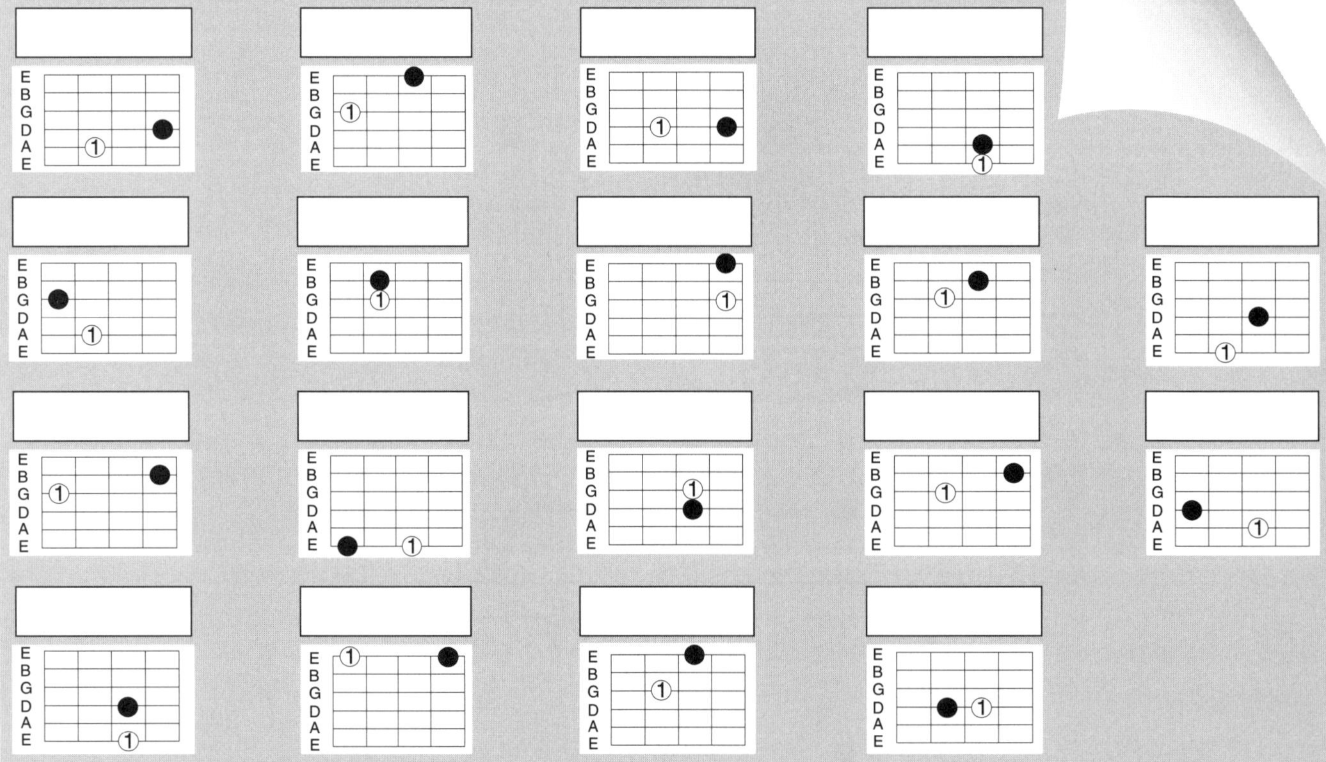

2a *Ergänze das Griffbild.*

Grundstellung (Grundton ① ist der tiefere Ton)

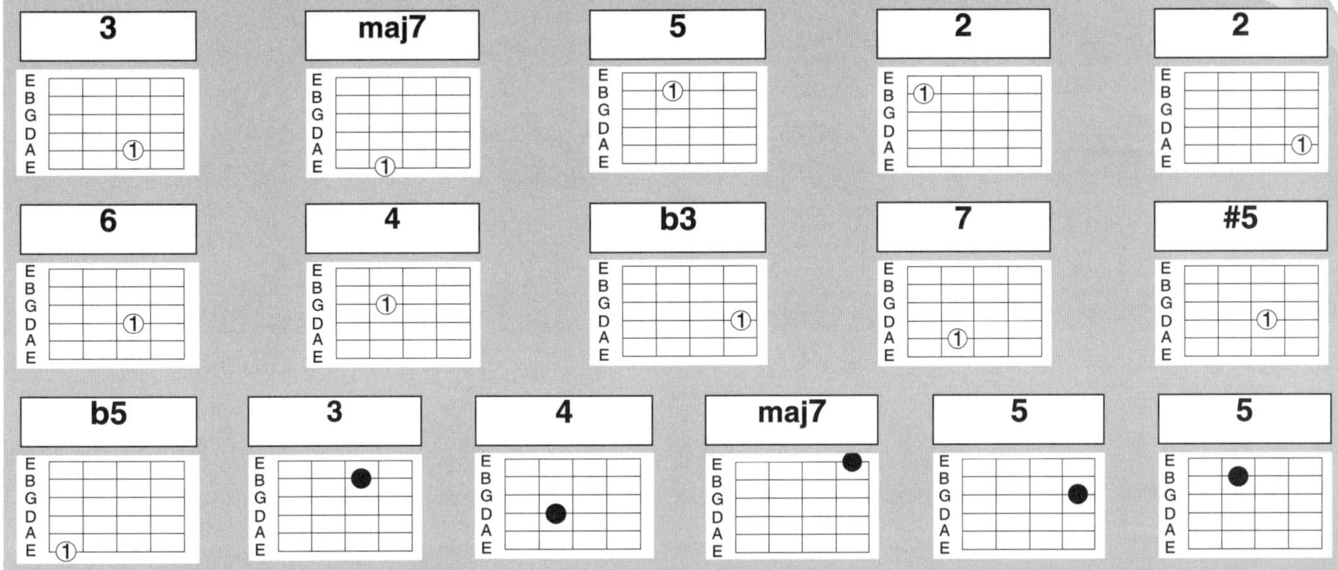

2b Umkehrung (Grundton ① ist der höhere Ton)

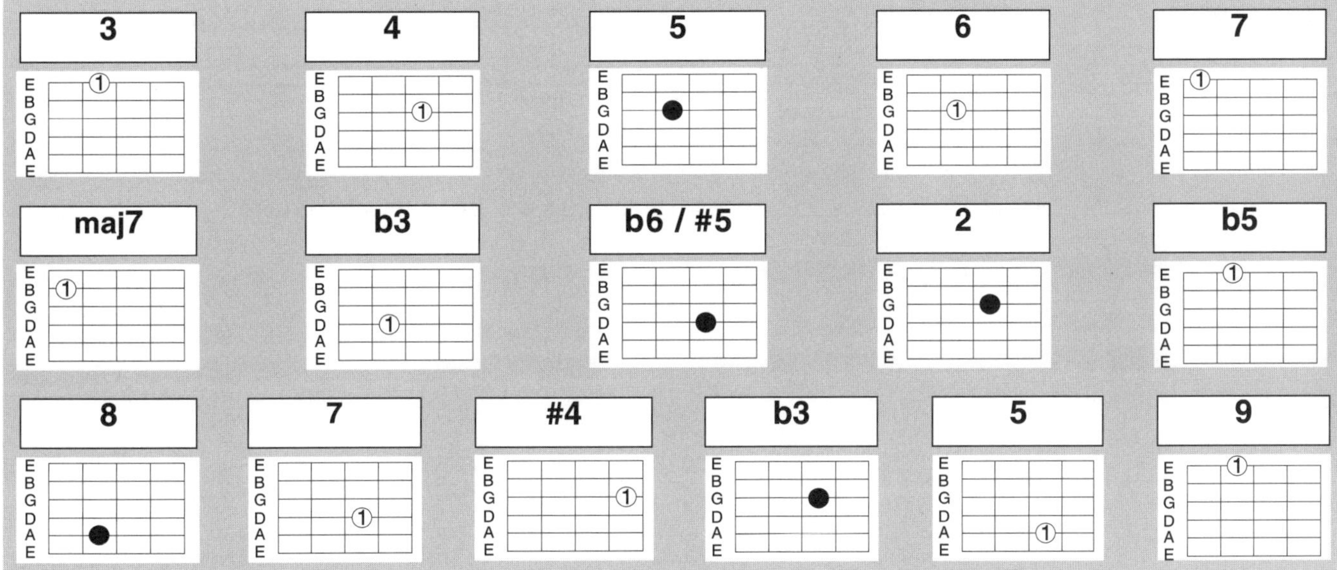

3 Spiele die Intervalle aus den Übungen 1 und 2 in unterschiedlichen Lagen und präge dir deren Klang ein.

4 In der folgenden Übung wechseln sich kleine und große Terzen nacheinander ab. Spiele die Übung vorwärts und rückwärts.

Terzfolge, beginnend mit einer kleinen Terz

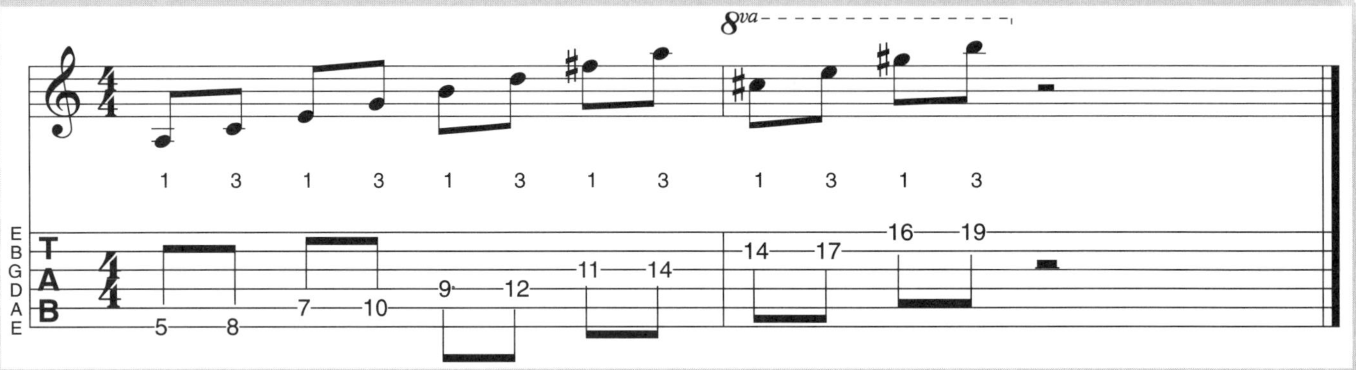

Terzfolge, beginnend mit einer großen Terz

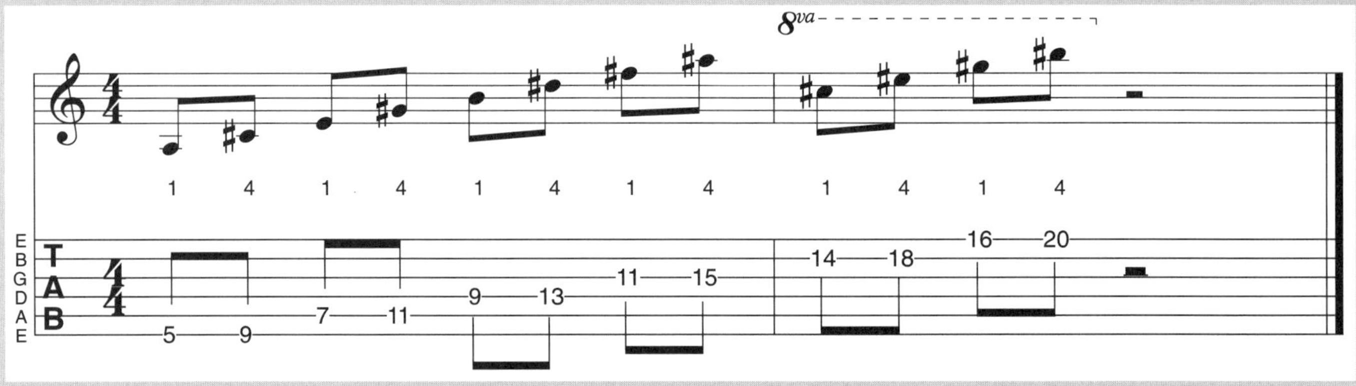

5 In den folgenden Übungen dient uns ein ⇒*Pedalton* als Bezugston/Grundton der harmonischen Intervalle. Die Licks fangen erst ab einem bestimmten Tempo zu klingen an. Steigere dich langsam.

5a Bestimme die Intervalle und spiele den Lick.

Pedaltonlick auf einer Saite

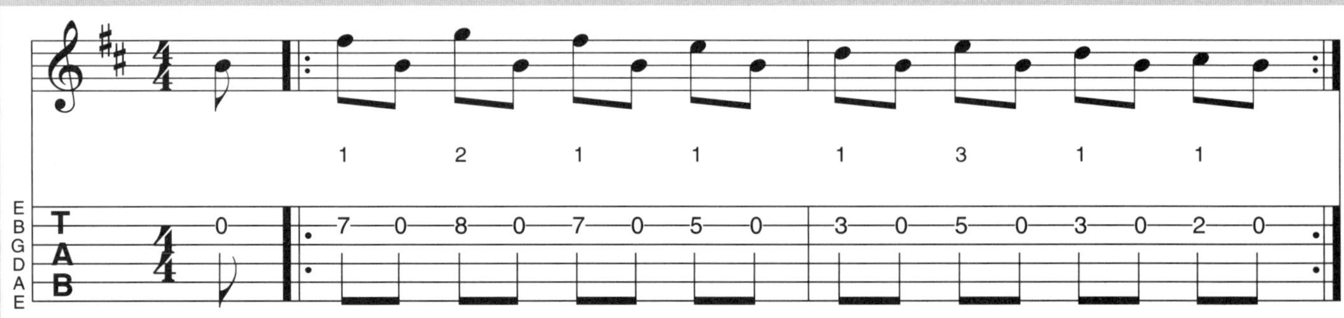

Intervall: ______ ______ ______ ______ ______ ______ ______ ______

5b Bestimme die Intervalle und spiele den Lick.

Pedaltonlick auf zwei Saiten

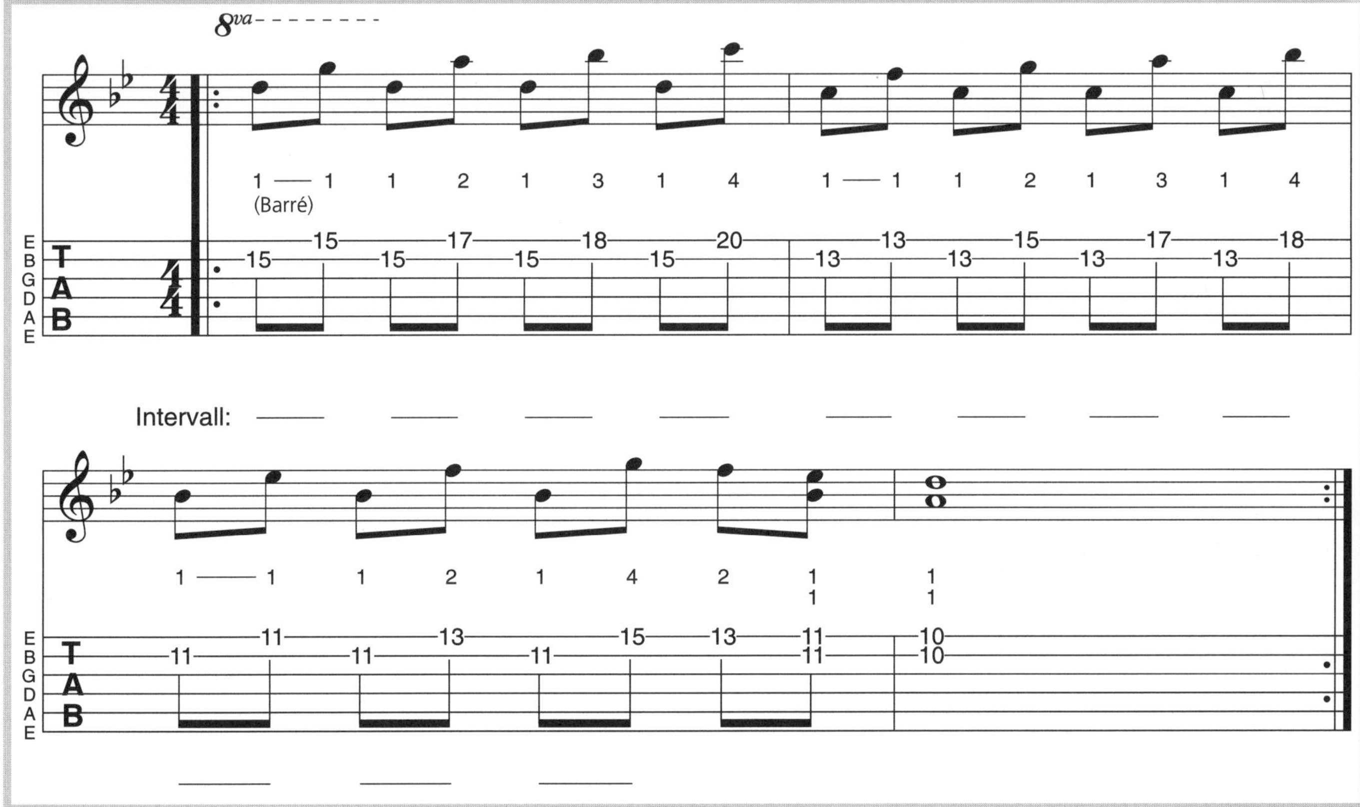

Die Übungen c und d verwenden einen ⇒*Pedalton*, der auf einer offenen Saite in durchgehendem Achtelrhythmus gespielt wird. Die „Melodie"-Töne liegen auf der benachbarten, höheren Saite. Sie werden zusammen mit dem Pedalton, aber nicht immer auf jedem Achtel angeschlagen, d. h. die „Melodielinie" hat einen eigenen rhythmischen Verlauf. Die Übungen werden komplett mit ⇒*Downstrokes* gespielt. Dämpfe die nicht gespielten Saiten mit dem Ballen der Anschlaghand ab.

5c Bestimme die Intervalle und spiele das Pattern.

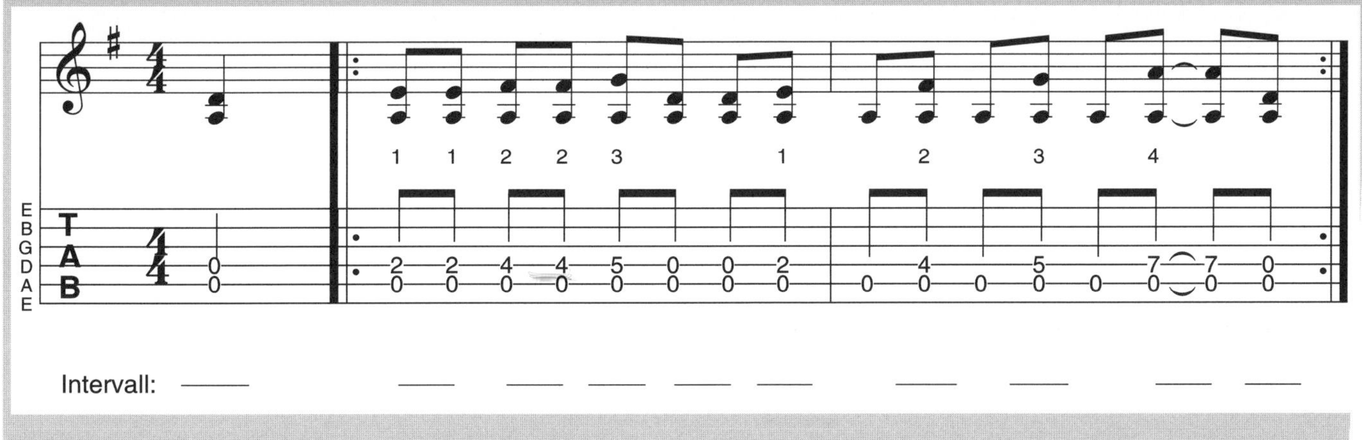

Variation

Das obige Pattern ist für das Saitenpaar A/D notiert, kann aber genauso auf die Saitenpaare D/G und E/A übertragen werden. Spiele das Pattern also auch auf diesen Saiten.

Es bietet sich an, das Pattern auf einen 12taktigen Blues anzuwenden. Da sich ein Pattern über zwei Takte erstreckt, muss es insgesamt sechs Mal wiederholt werden und zwar nach folgendem Schema:

Takt	1	2	3	4	5	6	7	8	9	10	11	12
Saitenpaar	A/D		A/D		D/G		A/D		E/A		A/D	

5d Bestimme die Intervalle und spiele den Lick.

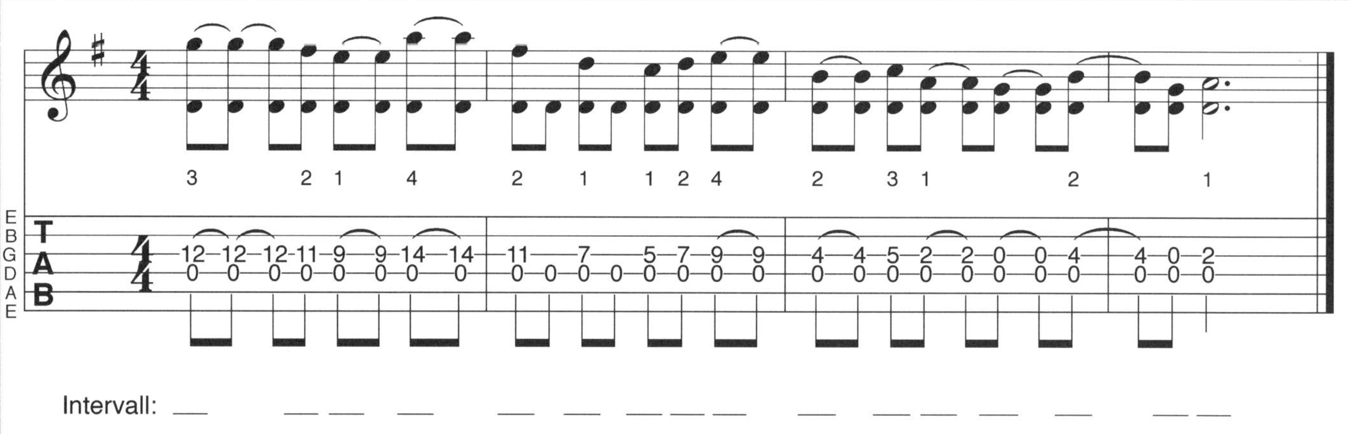

Variation

Übertrage auch diesen Lick auf andere Saitenpaare.

5e Erfinde eigene Pedaltonlicks und schreibe sie auf.

6 Double Stops

6a *Blues-Lick mit ⇒ Double Stops*

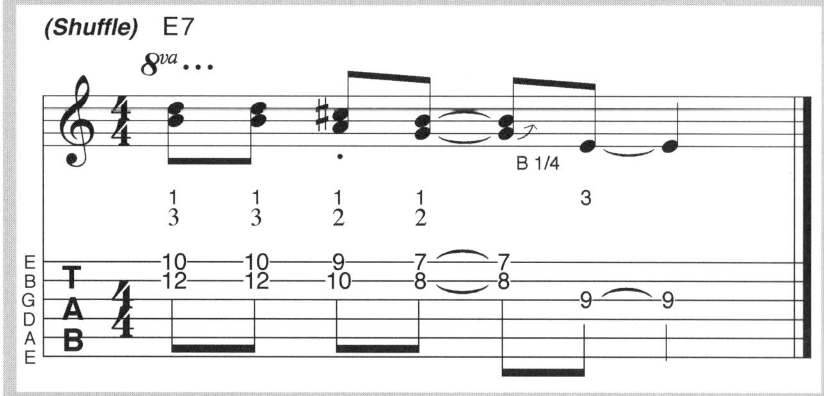

6b Das folgende Riff ist ein typisches Beispiel dafür, wie nur wenige, aber ausgewählte Töne die Atmosphäre eines Stückes bestimmen können. Die Grundidee ist in mannigfachen Variationen in ebenso vielen Stücken zu finden. Angelehnt ist das vorliegende Beispiel an den *„Stormy Monday Blues"* in der Version der ⇒ ***Allman Brothers Band***. Der Mittelfinger muss zugleich die dazwischen liegende Saite abdämpfen.

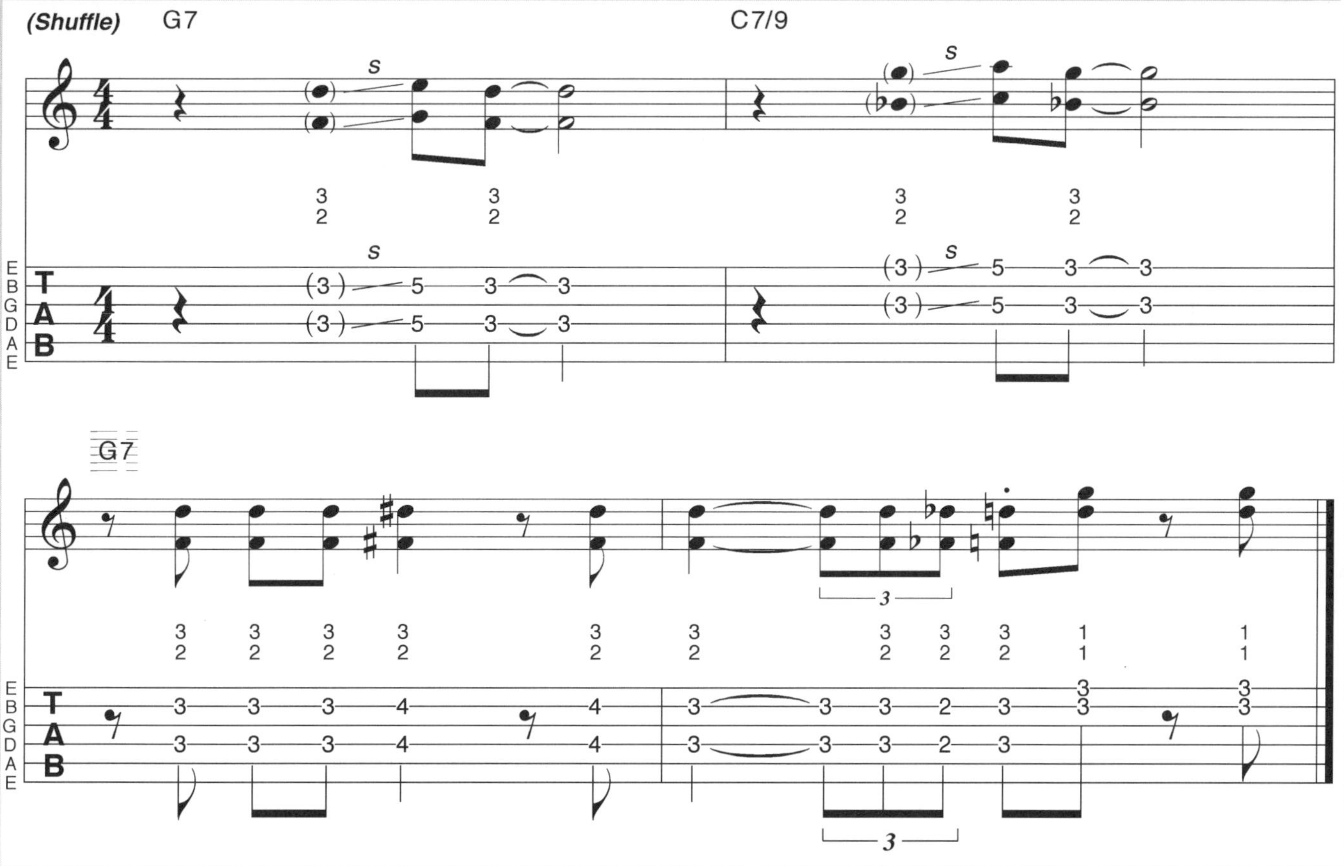

Tonleitern

Eine *Tonleiter* ist eine Auswahl aus den zwölf verfügbaren Tönen. Die ausgewählten Töne werden von einem *Grundton* aus aufsteigend angeordnet. Theoretisch sind viele Tonleitern möglich, praktisch dagegen kommt eine überschaubare Anzahl zum Einsatz. Von den folgenden Tonleitern wird häufig Gebrauch gemacht (Beispiele in Klammern).

Tonleitern mit ...

- 5 Tönen (Pentatonische Tonleiter: ⇒ *Pentatonik*)
- 6 Tönen (Ganzton-Tonleiter)
- 7 Tönen (⇒ *Diatonische Tonleitern* z. B. Dur-Tonleiter)
- 8 Tönen (⇒ *Ganzton-Halbton-* bzw. *Halbton-Ganzton-Tonleiter*)
- 12 Tönen (Chromatische Tonleiter, enthält alle Töne)

Welche Tonleiter wann verwendet wird, kann vom Musikstil, von der Besetzung, von der musikalischen Idee, von der Melodie, den Akkorden usw. abhängen.

Es gibt zwei grundsätzliche Betrachtungsweisen:
1. Eine Tonleiter stellt die Töne zur Verfügung, von denen sich Melodie und Akkorde bedienen. D. h. auf der Basis des Tonmaterials der Tonleiter werden Musikstück, Melodie, Begleitung, Solo usw. erfunden und komponiert.
2. Die Töne der Melodie und der Begleitung/Akkorde bestimmen die Tonleiter. D. h. aufgrund der im Musikstück vorhandenen Töne ergibt sich die Tonleiter. So verhält es sich in der Regel auch beim Soloing: Wenn die Begleitung und die Akkorde festliegen, sind auch die mögliche(n) Tonleiter(n) vorbestimmt.

Die Begriffe Tonleiter, ⇒ *Tonart* und ⇒ *Tonalität* beleuchten unterschiedliche Gesichtspunkte des gleichen Sachverhalts. Eine *Tonleiter* ist eine bestimmte Auswahl von Tönen. Aufgrund ihrer ⇒*Intervallstruktur* (siehe unten) lassen sich Aussagen über harmonische und melodische Zusammenhänge ableiten.

Tonart meint den Typ der Tonleiter und die zugehörigen Vorzeichen. Das Stück „steht" z. B. in C-Dur, in G-Moll usw. Der Begriff *Tonalität* schließlich umfasst die Tonleiter, die Tonart und die dazugehörigen Akkorde mit ihren Funktionen und Beziehungen.

Tonleitern und Intervallstruktur
(Beispiele mit Grundton c)

Die Intervallstruktur einer Tonleiter

Jeder Ton einer Tonleiter lässt sich auch durch das Intervall beschreiben, das er im Verhältnis zum Grundton bildet. Schreibt man die Intervallziffern nacheinander auf, erhält man eine aufsteigende Intervallfolge, die *Intervallstruktur der Tonleiter*. Haben zwei Tonleitern die gleiche Intervallstruktur, dann gehören sie zum gleichen Tonleitertyp (z. B. Dur, Moll usw.) und hinterlassen den gleichen Klangeindruck.

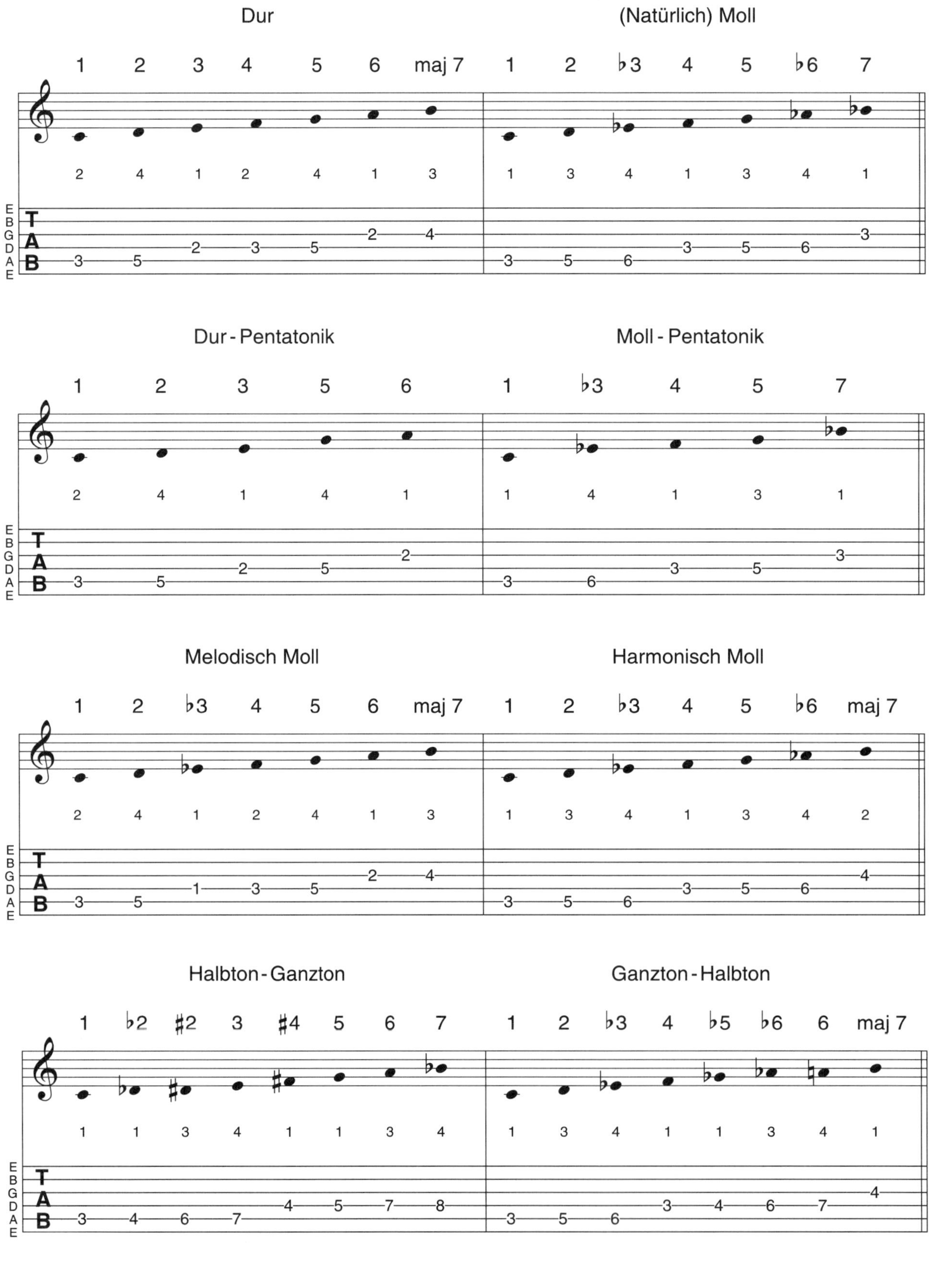

Modes

Aus der Musizierpraxis des Mittelalters in der Kirche (Gregorianische Gesänge) und in der Volksmusik entwickelten sich verschiedene eigenständige Tonleitern, die als ⇒*Kirchentonarten* [engl. ⇒ *modes* = Tonarten] bezeichnet werden. Ab dem 16. Jahrhundert wurden nur noch zwei dieser Modes verwendet: Eine Dur-Tonleiter (Ionisch) und eine Moll-Tonleiter (Äolisch). Seit dem 19./20. Jahrhundert erlangten die Kirchentonarten wieder neue Bedeutung. Auch in vielen Stücken der Jazz-, Rock- und Popmusik werden Modes und modale Wendungen verwendet.

Ausgangspunkt für die Modes ist eine Dur-Tonleiter mit der *Intervallstruktur*

1 - 2 - 3 - 4 - 5 - 6 - maj7
Beispiel C-Dur: **c - d - e - f - g - a - b**

Setzt man das tonale Zentrum (Grundton) auf den ersten Ton der C-Dur-Tonleiter (also auf c), erhalten wir keine neue Tonleiter, aber wir nennen sie in diesem Zusammenhang den ersten Mode (= *Ionisch*). Eine Dur-Tonleiter entspricht also zugleich ihrem ionischen Mode. Bildet man eine Tonleiter vom zweiten Ton aus - in unserem Beispiel von d aus:

d - e - f - g - a - b - c

ergibt sich der zweite Mode (= *Dorisch*). In gleicher Weise kann jeder Ton der Ausgangstonleiter zum Grundton einer neuen Tonleiter werden, wobei wohlgemerkt immer die gleichen Töne verwendet werden. Das Entscheidende ist: Jede dieser Tonleitern klingt anders, weil sich durch die Festlegung des neuen Grundtons eine andere Intervallstruktur ergibt. Da eine Dur-Tonleiter aus sieben verschiedenen Tönen besteht, gibt es folglich auch sieben Modes. Der sechste Mode (*Äolisch*) ist das bekannte (natürliche) Moll.

Die Modes einer Dur-Tonleiter

Nr.	Mode	Intervallstruktur*	Beispiel für C-Dur*	Klangcharakter
1.	Ionisch	1 2 3‿4 5 6 maj7‿	c d e‿f g a b‿(c)	Dur sehr hell und klar, stabil in sich ruhend
2.	Dorisch	1 2‿b3 4 5 6‿7	d e‿f g a b‿c (d)	Moll aber positiv und hell
3.	Phrygisch	1‿b2 b3 4 5‿b6 7	e‿f g a b‿c d (e)	Moll für große Emotionen, klingt etwas nach Spanien / Flamenco
4.	Lydisch	1 2 3 #4‿5 6 maj7‿	f g a b‿c d e‿(f)	Dur sehr hell, ungebunden
5.	Mixolydisch	1 2 3‿4 5 6‿7	g a b‿c d e‿f (g)	Dur hell, mit Bestrebung zur Auflösung
6.	Äolisch	1 2‿b3 4 5‿b6 7	a b‿c d e‿f g (a)	Moll traurig, aber nicht pessimistisch
7.	Lokrisch	1‿b2 b3 4‿b5 b6 7	b‿c d e‿f g a (b)	Vermindert befremdlich, instabil

* ‿ markiert einen Halbtonschritt

Beachte: Die Terz entscheidet über das Tongeschlecht. Große Terz (3) - Dur, kleine Terz (b3) - Moll. Wie man in der Tabelle sehen kann, gibt es folglich drei Dur-Modes (Ionisch, Lydisch und Mixolydisch - in der Tabelle grau unterlegt), drei Moll-Modes (Dorisch, Phrygisch, Äolisch) und einen „verminderten" Mode (Lokrisch) als Sonderfall.

Die Modes geordnet nach Klangcharakter

Ordnet man die Modes nach ihrem Klangcharakter an, ergibt sich die folgende Reihenfolge (dunkler von links nach rechts, heller von rechts nach links). Beispiele: Dorisch klingt heller als Äolisch, Mixolydisch klingt dunkler als Lydisch usw. In Klammern stehen die veränderten Intervalle bezogen auf Ionisch.

HELL	Lydisch ←	Ionisch ←	Mixolydisch ←	Dorisch →	Äolisch →	Phrygisch →	Lokrisch	DUNKEL
	(#4)		**(7)**	**(b3)** **(7)**	**(b3)** **(b6)** **(7)**	**(b2)** **(b3)** **(b6)** **(7)**	**(b2)** **(b3)** **(b5)** **(b6)** **(7)**	

Etablieren einer Tonalität

Im Zusammenhang mit den Modes stellt sich die Frage, wie man es schafft, eine bestimmte Tonleiter bzw. Tonalität und damit die gewünschte Stimmung einzuführen und durchzusetzen, wenn doch die gleichen Töne wie bei anderen Tonalitäten benutzt werden (z. B. C-Ionisch und G-Mixolydisch)? Ausschlaggebend sind nicht die Töne an sich, sondern wie und wo sie eingesetzt werden. Zudem sind manche Modes (z. B. Lokrisch) schwieriger einzuführen als andere. In zweifelhaften Fällen setzen sich bestimmte Modes gegenüber anderen durch, d. h. die Stimmung kippt zugunsten einer stärkeren bzw. gewohnteren Tonalität um. Je schwächer eine Tonalität ist, um so mehr muss man sich um deren Durchsetzung bemühen. Allein der Wunsch reicht nicht aus. Ebenso muß die Akkordbegleitung den Mode unterstützen. Als Solist kannst du eine Tonalität etablieren, indem du...

- den Grundton (tonales Zentrum) des Modes häufig verwendest und
- die für den Mode typischen Intervalle bzw. Töne verwendest und betonst (durch Akzent, Lautstärke, Tondauer, auf den Beat spielen usw.).

Blues-Tonleitern

Harmonisch gesehen wird die Stimmung des Blues durch die sogenannten ⇒*„blue notes"* und die kleine Septime (7) erzielt. Die Blue Notes befinden sich außerhalb unseres normalen - europäischen - Tonmaterials zwischen der b3 und 3 und der b5 und 5 (Blues-Tonleitern auf der Grundlage unseres 12-Ton-Systems sind deshalb nur Annäherungen). Auf der Gitarre haben wir den Vorteil, dass wir diese Zwischentöne durch Bends erzeugen können, was auf manch anderem Instrument nicht möglich ist (z. B. Klavier). Auch durch weitere Spielweisen kann man an den Klang der blue notes herankommen, indem man z.B. die b3 und 3 (bzw. b5 und 5) kurz hintereinander spielt oder auch die Moll-Terz (b3) gegen die Dur-Terz (3) bzw. die verminderte Quinte (b5) gegen die reine Quinte (5) des Begleitakkordes verwendet. Beide Verfahren sorgen für ähnliche harmonische Reibung wie die blue notes selbst.

Folglich kann man das Tonmaterial für einen Blues auf unterschiedliche Weise zusammenstellen. Es gibt also nicht nur eine einzige Blues-Tonleiter! Grundsätzlich ist zu unterscheiden, ob die Akkordbegleitung in Dur oder in Moll verläuft. In folgender Tabelle sind einige Möglichkeiten aufgeführt.

„Blues-Tonleitern"

Akkordbegleitung in Dur	Akkordbegleitung in Moll
1 - b3 - 4 - 5 - 7 (Moll-Pentatonik)	
1 - b3 - 4 - b5 - 5 - 7 (Moll-Pentatonik erweitert um b5)	
1 - b3 - 3 - 4 - 5 - 7	1 - 2 - b3 - 4 - b5 - 5 - 7
1 - b3 - 3 - 4 - b5 - 5 - 7	
1 - 2 - b3 - 3 - 4 - b5 - 5 - 7	
1 - b3 - 4 - 5 - 6	
1 - 2 - b3 - 3 - 5 - 6	

Zum Austesten der erwähnten Spielweisen und der verschiedenen Blues-Tonleitern bieten sich folgende Playbacks auf der CD an (siehe auch CD-Übersicht).

01 05 07 13 14

Akkorde

Akkorde bestehen aus mehreren, gleichzeitig erklingenden Tönen und geben das konkrete harmonische Umfeld vor, in dem sich das Solo bewegt (⇒ *Homophonie*). Ein Akkord stellt uns bereits die wichtigsten Töne zur Verfügung, die wir in einem Solo an dieser Stelle verwenden können.

1. Die ***Grundstruktur*** eines Akkordes besteht in der Regel aus den drei Tönen: Grundton, Terz, Quinte (im Jazz geht man von Vierklängen aus: Grundton, Terz, Quinte und Septime oder Sexte).

2. ***Akkorderweiterungen*** (*Tensions*) sind Töne, die einem Akkord zur Grundstruktur hinzugefügt werden. Akkorderweiterungen sind der vorherrschenden Tonleiter entnommen (leitereigene Töne).

3. Bei einer ***Alteration*** [lat. = Änderung, Veränderung] wird ein Akkordton chromatisch verändert, d. h. um einen Halbtonschritt erhöht oder erniedrigt, so dass er nicht mehr zu der vorherrschenden Tonleiter gehört.

Akkorde und Akkordsymbole

Zur Mitteilung von Akkorden werden außer der Notenschreibweise sogenannte *Akkordsymbole* verwendet. Ein Akkordsymbol besteht aus einem Großbuchstaben (= Grundton) und kann mit etlichen Zusätzen versehen sein. Der Großbuchstabe ohne Zusätze symbolisiert stets einen Dur-Dreiklang mit der Intervallstruktur 1 - 3 - 5.

C bedeutet also: C-Dur Dreiklang mit den Tönen c, e, g.

Alle Änderungen an dieser Intervallstruktur und alle zusätzlichen Töne werden angegeben. Leider gibt es keine ganz einheitlichen Schreibweisen. In der folgenden Tabelle habe ich deshalb auch alternative Schreibweisen mit aufgenommen.

Gebräuchliche Akkorde und ihre Symbole

Akkordtyp	Akkordsymbol	Alternative Schreibweise	Töne	Struktur	Anmerkungen
Zweiklang*	C n3	C5	c - g	1 - 5	*„C no 3rd"= C ohne Terz*
Dreiklang	C	C maj	c - e - g	1 - 3 - 5	*C-Dur (große Terz)*
	Cm	C-, Cmi, Cmin	c - e♭ - g	1 - b3 - 5	*C-Moll (kleine Terz)*
	C+	C aug.	c - e - g#	1 - 3 - #5	*Übermäßiger Dreiklang (2 gr. Terzen übereinander)*
	C°	C dim.	c - e♭ - g♭	1 - b3 - b5	*⇒Verminderter Dreiklang (2 kl. Terzen übereinander)*
	C sus4		c - f - g	1 - 4 - 5	*C ⇒suspended 4 (Quart statt Terz)*
	C sus2		c -d - g	1 - 2 - 5	*C ⇒suspended 2 (Sekunde statt Terz)*
Vierklang	C6		c - e - g - a	1 - 3 - 5 - 6	
	Cmaj7	C△ , C M7, Cj7	c - d - g - b	1 - 3 - 5 - maj7	*„C major7"*
	Cm7	C-7, Cmi7	c - e♭- g - b♭	1 - b3 - 5 - 7	*„C Moll 7"*
	Cm maj7	C-maj7, Cmi(maj7)	c - e♭ - g - b	1 - b3 - 5 - maj7	*„C Moll major7"*
	Cm7/b5	C-7/b5	c - e♭ - g♭ - b♭	1 - b3 - b5 - 7	*Halbverminderter Vierklang*
	C°7	Cdim7	c - e♭ - g♭ - b♭♭ (=a)	1 - b3 - b5 - b7 (= 6)	*⇒Verminderter Vierklang*
	C7		c - e - g - b♭	1 - 3 - 5 - 7	
	C7 sus4	C7sus11	c - f - g - b♭	1 - 4 - 5 - 7	
	C+7	C7/#5, Caug 7	c - e - g# - b♭	1 - 3 - #5 - 7	
	Cadd9		c - d - e - g	1 - 9 - 3 - 5	
Fünfklang	C6/9	C6add9	c - d - e - g - a	1 - 9 - 3 - 5 - 6	
	Cmaj7/9	Cmaj7/9, CM7/9	c - d - e - g - b	1 - 9 - 3 - 5 - maj7	
	C7/9	C9	c - d - e - g - b♭	1 - 9 - 3 - 5 - 7	
	Cm7/9	Cm9	c - d - e♭ - g - b♭	1 - 9 - b3 - 5 - 7	
	C7alt		c-d♭ /d#-e-f-g♭/g#	1-b9/#9-3-b5/#5-7	*alterierter Septakkord*
Sechsklang	Cm7/9/11	Cm11	c-d -e♭-f-g-b♭	1-9-b3-11-5-7	
	C13	C13 n11	c-d-e-g-a-b♭	1-9-3-5-13-7	
	Cmaj7/9/#11	Cmaj7/9/#11, CM7/9/#11	c-d-e-f#-g-b	1-9-3-#11-5-maj7	
Siebenklang	C13/#11	C7/9/#11/13	c-d-e-f#-g-a-b♭	1-2-3-#4-5-6-7	*hat alle Töne einer 7-stufigen (diatonischen) Tonleiter*
Slash Chord	C/G		c - e - g / g	1 - 3 - 5 / 5	*C-Dur-Dreiklang mit g als Basston (tiefster Ton)*
	Cm7/D		c - e♭ - g - b♭ / d	1 - 3 - 5 / 9	*Cm7 mit d als Basston*

** Ein Zweiklang ist im strengen Sinn kein Akkord, wird aber in der Rock-/Popmusik häufig als solcher verwendet z. B. als Powerchord.*

Voicing

Nicht immer werden Akkorde so gespielt, wie es die Intervallstruktur des Akkordsymbols strenggenommen vorgibt. Die tatsächliche Ausführung eines Akkordes (d.h. welche Töne in welcher Reihenfolge beteiligt sind), bezeichnet man als ⇒*Voicing*. Beachte dabei folgendes:

■ Die Reihenfolge der Töne ist durch das Akkordsymbol nicht statisch festgelegt, sondern lässt sich in weitem Bereich frei bestimmen bzw. umkehren.

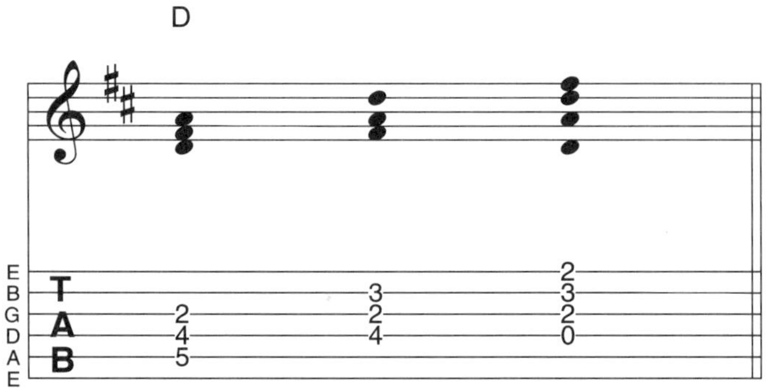

■ Die Töne des Akkordes können eng nebeneinander oder weit auseinander liegen.

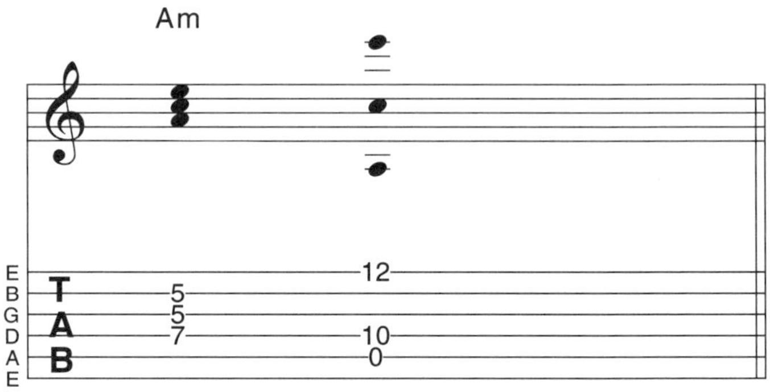

■ Das Symbol lässt offen, in welcher Tonlage der Akkord erklingen soll.

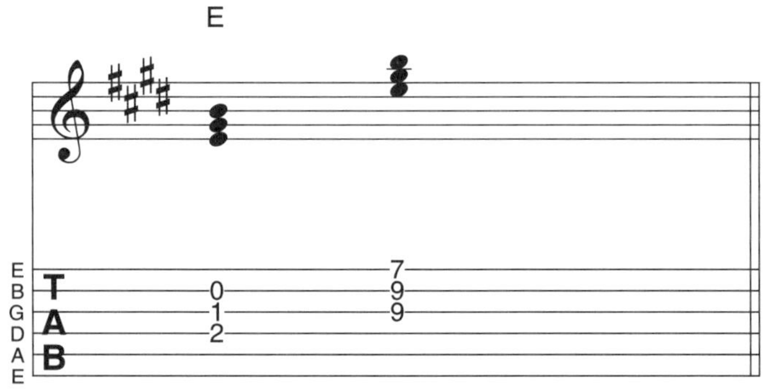

■ Wer sagt zudem, dass immer alle Töne eines Akkordes gespielt werden müssen?
Verwende die Töne, die den Klang des Akkordes prägen und lasse die anderen Töne weg.

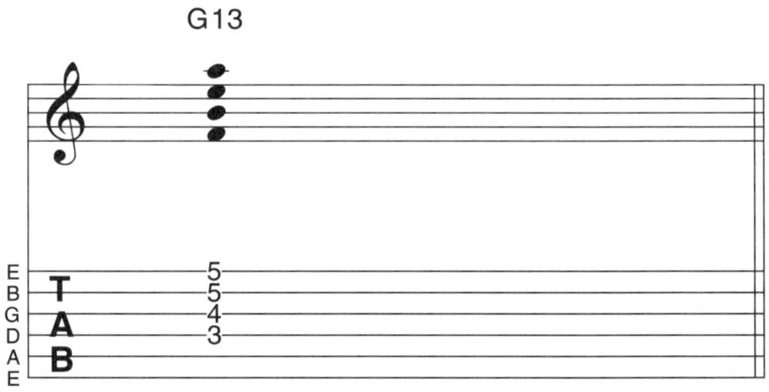

■ Auf der anderen Seite können auch zusätzliche Töne (Erweiterungen / Tensions, Alterationen) Farbe ins Spiel bringen.

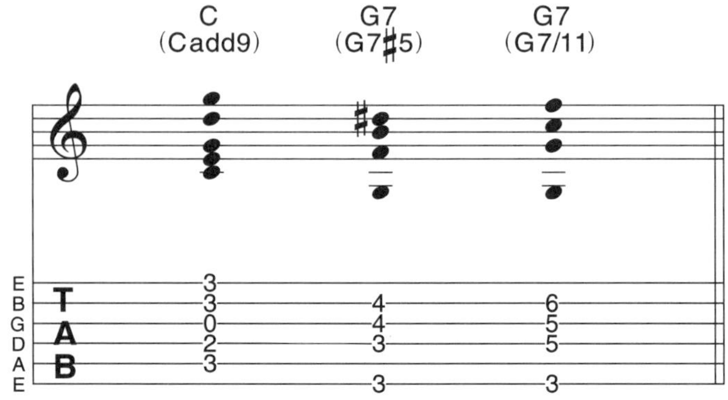

Arpeggios

Spielt man die Töne eines Akkords nicht gleichzeitig, sondern nacheinander, spricht man von einem *Arpeggio*. Arpeggios haben die Eigenschaft, dass größere Intervalle, d.h. Sprünge zu bewältigen sind. Die Melodie „hüpft" sozusagen von einem Ton zum anderen.

Beispiel: Akkord und Arpeggio

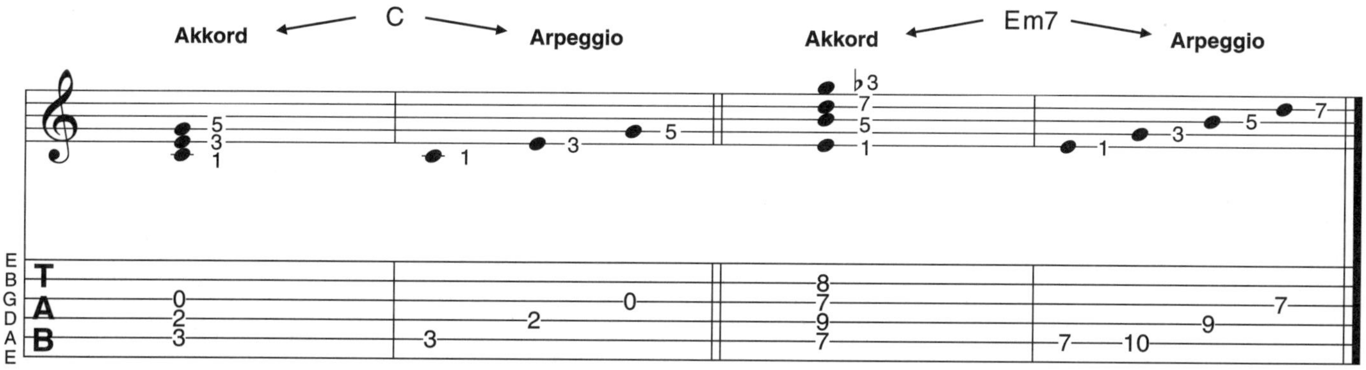

Griffbilder für Arpeggios

Akkord und Arpeggio besitzen zwar die gleiche Intervallstruktur und bestehen - theoretisch - aus den gleichen Tönen, aber nicht immer deckt sich das Griffbild des Arpeggios mit dem Griffbild des zugehörigen Akkords. Die Ursache liegt darin, dass etliche Akkorde auf der Gitarre nur in bestimmten Umkehrungen greifbar sind oder aus klanglichen Gründen in bestimmter Weise gegriffen werden.

So erklingt der Akkord Em7 (1=e, b3=g, 5=b, 7=d) in obigem Beispiel als Akkordumkehrung (e, b, d, g). Für Arpeggios gelten solche Einschränkungen nicht. Ein Arpeggio kann grundsätzlich in jeder beliebigen Intervall-Reihenfolge gespielt werden. Auch kann sich der Tonumfang eines Arpeggios über mehrere Oktaven, d.h. über einen weiten Bereich des Griffbretts erstrecken. Die Griffbilder von Akkord und Arpeggio entsprechen sich insoweit, als das Griffbild des Arpeggios stets den Akkord umfasst. Das Griffbild des Arpeggios ist wiederum Teil des Griffbilds einer Tonleiter.

Beispiel: Griffbild von Akkord, Arpeggio und Tonleiter

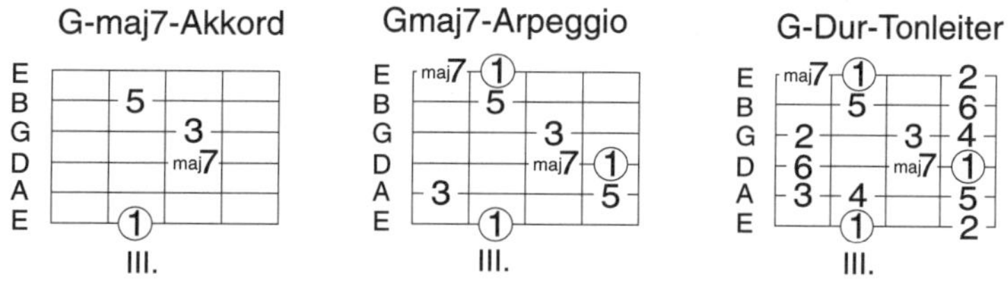

Wie auch eine Tonleiter kann ein Arpeggio in einer festen Position (*Beispiel a*) oder mit Wechsel der Lage (*Beispiel b*) gespielt werden. Beachte, wie sich das Griffbild in b) durch Oktavieren eines Musters ergibt.

a) Fm-Arpeggio in fester Position

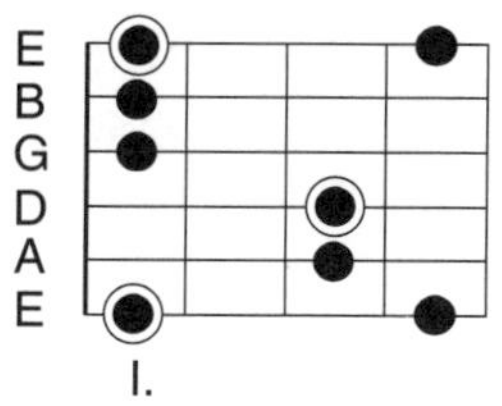

b) Fm-Arpeggio mit Lagenwechsel

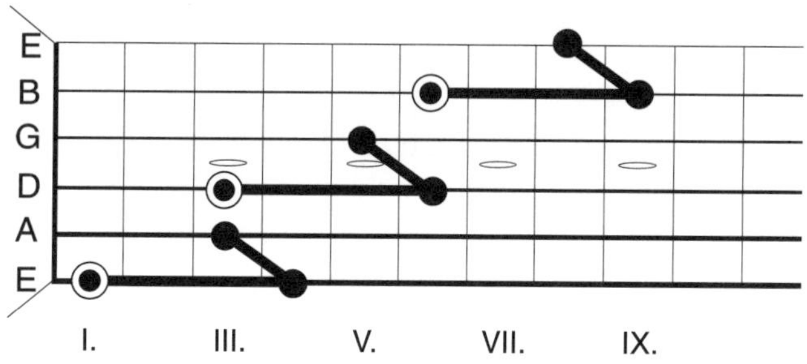

Bewusst verzichte ich hier darauf, alle möglichen Griffbilder für Arpeggios abzubilden. Mit Hilfe von Intervallen und Akkordgriffen sowie durch Verschieben und Oktavieren von Griffbrettmustern kann man Arpeggio-Fingersätze sinnvoll (d. h. passend zur jeweiligen Anwendung) selbst zusammenstellen.

Aufgaben und Übungen

1 Notiere das Arpeggio *in fester Position* in drei verschiedenen Lagen.
Spiele das Arpeggio auf- und abwärts zum Metronom.

a) ***Am-Arpeggio (V. Lage)***

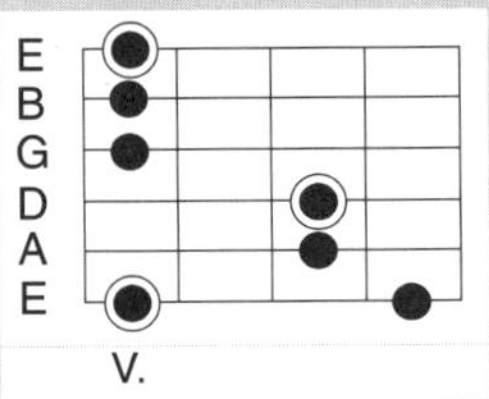

Am-Arpeggio (II. Lage)

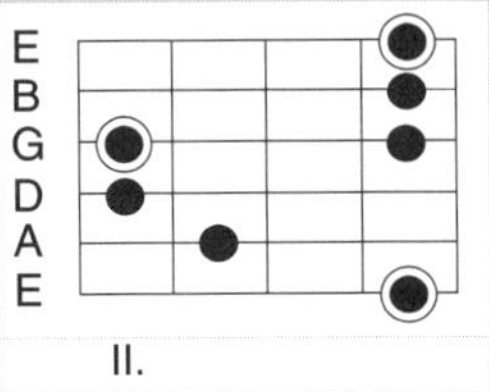

Am-Arpeggio (VII. Lage)

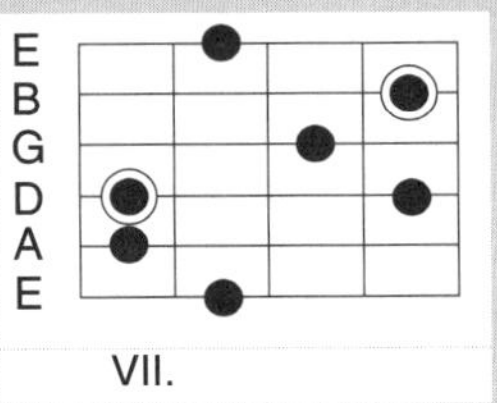

b) ***F-Dur-Arpeggio (I. Lage)***

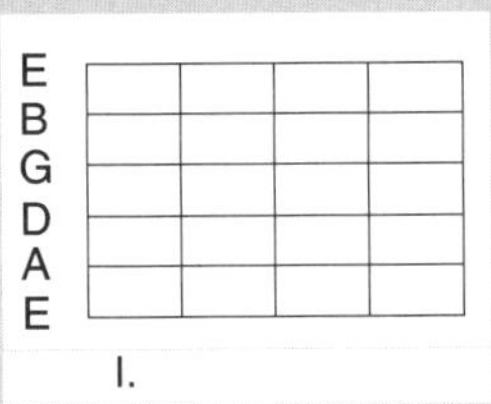

F-Dur-Arpeggio (III. Lage)

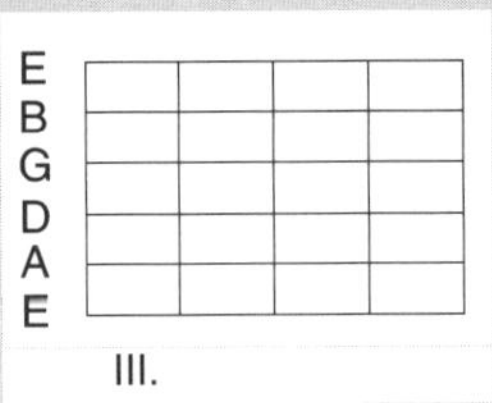

F-Dur-Arpeggio (V. Lage)

c) ***Gmaj7-Arpeggio (V. Lage)***

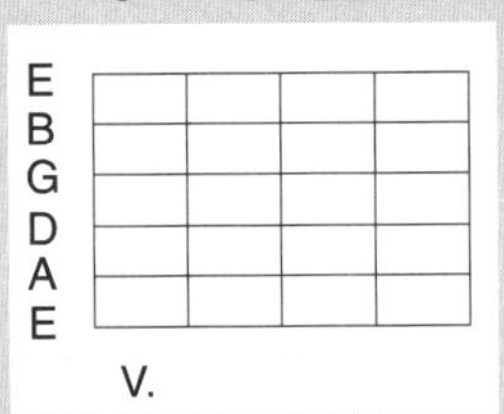

Gmaj7-Arpeggio (IX. Lage)

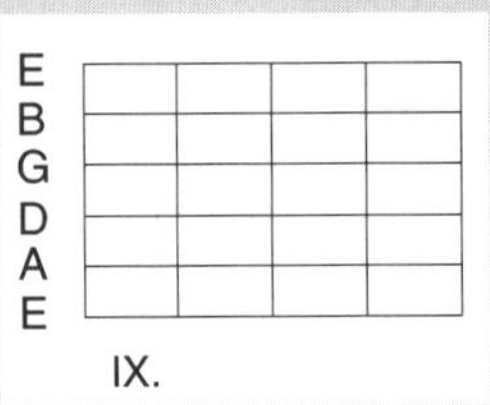

Gmaj7-Arpeggio (XII. Lage)

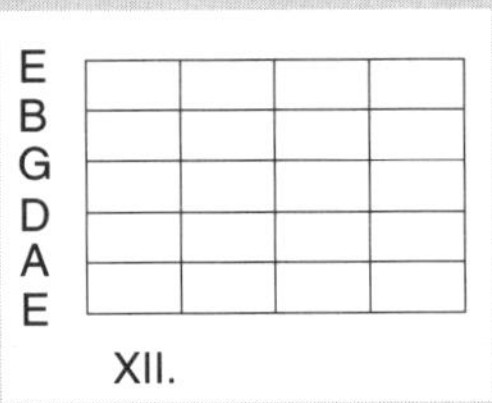

d) ***E7-Arpeggio (I. Lage)***

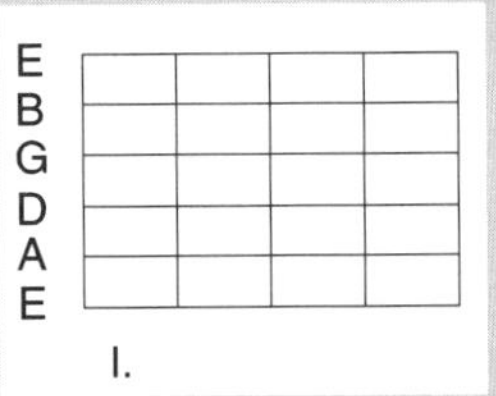

E7-Arpeggio (IV. Lage)

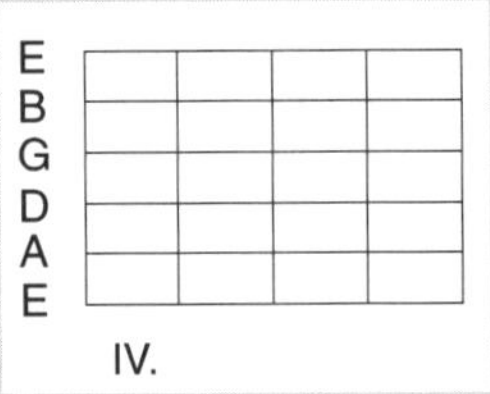

E7-Arpeggio (IX. Lage)

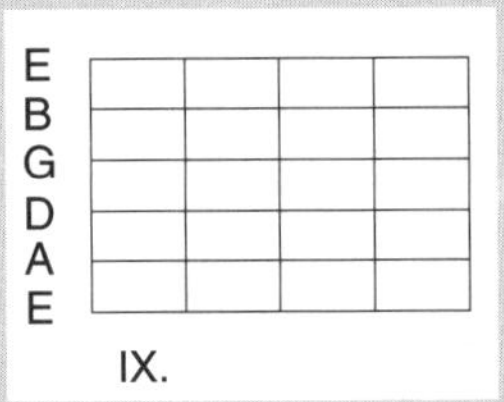

e) ***A♭+-Arpeggio (I. Lage)***

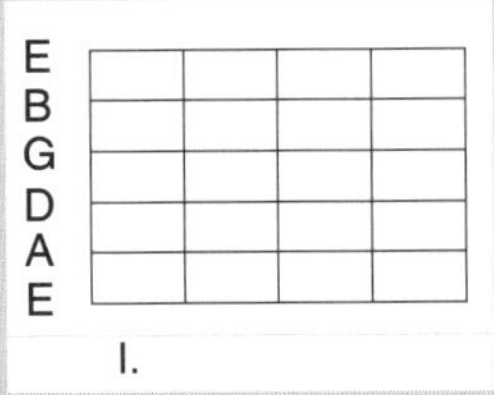

A♭+-Arpeggio (IV. Lage)

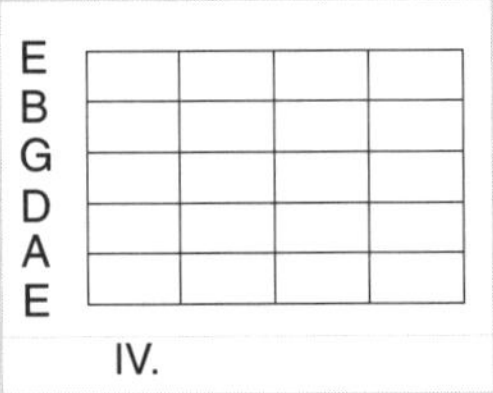

A♭+-Arpeggio (VII. Lage)

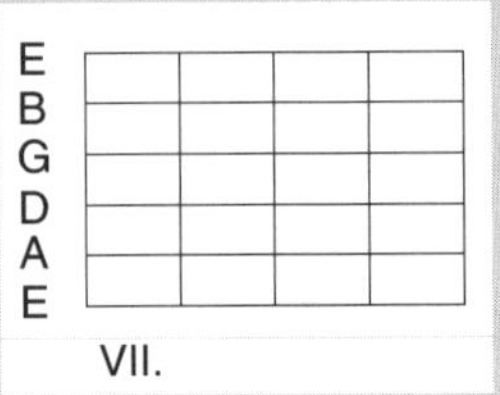

f) ***D°7-Arpeggio (III. Lage)***

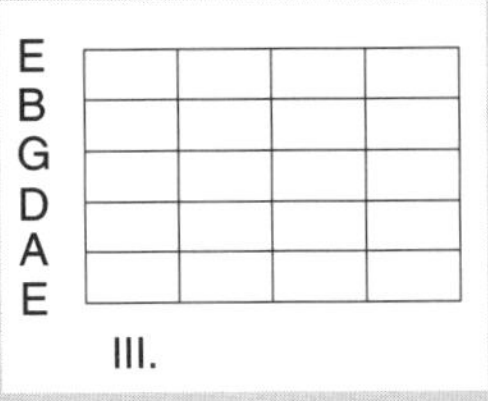

D°7-Arpeggio (V. Lage)

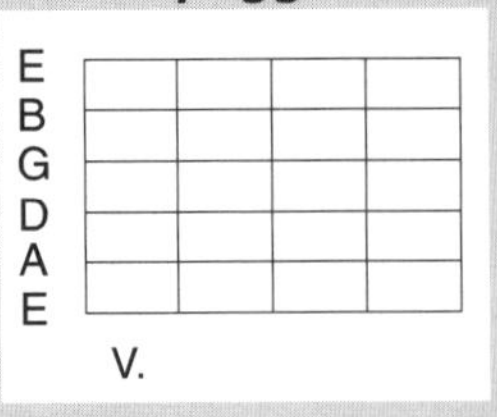

D°7-Arpeggio (VIII. Lage)

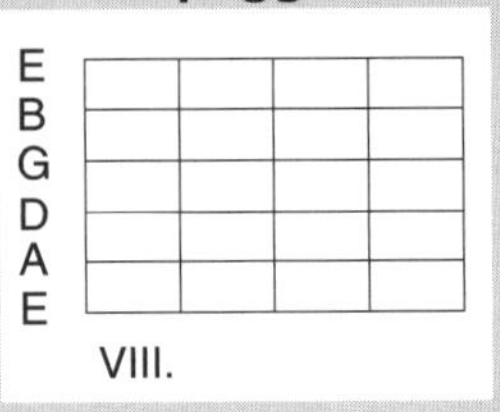

Aufgaben und Übungen

2 Notiere das Arpeggio *mit Lagenwechsel* durch Oktavieren eines Musters. Spiele das Arpeggio auf- und abwärts zum Metronom.

a) *Am7-Arpeggio mit Lagenwechsel (Start: III. Bund)*

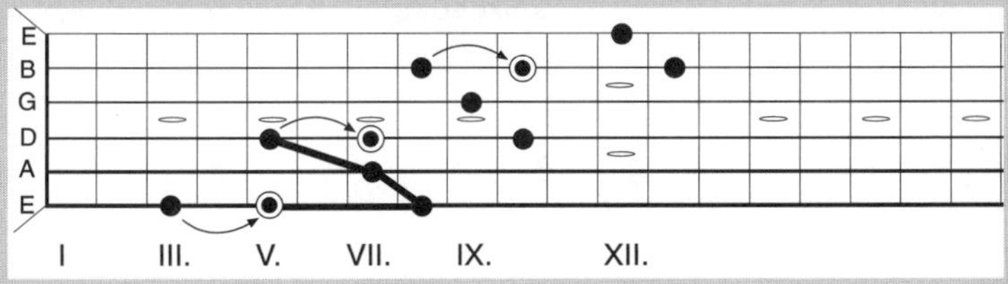

b) *F-Dur-Arpeggio mit Lagenwechsel (Start: I. Bund)*

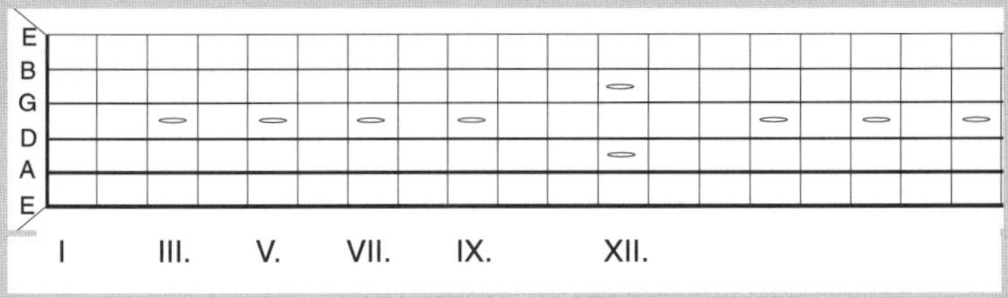

c) *Dmaj7-Arpeggio mit Lagenwechsel (Start: IV. Bund)*

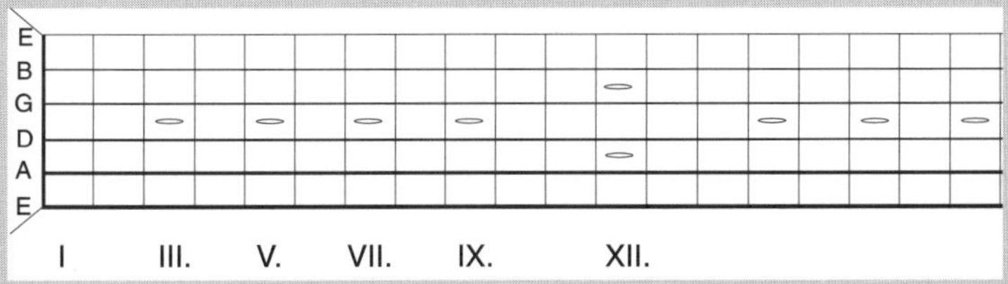

d) *G7-Arpeggio mit Lagenwechsel (Start: III. Bund)*

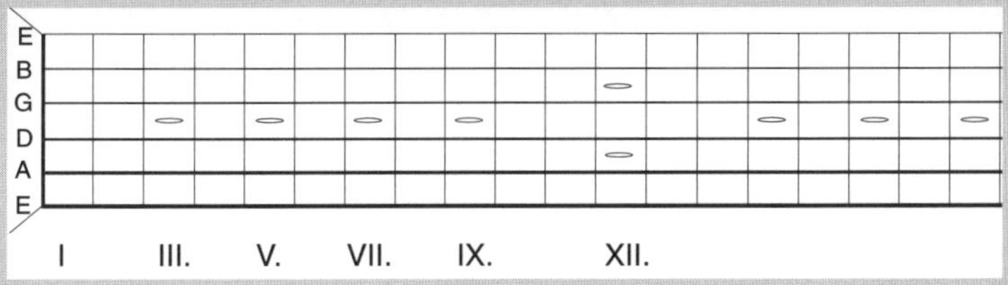

e) *Bb7/#5-Arpeggio mit Lagenwechsel (Start: V. Bund)*

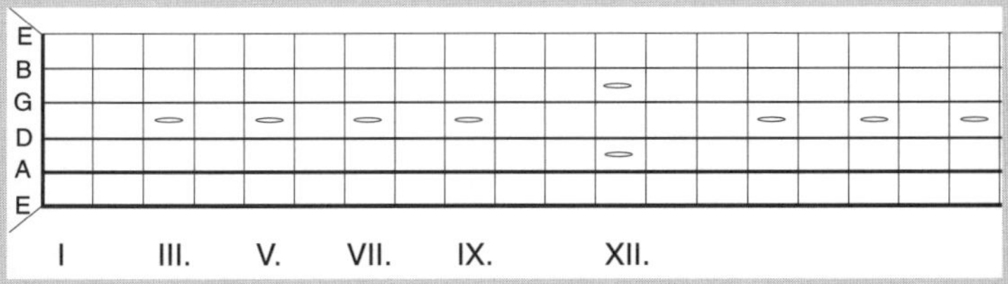

f) *G#°7-Arpeggio mit Lagenwechsel (Start: IV. Bund)*

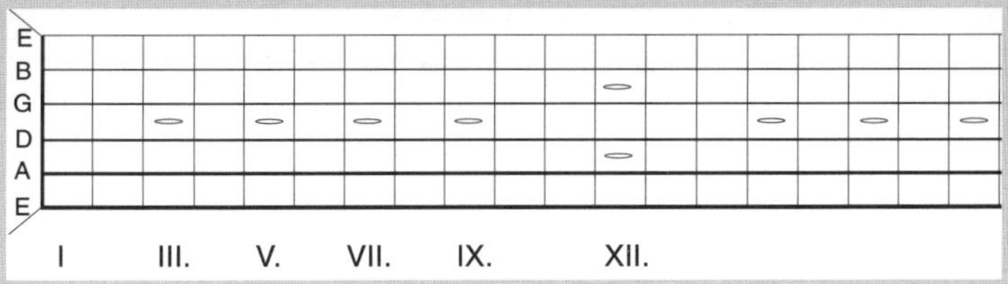

g) *C6-Arpeggio mit Lagenwechsel (Start: V. Bund)*

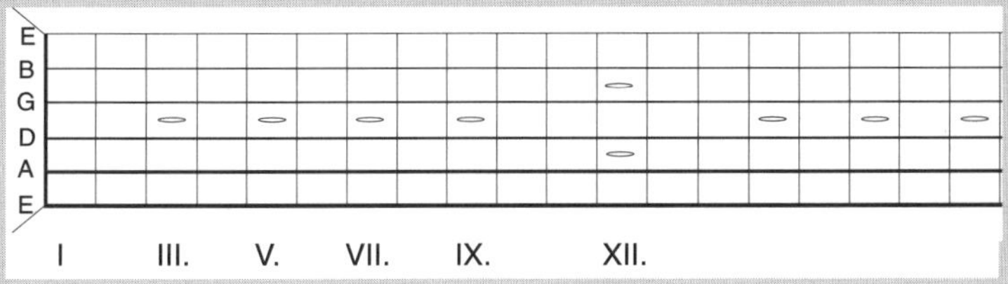

Arpeggio-Umkehrungen

Ein Arpeggio muss nicht immer auf dem Grundton beginnen, sondern jeder seiner Töne kann Startpunkt sein. In der *Grundstellung* folgen die Töne eines Arpeggios der Intervallstruktur des zugrundeliegenden Akkordes (z. B. Cmaj7: 1 - 3 - 5 - maj7). Diese Reihenfolge der Töne klingt ziemlich bekannt und vorhersagbar. Das Ändern der Reihenfolge (Umkehrung) kann einen drastischen Unterschied bewirken.

Arpeggio-Umkehrungen am Beispiel Cmaj7

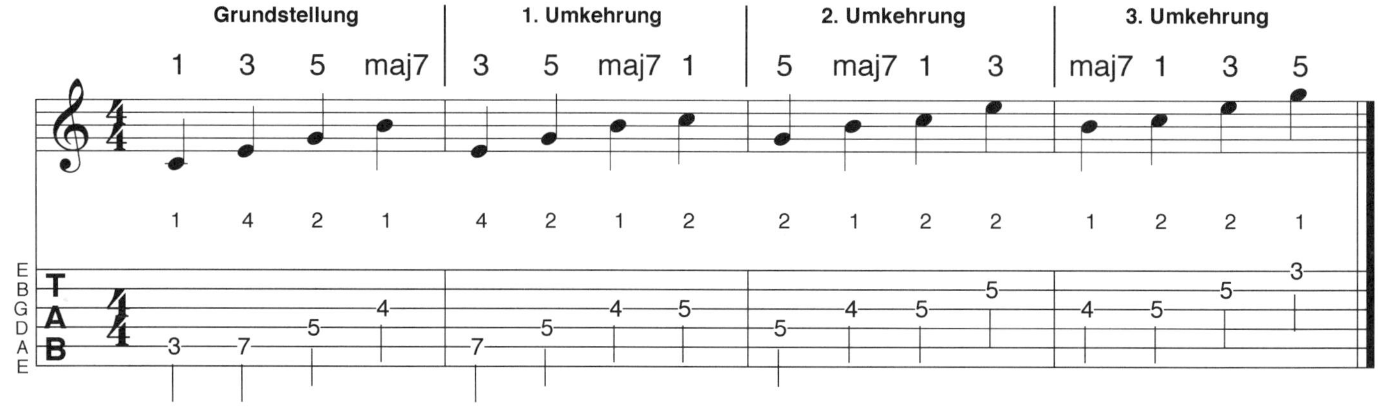

Weitere Varianten ergeben sich durch die Richtung, in die das Arpeggio gespielt wird. Spiele das obige Beispiel dazu einmal aufwärts (wie abgebildet) und abwärts (von rechts nach links) und achte auf den unterschiedlichen Klangeindruck.

Akkordfolgen und Arpeggios

Mit Arpeggios kann man eine ganze Akkordfolge solistisch bestreiten. Die folgenden Beispiele zeigen die Verwendung von Arpeggios in einem harmonischen Ablauf.

Arpeggio-Linie über Dreiklang-Akkordfolge

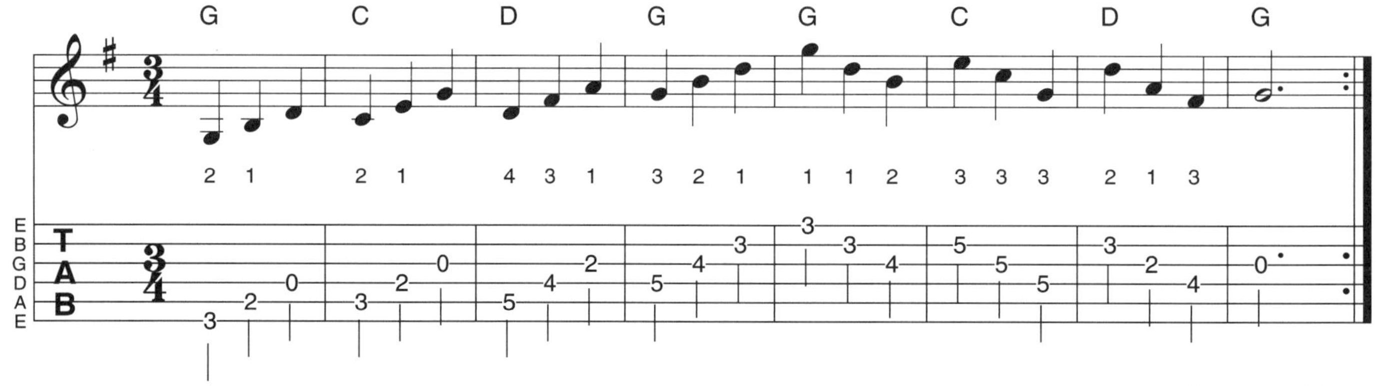

Arpeggio-Linie über Vierklang-Akkordfolge

24 04

Was für die Voicings von Akkorden gesagt wurde (siehe oben), gilt für Arpeggios natürlich entsprechend: Auch bei der Umsetzung eines Arpeggios können Töne weggelassen oder hinzugefügt werden, wodurch sich ein weites Feld für Variationen eröffnet. Die tatsächlich verwendeten Arpeggio-Akkorde stehen bei folgendem Beispiel in Klammer.

Blues in G mit Arpeggio-Variationen

Wesentliche Akkordtöne

Der Klang eines Akkords kann auf ein paar wesentliche Töne zurückgeführt werden, die sozusagen die Essenz des Akkordklangs bilden. In der Regel sind das zwei Töne.

Wesentliche Töne bei Dreiklängen

1. *Die Terz (3, b3)*
   Die Terz bestimmt über das Geschlecht des Akkordes, also ob der Klang *Dur* (große Terz/3) oder *Moll* (kleine Terz / b3) ist.
   Ausnahme: ⇒ *Suspended-Akkorde* (z. B. Csus4, Csus2).
   Hier tritt an die Stelle der Terz die Quarte bzw. Sekunde.

2. *Der Grundton (1)*
   Ausnahme: ⇒ *Verminderte* oder *übermäßige Akkorde* (z.B. C°, C+).
   Hier ist für den typischen Akkordklang die erniedrigte (b5) bzw. erhöhte Quinte (#5) wichtiger als der Grundton.

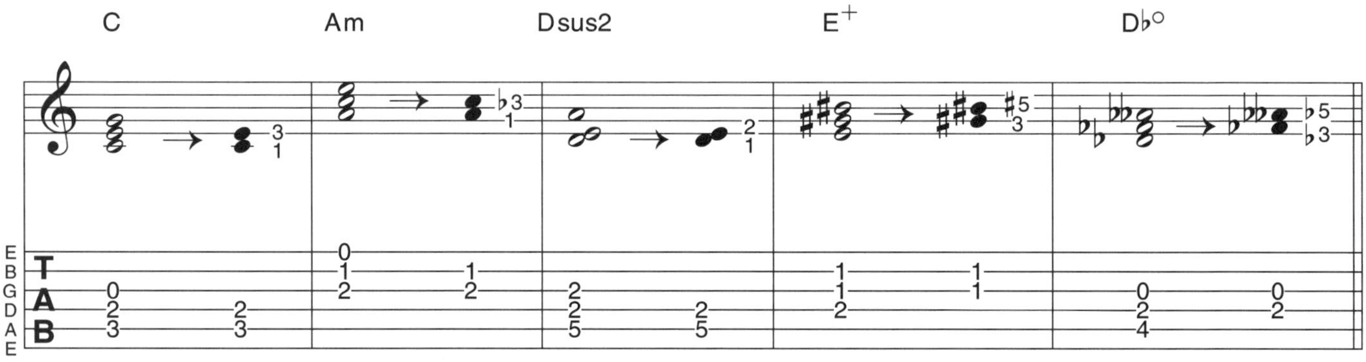

Wesentliche Töne bei Vierklängen

1. Wie bei Dreiklängen

2. Die Septime (7, maj7)
   Ausnahme: Akkorde ohne Septime
   Hier tritt an die Stelle der Septime der im Akkordsymbol bezeichnete Ton z. B.
   a) Sexte (z. B. C6, Cm6)
   b) None (z. B. Cadd9)

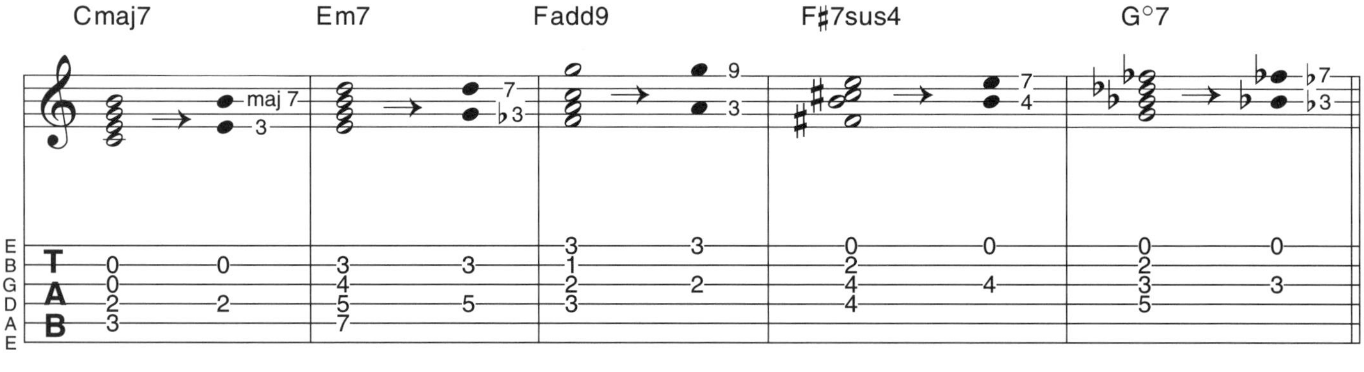

Aufgaben und Übungen

Kennzeichne die wesentlichen Akkordtöne.

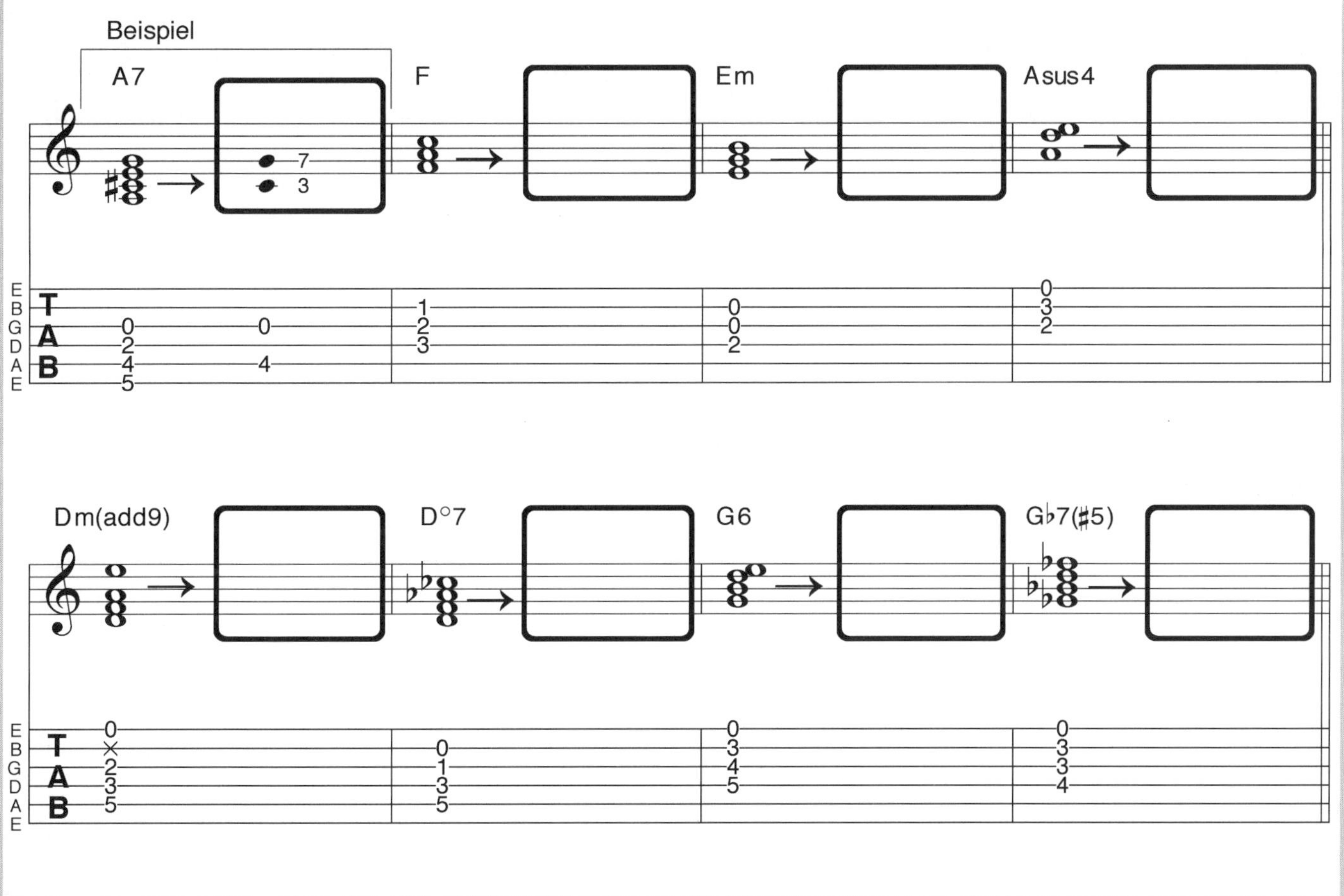

Wesentliche Akkordtöne als Fixpunkte der Melodie

Mit den wesentlichen Akkordtönen lässt sich eine Akkordfolge auf elegante Weise harmonisch umreißen. Die wesentlichen Töne dienen dabei als Fixpunkte der Solo-/Melodielinie.

Aufgaben und Übungen

Gehe in zwei Schritten vor.
1. Kennzeichne zuerst die wesentlichen Akkordtöne.
2. Notiere eine Melodielinie, indem du ausschließlich die wesentlichen Akkordtöne verwendest (Notenwert: Halbe).

Beispiel

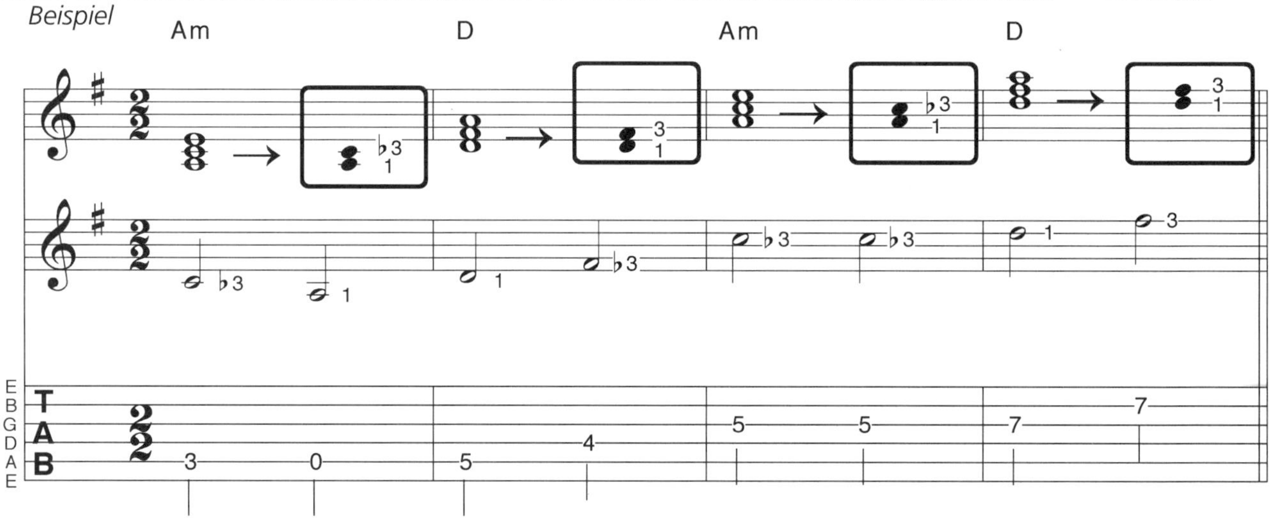

a)

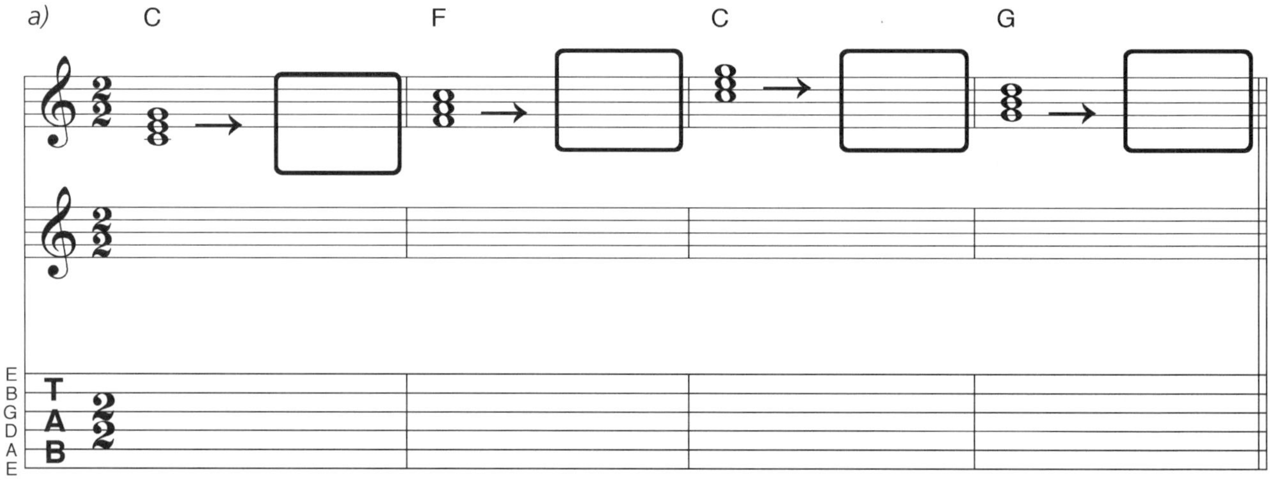

b)

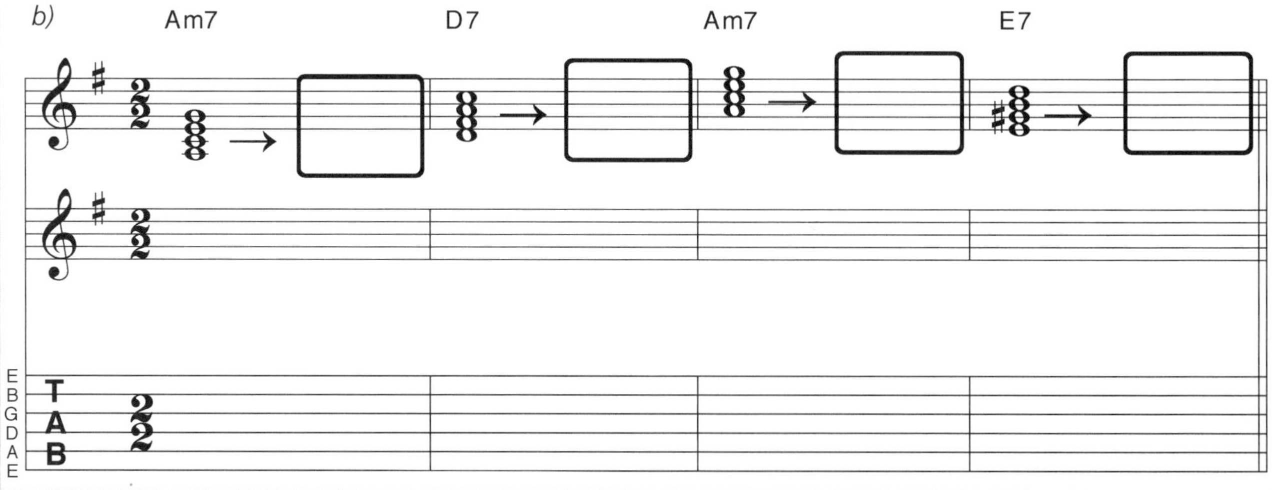

Ein solches melodisches Grundgerüst, das aus den wesentlichen Akkordtönen besteht, kann mit weiteren Tönen aufgefüllt werden (z. B. ergeben Halb- und Ganztonschritte melodisch weiche Übergänge). Die wesentlichen Akkordtöne wirken am besten, wenn sie hervorgehoben werden, d. h. sie stehen am Anfang/Ende einer Phrase, liegen auf einer betonten Zählzeit, erhalten einen dynamischen Akzent usw.

Das nachfolgende Beispiel 1 zeigt eine typische Jazz-Akkordverbindung mit Vierklängen (II-V-I-III-bIII).

Im ersten Schritt (a) ist eine Melodielinie mit den wesentlichen Akkordtönen in halben Noten gebildet.

Im zweiten Schritt (b) ist die Linie in Viertel unterteilt und durch einige Zwischentöne ergänzt. Die Motive nehmen Gestalt an.

Im dritten Schritt (c) ist die Melodie durch Achtelnoten weiter ausgebaut. Beachte, wie die wesentlichen Akkordtöne durchgängig als Fixpunkte dienen.

26 06

Beispiel 1

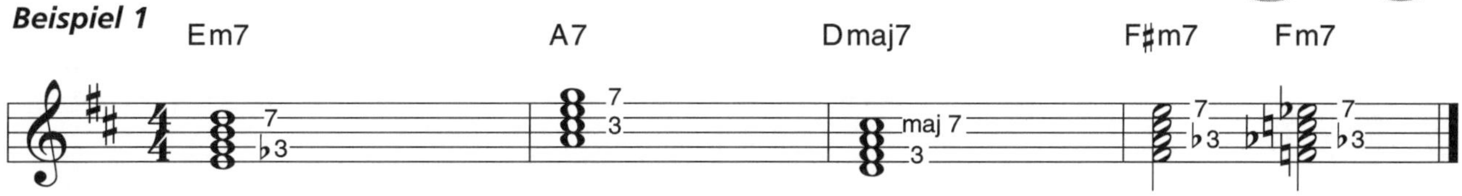

a)

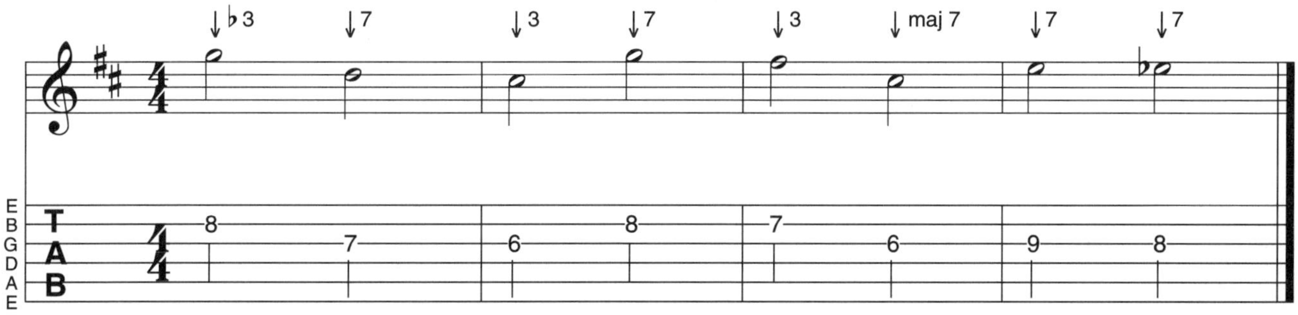

b)

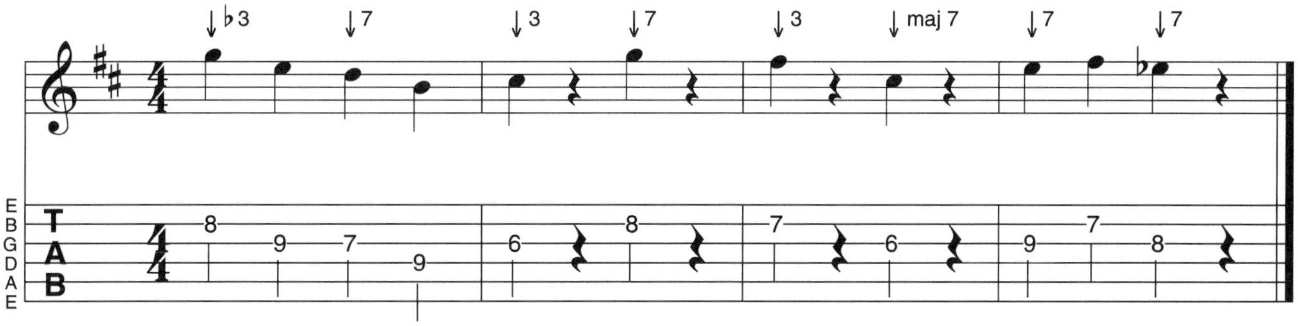

c)

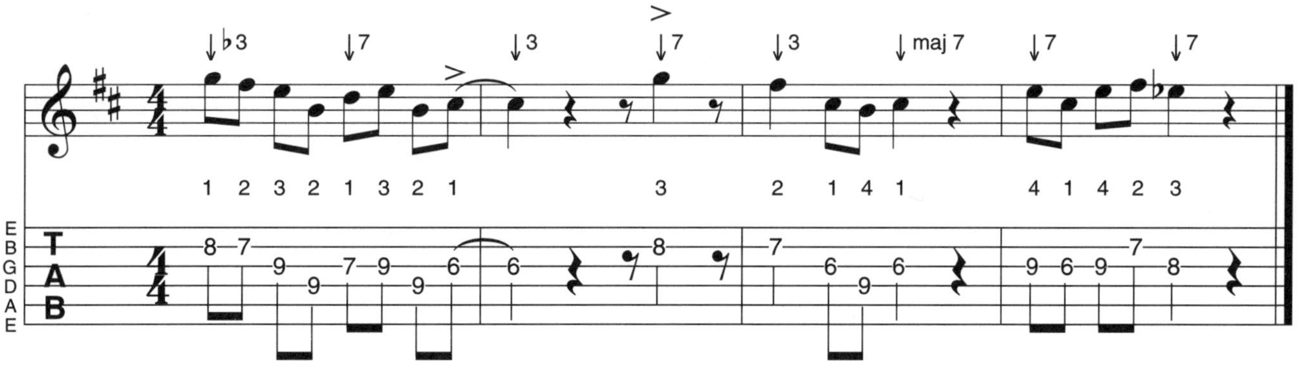

Beispiel 2 zeigt eine Akkordfolge, wie man sie im Rock und Pop häufig antrifft.

In (a) sind mit den wesentlichen Akkordtönen wiederum die Fixpunkte der Melodie gesetzt.

In (b) und (c) sind zwei Möglichkeiten dargestellt, wie sich daraus Melodien/Motive bilden lassen.

Beispiel 2

Aufgaben und Übungen

1 Bilde zur Akkordfolge aus Beispiel 1 (vgl. oben) eine weitere Melodie mit den wesentlichen Akkordtönen als melodische Fixpunkte.

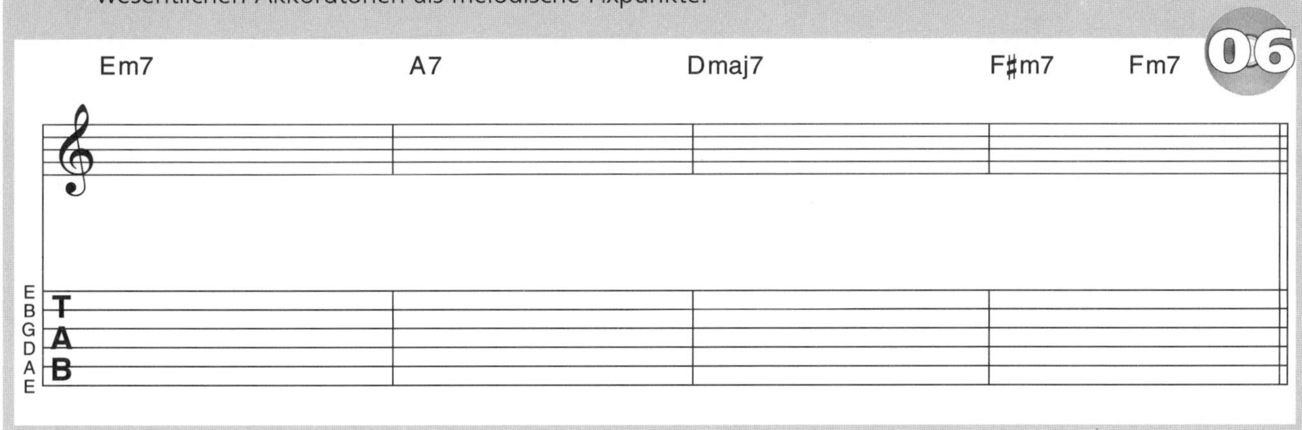

2 Erfinde ebenso eine weitere Melodie zu Beispiel 2 (vgl. oben).

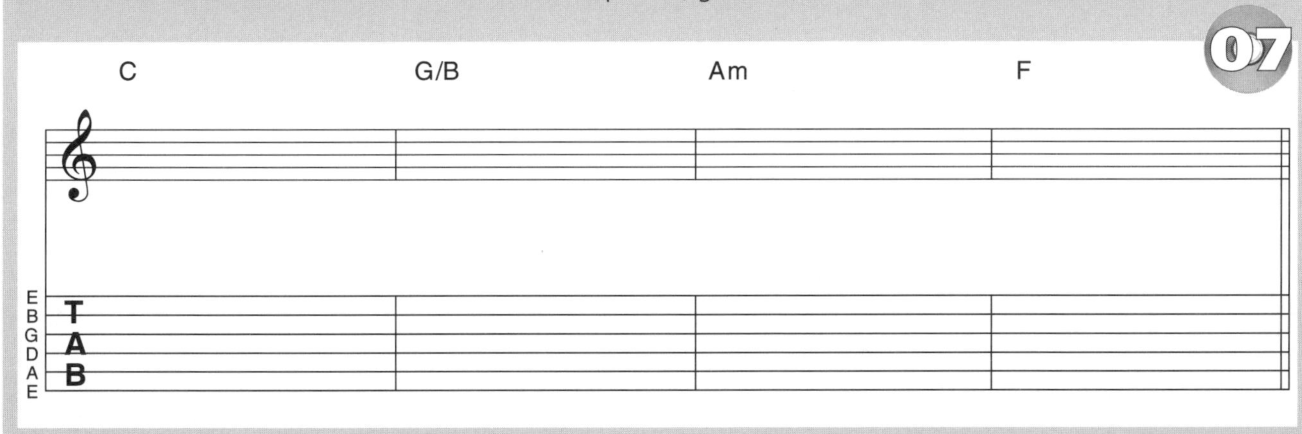

3a Gehe schrittweise vor.
Bilde eine Linie in halben Noten mit den wesentlichen Akkordtönen.

3b Erstelle mit Hilfe dieses Grundgerüsts eine Melodie.

13

a)

b)

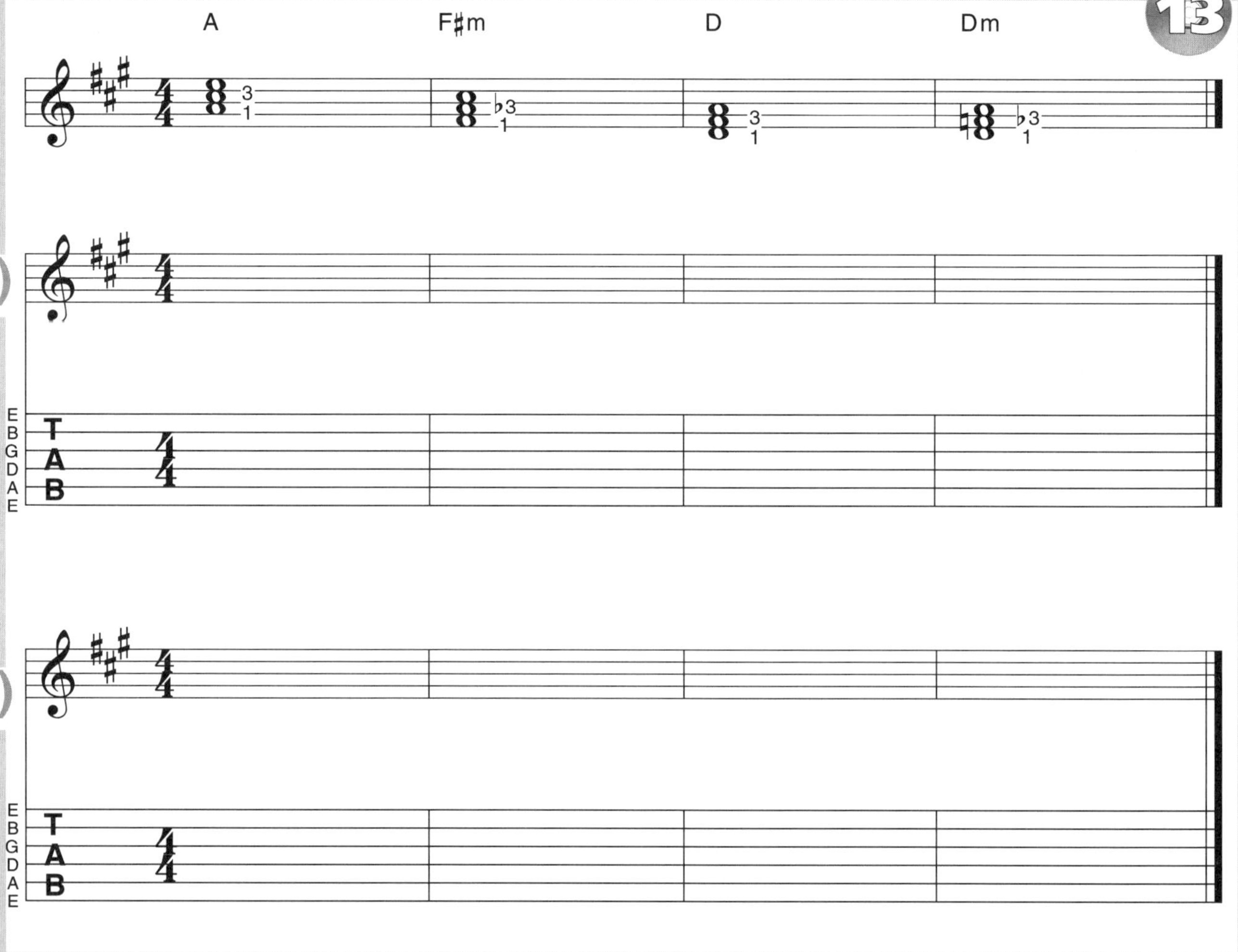

66 (zur harmonischen Analyse siehe *„Weitere Akkordfolgen: d) Ein tonalitätsfremder Akkord“*)

4a Gehe schrittweise vor.
Bilde eine Linie in halben Noten mit den wesentlichen Akkordtönen.

4b Erstelle mit Hilfe dieses Grundgerüsts eine Melodie.

04

Akkordfolgen und Tonleitern

Zwischen Akkorden und Tonleitern bestehen Zusammenhänge, die es möglich machen, für eine Akkordfolge eine passende Tonleiter zu finden:

1. Zu einer Tonleiter gehören ganz bestimmte Akkorde (leitereigene Akkorde).

2. Leitereigene Akkorde werden zu bestimmten 62 Akkordfolgen (***Kadenzen***) kombiniert.

Leitereigene Akkorde und Stufenakkorde

Zunächst untersuchen wir, welche Akkorde sich aus einer Tonleiter herstellen lassen (= leitereigene Akkorde). Dazu bilden wir auf jedem Ton (= Stufe) der Tonleiter eine Terzschichtung.

Leitereigene Akkorde in Terzschichtung am Beispiel C-Dur

Akkord-grundton / Stufe		**Durch Terzschichtung ausgewählte Töne**															**Dreiklang**	**Vierklang**
		c	d	e	f	g	a	b	c	d	e	f	g	a	b	c		
c	I	x		x		x		x									c - e - g = C	c - e - g - b = Cmaj7
d	II		x		x		x		x								d - f - a = Dm	d - f - a - c = Dm7
e	III			x		x		x		x							e - g - b = Em	e - g - b - d = Em7
f	IV				x		x		x		x						f - a - c = F	f - a - c - e = Fmaj7
g	V					x		x		x		x					g - b - d = G	g - b - d - f = G7
a	VI						x		x		x		x				a - c - e = Am	a - c - e - g = Am7
b	VII							x		x		x		x			b - d - f = B°	b - d - f - a = Bm7/♭5

Wie du in der Abbildung erkennen kannst, ergeben sich bei einer Dur-Tonleiter folgende Akkordtypen (Beispiele in Klammern: Dreiklänge bzw. Vierklänge für C-Dur):

- 3 Dur-Akkorde auf den Stufen I, IV, V (C, F, G bzw. Cmaj7, Fmaj7, G7).
- 3 Moll-Akkorde auf den Stufen II, III, VI (Dm, Em, Am bzw. Dm7, Em7, Am7)
- 1 verm. bzw. halbverminderter Akkord auf Stufe VII (B° bzw. Bm7/♭5)

Als sogenannte *Stufenakkorde* geschrieben sieht das für Dur-Tonleitern folgendermaßen aus.

Dreiklänge: I, IIm, IIIm, IV, V, VIm, VII° bzw.
Vierklänge: Imaj7, IIm7, IIIm7, IVmaj7, V7, VIm7, VIIm7b5.

Die Stufenakkorde auf der I., IV. und V. Stufe werden auch als

I = Tonika,
IV = Subdominante und
V = Dominante

bezeichnet (in der folgenden Tabelle grau unterlegt).

*Die **Stufenakkorde** der Dur-Tonleitern am Beispiel C-Dur* 186

C-Dur	**c**	**d**	**e**	**f**	**g**	**a**	**b**
Dreiklang	I	IIm	IIIm	IV	V	VIm	VII°
➤	*C*	*Dm*	*Em*	*F*	*G*	*Am*	*B°*
Vierklang	Imaj7	IIm7	IIIm7	IVmaj7	V7	VIm7	VIIm7/♭5
➤	*Cmaj7*	*Dm7*	*Em7*	*Fmaj7*	*G7*	*Am7*	*Bm7/♭5*

Stufenakkorde der Modes

Da alle Modes einer Dur-Tonleiter aus den gleichen Tönen bestehen, handelt es sich auch stets um die gleichen Akkorde. Der Unterschied besteht in deren Abfolge.

Beispiel 1: D-Dorisch befindet sich auf der II. Stufe von C-Dur. Zählst du die Stufenakkorde beginnend mit d auf, erhältst du automatisch die Stufenakkorde von D-Dorisch. Beachte, dass Dm(7) nun die I. Stufe bildet.

Die Stufenakkorde von Dorisch am Beispiel D-Dorisch

D-Dorisch	**d**	**e**	**f**	**g**	**a**	**b**	**c**
Dreiklang	Im	IIm	bIII	IV	Vm	VI°	VII
➤	*Dm*	*Em*	*F*	*G*	*Am*	*B°*	*C*
Vierklang	Im7	IIm7	bIIImaj7	IV7	Vm7	VIm7/♭5	VIImaj7
➤	*Dm7*	*Em7*	*Fmaj7*	*G7*	*Am7*	*Bm7/♭5*	*Cmaj7*

Beispiel 2: E-Lydisch findet sich auf der IV. Stufe von B-Dur. Zähle die Stufenakkorde beginnend mit e auf. E(maj7) bildet jetzt die I. Stufe.

Die Stufenakkorde von Lydisch am Beispiel E-Lydisch

E-Lydisch	**e**	**f#**	**g#**	**a#**	**b**	**c#**	**d#**
Dreiklang	I	II	IIIm	#IV°	V	VIm	VIIm
➤	*E*	*F#*	*G#m*	*A#°*	*B*	*C#m*	*D#m*
Vierklang	Imaj7	II7	IIIm7	#IVm7/♭5	Vmaj7	VIm7	VIIm7
➤	*Emaj7*	*F#7*	*G#m7*	*A#m7/♭5*	*Bmaj7*	*C#m7*	*D#m7*

Die Stufenakkorde von Harmonisch Moll und Melodisch Moll

Auch diese beiden Tonleitern lassen sich harmonisieren, d. h. mit leitereigenen Akkorden versehen. Manche Akkorde, die uns vom Dur-System her bekannt sind, begegnen uns hier wieder (z. B. m7, 7, maj7, m7/♭5).

Neu sind dagegen der für Harmonisch Moll und Melodisch Moll typische Tonika-Akkord m^{maj7} (ein Moll-Akkord mit der großen Septime) und der übermäßige Akkord maj7/#5 auf der III. Stufe.

Harmonisch Moll bringt zudem den ⇒*verminderten Vierklang* °7 auf der VII. Stufe hervor (7 bedeutet hier b7 = 6).

Die Stufenakkorde von Melodisch-Moll am Beispiel C-Melodisch-Moll (MM)

C-MM	**c**	**d**	**e♭**	**f**	**g**	**a**	**b**
Dreiklang	Im	IIm	bIII+	IV	V	VI°	VII°
➛	*Cm*	*Dm*	*E♭+*	*F*	*G*	*A°*	*B°*
Vierklang	Im^{maj7}	IIm7	bIII+maj7	IV7	V7	VIm7/♭5	VIIm7/♭5
➛	*Cmaj7*	*Dm7*	*Em7*	*Fmaj7*	*G7*	*Am7*	*Bm7/♭5*

Die Stufenakkorde von Harmonisch-Moll am Beispiel C-Harmonisch-Moll (HM)

C-HM	**c**	**d**	**e♭**	**f**	**g**	**a♭**	**b**
Dreiklang	Im	II°	bIII+	IVm	V	bVI	VII°
➛	*Cm*	*D°*	*E♭+*	*Fm*	*G*	*A♭*	*B°*
Vierklang	Im^{maj7}	IIm7/♭5	bIII+maj7	IVm7	V7	bVImaj7	VII°7
➛	*Cm*^{maj7}	*Dm7/♭5*	*E♭+maj7*	*Fm7*	*G7*	*A♭maj7*	*Bm°7*

Standard-Akkordfolgen

Eine ⇒*Tonleiter* und ihre leitereigenen Akkorde bilden ein sogenanntes harmonisches System (⇒*Tonalität*). Darin bestehen Beziehungen bzw. Spannungsverhältnisse, die die harmonische Grundlage für die meisten (westlichen) Musikstücke bilden. In einfachen Worten: Bestimmte Akkordfolgen („Akkordverbindungen") klingen gut und andere weniger gut. Im folgenden sind Beispiele für solche Standard-Akkordfolgen (Kadenzen) im Dur-System dargestellt. Beim Spielen wirst du feststellen, dass sie recht eingängig und bekannt klingen. Das ist kein Wunder, denn in Tausenden von Musikstücken von der Volksmusik über Pop, Rock, Blues, Jazz bis hin zur Klassik kommen diese ⇒ *Kadenzen* vor.

Standard-Akkordfolgen im Dur-System

#	***Akkordfolge***	***Beispiele in C-Dur***
1.	I - IV - V - I Imaj7 - IVmaj7 - V7 - Imaj7	C - F - G - C Cmaj7 - Fmaj7 - G7 - Cmaj7
2.	IIm - V IIm7 - V7	Dm - G Dm7 - G7
3.	IIm - V - I IIm7 - V7 - Imaj7	Dm - G - C Dm7 - G7 - Cmaj7
4.	IIIm - VI - IIm - V - I IIIm7 - VIm7 - IIm7 - V7 - Imaj7	Em - Am - Dm - G - C Em7 - Am7 - Dm7 - G7 - Cmaj7

Um eine Akkordfolge mitzuteilen, reicht es aus, z. B. einfach von einer II-V-I-Verbindung in G zu sprechen. Jeder eingeweihte Musiker weiß sofort Bescheid, welche Akkorde im einzelnen gemeint sind, nämlich Am-D-G bzw. Am7-D7-Gmaj7. Zugleich wird ersichtlich, welche Tonart bzw. Tonleiter zugrunde liegt. Denn das verrät uns der Zusatz „in G" bzw. die Stufe I (G-Dur). Wir können also für unser Solo die G-Dur-Tonleiter verwenden.

Soll die Akkordfolge doch lieber in einer anderen Tonart gespielt werden, z. B. „in E♭", so ändert sich die Stufenfolge II-V-I nicht. Es müssen lediglich die neuen Akkorde bezogen auf E♭ verwendet werden, also Fm-B♭-E♭ bzw. Fm7-B♭7-E♭maj7. Die zugrundeliegende Tonleiter ist jetzt E♭-Dur.

Aufgaben und Übungen

1 186 Vervollständige die Tabelle (hilfreich bei der Lösung der Aufgaben ist die Übersicht zu den Akkorden aller ***Dur-Tonarten*** im Anhang).

Spiele dann die Akkordfolge auf der Gitarre nach folgendem Muster:

➛ a) ll: I I IV I V I I :ll und

➛ b) ll: IIm7 I V7 I Imaj7 I Imaj7 :ll

1a *I - IV - V - I mit Dreiklängen*

I	**IV**	**V**	**I**
C	F	G	C
G			
D			
A			
E			
B			
F# G♭			
D♭			
A♭			
E♭			
B♭			
F			

1b *IIm7 -V7 - Imaj7 mit Vierklängen*

in	**IIm7**	**V7**	**Imaj7**
C	Dm7	G7	Cmaj7
G			
D			
A			
E			
B			
F# G♭			
D♭			
A♭			
E♭			
B♭			
F			

2 Ermittle die Tonart und gib die Akkordfolge mit Stufenakkorden an.

Beispiele

#	Akkordfolge	Tonart	als Stufenakkordfolge
(1)	F I G I C I	C-Dur	IV - V - I
(2)	C I D I	G-Dur	IV - V
(3)	Dm I Gm I C I F I	F-Dur	VIm - IIm - V - I
(4)	Fmaj7 I Bm7/♭5 I Em7 I Am7 I Dm7 I G7 I Cmaj7 I Cmaj7 I	C-Dur	IVmaj7 - VIm7/♭5 - IIIm7 - VIm7 - IIm7 - V7 - Imaj7 - Imaj7

Aufgaben

#	Akkordfolge	Tonart	als Stufenakkordfolge
a)	Am I D I G I		
b)	Fm7 I B♭7 I		
c)	F#m7 I Bm7 I E7 I Amaj7 I		
d)	Gmaj7 I A7 I Dmaj7 I		
e)	A♭ I D♭ I E♭ I A♭ I		
f)	A I D I E I		
g)	Dm7 I Gm7 I Bb I F7 I B♭ I		
h)	C I D I		
i)	Dmaj7 I Amaj7 I		
j)	D#° I G#m I C#m I F#m I		
k)	E♭maj7 I Am7/♭5 I		

Modale Akkordfolgen

Bei den vorangegangenen Akkordfolgen wurde stillschweigend davon ausgegangen, dass der Bezugspunkt der Akkord der I. Stufe einer Dur-Tonleiter ist (z.B. Am - G = C-Dur). Ist das nicht der Fall, handelt es sich um eine sogenannte *modale Akkordfolge*. Obwohl im Grunde das gleiche Tonmaterial verwendet wird, 43 ergibt sich durch den neuen Bezugspunkt eine andere ***Stimmung***.

Und das ist der beabsichtigte Sinn der Sache. Der Mode wird harmonisch dadurch etabliert, dass sein zentraler Akkord häufig eingesetzt wird sowie an herausragender Position der Akkordfolge oder des Stückes steht (z .B. am Anfang/am Ende von Formteilen auf betonten Zählzeiten). Beachte jedoch, dass manche Akkordfolge mehrdeutig ist.

Z. B. kann **II Em7 I Em11 I ...** (siehe Beispiele unten)

- als *dorisch* (hellere Stimmung) oder
- *äolisch* (dunklere Stimmung) aufgefasst werden.

Musikstücke, die in Dur stehen, kann man modal als *Ionisch* (Natürlich-Moll als *Äolisch*) bezeichnen.

Beispiele

Mode	**Akkordfolge**		**Tonleiter / Tonart**
Dorisch	II: Gm7 I C7 :II	→	G-Dorisch
	II: Em7 I Em11 I Em7 I Em9 I Em7 I Em11 I Em7 I D :II	→	E-Dorisch
	II: B♭m11 I B♭m6/9 :II	→	B♭-Dorisch
Phrygisch	II: A♭ I A♭ I Gm I Gm:II	→	G-Phrygisch
Lydisch	II: Gmaj7 I Gmaj7 A F#m7 I Gmaj7 I Gmaj7 F#m7 A I I Gmaj7 I Gmaj7 A F#m7 I Gmaj7 I Em7 F#m7 G A :II	→	G-Lydisch
Mixolydisch	II: G I F I C I G :II	→	G-Mixolydisch
Äolisch	II: Cm7 I Dm7 I Gm7 I Gm7 :II	→	G-Äolisch
	II: Dm I B♭ I F I F I Dm I B♭ I C I Csus4:II	→	D-Äolisch
	II: Em7 I Em11 I Em7 I Em9 I Em7 I Em11 I Em7 I D :II	→	E-Äolisch
	II: Am7 I Dm7 I Am7 I Dm7 :II	→	A-Äolisch

Aufgaben und Übungen

Bestimme den Mode.

Beispiele
II: Am7 I D7 :II → A-Dorisch
II: C I Gm :II → C-Mixolydisch

a) II: Cm I Dm I E♭ I Dm :II → ....

b) II: Em I A7 :II → ....

c) II: F I G :II → ....

d) II: C I Gm :II → ....

e) II: Gm7 C7 :II → ....

f) II: A I G D :II → ....

g) II: E7sus4 I E7 :II → ....

h) II: Bm7 I Em7 :II → ....

i) II: Fm I B♭ I E♭ I Fm :II → ....

Modale Akkordfolgen mit Pedalton

Ein verbreitetes Verfahren im Zusammenhang mit modalen Akkordfolgen ist die Verwendung eines sogenannten ⇒*Pedaltons*. Aufgrund seiner gleichbleibenden Tonhöhe erzeugt der Pedalton eine Spannung zu den anderen wechselnden Tönen. In den folgenden modalen Akkordfolgen erscheint der Pedalton als durchgängiger Basston und wirkt damit zugleich als Bezugspunkt (tonales Zentrum) des jeweiligen Modes (die Akkordsymbole sind entsprechend als 45 ***Slash Chords*** notiert).

Beispiele

C-Ionisch mit Pedalton c (im Stile von „Jump" - Van Halen)

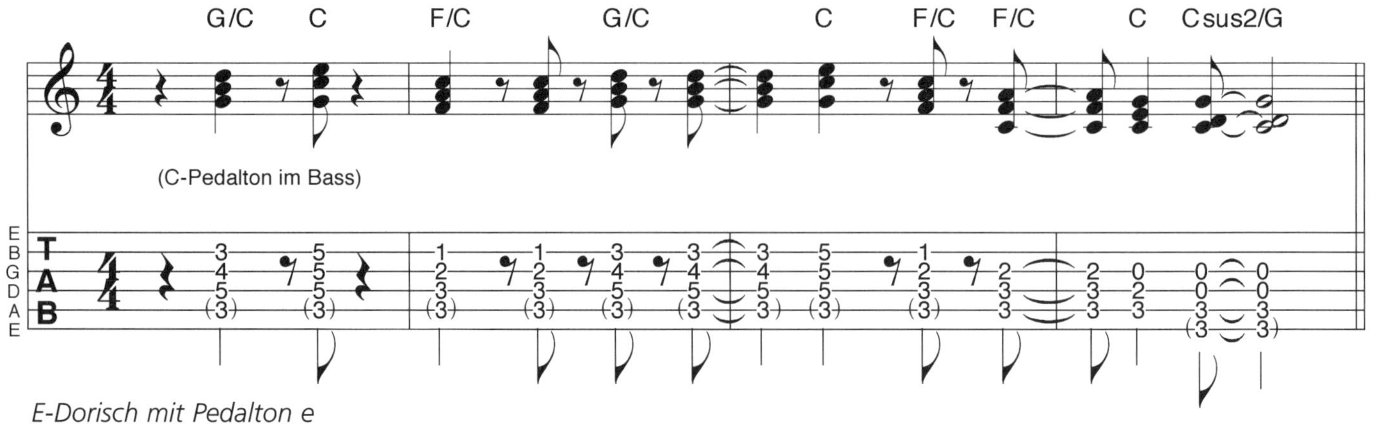

E-Dorisch mit Pedalton e

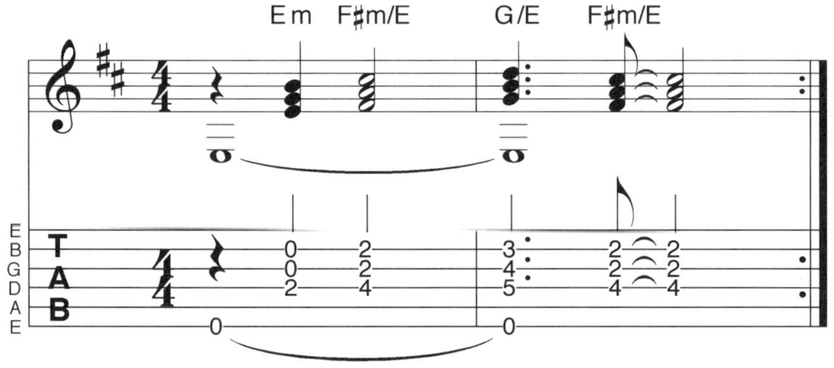

A-Mixolydisch mit Pedalton a

||: A | ⁒ | G/A | ⁒ | D/A | ⁒ | A | ⁒ :||

Weitere Akkordfolgen

Weil manche Akkordfolge bekannt und wenig aufregend klingt, wurde und wird immer wieder nach neuartig klingenden Verbindungen gesucht. Die folgenden Beispiele geben einen Einblick in die Vielfalt der harmonischen Wendungen. Solcherlei Variationen erschweren die Suche nach passenden Tonleitern mal weniger, mal mehr.

Überblick

Bereits innerhalb der vorherrschenden Tonalität kann man eine leitereigene Akkordfolge interessanter gestalten. Es muss also nicht immer gleich an leiterfremdes Tonmaterial gedacht werden (siehe a und b). Der Blues bzw. bluesorientierte Rock-, Pop- oder Jazzmusik hat seine eigenen Gesetze (siehe c). Durch den Einsatz eines leiterfremden Akkords entfernt man sich einen kleinen Schritt von der vorherrschenden Tonalität (siehe d). Der Wechsel der Tonalität ist nicht nur im Jazz, sondern auch im Pop und Rock beliebt (siehe e). Es gibt etliche Akkordfolgen, die zwar gut klingen, aber nicht immer eindeutig und leicht zu erklären sind (z. B. parallele Akkordfolgen - siehe f, Verfremdungen - siehe g).

a) <u>Abfolge der Akkorde</u>

Eine einfache Variation besteht darin, leitereigene Akkorde anders als bei Standard-Kadenzen zu kombinieren. Solche Akkordfolgen können auch relativ bekannt klingen.

Beispiele

(1) ||: C G | Am F :|| ⟶ I-V-VIm-IV in C-Dur

(2) ||: Am G | F :|| ⟶ Im-bVII-bVI in A-Moll (A-Äolisch)

(3) ||: Cmaj7 Dm7 | Fmaj7 Em7 :|| ⟶ I-IIm-IV-IIIm in C-Dur

(4) ||: E | ⁒ | C#m | ⁒ | B | ⁒ | A | ⁒ :|| ⟶ I-VIm-V-IV in E-Dur

b) Slash-Chords und Basslinien

Standard-Akkordfolgen werden auch gerne z. B. durch Slash-Chords und ⇒ *lineare Basslinien* aufgepeppt.

Beispiel

(1) II: D D/F# I G G/A I D D/F# I G G/A I Bm Bm/A I Bm/G G/C I A I A D/A D/A A :II

Passende Tonleiter: In den ersten vier Takten wird die ursprünglich simple I - IV - I - I -Akkordfolge

I D I G I D I G I (D-Dur)

durch Veränderung der Basstöne zu einer ansprechenden Verbindung. Der Basston „f#" ist die Terz im D-Dur-Akkord. Der Ton „a" ist die Sekunde (None) zu „g", damit ein zusätzlicher Akkordton (➤ G add9).

Die Akkorde der Takte 5 bis 8 bewegen sich ebenfalls in D-Dur (in Stufensymbolen: Bm = VIm, G = IV, A = V).

Untersuchen wir auch hier die Slash Chords genauer: Bm/A („a" ist die kleine Septime zu „b" ➤ Bm7), Bm/G („g" ist die b6 zu „b" ➤ Bm b6 = Gmaj7), G/C („c" ist die Quarte zu „g" ➤ Gadd4 = Cmaj7 sus2), D/A („a" ist die im D-Akkord bereits vorhandene Quinte).

Resümee: Alle Akkorde und zusätzlichen Töne gehören zur D-Dur-Tonleiter mit einer kleinen Ausnahme: Bei G/C wird anstelle des „c#" der D-Dur-Tonleiter kurzzeitig ein „c" gesetzt.

(2) II: Am I Am/G I Am/F# I Am/F :II

Passende Tonleiter: Die Akkordfolge entspricht

I Am I Am7 I Am6 (= F#m7b5) I Am b6 (= Fmaj7).

Die vorherrschende Stimmung ist A-Moll. Zu den ersten zwei Akkorden und zum vierten Akkord passt A-Äolisch (Struktur 1 - 2 - b3 - 4 - 5 - b6 - 7). Im dritten Akkord ändert das f# (= die 6 in Am6) die Tonleiter kurzfristig nach A-Dorisch (Struktur 1 - 2 - b3 - 4 - 5 - 6 - 7).

c) Blues-Akkordfolgen

Blues-Akkordfolgen gibt es sowohl in Dur als auch in Moll in den unterschiedlichsten Varianten. Die Hauptakkorde des Blues sind die Akkorde auf den Stufen I, IV und V z. B. E(7), A(7), B(7) in Dur oder z. B. Em(7), Am(7), B7 in Moll. Auch in anderen Stilistiken findet man unzählige Musikstücke, die von der Stimmung und dem Ausdruck des Blues beeinflusst sind. Passendes Tonmaterial für den Blues stellen die ***„Blues-Tonleitern"*** zur Verfügung. 44 Zusätzlich kann man das Tonmaterial an den aktuellen Akkord anpassen, indem man die wesentlichen Akkordtöne hinzunimmt.

Beispiele

(1) Blues in G

II: G7 I ⁒ I ⁒ I ⁒ I C7 I ⁒ I G7 I ⁒ I D7 I C7 I G7 I ⁒ :II

Passende Tonleiter: G-Moll-Pentatonik, G-Bluestonleiter (Dur).

(2) Moll-Blues im Stile von B. B. ⇒King's *„The Thrill Is Gone"*

II: Cm7 I ⁒ I ⁒ I ⁒ I Fm7 I ⁒ I Cm7 I ⁒ I A♭7 I G7 I Cm7 I Cm7 B♭(no 3) B(no3) :II

Passende Tonleiter: C-Bluestonleiter in Moll (z. B. Moll-Pentatonik).

Eine harmonische Besonderheit stellt im 9. Takt der A♭7 (♭VI. Stufe) dar. Eigentlich würde man hier gleich die ⇒*Dominante* G7 (V. Stufe) erwarten, doch die folgt erst im nächsten Takt. Der A♭7 löst sich zu G7 chromatisch auf und fungiert als ⇒*Ersatzdominante* für D7 (der eigentliche Dominantakkord bezogen auf G). Schaut man sich die einzelnen Töne des A♭7 an, so erscheint er gar nicht mehr als so fremdartig, denn alle seine Töne außer der Grundton selbst sind in der C-Bluestonleiter enthalten. Benötigt man für eine Ersatzdominante noch weitere Töne, wählt man Mixolydisch #11 mit der Struktur 1 - 2 - 3 - #4 (=#11) - 5 - 6 - 7.

d) Akkorde mit besonderer Funktion

Beispiele

(1) ||: A | F#m | D | Dm :||

Passende Tonleiter: Die Akkordfolge gehört zu A-Dur mit Ausnahme des Akkords Dm (in Stufensymbolen: I - VIm - IV - IVm). Im ersten Augenblick könnte man denken, die Tonalität würde in eine andere Richtung gehen, doch der Dm-Akkord täuscht diesen Wechsel nur an. Die Wirkung der Akkordfolge beruht auf der chromatisch fallenden Linie *„f#"* (3 in D) - *„f"* (b3 in Dm) - *„e"* (5 in A).

Dur-Subdominante D und ***Moll-Subdominante*** Dm unterscheiden sich durch die Terz („f#" = 3 / „f" = b3). Vor allem dieser Unterschied ist bei der Wahl des Tonmaterials zu berücksichtigen. Es gibt mehrere Möglichkeiten. Geht man von D-lydisch (der regulären Tonleiter der IV. Stufe von A-Dur, Struktur: 1 - 2 - 3 - #4 - 5 - 6 - maj7) aus, kann man einfach nur den veränderten Ton austauschen (neue Intervallstruktur: 1 - 2 - b3 - #4 - 5 - 6 - maj7). D-Melodisch-Moll (Struktur: 1 - 2 - b3 - 4 - 5 - 6 - maj7) geht in die gleiche Richtung, wobei noch anstelle der #4 („g#") die 4 („g") gesetzt wird. Die große Septime („c#") hinterlässt in beiden Fällen einen schwachen Eindruck. D-dorisch mit „f", „g" und „c" (Struktur: 1 - 2 - b3 - 4 - 5 - 6 - 7) setzt den Stimmungswechsel besser um.

Um den Charakter eines Rocksongs (wie z. B. auf dem Playback) deutlicher zu machen, würde ich für die ersten drei Akkorde eine Bluestonleiter bzw. die A-Dur-Tonleiter durchsetzt mit Blue-Notes verwenden und im vierten Takt A-Äolisch (= D-Dorisch).

Auch in Stevie Wonder's *„You are the sunshine of my life"* begegnet uns in der Strophe ein Akkord, der nicht zur Tonalität gehört:

(2) ||: C | G/F | Em7 | A7(b9) | Dm7 | Dm7/G | C | Dm7/G G7 :||

Passende Tonleitern: Alle Akkorde bis auf A7(b9) gehören zu C-Dur. G/F = G7 mit der 7 (= „f") im Bass, Dm7/G = G7sus4. In Stufen ausgedrückt sieht die Akkordfolge so aus:

I - V - IIIm - VI - II - V - I - II - V.

In C-Dur steht normalerweise auf der VI. Stufe der Mollakkord Am7. Er wird aber durch den Dur-Septakkord A7(b9) ersetzt, d. h. es wird die Moll-Terz zur Dur-Terz (und die 9 zur b9). Der Dur-Septakkord wirkt als lokale Dominante für den nachfolgenden Dm7 (V-Im-Verbindung). Generell kann ein beliebiger Stufenakkord durch eine solche ***Zwischendominante*** ersetzt und eine lokale V - I - Verbindung geschaffen werden.

Eine passende Tonleiter für die Zwischendominante kann man aus der ursprünglichen Tonleiter ableiten. In unserem Beispiel ändert man A-Äolisch (die Tonleiter für die VI. Stufe, Struktur: 1 - 2 - b3 - 4 - 5 - b6 - 7) so ab, dass sie zum Akkord A7/b9 passt. Das ergibt eine Tonleiter mit der Struktur 1 - b2 (= b9) - 3 - 4 - 5 - b6 (= b13) - 7. Man könnte diese Tonleiter „Äolisch (3/b9) nennen, um ihre Herkunft deutlich zu machen. Die übliche Bezeichnung ist aber Mixolydisch b9/b13 (Mixolydisch mit b9 und b13) oder HM5 (V. Mode von Harmonisch Moll), wodurch auf die Dominantfunktion hingewiesen wird.

(3) *Ersatzdominante* siehe unter c, Beispiel 2.

(4) Auch ***verminderte Akkorde*** können eine Dominante ersetzen. Zudem treten sie als Vorhalt- oder Durchgangsakkord auf. Ihr Klang ist sehr unstabil und drängt nach Auflösung. Verminderte Akkorde lösen sich in der Regel chromatisch nach oben oder unten zu einem diatonischen (leitereigenen) Akkord auf. Ein verminderter Akkord ist aus kleinen Terzen aufgebaut z. B. als Dreiklang F#^{o} (1- b3 - b5) oder Vierklang F#^{o}7 (1 - b3 - b5 - b7). Eine passende Tonleiter ist die aus acht Tönen bestehende *Ganzton-Halbton-Tonleiter* (GTHT). Im folgenden Beispiel wird der verminderte Akkord (B^{o}) über längere Zeit ausgehalten, was Spannung aufbaut, die sodann chromatisch abwärts aufgelöst wird (B^{o}-Bb).

Im Stile vom Refrain „What it takes" (Aerosmith)

|| Bb | F | Bb | F | Bb A | Dm C | B^{o} ... B^{o} | Bb | Db | F | F ||

e) Wechsel der Tonalität (Modulation)
Die Tonalität kann am Übergang der Formteile wechseln (z. B. Strophe/Refrain, Strophe/Bridge oder zum Schluss des Stückes bei Wiederholung des Refrains), in jazzorientierter Musik aber auch innerhalb eines Formteils/Themas. Je nachdem, wie die Modulation ausgeführt wird (direkt oder über Zwischenschritte), kann der Übergang mehr oder weniger weich, schlüssig, auffällig klingen.

Beispiele

(1) Ein gutes Beispiel ist Huey Lewis' *„Stuck with you"*. Hier stehen Strophe und Refrain in unterschiedlichen Tonarten (C-Dur und D-Dur). Für den Refrain wird die Akkordbegleitung der Strophe einen Ganzton höher transponiert. Die Übergänge führen jeweils über einen sus-Akkord (hier fett gedruckt), der die Dominante zum nachfolgenden Akkord bildet (V - I - bzw. II - V - I -Verbindung).

Strophe II: C I Am7 I F I Dm7 G7sus4 :II ➤ Bridge
Bridge I Am7 I ⁒ I C I ⁒ I Cadd9/E I Cadd9/F I Gsus4 G I **A7sus4** II ➤ Refrain
Refrain I D I Bm7 I G I Em7 A7sus4 I D I Bm7 I G I Dm7 **Gsus4** II ➤ Strophe

Passende Tonleitern: Strophe und Bridge C-Dur, Refrain D-Dur

(2) Im Jazz sind sehr häufig II - V -Kadenzen (und Variationen) anzutreffen. Sie können auch als sogenannte II - V -Ketten aneinander gehängt sein, ohne dass eine Auflösung hin zur I. Stufe (Tonika) erfolgt. Jede II - V - Kadenz erfordert eine eigene Tonleiter, d.h. die Tonalität wechselt ständig.

II Bm7 E7 I Am7 D7 I Gm7 C7 I Fmaj7 II

Passende Tonleitern: Die Kadenzen wandern jeweils einen Ganztonschritt tiefer, um schließlich auf Fmaj7, der Tonika der letzten II - V -Kadenz (Gm7 - C7) zu enden. Die Dur7-Akkorde bilden stets die Dominante für die jeweils nachfolgenden Moll7-Akkorde (dadurch verlaufen die Grundtöne übrigens durchgängig in Quarten). Die Tonleitern bezogen auf die jeweils I. Stufe lauten also: A-Dur, G-Dur, F-Dur.

I F#m7 B7 I Fm7 Bb7 I Em7 A7 I Ebm7 Ab7 I usw.

In dieser Kette gehen die II - V -Kadenzen in Halbtonschritten tiefer. Die *dazugehörigen Tonleitern*: E-Dur, Eb-Dur, D-Dur, Db-Dur usw.

f) Parallele Akkordfolgen
Parallele (konstante) Akkordfolgen verwenden nur Akkorde des gleichen Typs. Jeder Akkord erfordert eine eigene Tonleitern.

Beispiele

II: Cmaj7 I Dmaj7 I Emaj7 I Gmaj7 :II

Passende Tonleitern: Ionisch, lydisch

II: Am7 I Cm7 I Bm7 I Gm7 :II

Passende Tonleiter: Je nach gewünschter Stimmung z. B. dorisch, äolisch, Moll-Pentatonik usw.

II: A7sus4 A7 I G7sus4 G7 :II

Passende Tonleiter: Mixolydisch

g) Verfremdung

Auf der Suche nach neuen harmonischen Wendungen ist das Verfremden einer Standard-Akkordfolge ein gängiges Verfahren (besonders in jazzorientierter Musik). Das folgende Beispiel zeigt, wie ein ursprünglich einfacher Moll-Blues durch Verändern und Hinzufügen von Akkorden (⇒ *Reharmonisation*) verfremdet wurde.

(1) Einfacher Moll-Blues

1				5				9			
Cm7	⁒	⁒	⁒	Fm7	⁒	Cm7	⁒	G7	⁒	Cm7	⁒

(2) Reharmonisierter Moll-Blues

1	2	3	4
Cm7 Am7b5 *C-Äolisch* *c d eb f g ab bb*	Dm7b5 G7#5 *G-HM5* *g ab* ***b*** *c d eb f*	Cm7 *C-Äolisch*	C7#9 C7b9 *1 b9 #9 3 4 5 b6 7* *c* ***db*** *d#* ***e*** *f g ab bb*
5	**6**	**7**	**8**
Fm7 Fm9 *Eb-Dur (= C-Äolisch)*	Fm7 Bb11 *Eb-Dur*	Ebmaj7 Ebmaj9 *Eb-Dur*	Ebm7 Ab13 *Db-Dur* ***db*** *eb f* ***gb*** *ab bb c*
9	**10**	**11**	**12**
Dm7b5 *C-Äolisch*	G7#5 G7 *G-HM5* *g ab* ***b*** *c d eb f*	Cm7 Am7b5 *C-Äolisch*	Dm7b5 G7#5 *G-HM5* *g ab* ***b*** *c d eb f*

Passende Tonleitern: Geht man von einem Blues/Rock Standpunkt an diesen reharmonisierten Blues heran, wird man als Tonleiter hauptsächlich die C-Moll-Pentatonik bzw. eine Moll-Blues-Tonleiter verwenden, was hier relativ gut funktioniert. Will man die Tonleiter/n deutlicher auf die Harmonien abstimmen, sollte man die Akkordfolge etwas genauer untersuchen.

Zur Form: Harmonisches Grundgerüst eines Blues bilden die Akkorde von Tonika (I . Stufe), Subdominante (IV. Stufe) und Dominante (V. Stufe), hier sind das Cm7, Fm7 und G7#5. In einem 12-taktigen Blues erscheinen die Hauptakkorde normalerweise nacheinander jeweils zu Beginn der neuen Textzeile, also alle vier Takte: 1. Takt → Tonika, 5. Takt → Subdominante, 9. Takt → Dominante. Das vorliegende Stück weicht nur im 9. Takt (Dm7b5) von dieser Regel ab. Die Hauptakkorde werden durch etliche Zwischenakkorde ergänzt.

1. - 3. Takt: Cm7-Am7b5-Dm7b5-G7#5-Cm7 ist eine I-VI-II-V-I-Kadenz in Moll, wobei alle Akkordtöne zu C-Äolisch gehören, außer die große Terz „b" des G7/#5.

Wir ersetzen an dieser Stelle einfach b^b durch b (könnte man als G-HM5 = V. Mode von harmonisch Moll bezeichnen, wobei #5 = b6). Die gleiche Kadenz begegnet uns noch einmal als Turnaround in den Takten 11/12.

4. Takt: C7/#9 und C7/b9 fungieren als Zwischendominanten, die auf die Subdominante Fm7 hinzielen, und sind zugleich alteriert (#9 bzw. b9). Wir leiten eine passende Tonleiter von C-Äolisch (Intervallstruktur: 1 - 2 - b3 - 4 - 5 - b6 - 7) ab, indem wir Töne austauschen bzw. ergänzen: Neu hinzu kommt die 3 (e); die 2 (= 9, d) wird zu b2 (= b9, d^b); die b3 (e^b) entspricht der #9 (d#). Neue Tonleiter-Struktur:

1 - b2 - #2 - 3 - 4 - 5 - b6 - 7.

5. - 7. Takt: Hier befindet sich die Akkordfolge wieder innerhalb der Grundtonart C-Äolisch.
Genauer gesagt bewegt sie sich in diesem Fall durch eine II -V - I -Verbindung auf E^{b}maj7 zu (Tonika der parallelen Dur-Tonart; das Tonmaterial von E^b-Dur und C-Äolisch ist identisch).

8. Takt: E^{b}m7-A^{b}13 ist eine II - V -Kadenz in Db.

9./10. Takt: Dm7b5-G7#5-Cm7 bildet eine II - V - I -Kadenz in C-Moll.

11./12. Takt: siehe *1./2. Takt*.

Resümee: Als grundlegende Tonleiter passt C-Äolisch. Im Verlauf der Akkordfolge ändern sich gleichzeitig max. zwei Töne (in der Abbildung **fett** und unterstrichen).

Aufgaben und Übungen

Finde passende Tonleitern für die folgenden Akkordfolgen.

1 ll: C#m7 I F#9 I B11 I E :ll

(im Stile von *„Isn't she lovely"* - Stevie Wonder)

2 ll: A7 G7 I A7 G7 I A7 G7 I A7 G7 I G7 F7 I G7 F7 I A7 G7 I A7 G7 :ll

(im Stile von *„On Broadway"* - George Benson)

3 Strophe: ll: G I B I C I A :ll

(im Stile von *„Sitting on the dock of the bay"* - Otis Redding, Steve Cropper)

4 Strophe (1. Zeile) I Am I D7 I G I Cmaj7 I F I Dm I E I E ll Am I ...

(im Stile von *„Wild World"* - Cat Stevens)

5 Strophe ll: Dm I C B I A I A :ll F I F I C I C I B I B I Dm I Dm B I C I C ll

(im Stile von *„Sultans of swing"* - Dire Straits)

6 I C I E7 I F I G7 I Am I D7 I Dm7 I G7 ll C I ...

(im Stile von *„On the sunny side of the street"* - Jimmy McHugh)

7 ll: Am I D7 I F I C :ll

(im Stile von *„Back on the road"* - Earth, Wind & Fire)

8 Strophe ll: Dbmaj7 C7 I Fm Ebm7 Ab7 I Dbmaj7 C7 I Fm :ll

(im Stile von *„Just the two of us"* - McDonald, Salter, Withers)

9 Strophe ll: Bm I F# I A I E I G I D I Em I F# :ll

(im Stile von *„Hotel California"* - Eagles)

10 Strophe I Abm I Ebm I Abm G A I B I C#m F# I B E I C#m F# I B E ll

Refrain ll: Am F I G Am :ll

(im Stile von „Layla" - Eric Clapton)

Der harmonische Rhythmus

Innerhalb eines Taktes gibt es schwache und starke **Zählzeiten** (⇒ *Metrum*). Dies hat natürlich auch Auswirkungen auf die Platzierung der Akkorde (= harmonischer Rhythmus). In der Regel werden Kadenzen so gelegt, dass sie entsprechend ihrer innewohnenden Auflösungstendenz zum Metrum der zugrundeliegenden Taktart passen.
Das bedeutet, dass z. B. ⇒ *Dominanten, Durchgangs-* und *Vorhaltakkorde* in der Regel auf schwachen Zählzeiten stehen und die Zielakkorde (Tonika) sich auf einer starken Zählzeit befinden.

Beispiel 4/4-Takt

Zählzeit	1	2	3	4	1	2	3	4
Betonung	sehr stark (Hauptbetonung)	schwach	stark (Nebenbetonung)	sehr schwach	sehr stark (Hauptbetonung)	schwach	stark (Nebenbetonung)	sehr schwach
Akkorde	C		F		C		G	

Zählzeit	1	2	3	4	1	2	3	4
Betonung	sehr stark (Hauptbetonung)	schwach	stark (Nebenbetonung)	sehr schwach	sehr stark (Hauptbetonung)	schwach	stark (Nebenbetonung)	sehr schwach
Akkorde	Am7	D7	Dm7	G7	Cmaj7		E7	

Auch Takte haben im Vergleich einen unterschiedlichen Stellenwert, was sich ebenfalls auf die Bedeutung eines Akkordes auswirkt.

Beispiel: Taktübergreifende Betonungsverhältnisse bei halbtaktigem Akkordwechsel

Takt	stark		schwach		stark		schwach	
Betonung	sehr stark	schwach	stark	sehr schwach	sehr stark	schwach	stark	sehr schwach
Akkorde	C	G	Am	Em	F	G	C	G

Neben diesen Betonungsverhältnissen kann auch die **Dauer**, die einem Akkord zugestanden wird, seine Bedeutung innerhalb der Akkordfolge erhöhen. Entfernen wir im vorangegangenen Beispiel aus dem zweiten Takt den Em-Akkord. Nun erscheint der Am-Akkord wichtiger, weil er (unerwartet) den ganzen Takt erklingt, während die übrigen Akkorde halbtaktig wechseln.

Dauer und Bedeutung eines Akkordes

C	G	**Am**	**Am**	F	G	C	G

Inside/Outside

Die Beschäftigung mit dem Begriffspaar Inside/Outside erweitert den harmonischen Horizont. Denn wir betrachten die gängige Harmonik bei der Wahl des Tonmaterials lediglich als einen Hauptweg, von dem abzuweichen wir jederzeit die Freiheit haben. Das schmälert keineswegs die Bedeutung harmonischer Regeln, jedoch relativiert sich deren Absolutheitsanspruch. Wir gestehen uns einfach zu, bei der Auswahl der Töne auch einmal andere Wege gehen zu können. Zudem, nichts ist herausfordernder und innovativer als eine Regel zu brechen.

⇒ ***Inside*** bedeutet, innerhalb der harmonischen Vorgaben zu spielen, d. h. Töne zu verwenden, die sich aus den zugrundeliegenden Akkorden und Tonleitern ableiten. Darum ging es in den vorangehenden Abschnitten. Zusammenfassend können wir festhalten, am meisten inside klingen die Töne des aktuellen Akkordes. Dann kommen die übrigen Töne der zugrundeliegenden Tonleiter.

Es soll nicht unerwähnt bleiben, dass es üblich ist (allen voran im Jazz), einzelne akkord- und tonleiterfremde Töne z.B. als chromatische Annäherungen, Durchgangstöne und Alterationen in die Melodie einzubauen. Der Inside-Eindruck kann dadurch zwar etwas verschleiert werden, aber er wird in der Regel nicht wesentlich beeinträchtigt. Ebenso ist es ein beliebtes Mittel, die normale harmonische Struktur bereits bei der Komposition bzw. beim Arrangement durch Akkordalterationen, durch Zwischen-, Vorhalt- und Ersatzakkorde aufzubrechen und dadurch neue harmonische Wege zu erschließen. Im Grunde haben wir es hier bereits mit dem Outside-Gedanken zu tun, wenn auch komponiert, d.h. vorweggenommen und dadurch meist in einer für das Ohr gefälligeren Ausführung.

⇒ ***Outside*** meint folglich, außerhalb der harmonischen Vorgaben zu spielen. Aber ich möchte den Begriff im Hinblick auf die praktische Umsetzung etwas spezieller fassen: Beim Outside-Spielen geht es um die Fähigkeit eines Solisten, durch bewußte Ausflüge in eine andere harmonische Umgebung überraschende Wendungen zu schaffen und den „Freundeskreis der reinen, wahren Harmonie" vor den Kopf zu stoßen. In diesem Sinn ist outside zu spielen also ein besonderer „Trick", der - wie immer - seine Wirkung verliert, wenn man ihn zu häufig verwendet. Damit outside nicht nach falsch-gegriffen klingt, sind ein paar Rahmenbedingungen zu beachten.

- Prüfe, ob es zum Charakter und zur Stimmung des Stückes oder der Stilistik passt. In z. B. jazzorientierter Musik ist outside zu spielen in, im Volksmusik-Quartett dagegen out.
- Damit der Effekt optimal zur Geltung kommt, ist zuvor extrem inside zu spielen, d. h. die vorherrschende harmonische Situation muß klargestellt sein.
- Suche in der Akkordfolge eine geeignete Stelle, wo du aus der gewohnten Harmonik ausbrichst. Das ist z. B. ein schwacher Takt oder ein Durchgangsakkord.
- Wenn du dann die sichere Straße verläßt, muss es mutig ohne Zögern und Zaudern mitten hinein ins unwirtliche Dickicht gehen. Stelle die neue harmonische Situation mit dem Brustton der Überzeugung dar, so als hätte tatsächlich ein Wechsel stattgefunden.
- Versuche den gesamten Ausflug in einem Atemzug zu machen, d. h. packe outside und zurück (Auflösung) in eine Phrase.

Für die Wahl der neuen harmonischen Umgebung gibt es viele Möglichkeiten. **Modale Vertauschungen** (der Grundton wird beibehalten, der Mode wechselt, z. B. C-Ionisch ⟶ C-Mixolydisch) klingen noch relativ vertraut. Die Begründung dafür liegt auf der Hand: Die meisten Töne bleiben erhalten. Lediglich einzelne Töne ändern sich, wobei gerade diese Unterschiede herauszustellen sind. Im folgenden Beispiel ist die zugrundeliegende Tonart A-Äolisch (dunklere Stimmung), die zeitweise nach A-Dorisch (hellere Stimmung) moduliert. Die beiden Modes unterscheiden sich nur durch die Sexte (A-Äolisch: f = b6 und A-Dorisch: f# = 6).

Beispiel: Modaler Austausch

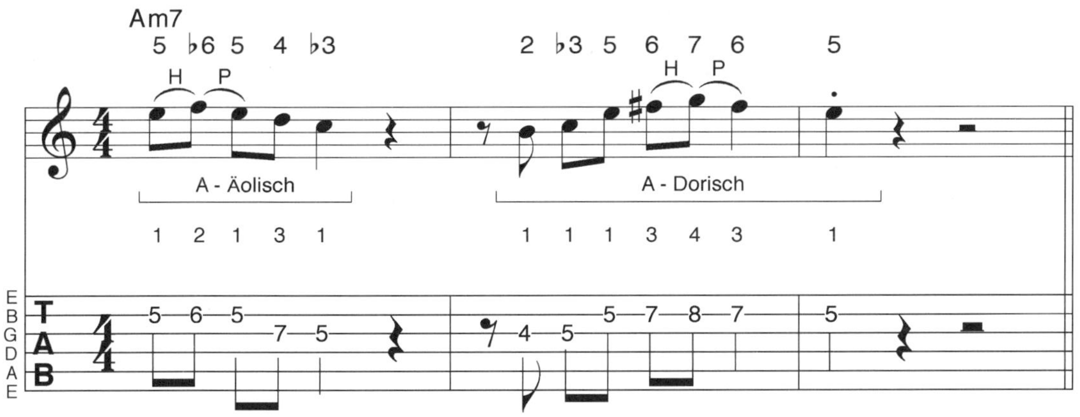

Weitaus drastischer klingt es, wenn man die aktuelle Tonalität (den Akkord und die Tonleiter) durch eine völlig andere Tonalität ersetzt, z. B. um einen Halbtonschritt höher oder tiefer verschiebt. Bei den folgenden drei Beispielen ist die zugrundeliegende Tonalität A-Äolisch.

Beispiel 1: Verlassen der Tonalität um einen Halbtonschritt nach oben 15 28

Sequenzen sind ein weiterer Ansatzpunkt. Hierbei dient das Pattern als Wegweiser durch die Dissonanzen.

Beispiel 2: Pattern um eine verminderte Quinte (b5) verschoben

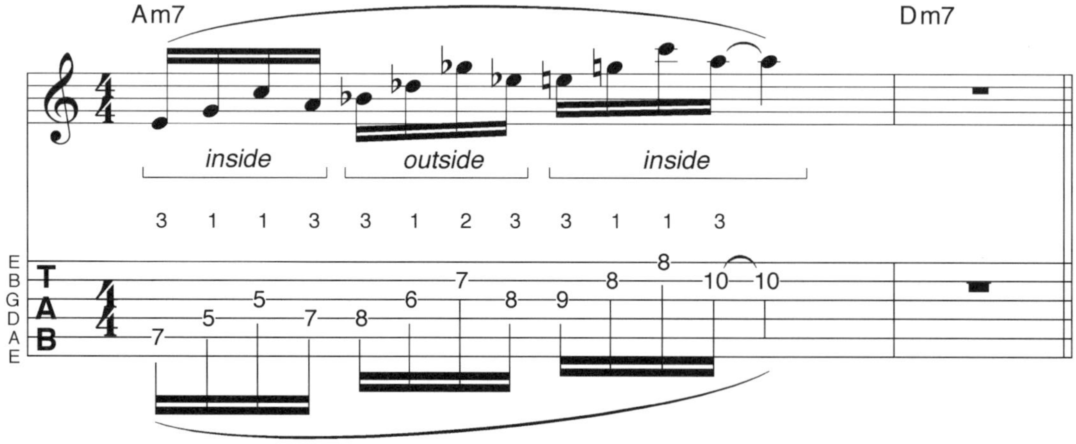

Beispiel 3: Pattern um einen Halbtonschritt nach oben verschoben

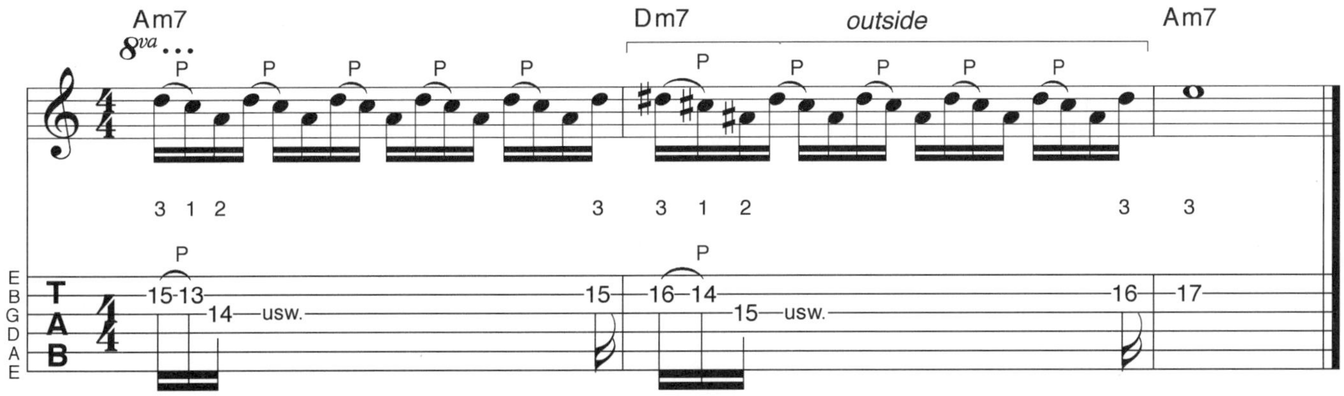

Aufgaben und Übungen

1 Die Begleitung besteht aus einer modalen Akkordfolge in A-Äolisch (wie in den obigen drei Beispielen):

15

II: Am7 I Dm7 I Am7 I Dm7 :II

Spiele in den angegebenen Modes (Outside-Passage fett gedruckt). Achte darauf, Phrasen zu bilden und Pausen zu lassen.

a) II: A-Moll-Pentatonik I ⁒ I ⁒ I **Ab-Moll-Pentatonik** :II

b) II: A-Äolisch I ⁒ I ⁒ I **A#-Äolisch** *(=D#-Dorisch)* :II

2 Als Begleitung dient ein Groove in Bb-Dorisch (Akkorde: Bbm9, Bbm11). Spiele in den angegebenen Modes (Outside-Passage fett gedruckt). Achte darauf, Phrasen zu bilden und Pausen zu lassen.

16

a) II: Bb-Dorisch I ⁒ I ⁒ I **B-Dorisch** :II

b) II: Bb-Dorisch I **B-Dorisch** I Bb-Dorisch I **A-Dorisch** :II

3 Übungen mit Pattern und Sequenzen siehe ***Sequenzieren***. 96

Zusammenfassung: Die Tonauswahl

Kommen wir also zurück auf die eingangs gestellte Frage: *Welche Töne sind in welchem harmonischen Zusammenhang geeignet und warum?* Generell können wir sagen, es gibt keine eindeutige Antwort bzw. Regel, vor allem kein absolutes Richtig oder Falsch. Die Auswahl des Tonmaterials hängt immer auch von der Stilistik des Musikstücks, von der Stimmung, den eigenen Vorlieben und Absichten, dem Klang, der einem vorschwebt usw. ab. Es gibt also nicht die eine Antwort, sondern es sind immer mehrere Wege möglich.

1. Die ***Akkordtöne*** sind für die Melodie und das Solo die wichtigsten Töne. Sie klingen harmonisch richtig und passend (inside). Man kann unterscheiden zwischen den Tönen der Akkordgrundstruktur, den Erweiterungen sowie den Tönen, die den Klang eines Akkordes im Wesentlichen prägen. Die Töne der Akkordgrundstruktur (1, 3, 5) stellen die melodischen Ruhepositionen dar. Endet eine Phrase mit einem solchem Ton, wirkt sie abgeschlossen bzw. schlüssig. Erweiterungen (z. B. maj7, 7, 9, 11, #11, 13) färben den Klang in eine bestimmte Richtung und sind im Vergleich nicht mehr ganz so stabil. Regelrecht nach Auflösung rufen dagegen alterierte Töne (z. B. #5, b9). Die wesentlichen Akkordtöne charakterisieren kurz und bündig den Klang eines Akkord. Mit Hilfe von Arpeggios kann man im Gegensatz zu einer linienhaften Melodie mit wenigen Tönen große Sprünge machen.

2. Eine ***Tonleiter*** bietet eine Vorauswahl von Tönen. Vorteile: Das Tonmaterial passt über eine ganze leitereigene Akkordfolge, manchmal sogar über das ganze Stück. Bei den siebenstufigen Tonleitern sind die Verbindungstöne, die von einem zum nächsten Akkordton überleiten (Halb- und Ganztonschritte sind für den melodiösen Eindruck verantwortlich) und die leitereigenen Akkorderweiterungen/⇒ *Tensions* automatisch enthalten. Tonleitern bieten für lineares Denken und Spielen die bessere Voraussetzung als z. B. Arpeggios, die eher sprunghaft wirken.
Eine Tonleiter hat aber auch Nachteile: Die Möglichkeiten bei einer siebenstufigen Tonleiter sind relativ groß, wobei nicht jeder Ton zu jedem Akkord gut klingt (sogenannte ⇒ *avoid notes*). Pentatonische Tonleitern mit ihren nur fünf Tönen haben damit weniger Probleme, was sicherlich auch ein Grund (neben anderen) für ihre Beliebtheit ist. Treten in einem Stück häufig leiterfremde Akkorde oder Modulationen (Tonartwechsel) auf, wechseln die Tonleitern auch. Der Blick auf die Akkorde und die Interpretation der Akkordfolgen bleiben also nicht erspart.
Tipp: Bei komplizierten harmonischen Passagen ist es oft sinnvoller, sich an die Akkordtöne zu halten anstatt zu versuchen, durchgängig mit Tonleitern zu hantieren.

3. Der ***Einfluss des Blues*** ermöglicht es, in vielen Musikstücken Pentatonik, Blue Notes und Blues-Tonleitern zu verwenden. Zusammen mit Arpeggios oder den Modes ergeben sich interessante Kombinationen.

4. Nicht die Töne allein, sondern ihre ***Platzierung*** innerhalb des Metrums, des harmonischen Rhythmus' und des Motivs/der Phrase sind für die Wirkung ausschlaggebend. Betonte und unbetonte Zählzeiten, besondere rhythmische Akzente, der Anfang und das Ende einer Phrase usw. sind Stellen, an denen die gespielten Töne besonders zu hören sind. Man kann Spannung in der Melodie aufbauen bzw. erhalten, indem man an solchen Stellen eine Auflösung vermeidet (z. B. durch die Verwendung von Akkorderweiterungen). Spannung auflösen kann man entsprechend, indem man eine Phrase auf einem Ton der Akkordgrundstruktur beendet. An den unbetonten Positionen können im Prinzip alle denkbaren Töne (auch leiterfremde z. B. in Form von chromatischen Durchgangstönen, Umspielungen, inside/outside usw.) gespielt werden, vorausgesetzt, es findet eine geschickte Vorbereitung und Auflösung statt.

5. ***Ideen haben Vorrang*** vor allen harmonischen Überlegungen. Das heißt, erlaubt ist, was gut klingt. Hinzu zählen möchte ich hier nicht nur die Fälle, die mehrere Interpretationen zulassen, sondern ganz besonders auch die sogenannten „harmonisch eindeutigen Fälle". Innovationen entstehen nicht beim Einhalten von Regeln.

6. Zu guter Letzt: Es kommt nicht auf die Menge der gespielten Töne an. Auch ***mit wenigen Tönen*** kann man etwas aussagen, einen Ausdruck erzielen und die Zuhörer emotional bewegen. Die Tonauswahl ist also nur ein untergeordneter (wenn auch der musiktheoretisch am meisten untersuchte) Gesichtspunkt des Soloing. Sich mit wenigen Tönen musikalisch ausdrücken zu können, d. h. die Vielfalt durch Beschränkung auf den Punkt zu bringen, ist Ziel und Kunst zugleich.

Motive variieren und weiterführen

Allzu oft hört man Solos, die einen nichtssagenden Eindruck hinterlassen. Oft liegt es daran, dass kein Zusammenhang zu erkennen ist: Irgendwelche Licks werden aneinander gehängt; aufgeworfene Ideen werden nicht weiterverfolgt. Willst du die Zuhörer erreichen und etwas „rüberbringen", solltest du dir zunächst Klarheit verschaffen über deine musikalischen Ideen und Motive für das Solo. Wie bei der Vorbereitung einer Rede sind das die Stichworte, aus denen heraus das Solo wachsen kann. Durch ⇒ *Variation* [lat. = Veränderung] dieser Ideen kannst du den „roten Faden" in das Solo legen.

Das Prinzip dabei ist folgendes: Motive/Teilmotive werden mehrfach verwendet, wobei einzelne Merkmale abgeändert werden, andere beibehalten, d.h. wiederholt werden. Variationen haben die verblüffende Wirkung, dass sie zugleich neu und doch vertraut klingen. Das bedeutet auch, du benötigst keine riesige Ideensammlung, um ein Solo zu bestreiten. In diesem Kapitel wird gezeigt, wie man Motive in vielfältiger Weise rhythmisch und melodisch variieren, verkürzen und erweitern kann.

Motive

Ein ⇒ *Motiv* [lat. = Beweggrund; musikalischer Leitgedanke] ist eine hervorstechende Tonkombination, also keine zufällige, beliebige Aneinanderreihung von Tönen. In Motiven verwirklichen sich ***musikalische Ideen***. Motive stellen die Keime dar, aus denen ein Solo oder eine Melodie entwickelt werden kann. Der Umfang eines Motivs beträgt ungefähr zwei bis acht Töne und ist meist nicht länger als zwei Takte. Eine Phrase kann aus einem oder mehreren Motiven bestehen, wobei sich die einzelnen Motive nicht immer eindeutig abgrenzen lassen.

Phrase und Motiv

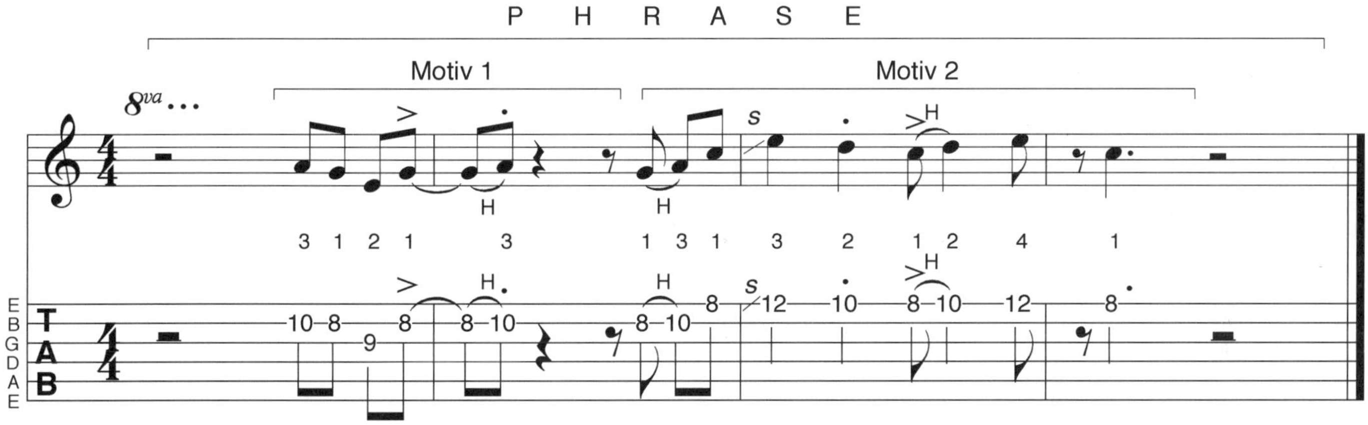

Die *primären Merkmale eines Motivs* sind
a) die *Töne (Tonhöhe)*,
b) der *melodische Verlauf (Abfolge der Töne)* und
c) der *Rhythmus (Notenwerte und Pausen)*. Weitere Merkmale sind Spieltechniken, Dynamik, Artikulation, usw.

Merkmale eines Motivs: Töne, melodischer Verlauf und Rhythmus

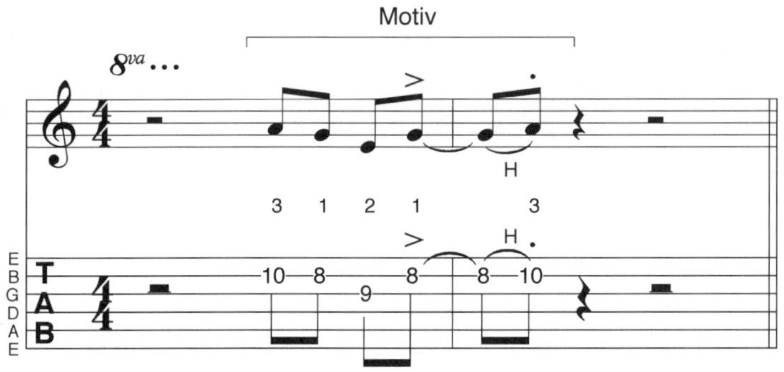

a) Beteiligte Töne

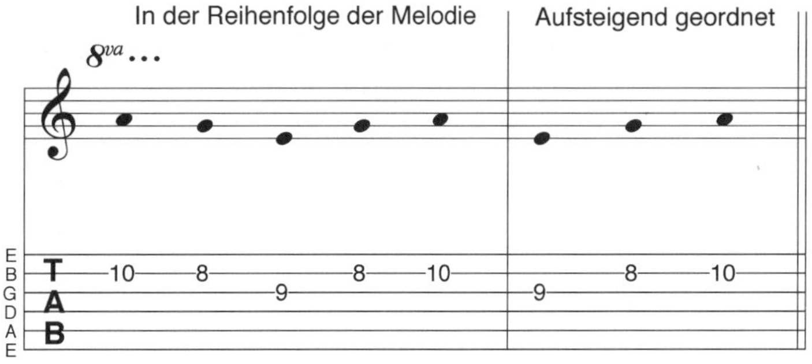

b) Melodischer Verlauf

c) Rhythmus

Motive verschieben

Metrisches Verschieben

Wiederholt man ein Motiv auf einer anderen Zählzeit, spricht man von metrischer oder auch rhythmischer Verschiebung. Der Rhythmus innerhalb des Motivs bleibt erhalten. Die Töne und der Tonverlauf sind meist gleich, können aber auch leicht verändert werden.

Beispiel a) Metrisches Verschieben eines Motivs

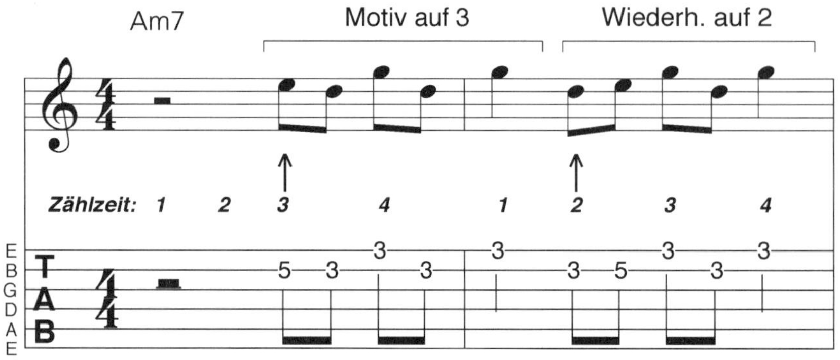

Ein besonders interessanter Effekt ergibt sich, wenn das Motiv von On-Beat auf Off-Beat verschoben wird (ebenso umgekehrt).

Beispiel b) Verschieben eines Motivs von On-Beat auf Off-Beat

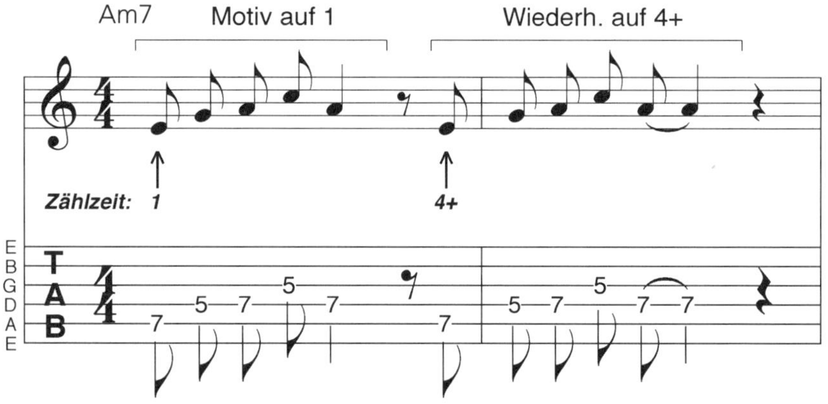

Aufgaben und Übungen

1 *Wiederhole das Motiv auf einer anderen Zählzeit. Notiere zwei Möglichkeiten und spiele.*

2 Verschiebe das Motiv einmal auf eine Zählzeit, die On-Beat liegt, und einmal auf eine Zählzeit, die Off-Beat liegt. Notiere zwei Möglichkeiten und spiele.

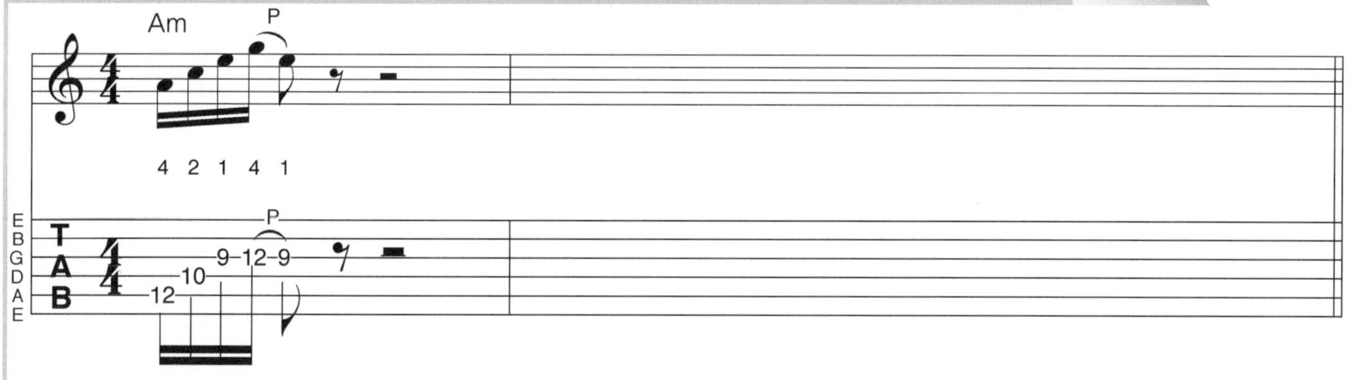

Melodisches Verschieben (Transponieren)

Wiederholt man ein Motiv auf einer anderen Tonstufe, wobei Rhythmus und melodischer Verlauf im wesentlichen gleich bleiben, spricht man auch von Transposition (Transponieren). Es ändert sich also die Tonhöhe, in der das Motiv erklingt.

Beispiel a) Transposition eines Motivs um eine Sekunde tiefer

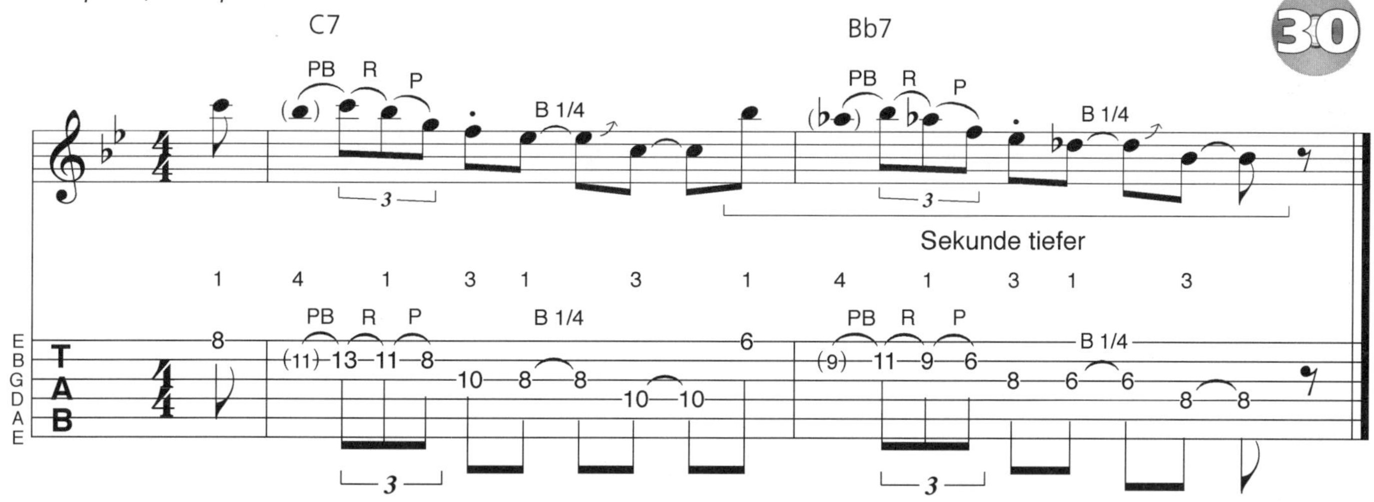

Die Transposition um eine Oktave nach oben verleiht dem Motiv einen besonderen Nachdruck.

Beispiel b) Transposition eines Motivs um eine Oktave höher

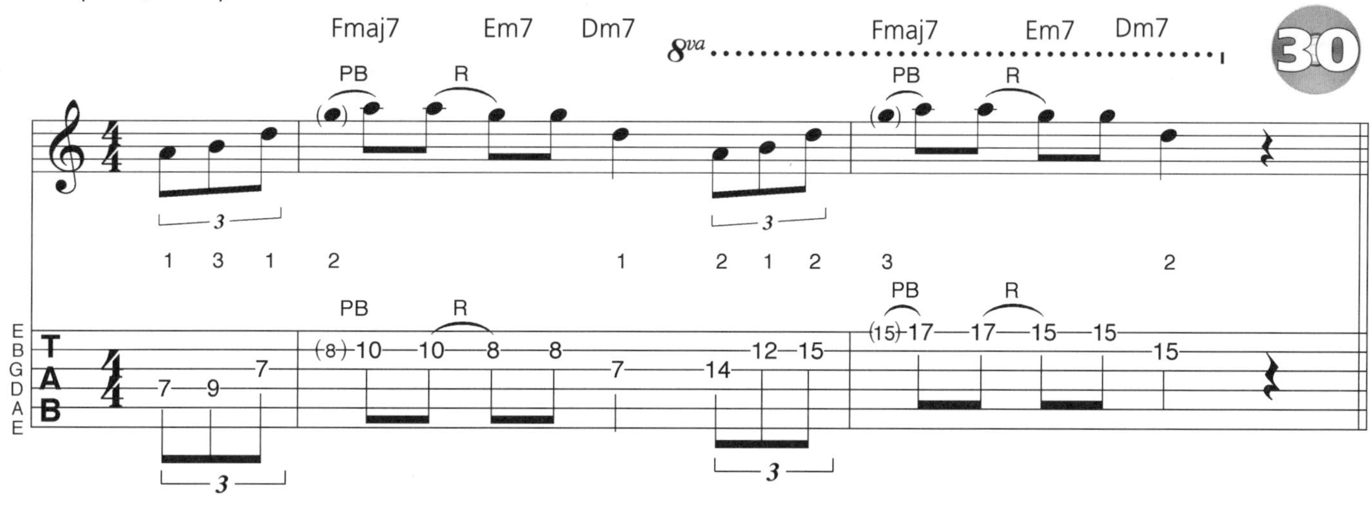

Aufgaben und Übungen

Ein Vorteil der Gitarre ist, dass man Motive (wie auch Melodien, Akkorde usw.) einfach durch Verschieben des Griffbilds ⇒ *transponieren* kann. Manchmal kann es aber günstiger (oder unvermeidlich) sein, die Saitengruppe und damit das Griffbild zu wechseln.

1 *Transponiere das Motiv um eine Sekunde, eine Quarte, eine Quinte, eine Oktave nach oben.*

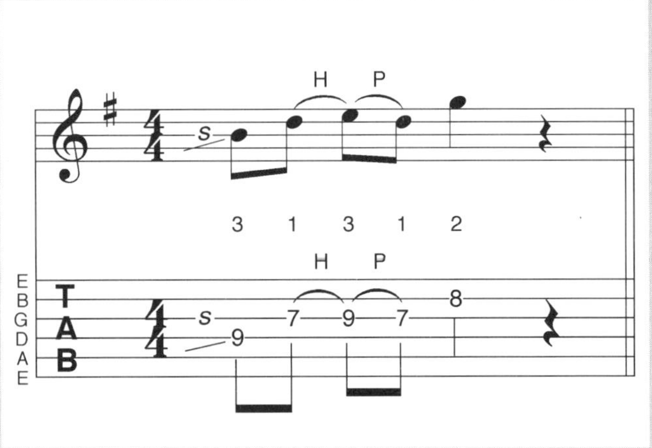

2 *Transponiere das Motiv um eine Sekunde, eine Quarte, eine Quinte, eine Oktave nach unten.*

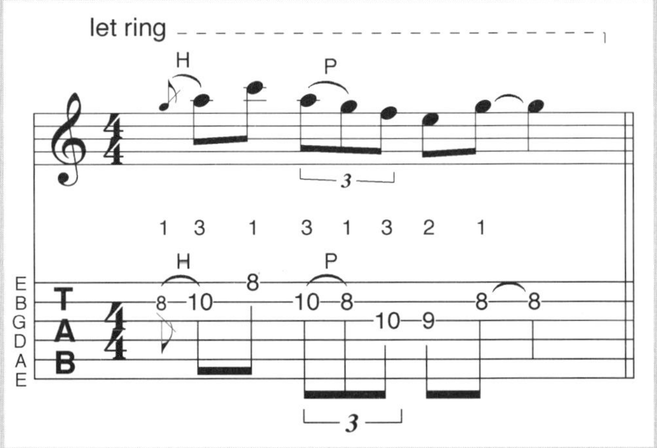

3 *Transponiere das Motiv und passe es so an, dass es harmonisch zum jeweiligen Akkord passt.*

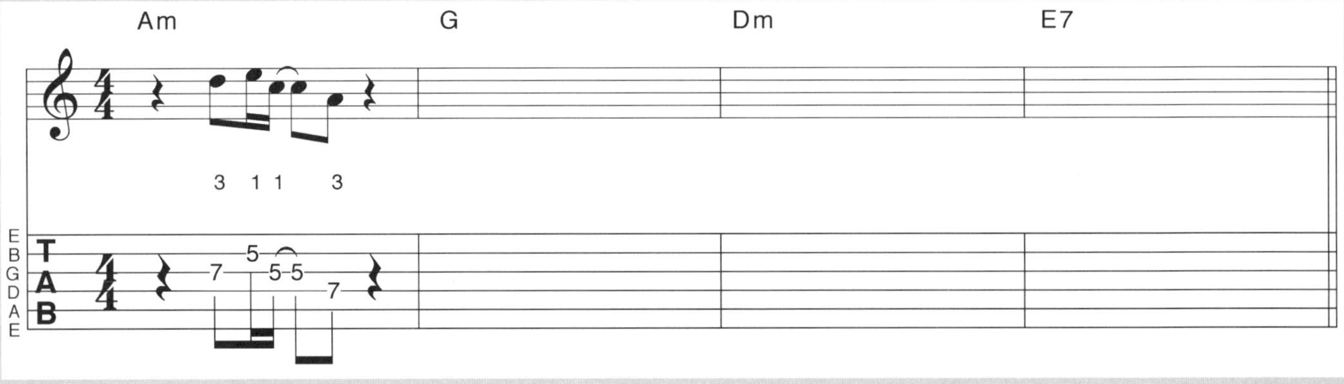

Rhythmische Veränderungen

Verändern des Notenwerts und der rhythmischen Position

Das *Vergrößern* oder *Verkleinern* von Notenwerten wirkt sich auf den Rhythmus des Motivs aus.

Beispiel 1

Ausgangsmotiv

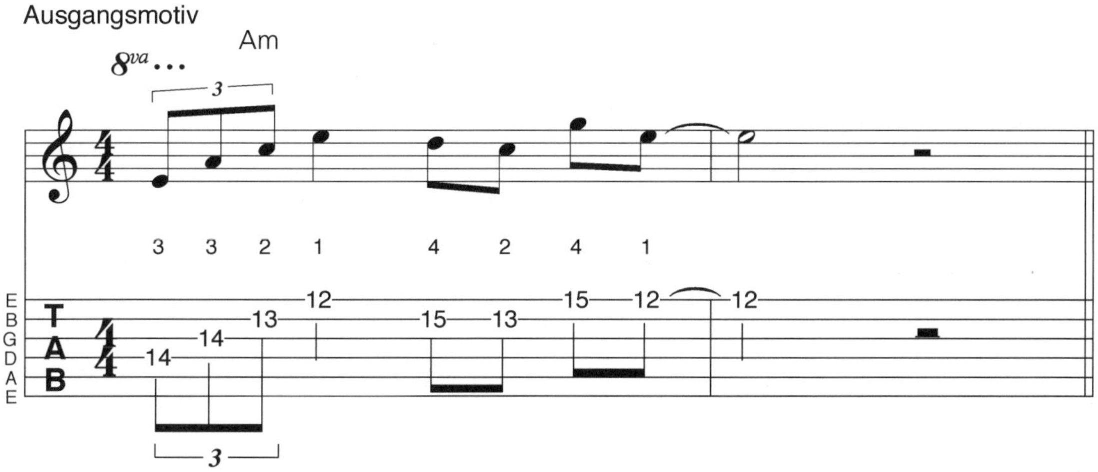

Rhythmische Variation

Verändert man den *Notenwert und die rhythmische Position* der Noten, so lässt sich der Rhythmus eines Motivs auf beliebige Weise umgestalten. Im Extremfall bleiben vom ursprünglichen Motiv nur noch die Tonhöhen und die Reihenfolge der Töne erhalten. Im folgenden Beispiel wurde bei jeder Note etwas verändert - der Notenwert, die Position oder beides.

Beim Strecken und Stauchen eines Motivs sind alle Noten in gleicher Weise betroffen. Das Motiv erklingt doppelt so lang, wenn man alle Notenwerte verdoppelt und gleichzeitig die Position anpasst. Halbiert man alle Notenwerte und passt die Position an, erklingt das Motiv halb so lang.

Beispiel 2

Ausgangsmotiv

Rhythmische Variation

Beispiel 3

Ausgangsmotiv

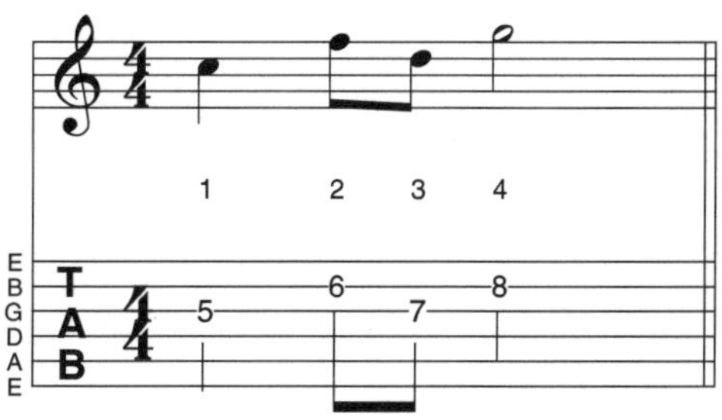

Motiv gestreckt

Motiv gestaucht

Aufgaben und Übungen

Variiere den Rhythmus der Motive, indem du die Notenwerte und/oder die Position der Noten änderst. Gib jeweils zwei unterschiedliche Möglichkeiten an.

1

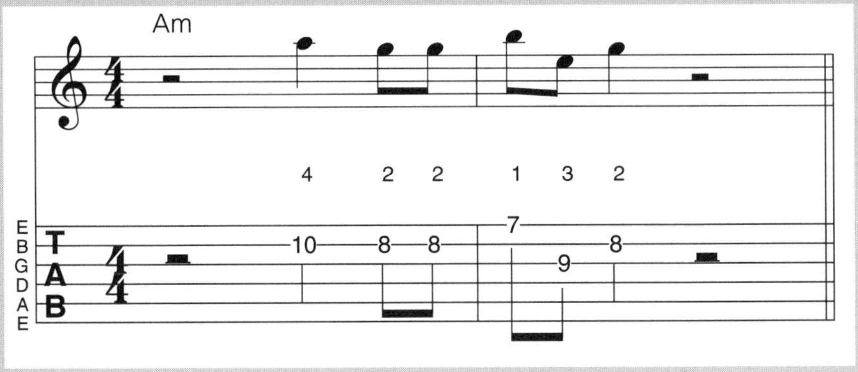

2

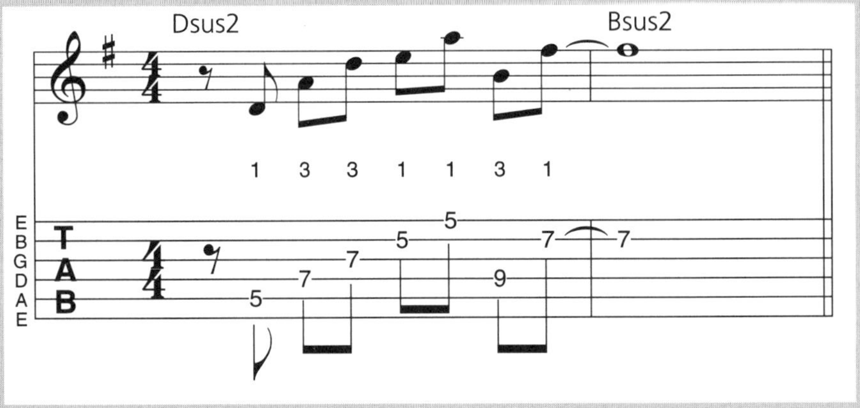

Abweichen von Metrum und Beat

In Pop, Rock, Blues und Jazz vermischen sich die ursprünglich unterschiedlichen rhythmischen Konzepte aus der europäischen (⇒ *Metrum*, ⇒ *Synkope*) und der afroamerikanischen Musiktradition (⇒ *Beat*, ⇒ *Off-Beat*). So ist es denn mehr eine theoretische Angelegenheit, zwischen Synkopierung und Off-Beat-Variation zu unterscheiden. Für die Praxis entscheidend ist vielmehr, sie verfolgen das gleiche Ziel:
Das Abweichen von Metrum und Beat erzeugt einen rhythmischen Konflikt, eine „Spannung", wodurch eine Melodie belebt werden kann (= Sonderfall beim Verändern der rhythmischen Position und des Notenwerts - siehe dort).

Synkopierung

Das Metrum einer Taktart gibt bestimmte Betonungen vor (schwere und leichte Zählzeiten). Ein Ton, der auf einer betonten Zählzeit gespielt wird, besitzt automatisch einen Akzent (metrischer Akzent). Wird dieser Ton auf eine danebenliegende, eigentlich unbetonte Taktzeit verschoben, entsteht eine Reibung bzw. ein Konflikt zwischen der veränderten rhythmischen Ausführung und dem festen Metrum. Eine solche Verlagerung der Betonung wird ⇒ *Synkope* genannt.

Metrum im 4/4 Takt

Zählzeit	1	2	3	4
Betonung	sehr stark	schwach	stark	sehr schwach
vereinfacht:	>		>	

Beispiele im 4/4 Takt

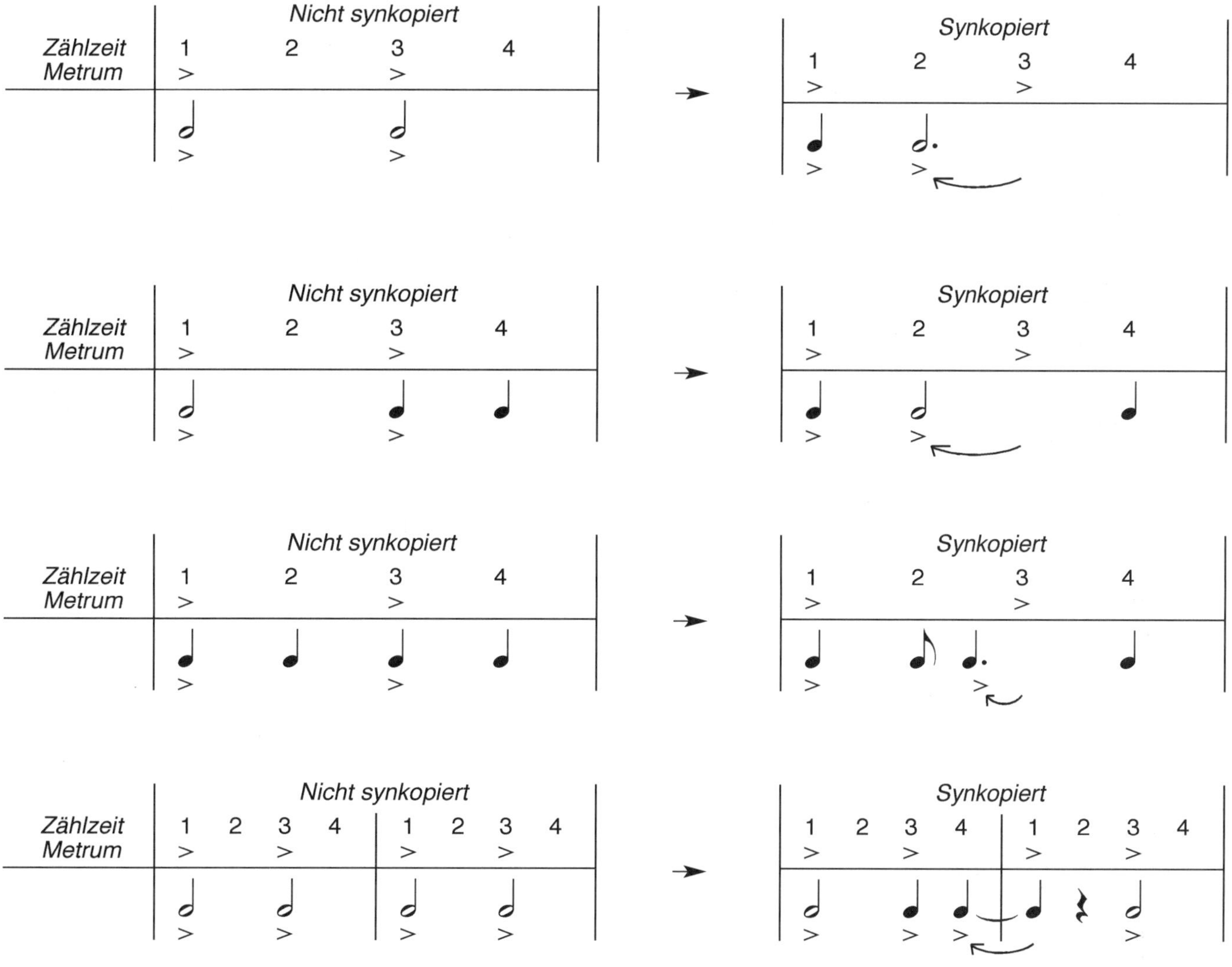

Off-Beat-Variation

Mit *Off-Beat* werden alle rhythmischen Positionen bezeichnet, die nicht auf, sondern vor oder nach dem Beat liegen. Ein Motiv kann rhythmisch variiert werden, indem man einzelne Töne vom Beat weg verschiebt (*Vorziehen*, *Nachziehen*).

<u>Vorgezogene Töne</u>

32

Ausgangsmotiv

a)

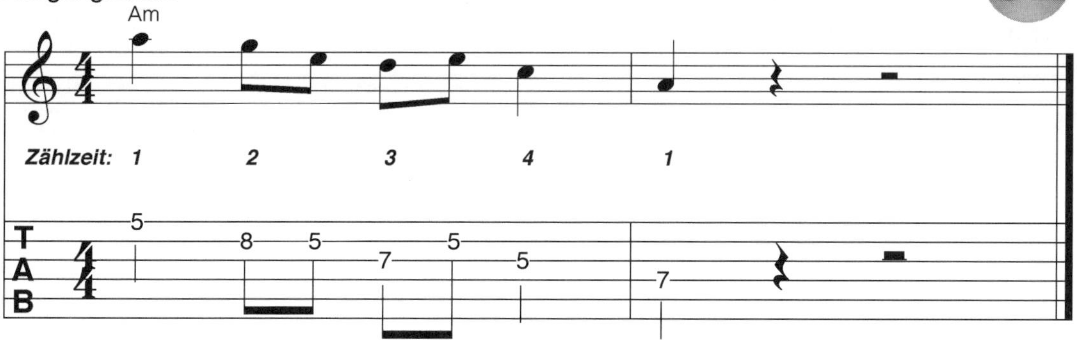

32

b)
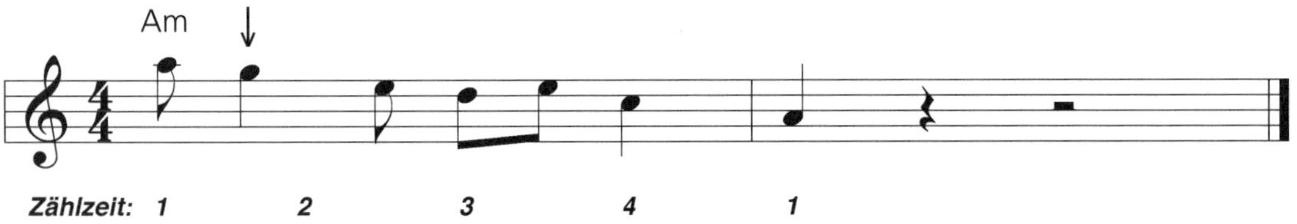

c)
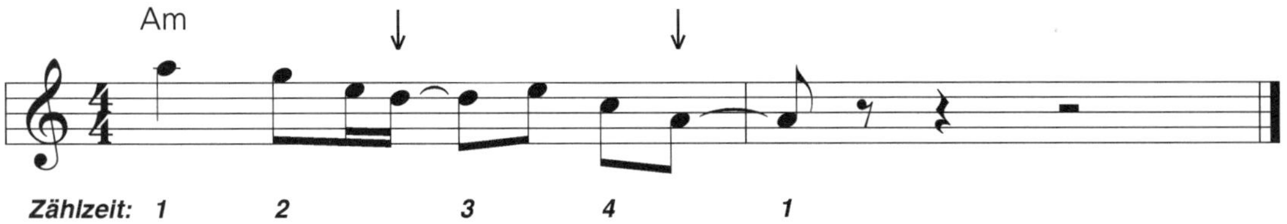

<u>Nachgezogene Töne</u>

33

a) Ausgangsmotiv (s.o. Seite 83)

b)
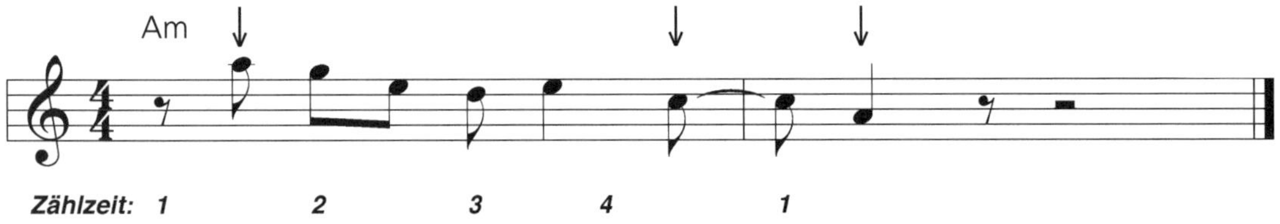

c)
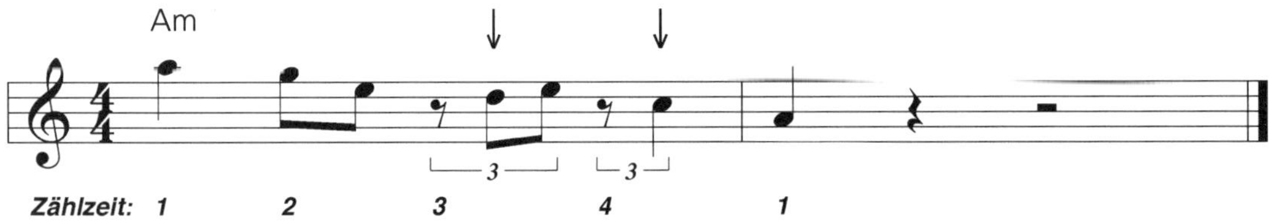

Aufgaben und Übungen

Verändere die folgenden Motive durch Synkopierung und/oder Vor- bzw. Nachziehen. Gib jeweils zwei verschiedene Möglichkeiten an.

1
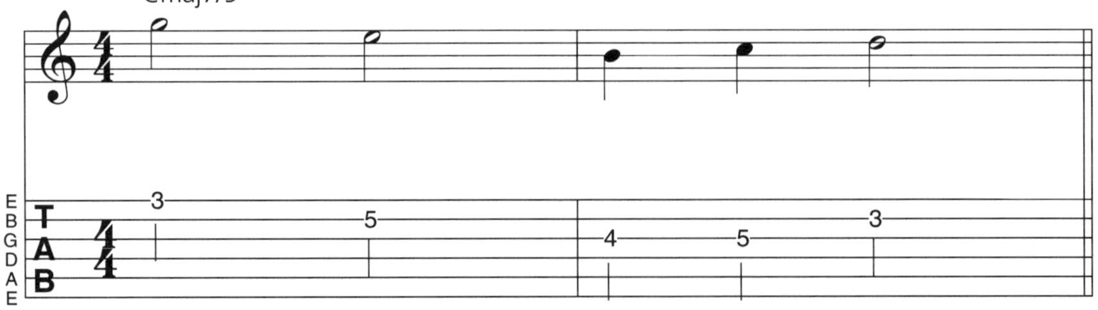

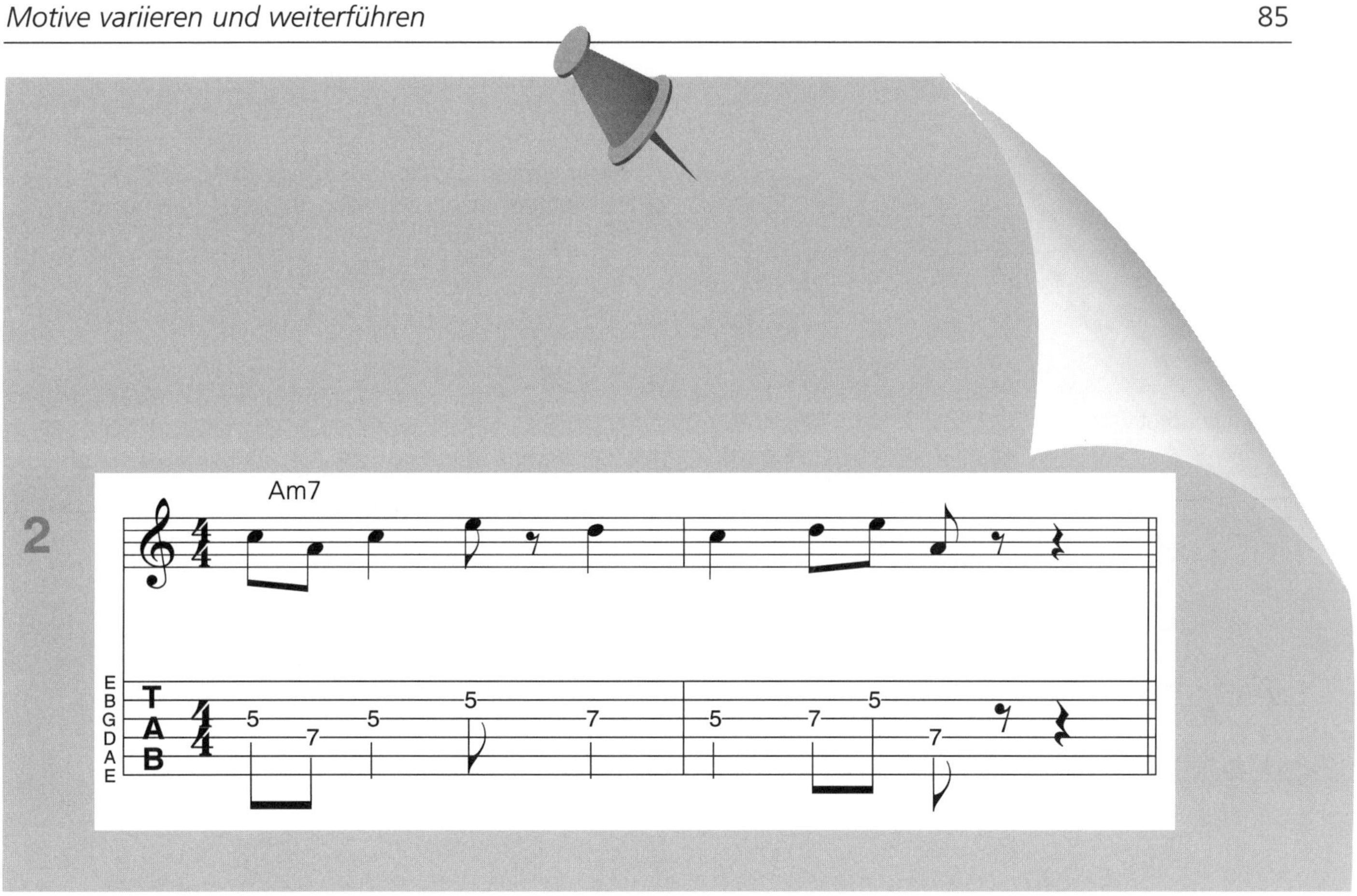

Melodische Veränderungen

Weglassen und Hinzufügen von Tönen

Verändert man ein Motiv, indem man einzelne Töne weglässt oder hinzufügt, ändert sich der melodische Verlauf - aber zugleich auch die rhythmische Struktur. Man spricht von ⇒ *Verzierung*/Ausschmückung, wenn die markantesten Töne des Motivs beibehalten werden.

Weglassen von Tönen

Ein Motiv kann z. B. auf sein melodisches Grundgerüst reduziert werden, indem man Verbindungstöne, Vorhalte, Umspielungen usw. weglässt.

Beispiel

Ausgangsmotiv

Vereinfachtes Motiv

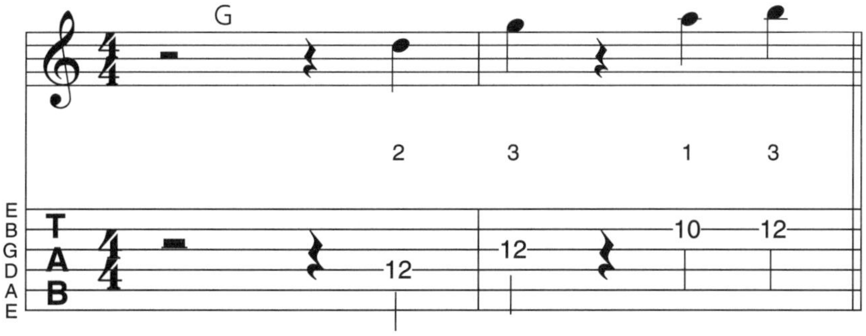

Ein so reduziertes Motiv kann wiederum als Ausgangsbasis genommen werden, um neue Töne hinzuzufügen, so wie es in den nächsten drei Abschnitten dargestellt ist.

Verbindungstöne

Der Zweck von Verbindungstönen ist melodischer Natur: Zwei Töne sollen durch einen möglichst weichen Übergang verbunden werden. Je nach Intervallabstand kann die Verbindung aus einem oder mehreren Zwischenschritten bestehen. Die Verbindungstöne stammen aus der zugrunde liegenden Tonleiter, aus dem aktuellen Akkord oder verlaufen chromatisch (alles ist möglich).

Beispiel

Ausgangsmotiv

a) Verbindungstöne aus C-Dur (F-lydisch)

b) Chromatischer Verbindungston

c) Verbindungston aus F-Dur-Akkord

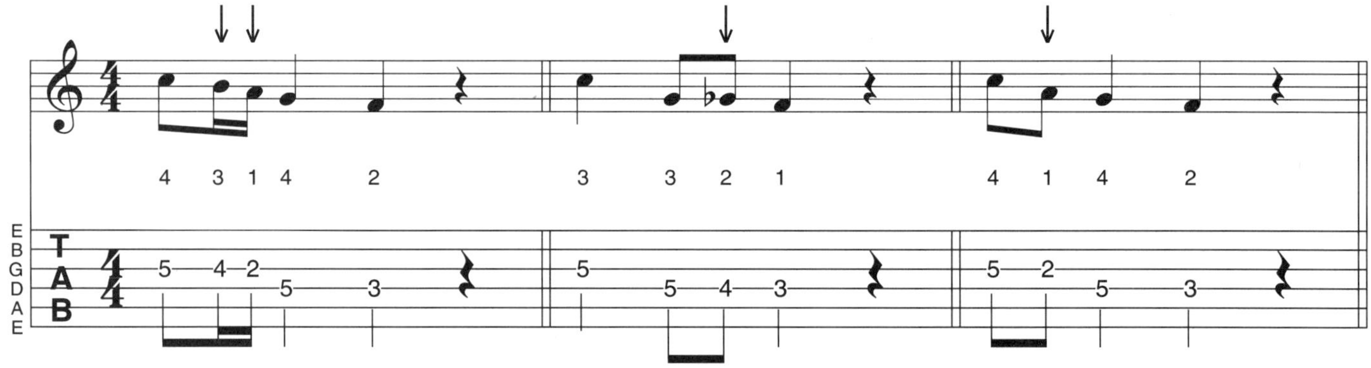

Vorhaltton

Ein akkordfremder Ton wird auf dem Beat gespielt und löst sich nachfolgend im Halb- oder Ganztonschritt zu einem Akkordton nach oben oder unten auf.

Besonders gut eignen sich - bezogen auf den Grundton des Akkordes - die Intervalle 4 und 2 (die 4 kann nach 3 oder 5, die 2 nach 1 oder 3 aufgelöst werden).

Ausgangsmotiv

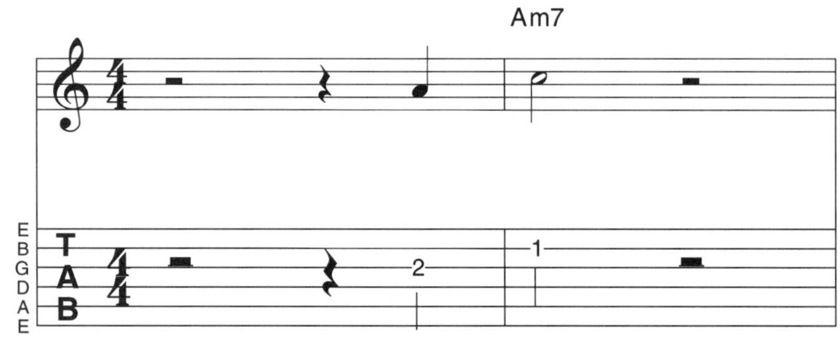

a) Vorhalt (nach unten) b) übergebundener Vorhalt (nach oben)

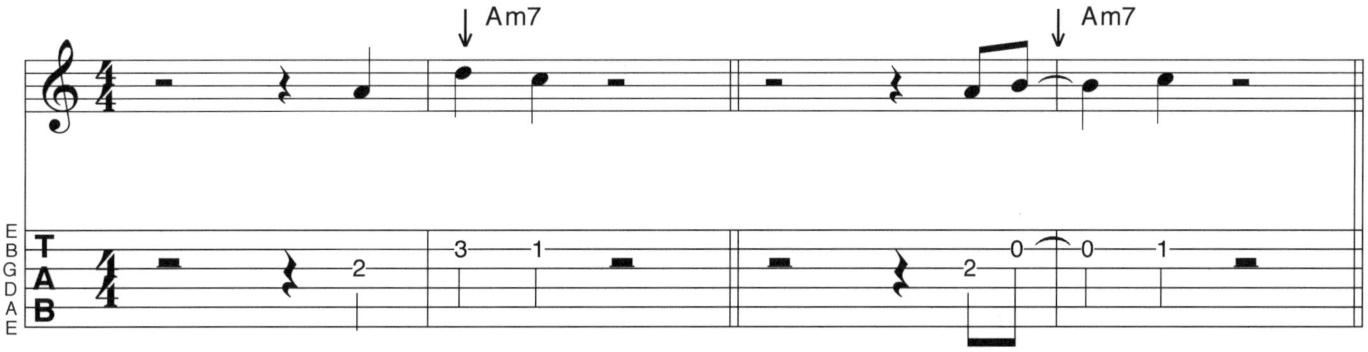

Chromatische Verzierung

Eine Möglichkeit, um Motive auf eine interessante Art zu verfremden, ist die Verzierung durch chromatische Nachbartöne. Da diese Töne in der Regel tonalitätsfremd sind, entsteht eine harmonische Spannung, die aber gleich wieder durch den nachfolgenden Ton aufgelöst wird. Das erste Beispiel zeigt die chromatische Verzierung eines Arpeggios, das zweite Beispiel die einer Motivfolge.

Beispiel 1

34

Ausgangsmotiv

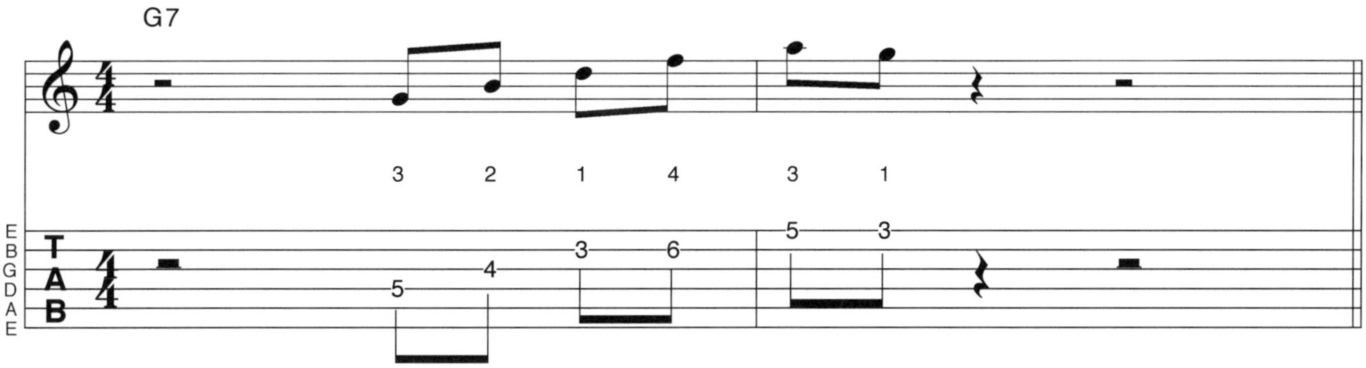

Chromatische Verzierung

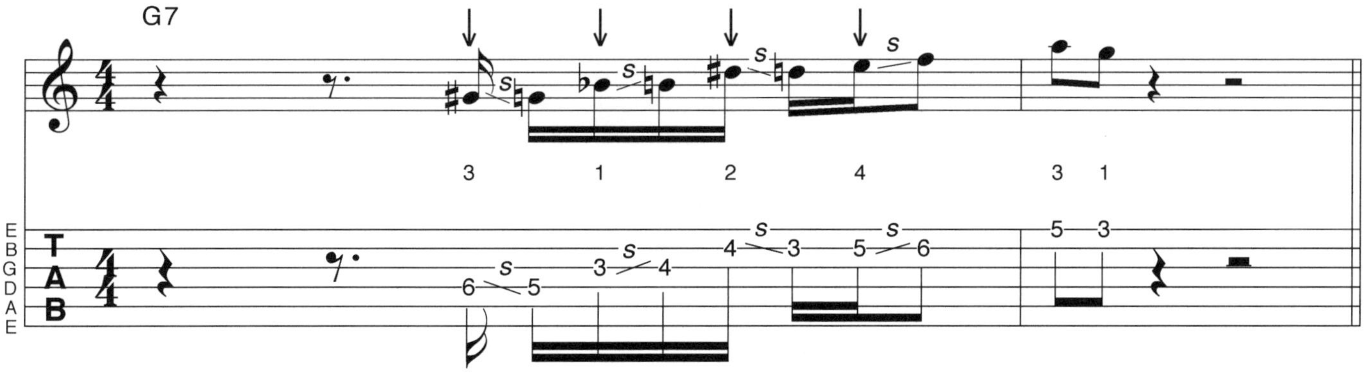

Beispiel 2

35

Ausgangsmotiv

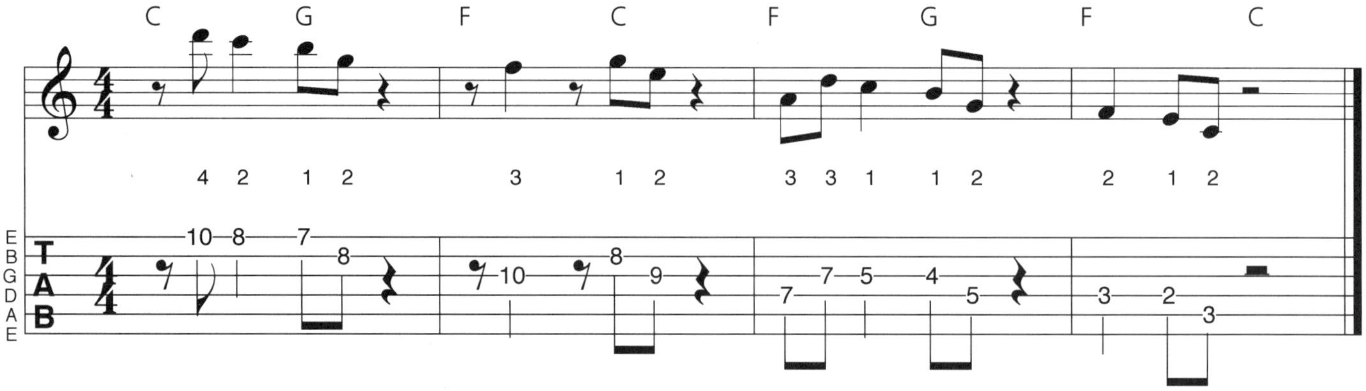

Chromatische Verzierung

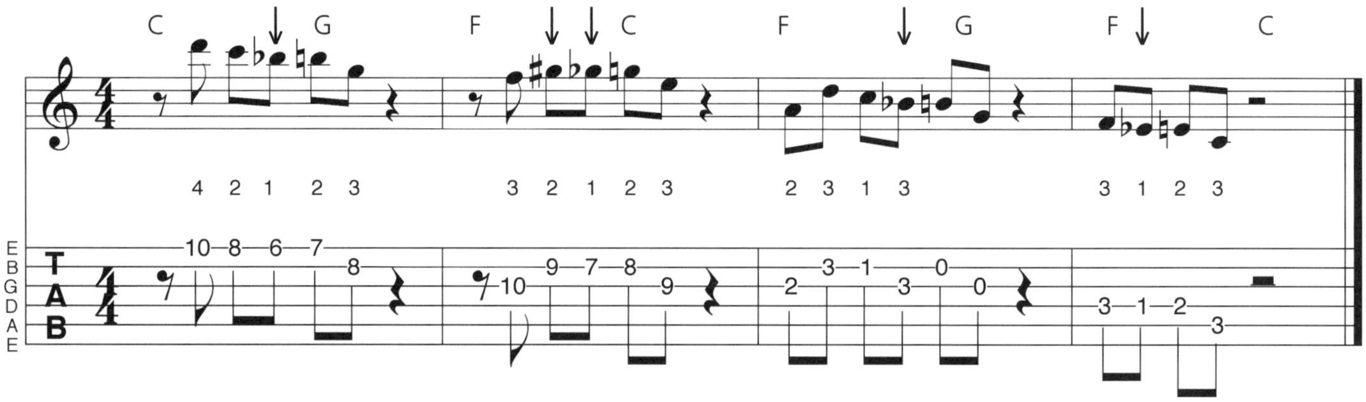

Verzierung durch Vorschlagnoten

Ein Vorschlag ist ein kurzer Ton, der als Verzierung vor der Hauptnote gespielt wird. Die Hauptnote kann auf ihrer Zählzeit bleiben (d. h. die Vorschlagnote liegt vor der Zählzeit der Hauptnote) oder auch später gespielt werden (d. h. die Vorschlagnote liegt jetzt auf der Zählzeit der Hauptnote). Zum Spielen von Vorschlägen auf der Gitarre eignen sich gut Legatotechniken.

a) ohne

b) mit Vorschlagnoten

36

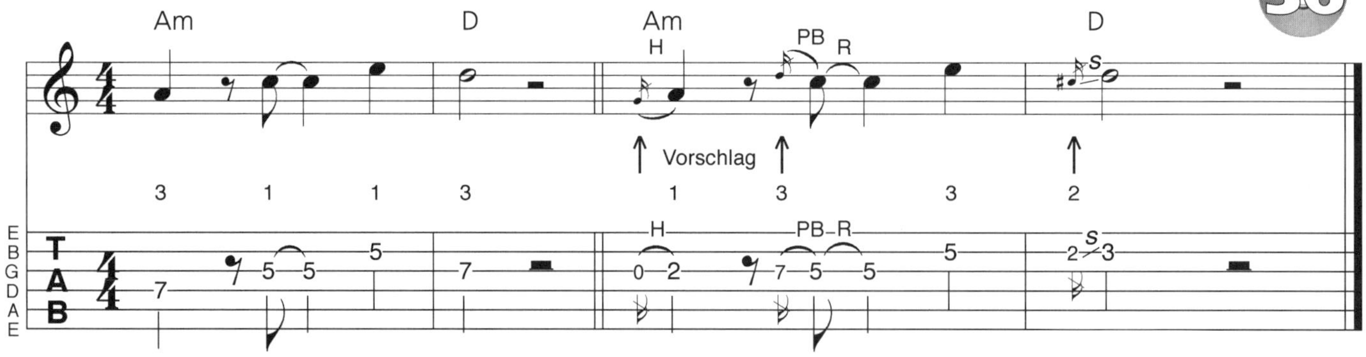

Aufgaben und Übungen

1 Reduziere das Motiv auf sein melodisches Grundgerüst, indem du Töne weglässt. Gib zwei Möglichkeiten an.

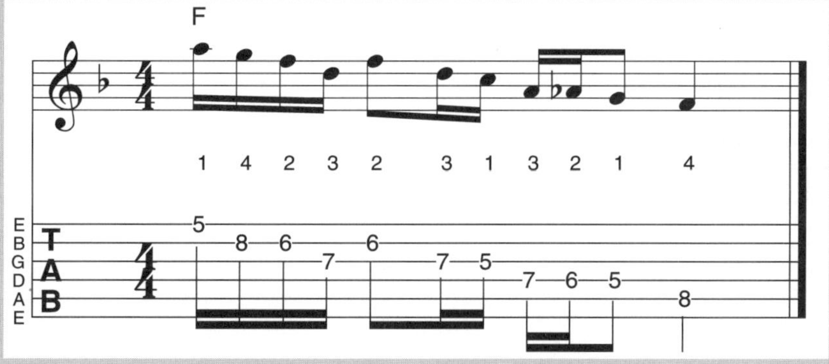

2 Füge Verbindungstöne hinzu. Gib zwei unterschiedliche Möglichkeiten an.

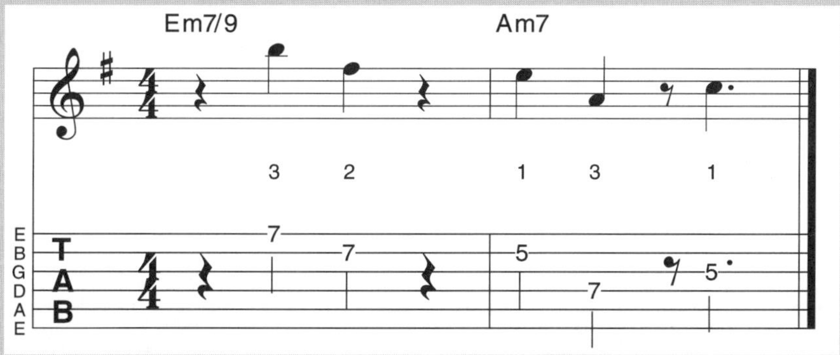

3 Erweitere das Motiv um einen Vorhaltton. Es gibt zwei Möglichkeiten.

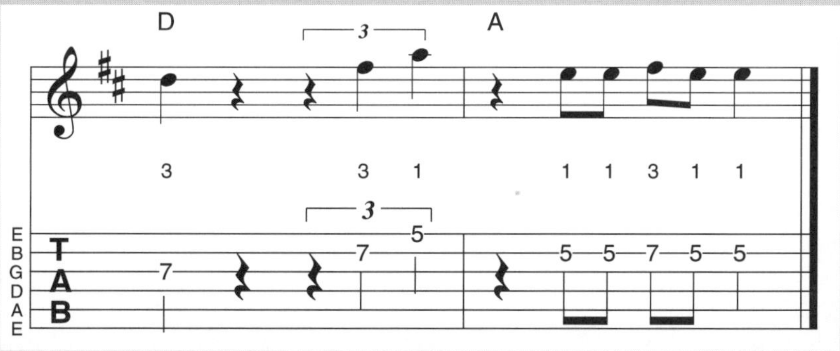

4 Verziere das Motiv durch chromatische Umspielung
a) an nur wenigen Stellen b) durch so viele chromatische Umspielungen wie möglich.

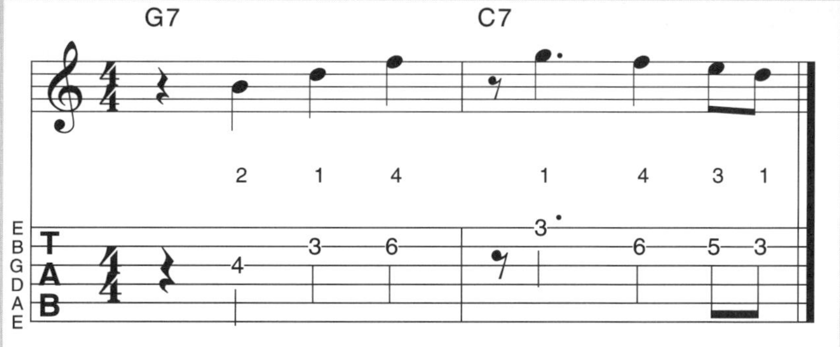

5 Verziere die Motive aus Aufgabe 2, 3 und 4 mit jeweils zwei Vorschlagnoten. Gib verschiedene Möglichkeiten an.

Verändern der Tonhöhe

Verändert man nur die Tonhöhe einzelner oder aller Töne eines Motivs, so bleibt die Anzahl der Töne erhalten und der Rhythmus wiederholt sich. Man kann auch sagen, die rhythmische Struktur des Motivs wird einfach auf andere Töne übertragen (ein Sonderfall ist die Transposition aller Töne um das gleiche Intervall - siehe 79 *„**Melodisches Verschieben**“*).

Ausgangsmotiv

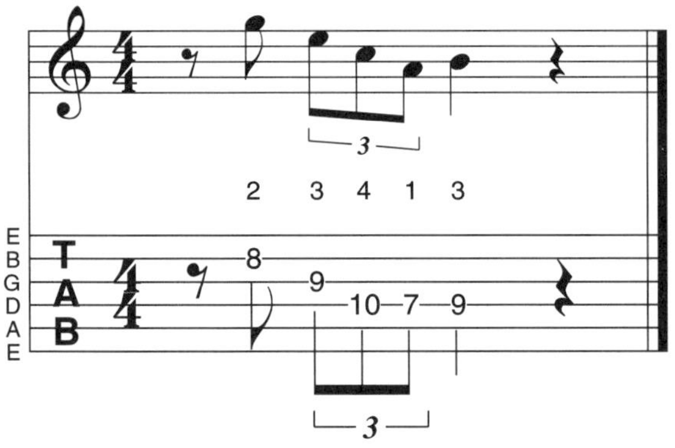

Geänderte Tonhöhen

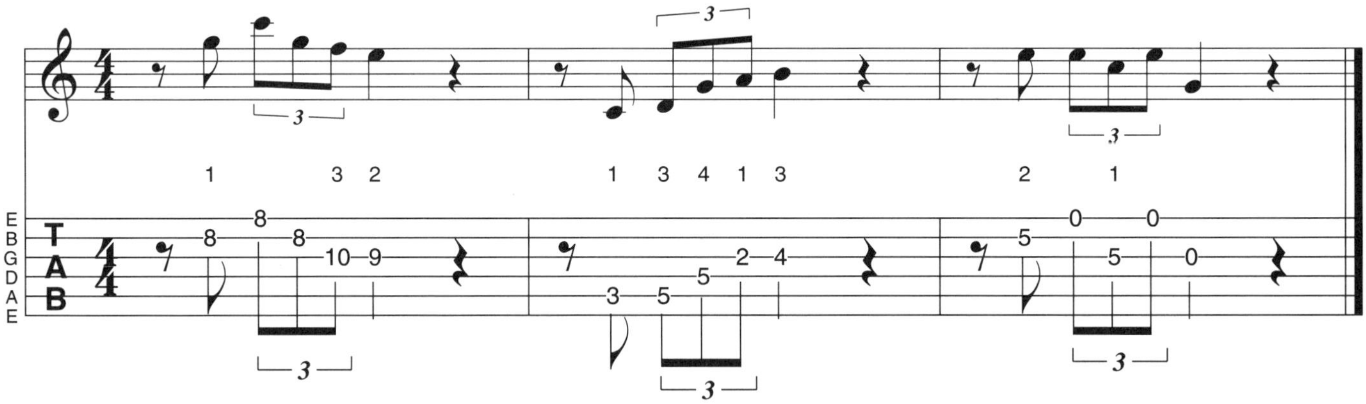

Aufgaben und Übungen

Verändere die Tonhöhen bzw. übertrage den Rhythmus des Motivs auf andere Töne. Gib jeweils zwei Möglichkeiten an.

1 Verwende als Tonmaterial *G-Dorisch*.

2 Verwende als Tonmaterial *Bb-Moll-Pentatonik*.

3 Verwende als Tonmaterial *D-Ionisch*

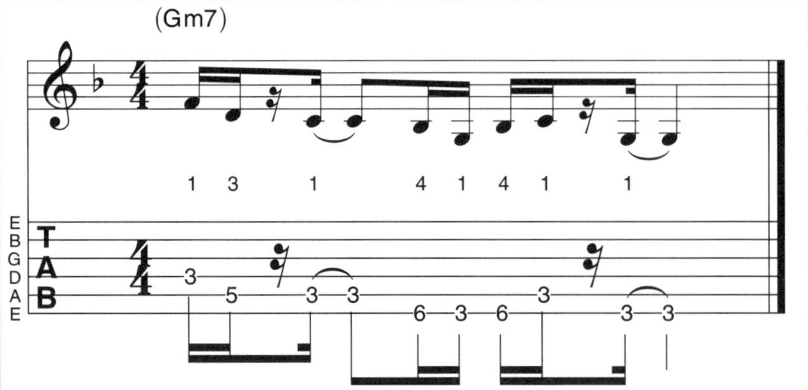

Variation durch Spieltechniken und Spielweisen

110 Auch durch ***Spieltechniken*** und ***Spielweisen*** können Motive variiert werden. Anschlag, Dynamik, Vibrato, Artikulation beeinflussen die Wirkung eines Motivs, wobei seine Hauptmerkmale (Töne, melodischer Verlauf, Rhythmus) im Grunde unverändert bleiben. Die Möglichkeiten sind unerschöpflich. Nicht jedes spieltechnische Detail und die damit verbundene klangliche Variante läßt sich befriedigend notieren. Die folgenden Beispiele können und sollen deshalb nur das Prinzip verdeutlichen.

Ausgangsmotiv

37

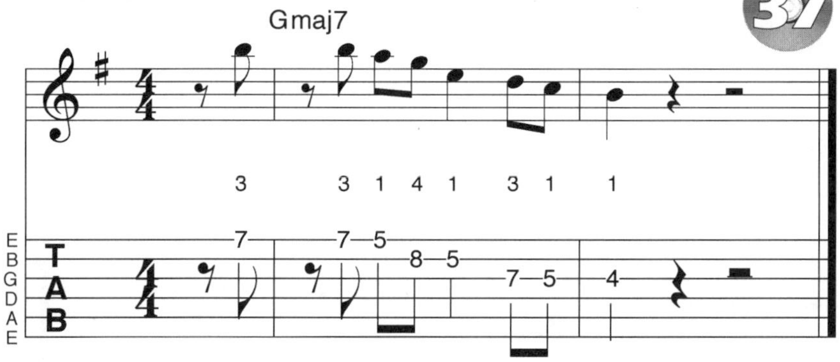

Beispiel 1 - Dynamische Variation

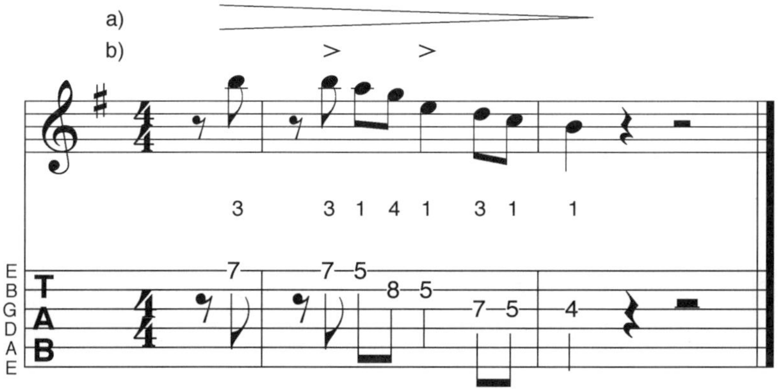

Beispiel 2 - Variation durch Legatotechniken

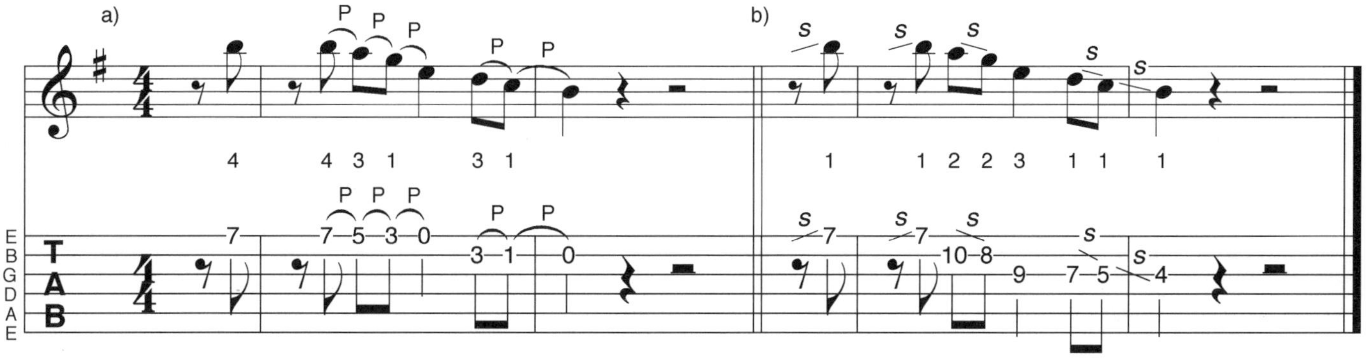

Beispiel 3 - Kontrast durch gegensätzliche Spieltechniken

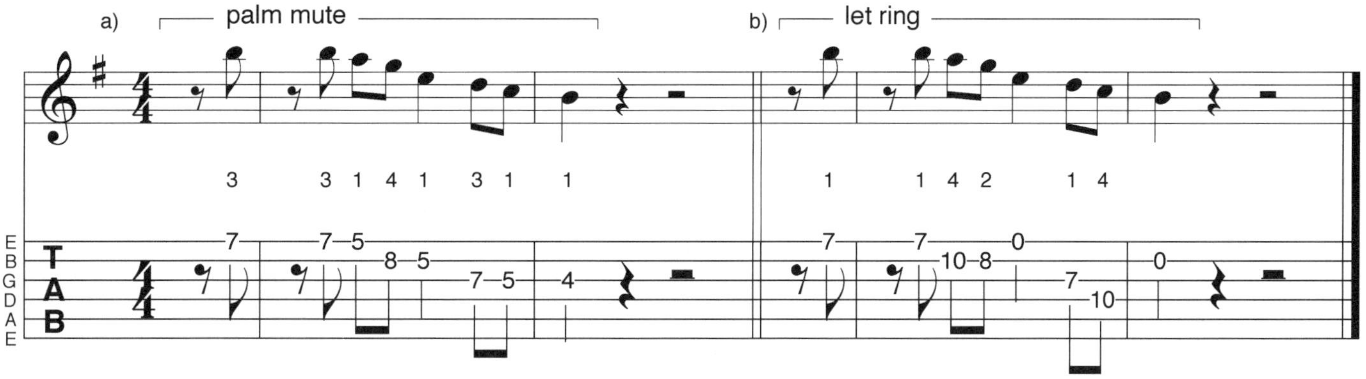

Aufgaben und Übungen

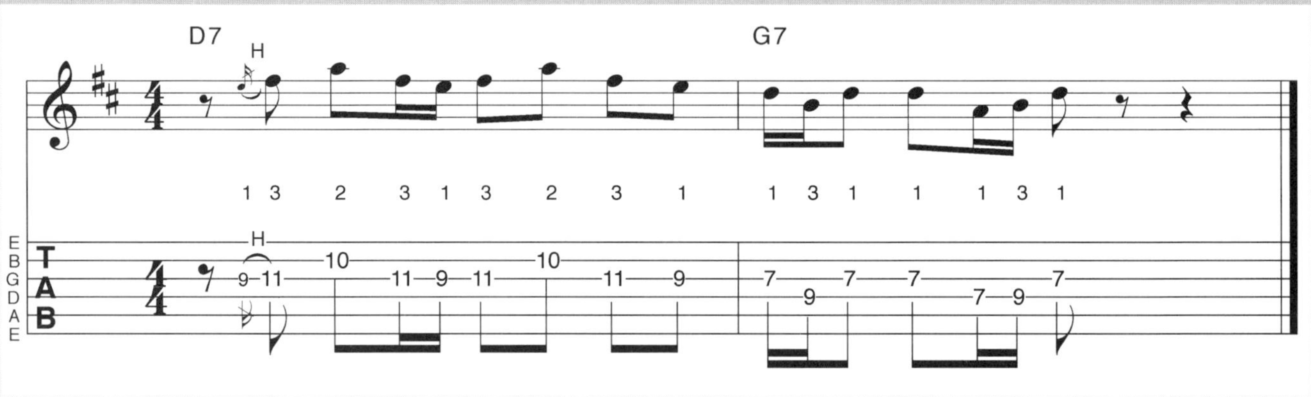

1 Variiere das Motiv durch dynamische Spielweise. Gib zwei Varianten an.

2 Variiere das Motiv durch Legatotechniken. Gib zwei Varianten an.

3 Variiere das Motiv durch Anschlag, Vibrato, Abdämpfen der Saiten. Gib jeweils eine Variante an.

4 Verbinde jeweils zwei deiner Variationen aus Aufgabe 1-3 miteinander (z. B. Dynamik & Legato, Anschlag & Dynamik usw.).

Motive verkürzen und erweitern

Motive verkürzen (Teilmotive)

Ein Motiv kann im weiteren Verlauf des Solos (gleich im Anschluss oder an späterer Stelle) unverändert wiederholt, aber auch als Variation (siehe die vorangegangenen Abschnitte) wieder auftauchen. Dabei muss nicht immer das ganze Motiv verwendet werden. Ebenso ist es möglich, nur einen Teil des ursprünglichen Motivs herauszugreifen, d. h. das Motiv auf ein Teilmotiv zu verkürzen. Das Teilmotiv kann vom Anfang, vom Ende oder aus der Mitte des ursprünglichen Motivs stammen.

Beispiel: Verkürzen eines Motivs (Teilmotive)

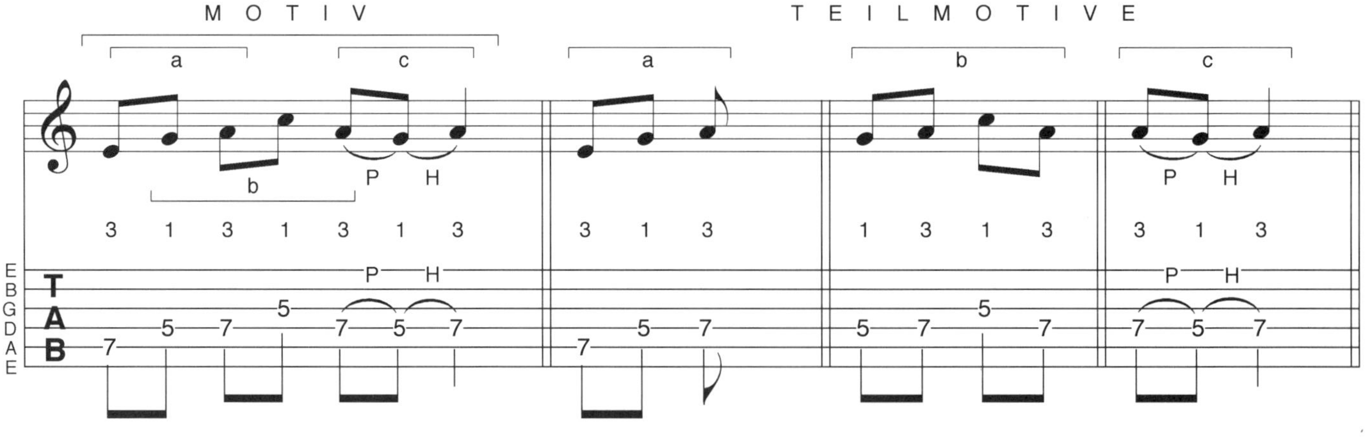

Motive erweitern

Wird ein Motiv im Verlauf der Melodie nochmals eingesetzt, kann es zugleich erweitert werden. Die Erweiterung kann sich vor oder nach dem Motiv befinden. Entsprechendes gilt für Teilmotive.

Beispiel 1: Motiv & Erweiterung

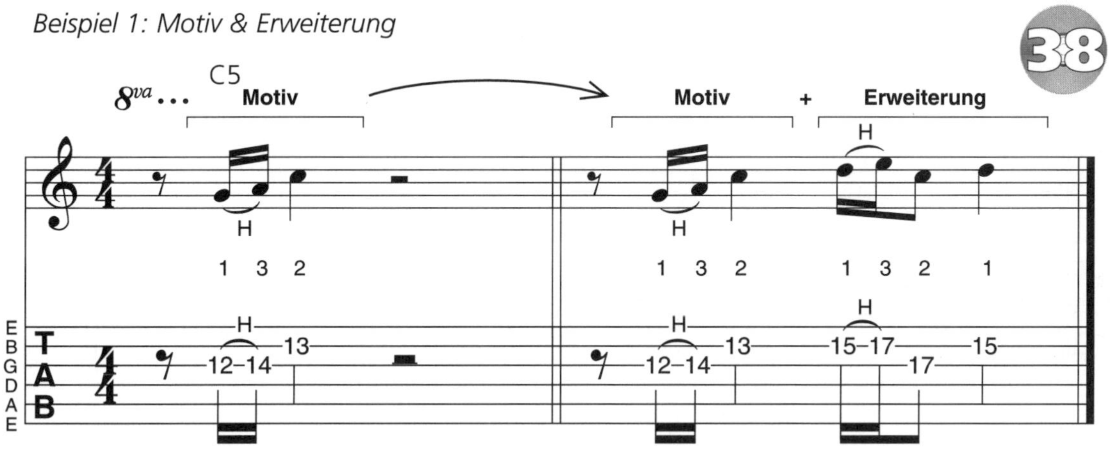

Beispiel 2: Erweiterung & Motiv

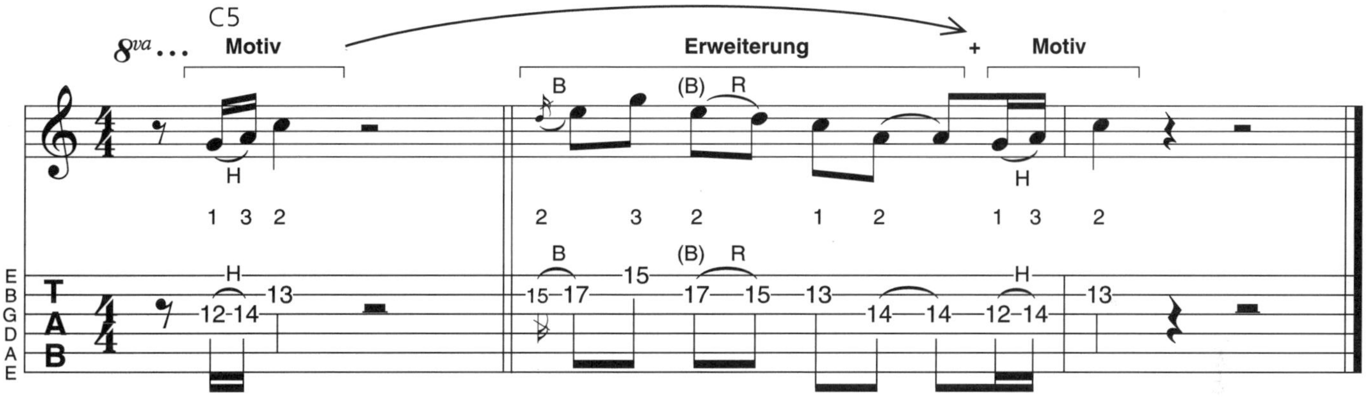

Beispiel 3: Teilmotiv & Erweiterung

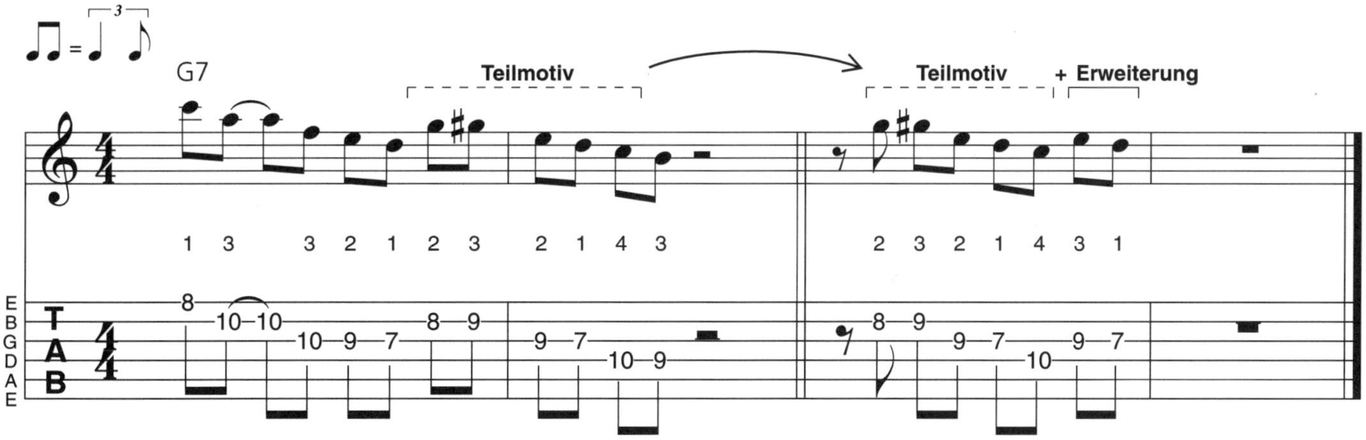

Motive variieren, verkürzen und erweitern

Nimmt man alle Methoden zusammen, um ein Motiv zu variieren, zu verkürzen und zu erweitern, hat man unendlich viele Möglichkeiten, um ein Solo oder eine Melodie weiterzuführen. Beispiel 1 zeigt die Variation und Erweiterung eines Teilmotivs. In a) ist der Rhythmus des Teilmotivs verändert. In b) ist das Teilmotiv umgekehrt (rückwärts gespielt).

Beispiel 1

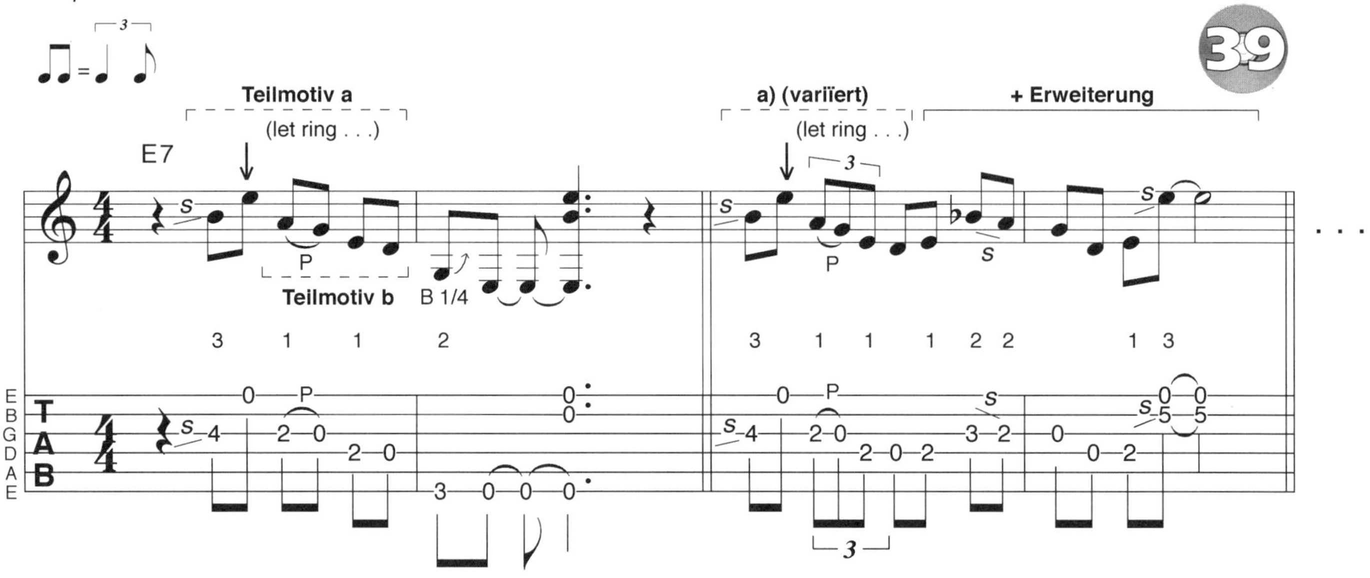

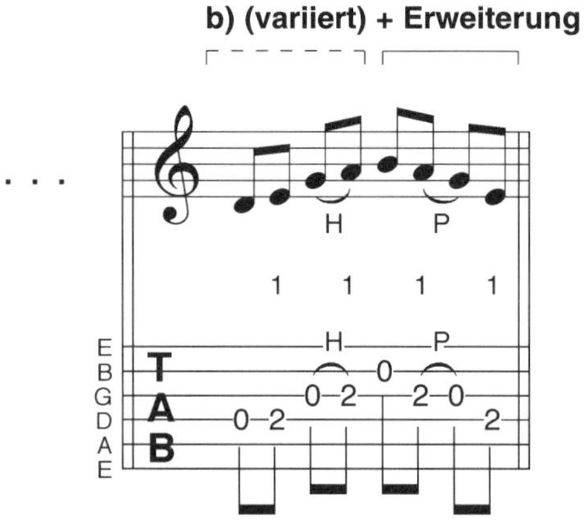

In *Beispiel 2* wird das erste Motiv (a) als Variation mehrfach wiederverwendet (a', a'', a'''). Das zweite Motiv (b) ist eine Variation und Erweiterung von Motiv (a). Das triolische Teilmotiv aus (d) findet seine rhythmische Fortsetzung als Sequenz in (c).

Beispiel 2

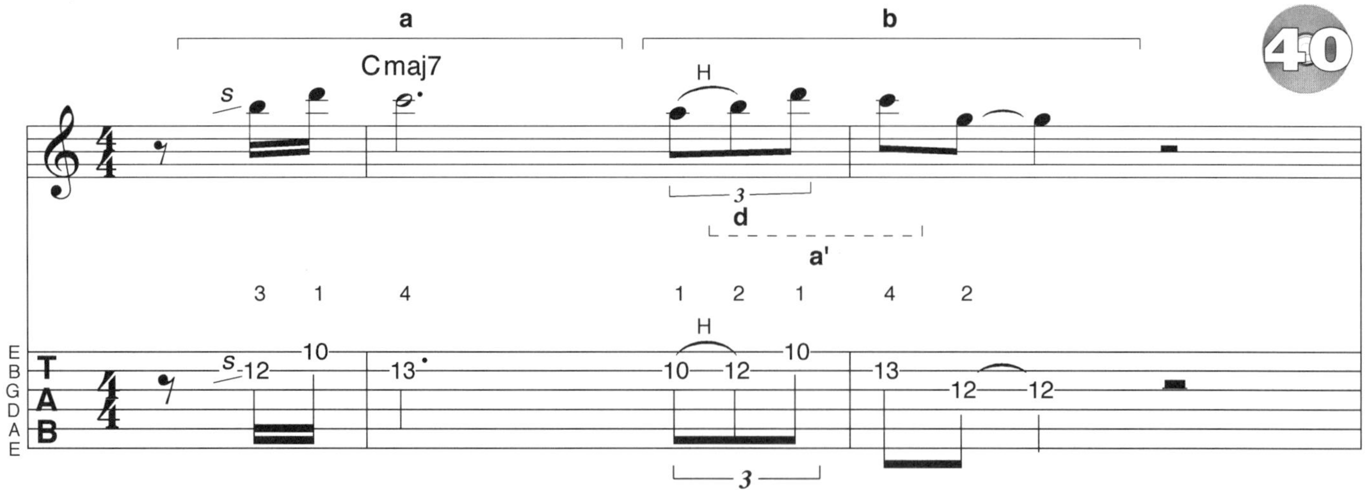

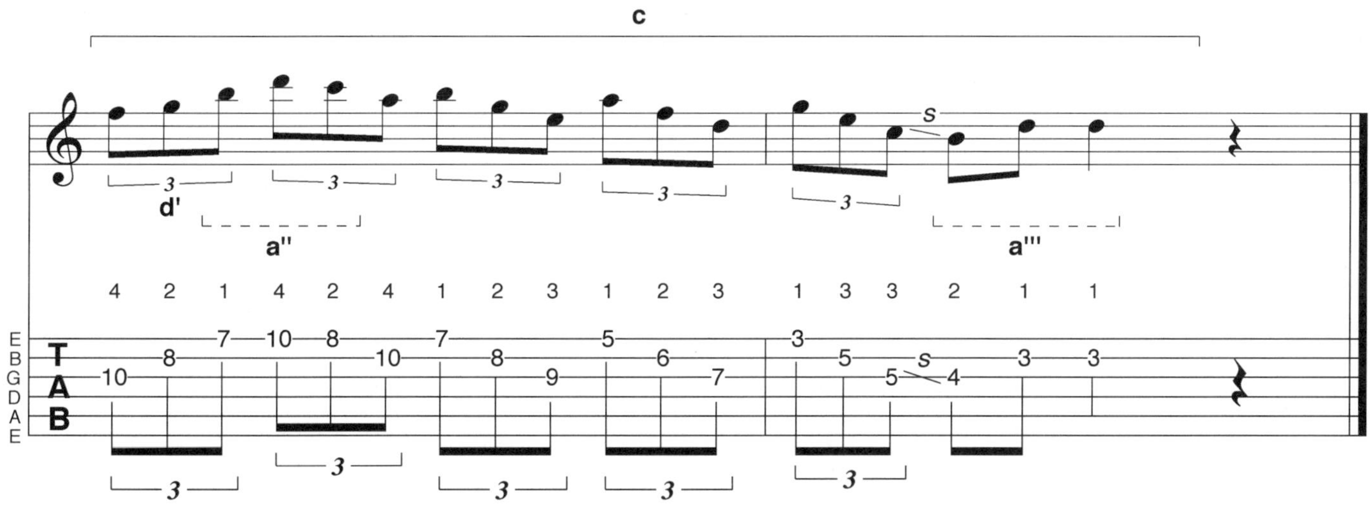

Aufgaben und Übungen

1 Greife drei Teilmotive heraus:
a) eines vom Anfang
b) eines aus der Mitte
c) eines vom Ende des Motivs.

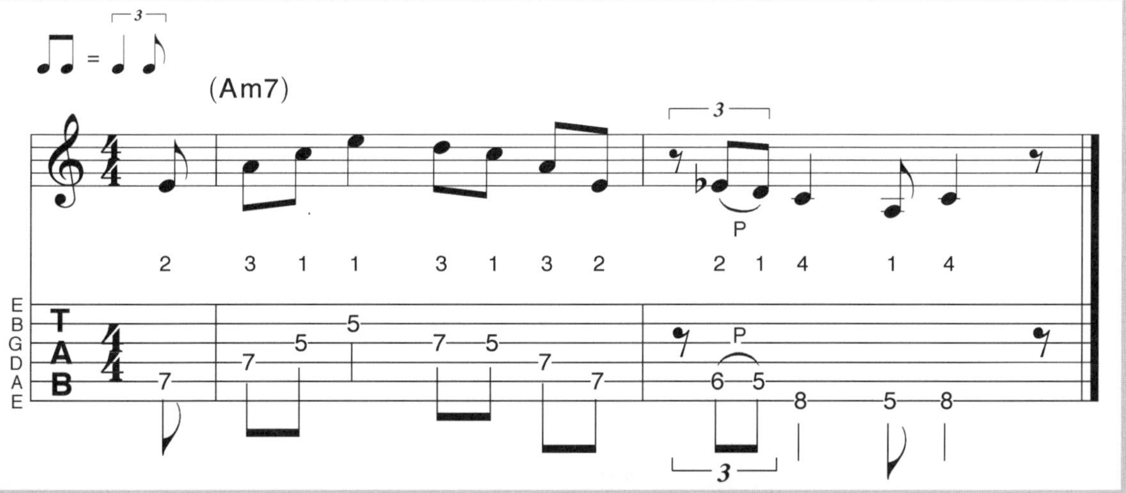

2 Erweitere die Teilmotive aus Aufgabe 1.
Setze die Erweiterung bei a und c hinter das Teilmotiv, bei b vor das Teilmotiv.

3 Wie Aufgabe 2. Variiere jedoch die Teilmotive und ergänze diese Variationen durch andere Erweiterungen.

4 Setze das Motiv, die Teilmotive, die Variationen und die Erweiterungen, die du in den Aufgaben 1 - 3 erarbeitet hast, zu einer Motivfolge über zwölf Takte zusammen. Bilde dabei Phrasen: Eine Phrase kann aus einem Motiv oder mehreren Motiven bestehen. Verdeutliche das Ende einer Phrase durch eine längere Pause.

Sequenzieren

Das ⇒ *Sequenzieren* ist eine in allen Musikrichtungen von der Klassik bis zum Rock verbreitete Methode, um eine Folge aus ähnlichen Motiven zu bilden. Ein Ausgangsmotivs dient als sogenanntes ⇒ *Pattern* [engl. = Muster]. Dieses Pattern wird mehrfach wiederholt. Die Wiederholung kann metrisch verschoben, transponiert oder in sonstiger Weise variiert werden. Rhythmus und Tonhöhenverlauf bleiben aber gleich. Sequenzieren stellt also einen Sonderfall beim Variieren und Weiterführen von Motiven dar. Arpeggios, Tonleitern und geometrische Muster auf dem Griffbrett sind besonders geeignet, um Pattern und Sequenzen abzuleiten.

Beispiel: Sequenz mit exakt wiederholtem Pattern
(Das Dreierpattern wird binär in Sechzehnteln gespielt - wiederholte rhythmische Verschiebung -, was dieser Sequenz den besonderen Reiz verleiht.).

Sequenzen mit Arpeggios

Zyklischer Wechsel des Anfangstons innerhalb eines Arpeggios

Das Arpeggio wird nacheinander vom ersten, zweiten, dritten, ... Ton aus (bezogen auf die Grundstellung) gespielt, d. h. der Anfangston wechselt zyklisch durch. Mit anderen Worten, es handelt sich um eine wiederholt ausgeführte Umkehrung des Arpeggios.

Beispiel: C-Dur Arpeggio

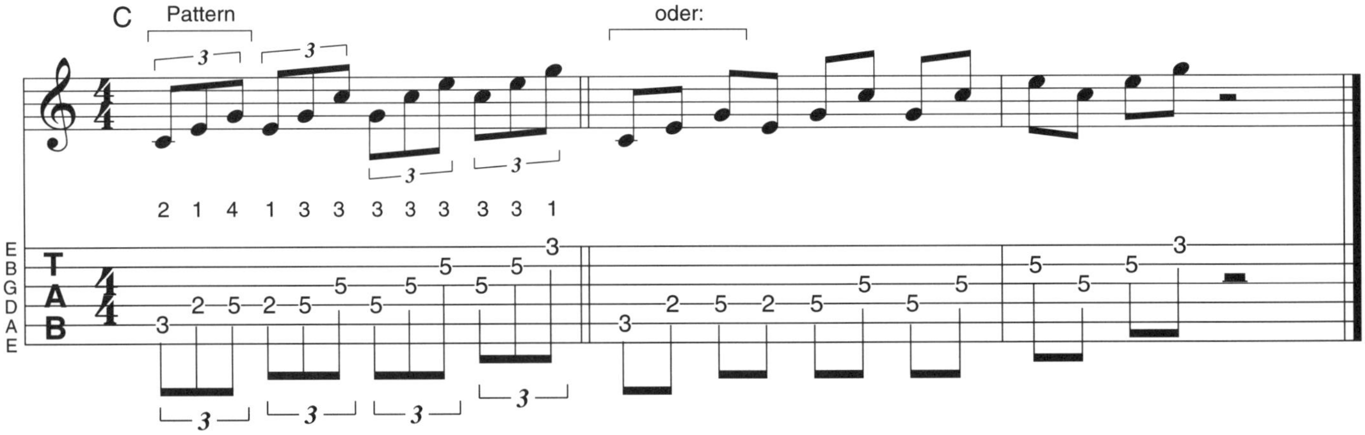

Wie im folgenden Beispiel zu sehen ist, kann das Pattern auch weniger Töne als das Arpeggio umfassen (z. B. 3er Pattern - Vierklang-Arpeggio), und die Sequenz kann sich über einen größeren Bereich erstrecken (hier z. B. zwei Oktaven).

Beispiel: E°7-Arpeggio mit 3er Pattern über zwei Oktaven

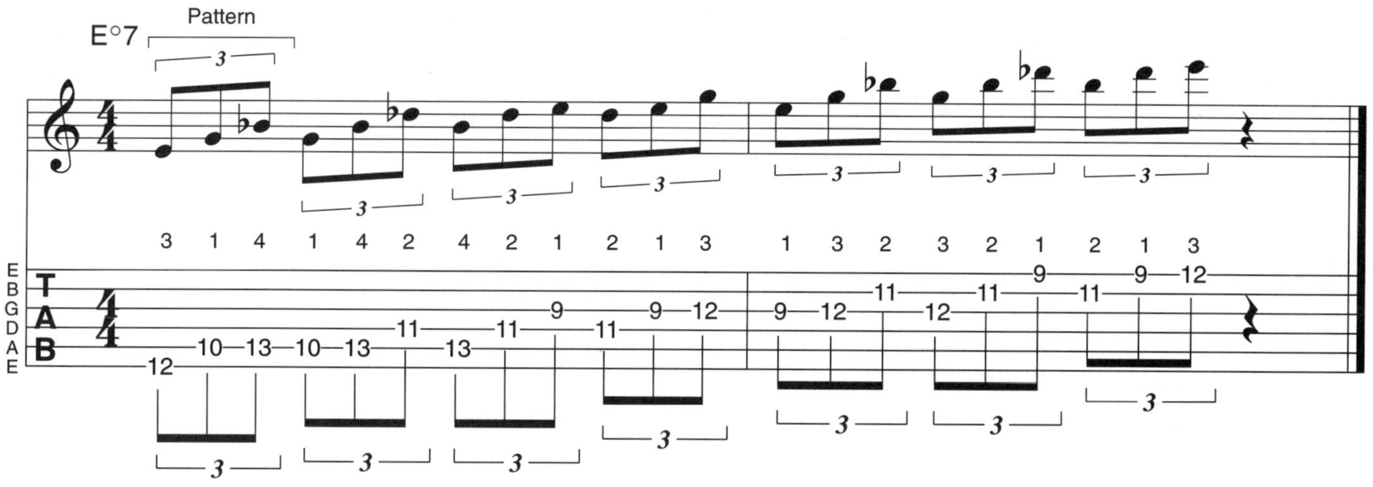

Zyklische Transposition

Das Arpeggio wird auf einer anderen Tonstufe wiederholt, es wird transponiert. Die neue Tonstufe wird durch einen Intervallabstand angegeben. Durch zyklische Transposition ändern sich fortlaufend die Töne, was in der Regel einen Outside-Effekt zur Folge hat (funktioniert gut bei Dur- und Dur7-Akkorden). Da die Intervallstruktur des Arpeggios und der Rhythmus gleich bleiben, schafft man eine systematische und damit für den Zuhörer nachvollziehbare Veränderung. Die Auflösung kann nach einer absehbaren Anzahl von Wiederholungen zurück zum Ausgangs-Arpeggio oder auch zu einer neuen Harmonie hin erfolgen. Beachte, dass die Anzahl der benötigten Wiederholungen, um wieder das Ausgangs-Arpeggio zu erreichen, je nach gewähltem Intervallabstand unterschiedlich groß ist.

Beispiel: Intervallabstand b5

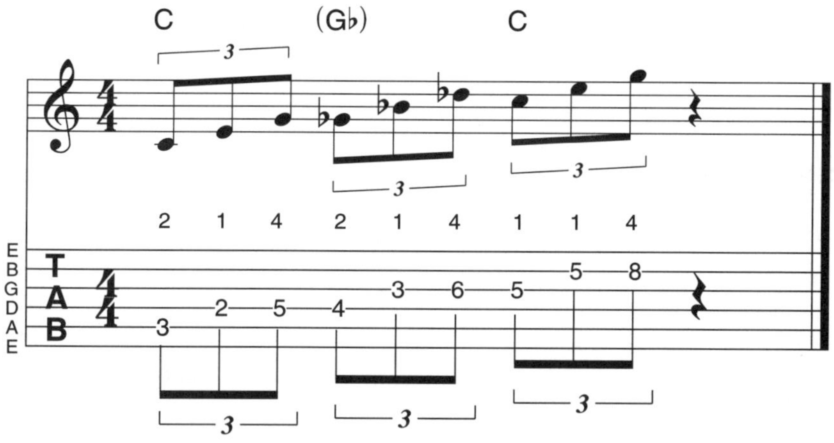

Beispiel: Intervallabstand 3

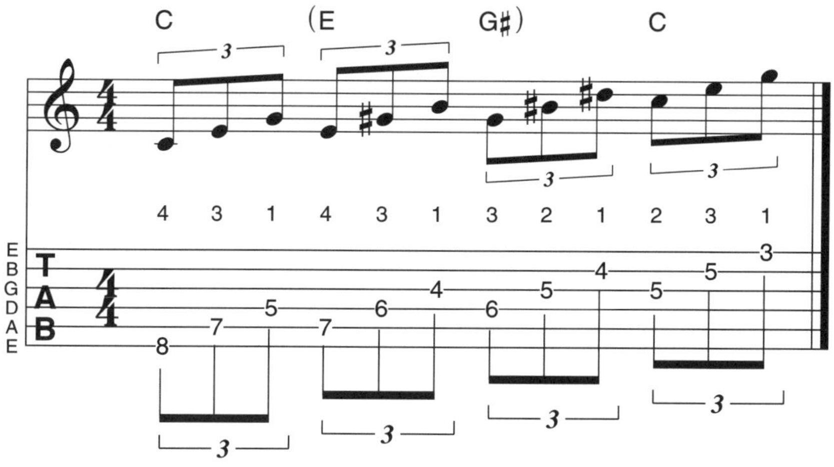

Beispiel: Intervallabstand b3

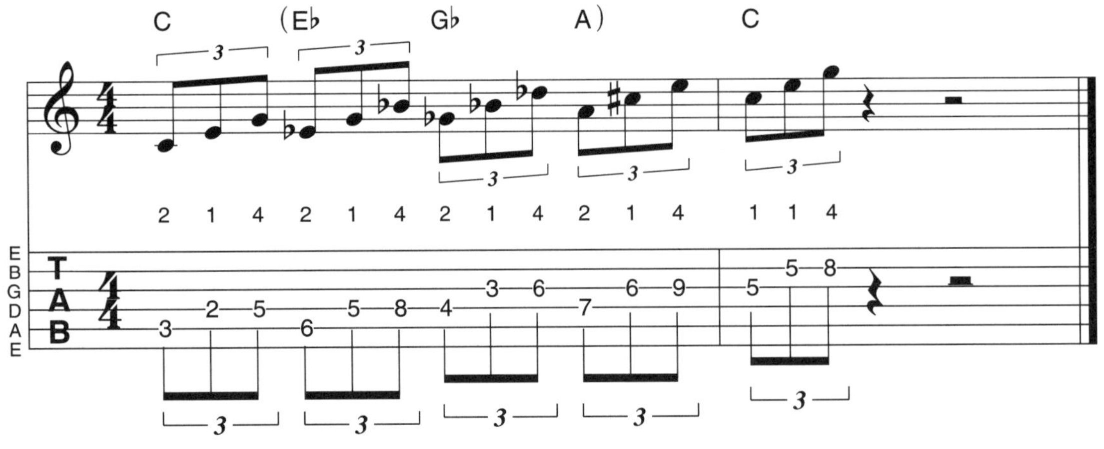

Beispiel: Intervallabstand 4

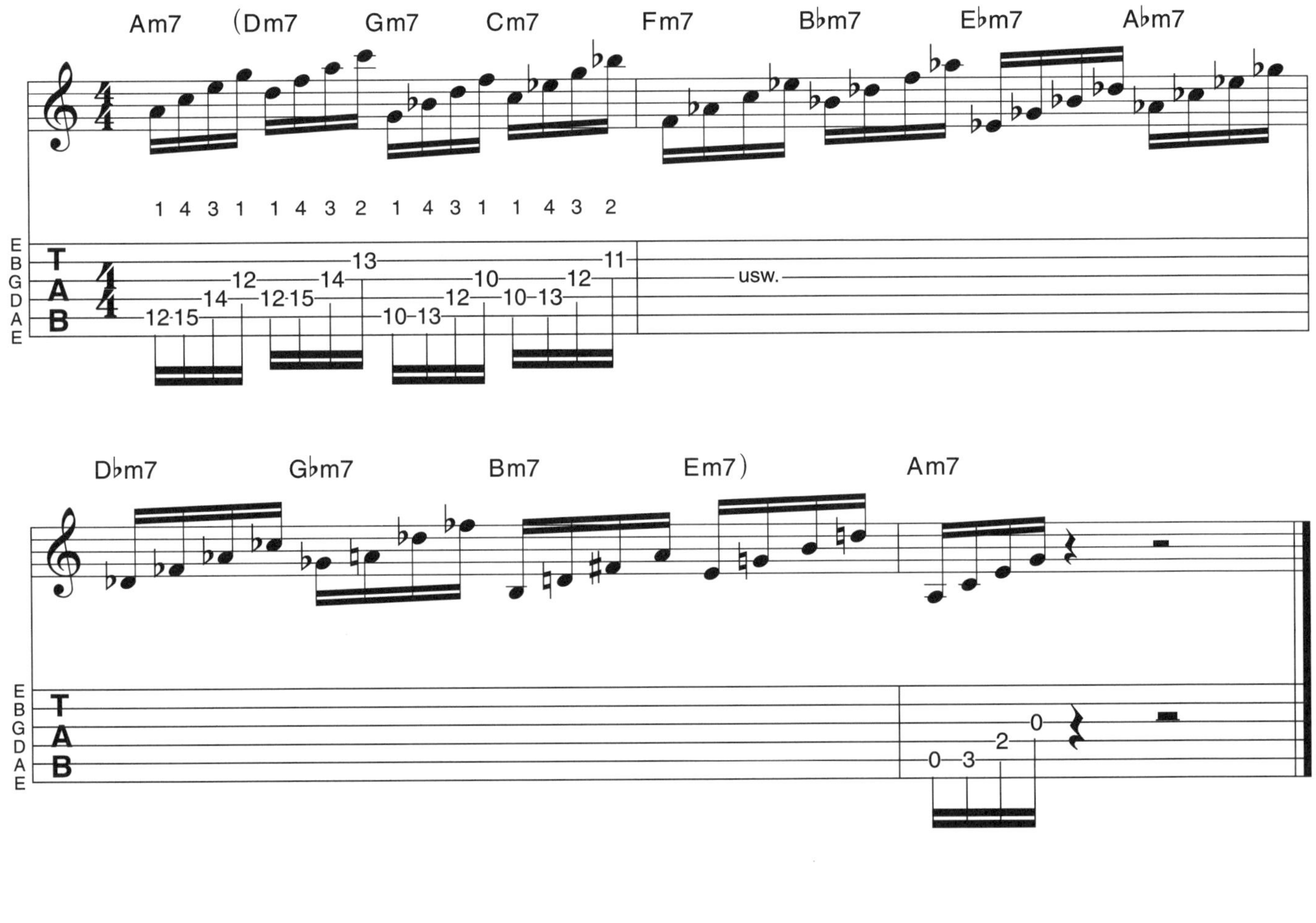

Aufgaben und Übungen

1 Bilde eine Arpeggio-Sequenz, indem du den Anfangston zyklisch durchwechselst.

1a

1b

2 Bilde eine Arpeggio-Sequenz, indem du das Arpeggio bis zum angegebenen Zielarpeggio zyklisch transponierst. Spiele die Sequenzen vorwärts und rückwärts.

2a Zyklische Transposition in verminderten Quinten

2b Zyklische Transposition in großen Terzen

2c Zyklische Transposition in kleinen Terzen

2d Zyklische Transposition in Quarten

Variationen von Arpeggio-Sequenzen

Eine Arpeggio-Sequenz kann auf vielfältige Art und Weise variiert werden. Man kann für das Pattern einen anderen Startton wählen, das Arpeggio umkehren, die Reihenfolge der Töne ändern, die Richtung des Patterns sowie der Sequenz umkehren (aufwärts/abwärts), den Rhythmus verändern wie z. B. ein 3er-Pattern binär oder ein 4er-Pattern ternär spielen, unterschiedliche Notenwerte verwenden, zusätzliche Pausen einfügen usw. Dazu ein paar Beispiele.

Beispiel: Zyklischer Wechsel des Anfangstons mit Terz als Startton

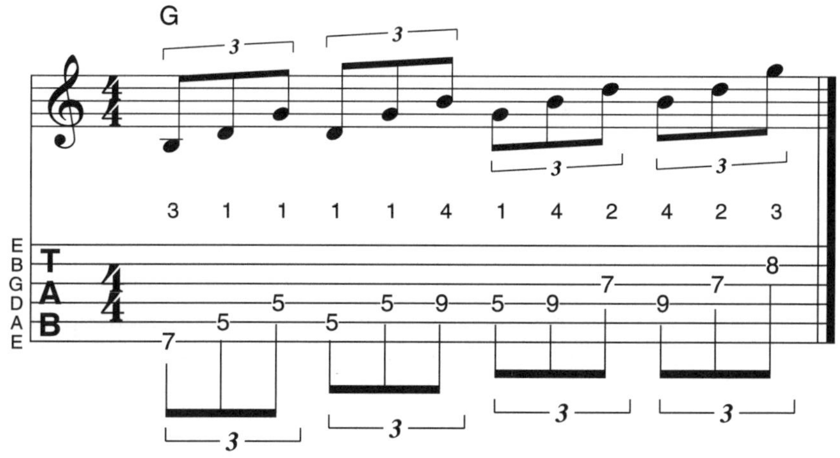

Beispiel: Zyklischer Wechsel des Anfangstons mit Quinte als Startton, gegenläufige Richtung (Pattern abwärts, Sequenz aufwärts), unterschiedliche Notenwerte, Pausen

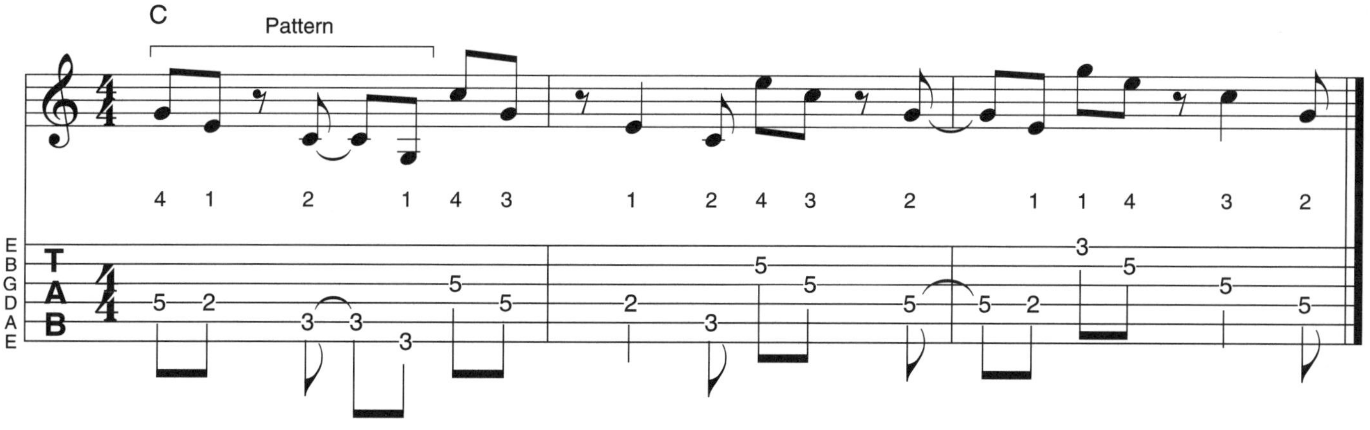

Beispiel: Zyklischer Wechsel des Anfangstons, geänderte Reihenfolge, 4er-Pattern ternär gespielt

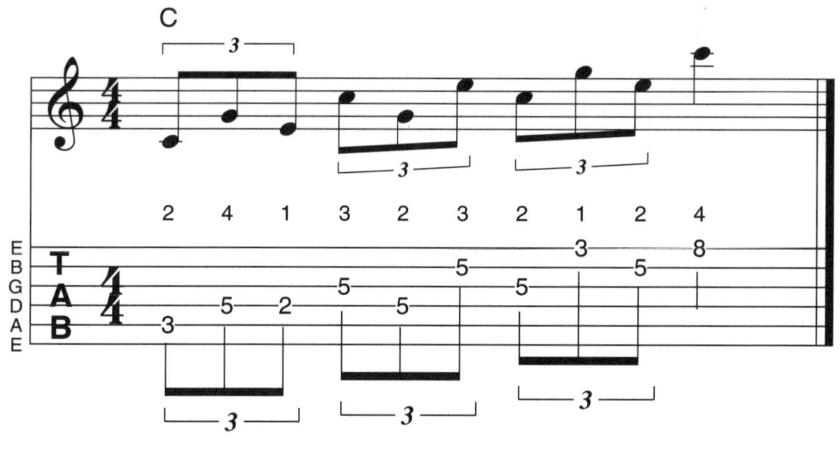

Beispiel: Zyklische Transposition in verminderten Quinten abwärts, geänderte Reihenfolge

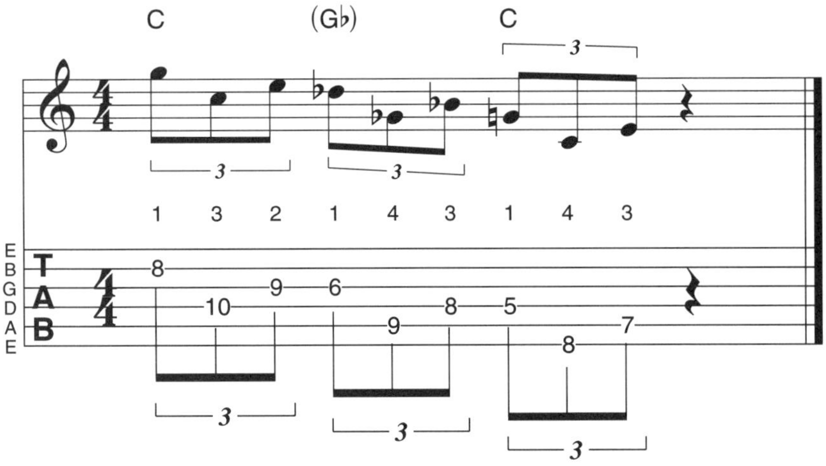

Sequenzen mit Tonleitern

Was im obigen Abschnitt für Arpeggio-Sequenzen gesagt und gezeigt wurde, gilt in gleicher Weise für Tonleitern. Im Folgenden geht es um Tonleiter-Sequenzen mit zyklischem Wechsel des Anfangstons, d. h. das Pattern wird nacheinander auf jeden Ton der Tonleiter übertragen. Die Variationsmöglichkeiten im Überblick:

- Anzahl der Töne des Patterns
(2, 3 , 4, ... Töne; *Sonderfall 1er Pattern: Das Pattern besteht aus nur einem Ton, der fortlaufend auf die nächsten Stufe der Tonleiter transponiert wird. Das Ergebnis ist die Tonleiter selbst.)*
- Pattern aufwärts oder abwärts
- Sequenzrichtung aufwärts oder abwärts
- Abfolge der Töne (der Reihe nach wie in der Tonleiter angeordnet oder mit Sprüngen)
- Startton des Patterns/der Sequenz
- Zielton bzw. Länge der Sequenz
- Binärer oder ternärer Rhythmus (bzw. Pattern läuft mit oder gegen den Grundrhythmus)
- Rhythmische Variationen (Notenwerte, Pausen)

Um bei diesen vielen Möglichkeiten auch die Übersicht zu behalten, hilft ein einfaches System. Dazu werden die Töne des Patterns nummeriert (z. B. 2er Pattern: 1-2; 3er Pattern: 1-2-3; 4er Pattern: 1-2-3-4).

Sind die Töne des Patterns in der gleichen Reihenfolge angeordnet wie in der Tonleiter, so folgen auch die Nummern nacheinander (z. B. Pattern aufwärts: 1-2-3). Ist die Reihenfolge verändert, ist die Nummern-Kombination entsprechend anders (z. B. Pattern abwärts: 3-2-1).

Beispiele

1-2-3
3er Pattern. Die Patternrichtung ist aufwärts. Die Töne folgen der Reihe nach wie in der Tonleiter

1-2-3-4
wie a) aber 4er Pattern

3-2-1
wie a) aber Patternrichtung abwärts

1-3
2er Pattern, Patternrichtung aufwärts, von der Tonleiter abweichende Reihenfolge der Töne (Sprung)

1-2-3-5
4er Pattern, Patternrichtung aufwärts, von der Tonleiter abweichende Reihenfolge (Sprung: 3-5)

Aufgaben und Übungen

Hinweise: Die Sequenzen können auch rückwärts gespielt werden (soweit nicht notiert, Note für Note von rechts nach links). Dabei kehrt sich die Patternrichtung ebenfalls um. Aus 1-2-3 wird rückwärts gespielt dann 3-2-1.
Um eine *gegenläufige Sequenz* handelt es sich, wenn die Patternrichtung und die Sequenzrichtung verschieden sind, d. h. das Pattern geht abwärts (z. B. 3-2-1), aber die Sequenz verläuft insgesamt aufwärts oder das Pattern geht aufwärts (z. B. 1-2-3), aber die Sequenz verläuft insgesamt abwärts.

1 Spiele die folgenden Sequenzen vorwärts und rückwärts. Beginne in einem langsamen Tempo, das du nach und nach steigerst (Metronom!). Probiere auch andere Fingersätze und Lagen aus.

1a 1-2-3 mit Pentatonischer C-Dur-Tonleiter (rückwärts gespielt: 3-2-1)

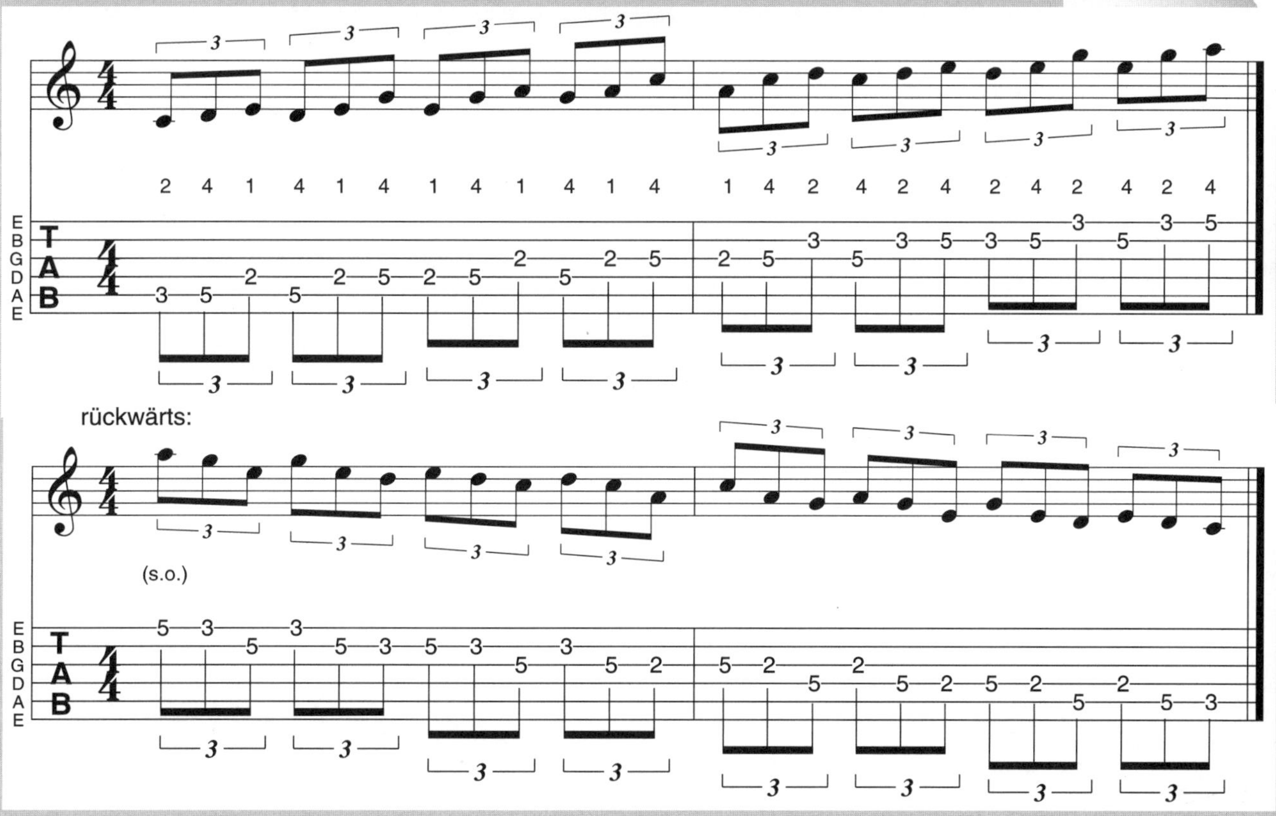

1b 1-2-3 mit C-Dur-Tonleiter, Startton Quinte (rückwärts gespielt: 3-2-1)

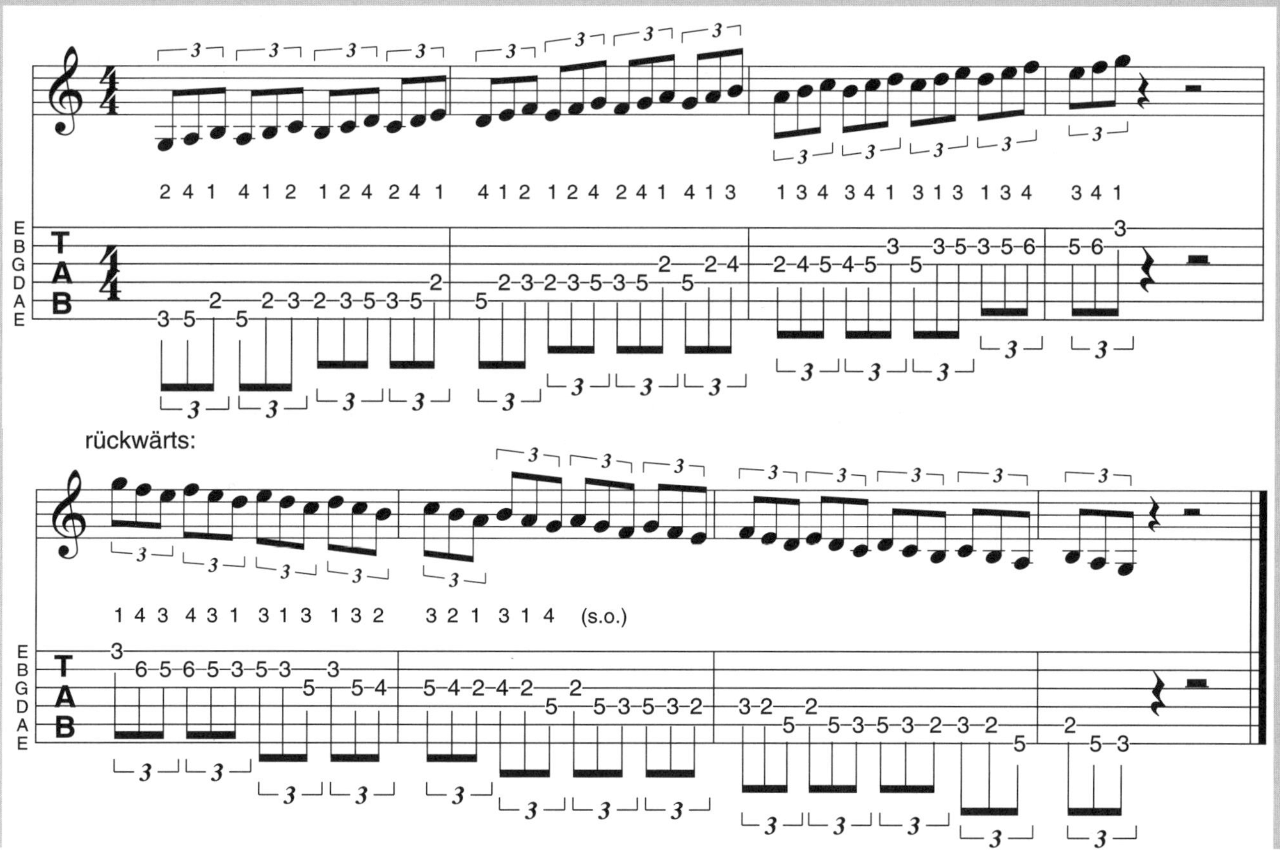

1c 1-2-3 mit C-Dur-Tonleiter, binär gespielt (rückwärts: 3-2-1)

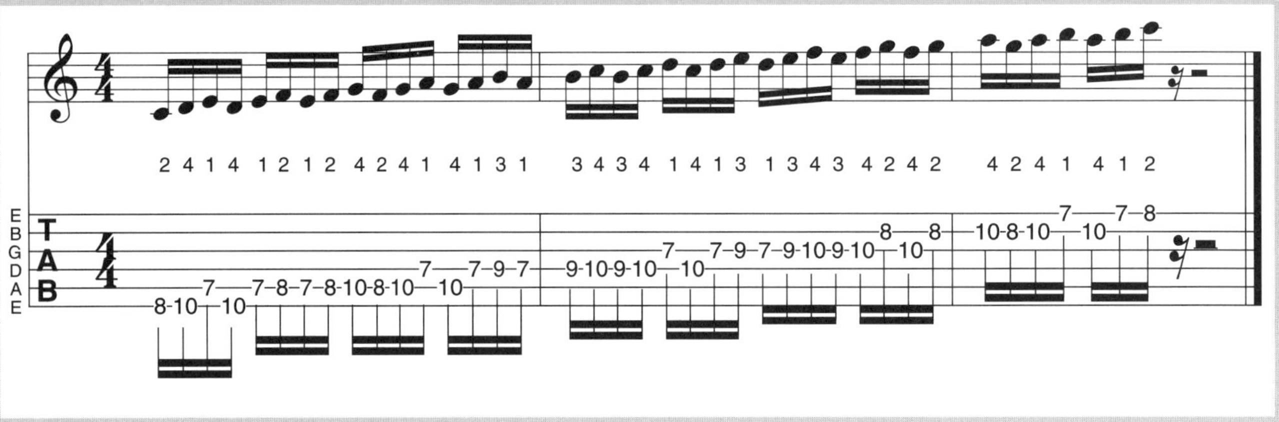

1d 3-2-1 mit C-Dur-Tonleiter, gegenläufig zur Sequenzrichtung (rückwärts: 1-2-3)

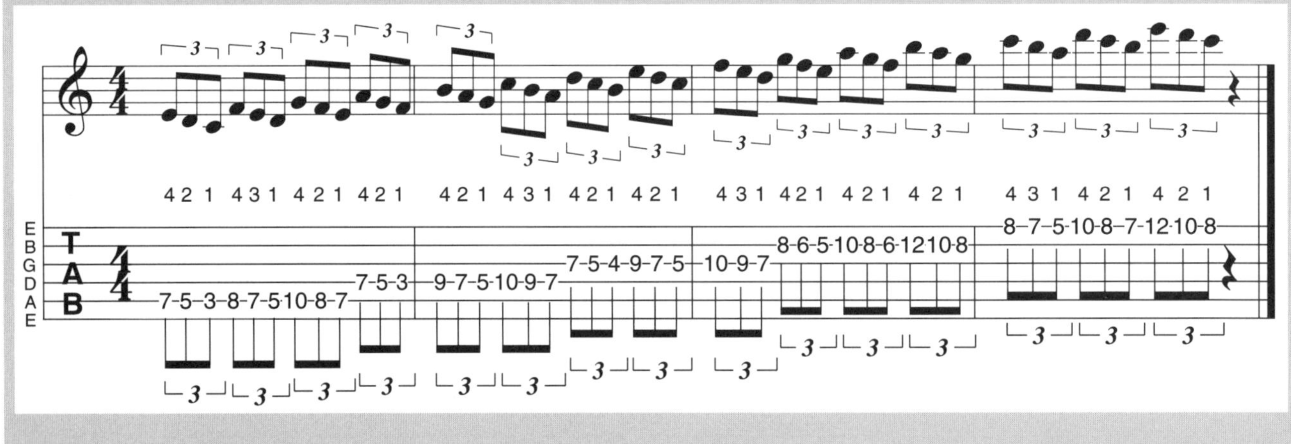

1e 1-2-3-4 mit G-Mixolydisch (rückwärts: 4-3-2-1)

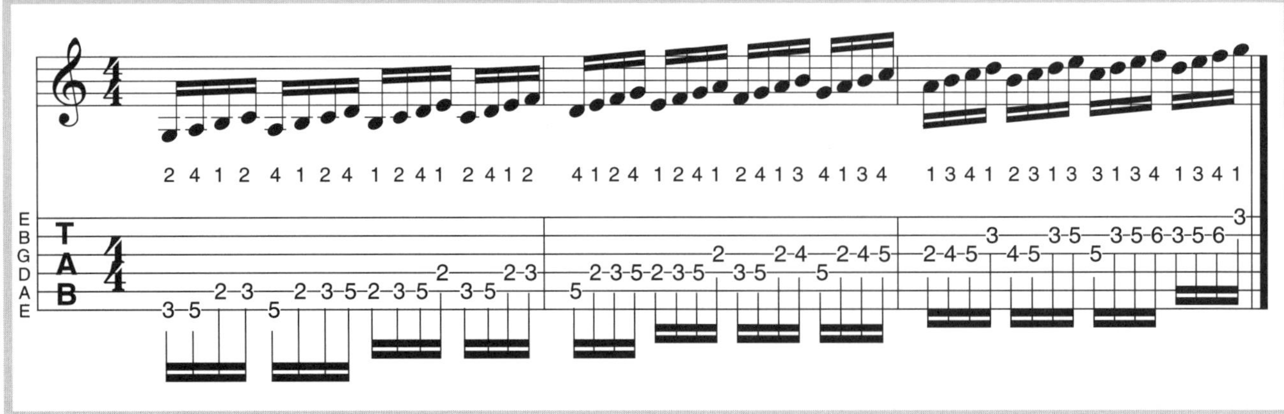

1f 1-2-3-4 mit D-Dorisch, gegenläufig zur Sequenzrichtung (rückwärts: 4-3-2-1)

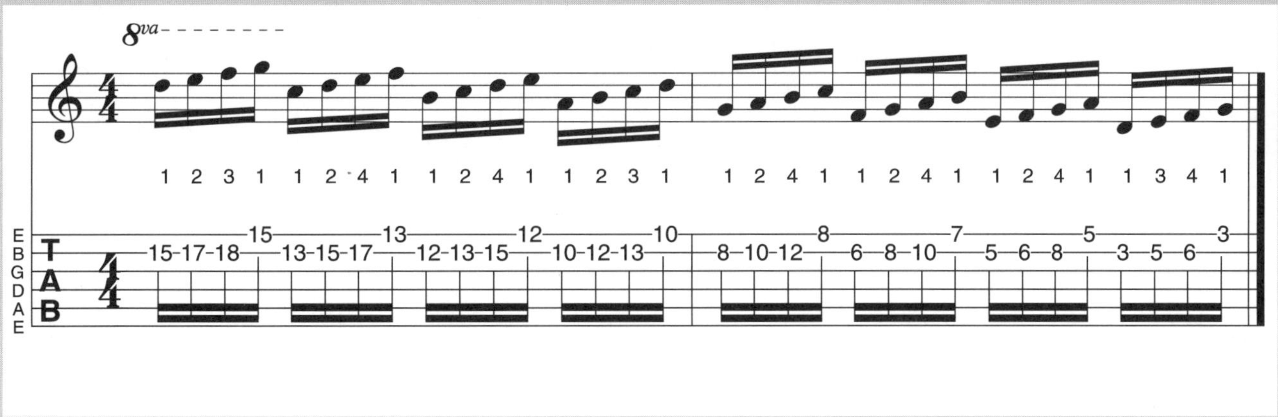

1g 1-3 mit Pentatonischer A-Moll-Tonleiter (rückwärts: 3-1)

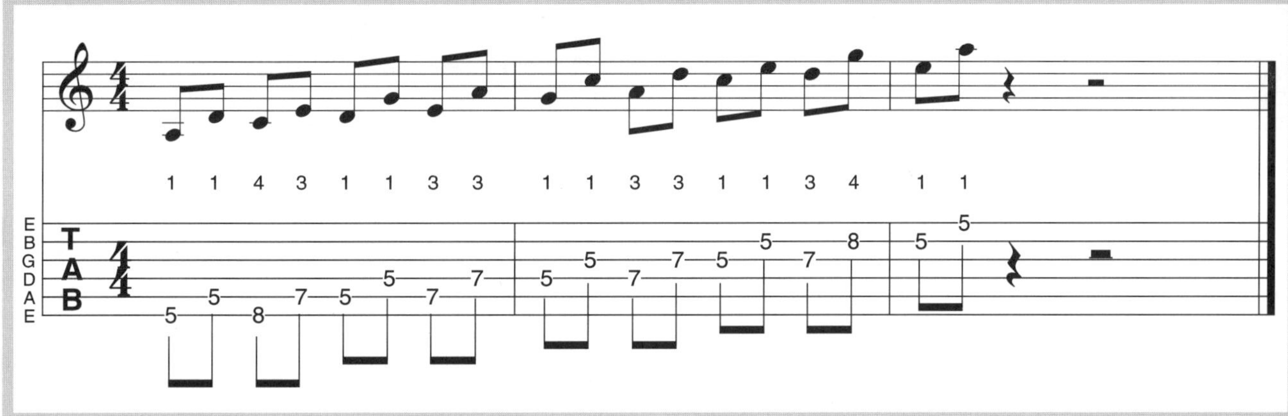

1h 1-3 mit D-Dorisch, ternär gespielt (rückwärts: 3-1)

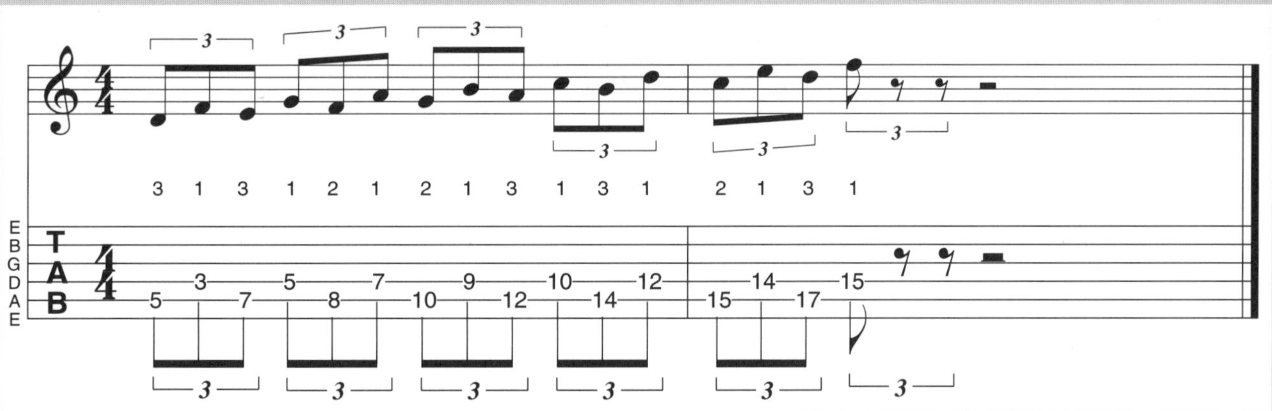

1i 1-2-3-5 mit A-Äolisch (rückwärts: 5-3-2-1)

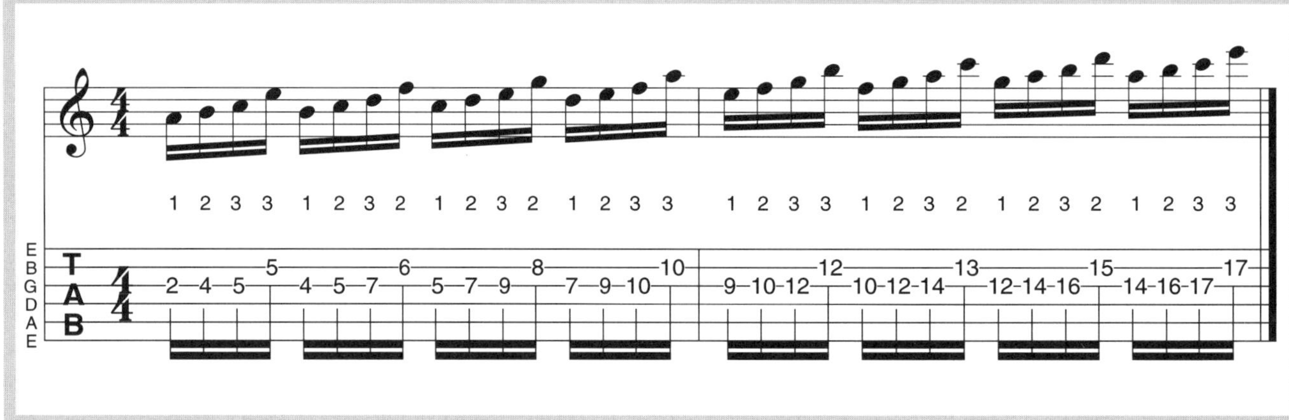

1j 5-3-1 mit C-Dur (rückwärts: 1-3-5)

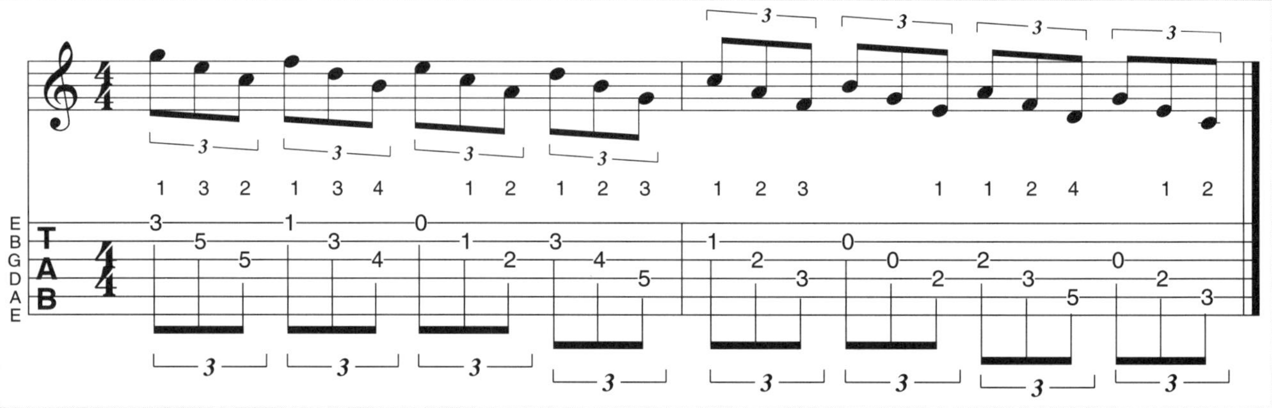

2 Spiele die Sequenzen gegenläufig.

3 Transponiere und spiele die Sequenzen in anderen Tonarten.

4 Erfinde eigene Tonleiter-Sequenzen. Notiere und spiele sie.

Das Pattern 1-3-5 bzw. abwärts 5-3-1 (siehe Aufgaben, Sequenz 1j) erzeugt bei einer diatonischen Tonleiter die leitereigenen Dreiklänge, das Pattern 1-3-5-7 die leitereigenen Vierklänge. Im ersten Moment scheint das der zyklischen Transposition von Arpeggios zu gleichen (siehe oben). Aber es besteht ein wesentlicher Unterschied: Bei der zyklischen Transposition eines Arpeggios ändert sich die Intervallstruktur nicht, z. B. wird ein Dur-Dreiklang-Arpeggio wiederum als Dur-Dreiklang-Arpeggio auf die neue Stufe gesetzt. Bei Tonleitersequenzen werden dagegen nur die Töne aus der Tonleiter verwendet, d.h. die Intervallstruktur passt sich entsprechend an.

Als Anregung, um auch mit diesen „leitereigenen Arpeggio-Sequenzen" - wie man sie nennen könnte - , zu experimentieren, folgt ein abschließendes Beispiel. Die Notation ist ergänzt durch die Symbole der Akkordklänge, die dabei entstehen.
Weitere Besonderheit: Das Tonmaterial wechselt zwischen C-Dur und F-Dur.

Beispiel: 4-3-1 - 5-3-1 , Pattern- und Sequenzrichtung gegenläufig, Startton (1) = Quinte

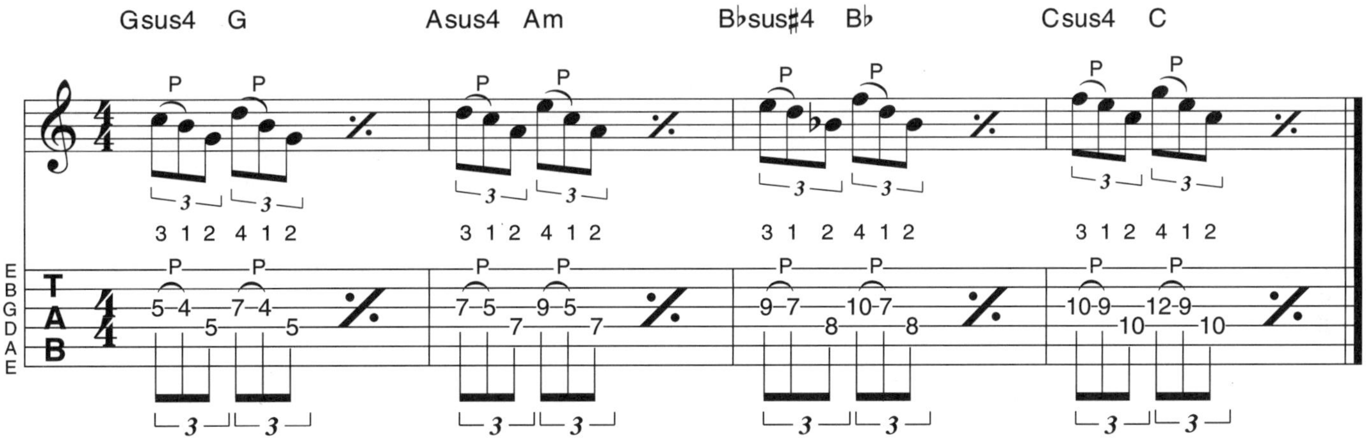

Sequenzen mit Griffbrett-Mustern

Das Verwenden von Griffbrett-Mustern ist ein visueller Ansatz. Dabei geht es vorrangig um das Experimentieren mit geometrischen Figuren auf dem Griffbrett und weniger um deren harmonische Bedeutung. Gerade wenn du das Gefühl hast, immer wieder die gleichen altbekannten Dinge zu spielen, kann dieses Vorgehen helfen, aus dem Gewohnten auszubrechen. Die Ergebnisse können überraschen (gut geeignet für Outside-Klänge). Die kleine Unregelmäßigkeit der Standard-Gitarrenstimmung (EADGBE) kommt allerdings unserer Geometrieanwendung in die Quere: Die Saiten sind in reinen Quarten gestimmt - außer der Übergang von der G- zur B-Saite (große Terz). Aufgrund dieser Unregelmäßigkeit lassen sich nicht alle geometrischen Muster 1:1 quer über das Griffbrett verschieben. Man hat zwei Möglichkeiten: Entweder passt man das Muster beim Übergang zur B-Saite entsprechend an oder man geht der B-Saite aus dem Weg. Im folgenden zeige ich an vier Beispielen, wie man aus einem Griffbrett-Muster eine Sequenz bilden kann.

1. Beispiel: Griffbrett-Muster und Sequenz

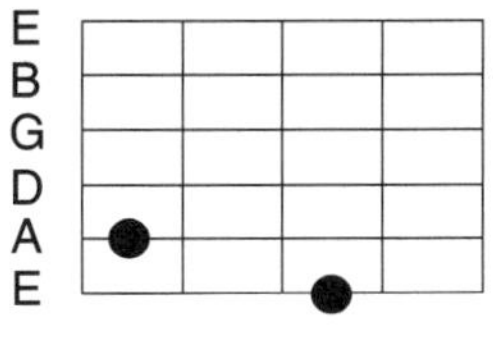

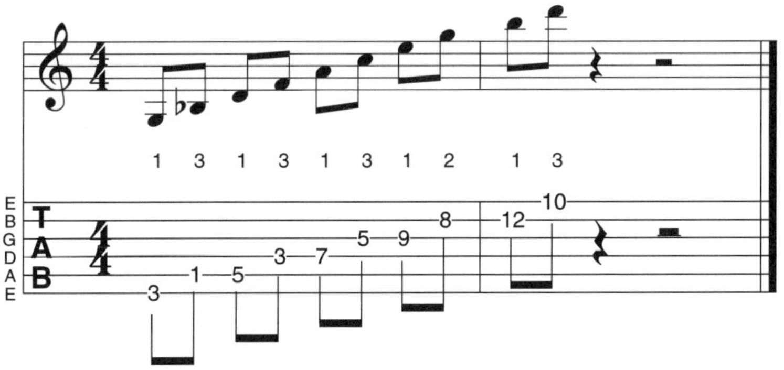

2. Beispiel: Griffbrett-Muster und Sequenz

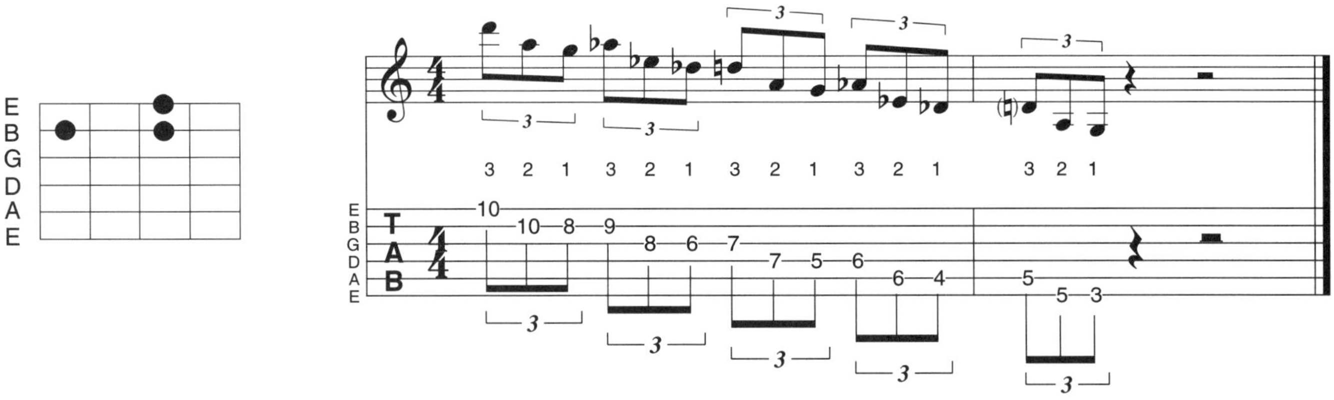

3. Beispiel: Griffbrett-Muster und Sequenz

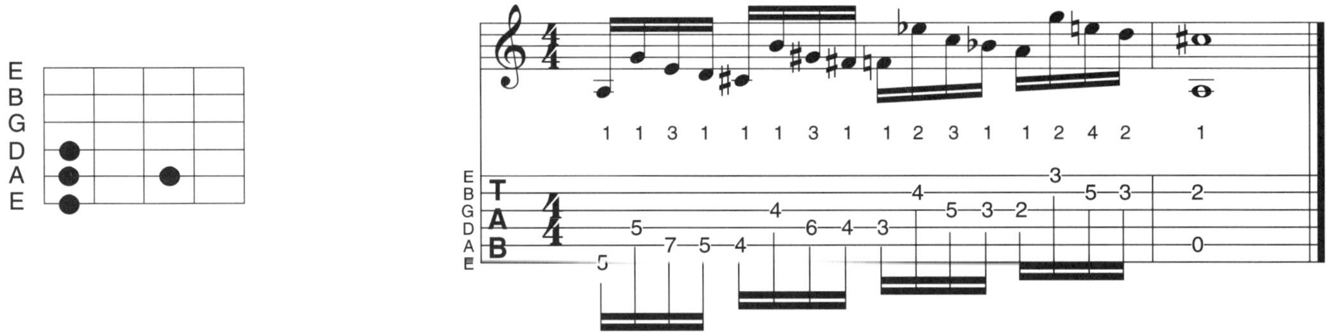

4. Beispiel: Griffbrett-Muster und Sequenz

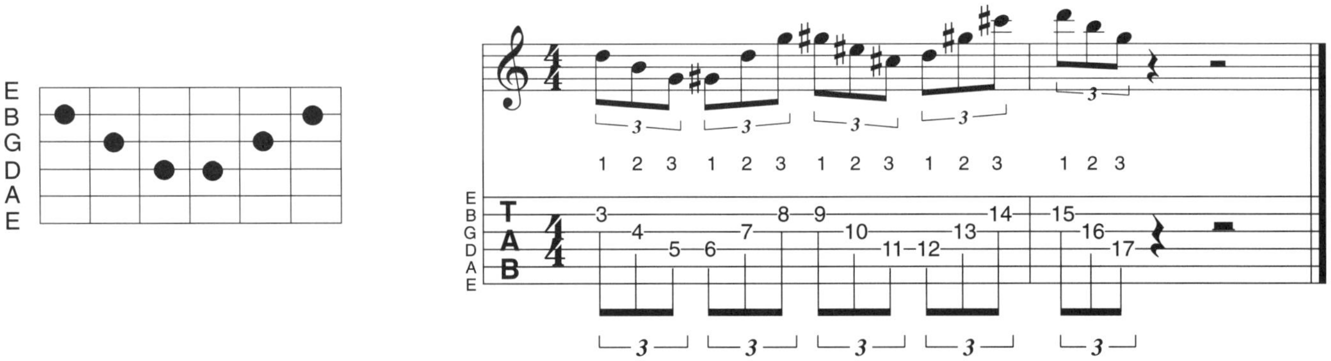

Aufgaben und Übungen

1 Spiele die obigen Beispiele.

2 Erfinde mit jedem der obigen Griffbrett-Muster eine weitere Sequenz.

3 Suche nach einem geometrischen Muster auf dem Griffbrett und bilde damit eine Sequenz.

III.

Wie spielen?

Wir stellen uns einen Redner vor, der einen inhaltsvollen und brilliant formulierten Redetext vorträgt. Dabei spricht er mit eintöniger Stimme ohne den Blick von seinem Manuskript zu nehmen, ohne Pausen, ohne spürbare eigene Anteilnahme, ohne Höhen und Tiefen. - Seine Rede wird ungehört verhallen! Ebenso wie die Wirkung einer guten Rede nicht allein auf ihren Worten gründet, hängt die Wirkung eines Solos von seiner Gestaltung und Darbietung ab. Die Motive und „richtigen" Töne sind eben nur eine Seite. Die letztendlich entscheidende Frage lautet also: Wie spielt man ein Solo, das die Zuhörer erreicht und bewegt?

Spieltechniken und Spielweisen

Um dem Wie des Soloings auf die Spur zu kommen, betrachten wir zum Vergleich unser Sprechen. Eine bestimmte Wortfolge kann so oder so ausgesprochen werden. Betonungen, Pausen, der Tonfall usw. sind für Wahrnehmung und Verständnis der Botschaft von großer, oft sogar entscheidender Bedeutung (z. B. bringt der Ausspruch „Das ist toll" versehen mit einem ironischen Tonfall genau das Gegenteil zum Ausdruck). Ein Sprichwort sagt in diesem Zusammenhang, „Der Ton macht die Musik". Eben um diese klangliche Gestaltung geht es. Auf der Gitarre übernehmen Spielweisen und Spieltechniken diese Aufgabe. Sie helfen uns dabei, die musikalischen Aussagen in die beabsichtigte Richtung zu lenken und die Wirkung zu optimieren, d. h. weich, hart, dunkel, hell, schwerfällig, leichtfüßig, abwechslungsreich, eindeutig, mehrdeutig, ironisch, ernst, interessant, einschmeichelnd, aggressiv, fröhlich, traurig usw. zu machen.

In dem gerade Gesagten schimmert bereits hindurch, wie ich Sound auffasse. Ich möchte es noch präzisieren. Eine gängige Meinung ist, dass Sound, Ton und Ausdruckskraft eines Gitarristen zu einem großen Teil vom verwendeten Equipment, d. h. der Gitarre, dem Amp, den Effekten usw., abhängen würden. Doch Spieltechniken und Spielweisen wie z. B. Anschlag, Greifen, Abdämpfen, Vibrato, Akzentuierungen oder Legatospiel prägen den Gitarrensound weit mehr, als alles Equipment der Welt. Es gilt nach wie vor: „Der Ton liegt in deinen Fingern!" Ein guter Gitarrist wird auch auf einer schlechten Gitarre gut klingen. Und umgekehrt: Auch die teuerste Ausstattung macht aus einem Hans Müller keinen Eddie ⇒ *Van Halen*. Zwar kann (kann!) auch das Equipment z. B. in Form einer bestimmten Gitarre, eines bestimmten Amps oder Effekts die Ausdrucksmöglichkeiten beschränken oder erhöhen. Aber es liegt stets beim Gitarristen selbst, was er daraus macht. Nicht die Einstellungen an deiner Gitarre oder deinem Verstärker sind ausschlaggebend, sondern deine Einstellung zu deinem Instrument. Der Entstehungsort von Ausdruck, Sound und Stil, von Musik überhaupt liegt im Musiker selbst. Dazu gehört, dass du dir vorstellen kannst, dass du fühlst und innerlich hörst, was du ausdrücken willst. Das Equipment hat nur eine nachgeordnete Bedeutung.

Spieltechniken sind also kein Selbstzweck. Sondern sie sind der Schlüssel für unzählige Möglichkeiten, um sich auf der Gitarre musikalisch auszudrücken. Dabei gibt es nicht *den* Anschlag, *das* Vibrato, *das* Bending usw., was man nur einmal lernen müsste, um es zu beherrschen. Sondern jede Technik birgt in sich viele Abstufungen und Färbungen. Dieses Kapitel zeigt Zugänge auf, um sich mit Ohr, Herz, Hand und Verstand für diese feinen Unterschiede zu sensibilisieren.

Anschlagen

Die Tongebung beginnt mit dem Anschlag. Es ist erstaunlich, wie viele verschiedene Sounds und Klangabstufungen sich alleine durch die Art und Weise, wie man die Saiten zum Schwingen bringt, erzielen lassen. Man kann die Saiten anschlagen, anreißen, zupfen, streichen und das alles noch in unterschiedlichen Varianten und Abstufungen. In den nächsten Abschnitten geht es beispielhaft um das Anschlagen mit dem ⇒ *Plektrum*.

Anschlagen mit dem Plektrum

Plektren

Plektren unterscheiden sich in Material (verschiedene Kunststoffe, Metalle, Stein), Härte, Form, Größe, Stärke. Grundsätzlich gilt, je härter oder stärker ein Pick ist, desto weniger gibt es beim Anschlagen der Saite nach und der Anschlag fühlt sich im Vergleich direkter an. Ein Plektrum sollte groß genug und so geformt sein, dass du es bequem zwischen Daumen und Zeigefinger halten kannst. Je weniger vom Plektrum übersteht, um so genauer kann der Anschlag kontrolliert werden. Der „Grundsound" eines Tones entsteht aus der Kombination von Plektrum und seiner Verwendung.

Downstroke und Upstroke

Beim *Downstroke*/Abwärtsschlag (Notation ⊓) schlägt das Plektrum die Saite von oben her an, beim *Upstroke*/Aufwärtsschlag (Notation V) wird die Saite von unten her angezupft. Da sich Downstroke und Upstroke in ihrem Vorgang unterscheiden, ist auch der Klang jeweils ein bißchen anders.

Aufgaben und Übungen

Achte bei diesen Übungen vor allem auf den unterschiedlichen Klang, der durch Downstroke und Upstroke erzeugt werden kann. Daneben wird aber auch die Flexibilität der Anschlaghand trainiert. Wiederhole jede Übung solange bis du sicher bist. Steigere das Tempo.

1a Spiele wie abgebildet.

1b Spiele die Übung ohne abzusetzen vorwärts und rückwärts.

1c Verschiebe die Übung nach und nach in alle anderen Lagen (I. Bund, II. Bund usw.).

2 Spiele zunächst wie abgebildet. Verschiebe die Übung auch in andere Lagen.

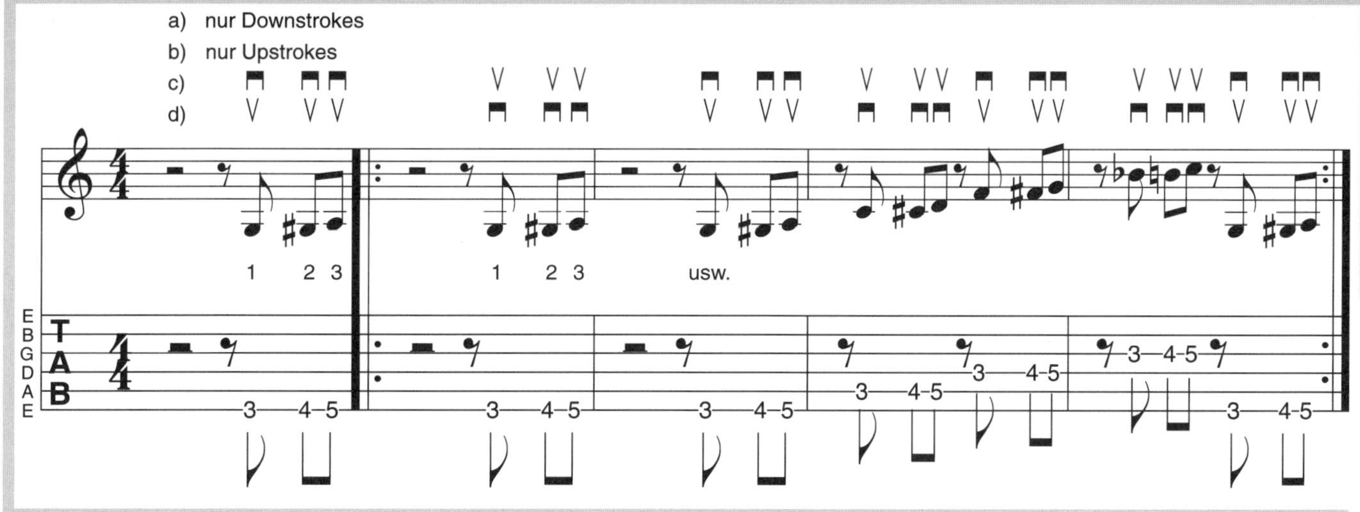

3 Spiele zunächst wie abgebildet. Verschiebe die Übung auch in andere Lagen.

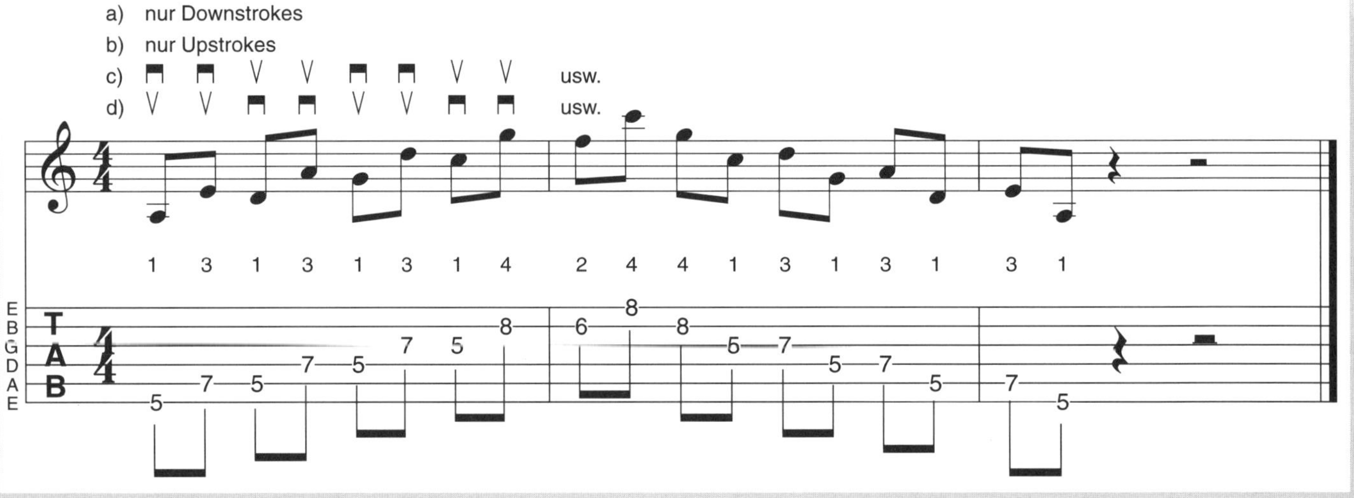

Der Wechselschlag (Alternate Picking)

Der *Wechselschlag* ist die logische Kombination aus Down- und Upstroke. Dadurch halbieren sich die Bewegungen der Anschlaghand im Idealfall auf die Hälfte. Das bedeutet ebenfalls, dass du mit der gleichen Anzahl von Bewegungen doppelt so schnell spielen kannst. Wichtig für die Ausführung ist, dass du das Plektrum so hältst, dass es sich beim Upstroke nicht „verhakt". Probiere also unterschiedliche Winkel und Haltungen aus. Ziel ist, die Anschlaghand locker und ohne besondere Kraftaufwendung rhythmisch präzise auf und ab zu bewegen.

Die Anschlaghand läuft beim Wechselschlag immer durch. Wenn einmal kein Ton anzuschlagen ist, lasse das Pick einfach „leer" durchlaufen, hebe es also ein kleines Stück an. Versuche nach und nach die eingesetzte Kraft und Bewegung zu optimieren, d. h. unnötige Anstrengungen und überflüssige Bewegungen soweit wie möglich zu verringern. Um dein Spiel unabhängig von der Schlagrichtung zu machen, solltest du alle Licks, Pattern und Melodielinien sowohl mit einem Downstroke als auch mit einem Upstroke beginnen und entsprechend durchspielen können.

Aufgaben und Übungen

Verwende bei allen Übungen ein Metronom. Starte mit einem langsamen Tempo (40 bpm), das du nach und nach in Zehnerschritten bis zu deiner Leistungsgrenze erhöhst. Lege rechtzeitig Pausen ein, in denen sich deine Anschlaghand erholen kann. Da es hier nur um den Anschlag geht, sind die folgenden Übungen für Leersaiten notiert.

Aufgaben und Übungen

1 Beim Übergang von einer Saite zur nächsten wirst Du merken, dass der Wechselschlag (zunächst noch) leichter auszuführen ist, wenn die Anschlagrichtung (auf/ab) und die Spielrichtung zusammenfallen (z. B. Ia, IIa aufwärts). Ist das nicht der Fall, muss zuerst die aktuelle Saite passiert werden, bevor die nächste angeschlagen werden kann (z. B. Ib, IIb aufwärts).

I. Vier Anschläge pro Saite

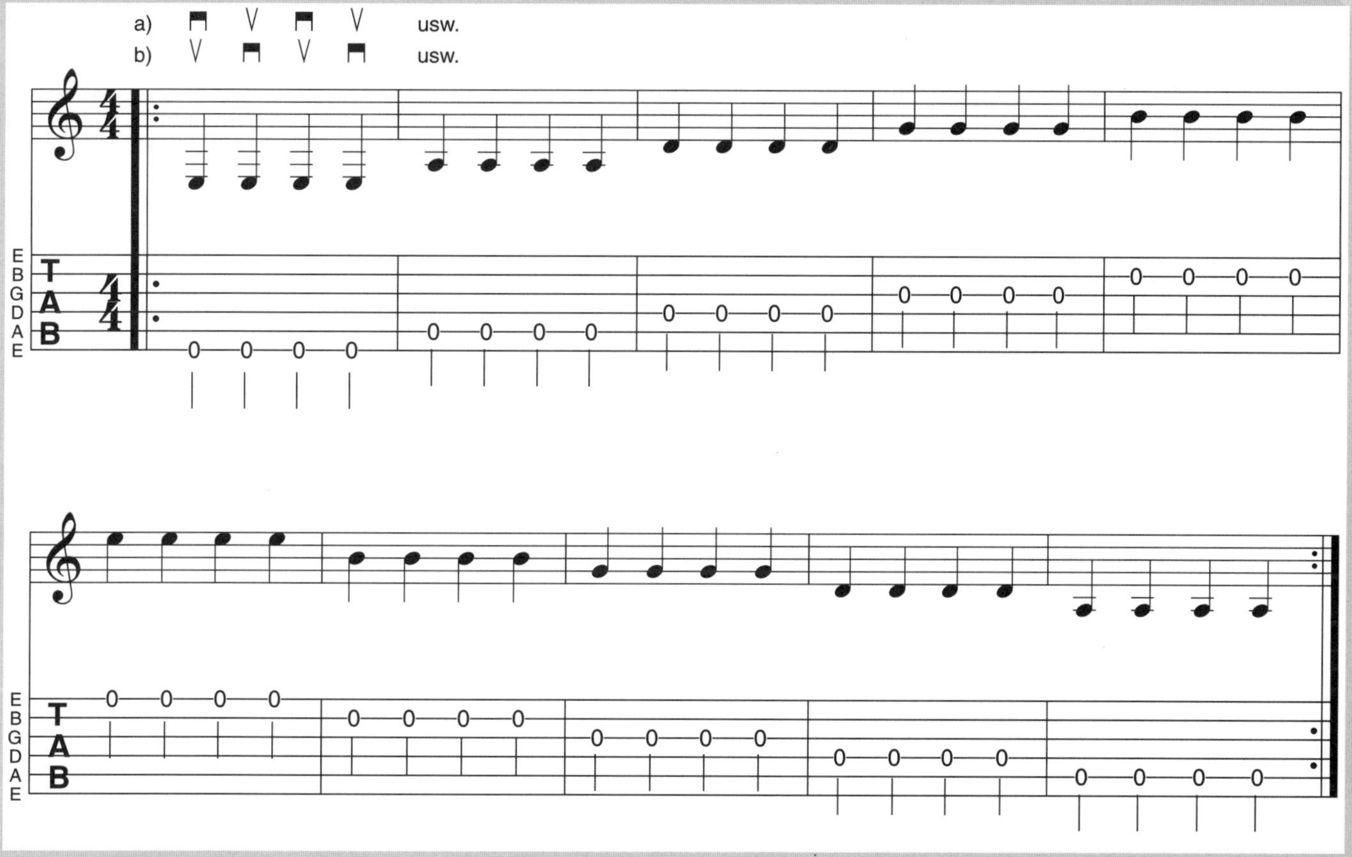

II. Zwei Anschläge pro Saite

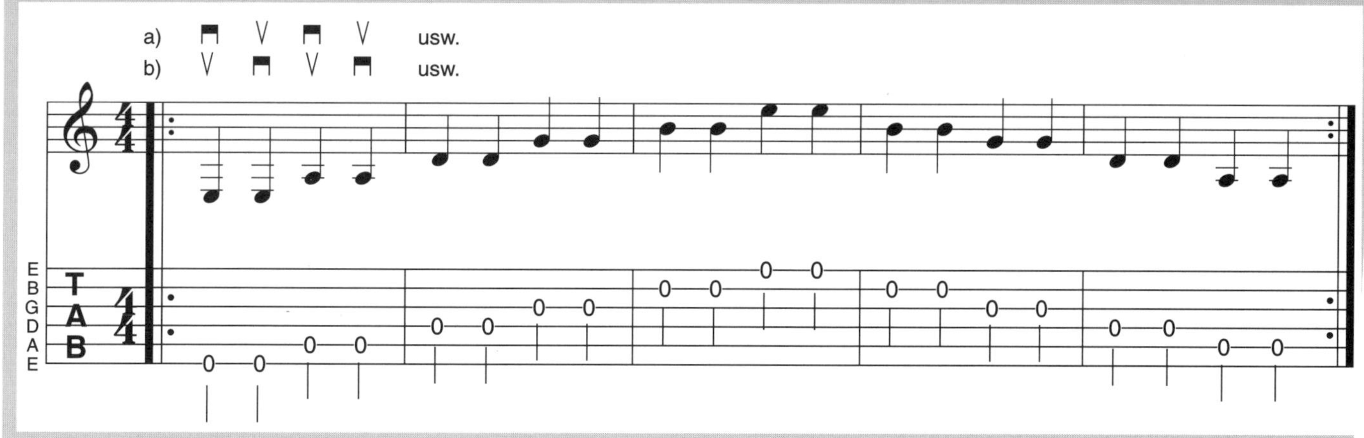

III. Drei Anschläge pro Saite

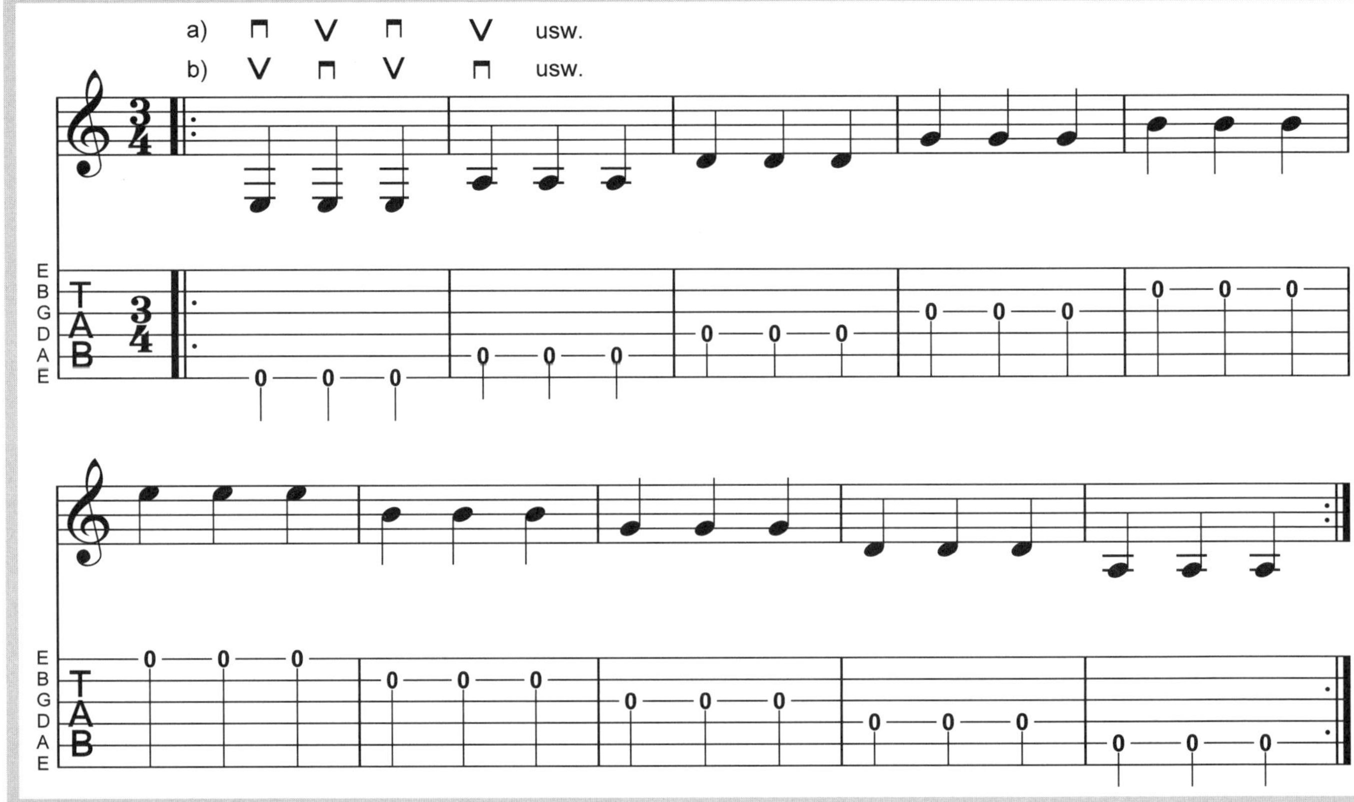

IV. Ein Anschlag pro Saite

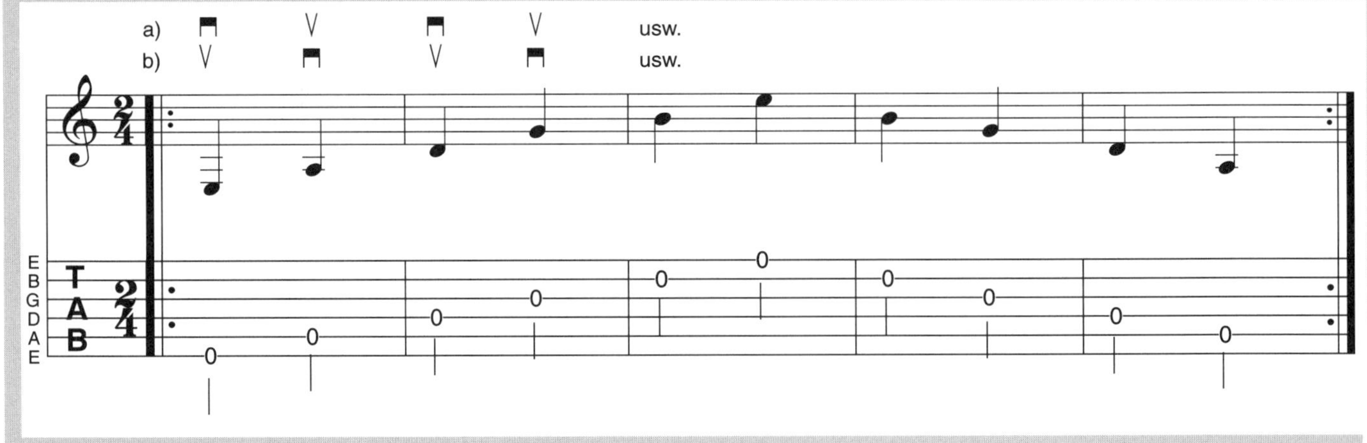

2 Der Weg des Picks wird noch weiter, wenn eine oder mehrere Saiten ausgelassen und übersprungen werden - [engl.: ⇒ *String-Skipping*]. Auf diese Weise kann man schnell ein großes Intervall spielen.

String-Skipping I

String-Skipping II

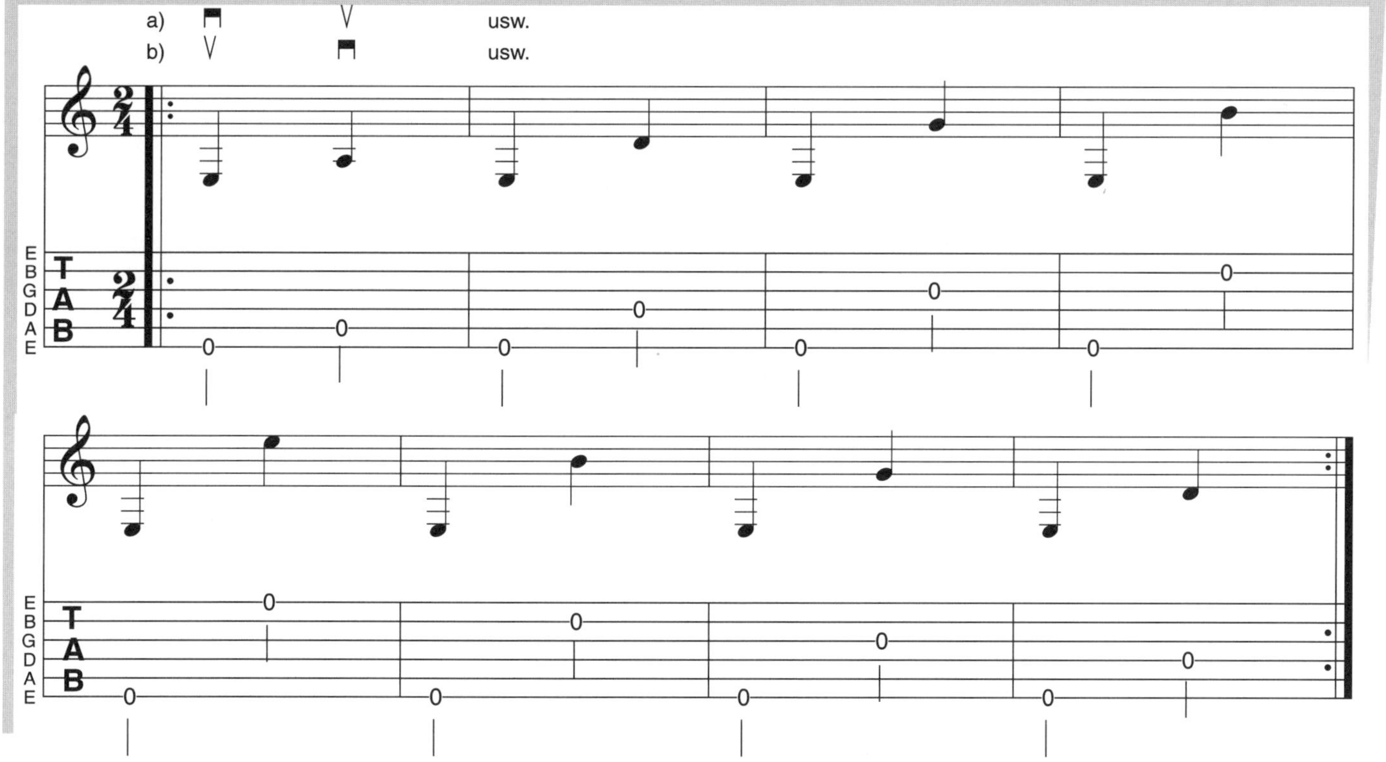

String-Skipping II (Fortsetzung)

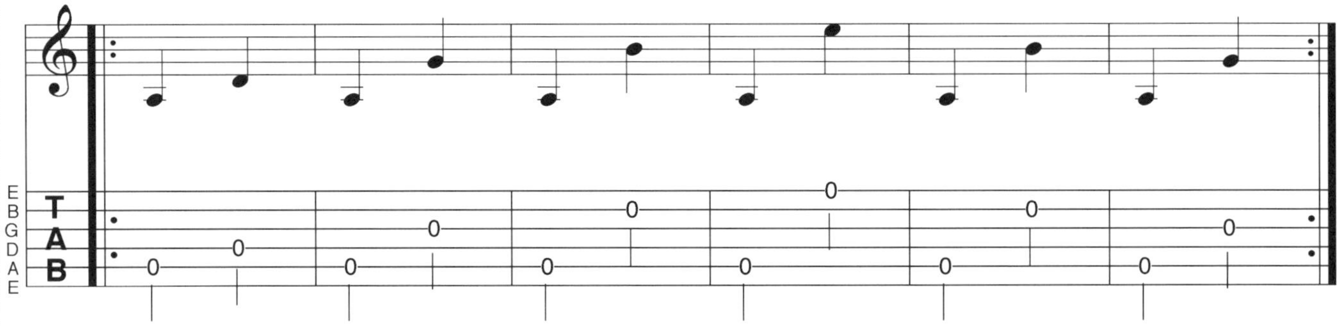

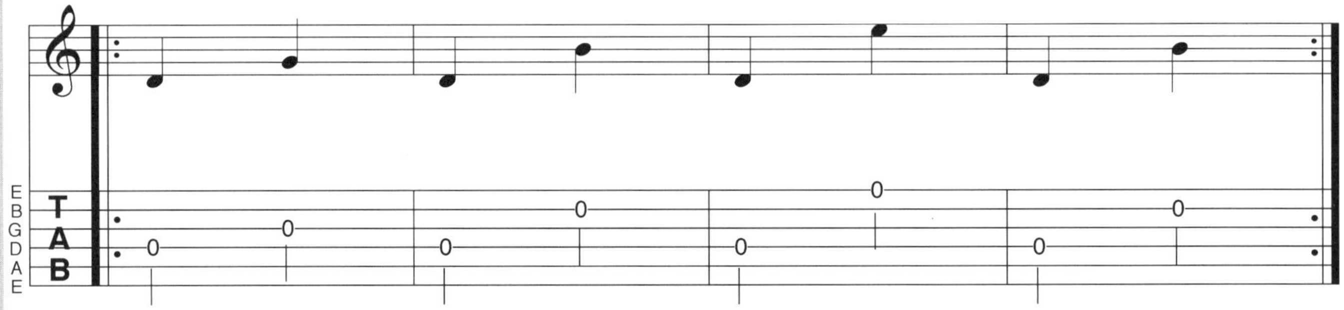

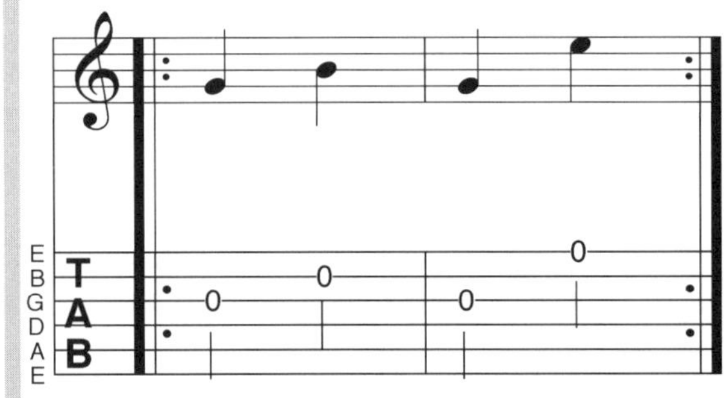

Lick mit String-Skipping

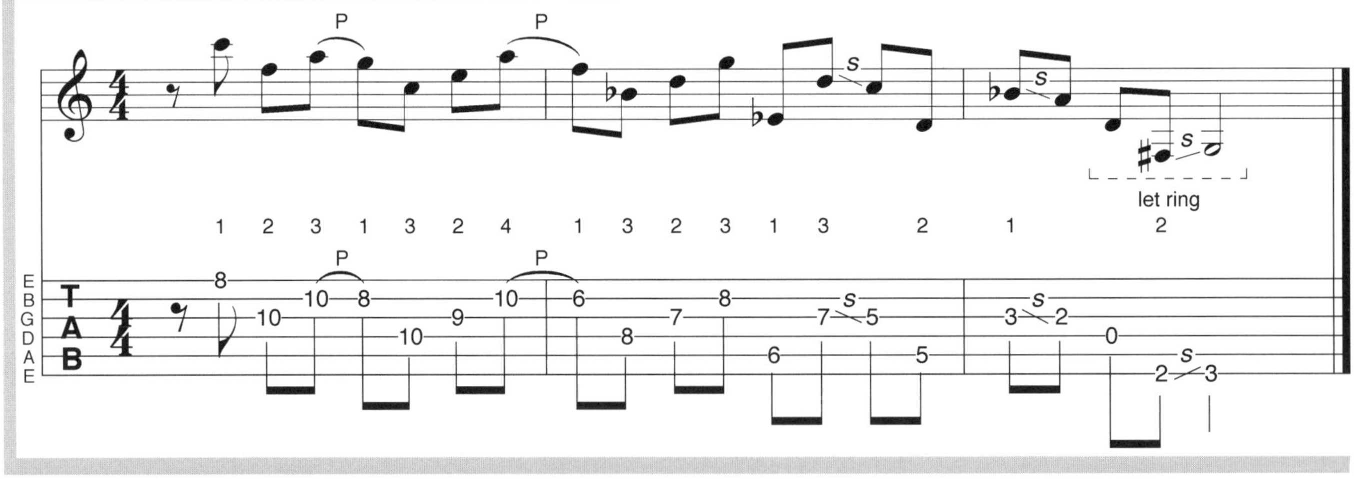

Koordination von Anschlagen und Greifen

Um einen gegriffenen Ton optimal zum Klingen zu bringen, kommt es auf das exakte Zusammenspiel von linker und rechter Hand an - und das bei jeder denkbaren Kombination von Griff und Anschlag. Dazu drückt die Greifhand die Saite auf den Bund, bevor die Saite angeschlagen wird (spätestens im gleichen Augenblick) bzw. die Anschlaghand schlägt erst dann an, wenn der Ton gegriffen ist. Die folgenden Übungen geben einen Einblick in die Aufgaben, die bei der Koordination von linker und rechter Hand zu bewältigen sind. Sie eignen sich auch sehr gut zum Aufwärmen.

Aufgaben und Übungen

Allgemeine Hinweise

- Gönne deinen Händen - wie immer - rechtzeitige Pausen, um Verkrampfungen und Zerrungen vorzubeugen.
- Verwende ein Metronom und steigere dich von einem langsamen Tempo (40 bpm) schrittweise bis zu deiner Leistungsgrenze.
- Um unnötige Aktivitäten der Greifhand zu vermeiden, bewege nur dann einen Finger, wenn dieser auch benötigt wird. Das heißt konkret: Jeder Finger bleibt solange wie möglich in seiner alten Position, bis er an die Reihe kommt.
- Alle Töne sollen gleich laut sein, gleich klingen und ausklingen (d. h. sie erhalten den vollen Notenwert). Achte besonders beim Saitenwechsel darauf, dass der letzte Ton nicht zu früh verstummt.
- Behalte das Ziel der Übungen im Auge: Die Koordination von Anschlag- und Greifhand.

Übungen auf einer Saite

Spiele jede Übung zunächst wie abgebildet.
Spiele die Übung hin und zurück (d. h. wie notiert und rückwärts) ohne dazwischen abzusetzen.
Übertrage jede Übung auch auf die anderen Saiten.

1 *Chromatische Sequenz I*

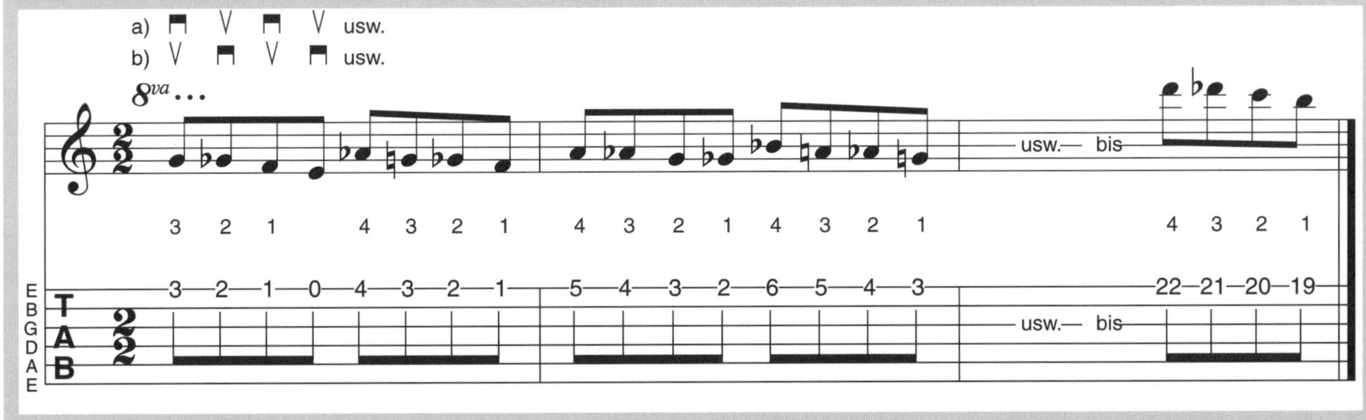

2 *Chromatische Sequenz II*

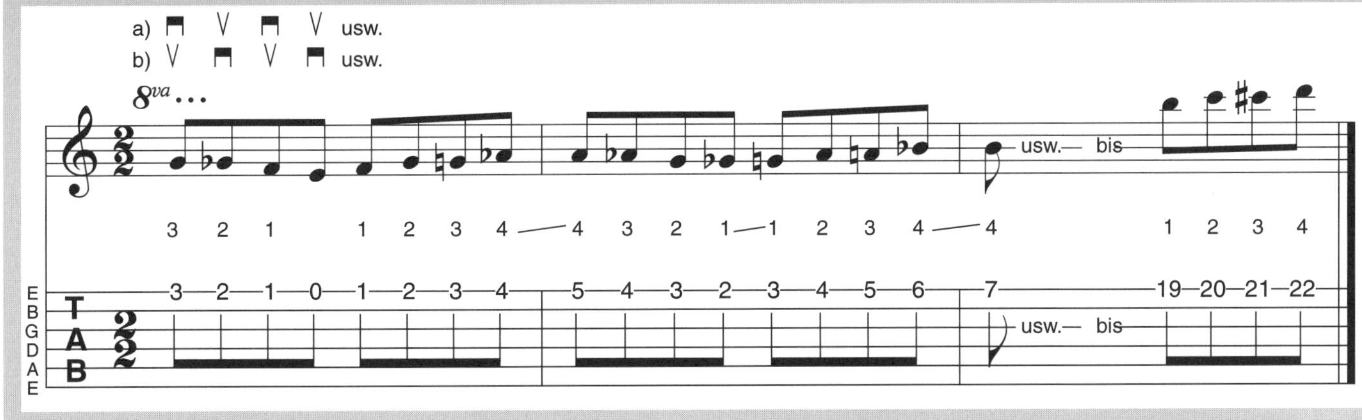

3 *Sequenz mit den Stammtönen*

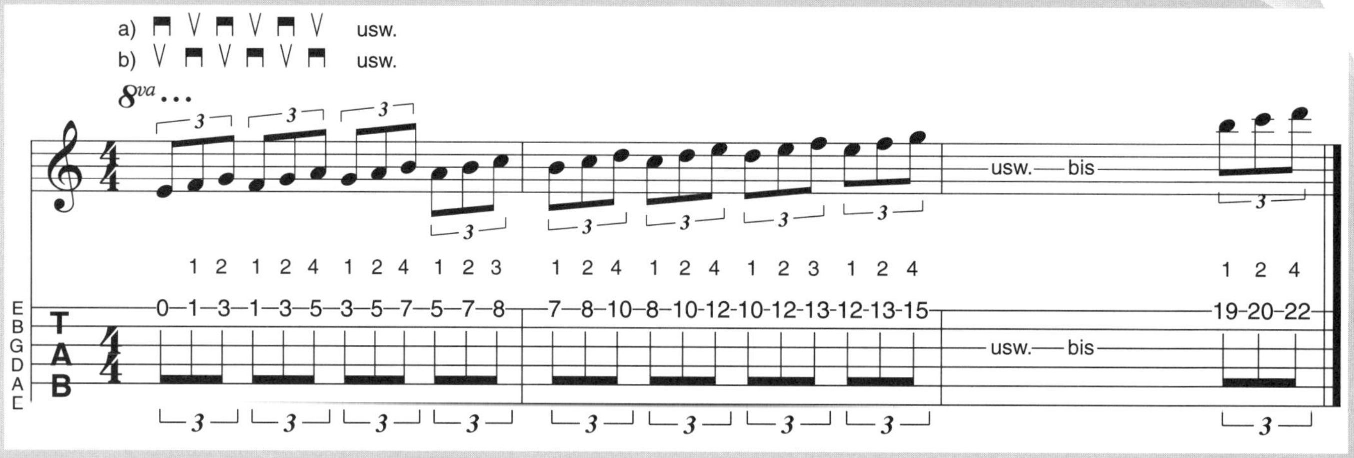

4 *Erfinde selbst eine solche Übung.*

Übungen über mehrere Saiten

Die folgenden ⇒ ***pseudo-chromatischen Übungen*** und ihre Variationen sind richtige Klassiker.

5 Übe zunächst in der bequemen Lage des VII. Bundes solange, bis dir der Ablauf klar ist und du ein mittleres Tempo (100 bpm) ohne gravierende Aussetzer spielen kannst.
Verschiebe dann die Übung in andere Lagen (auch in die ganz hohen und tiefen Lagen).

Grundform I

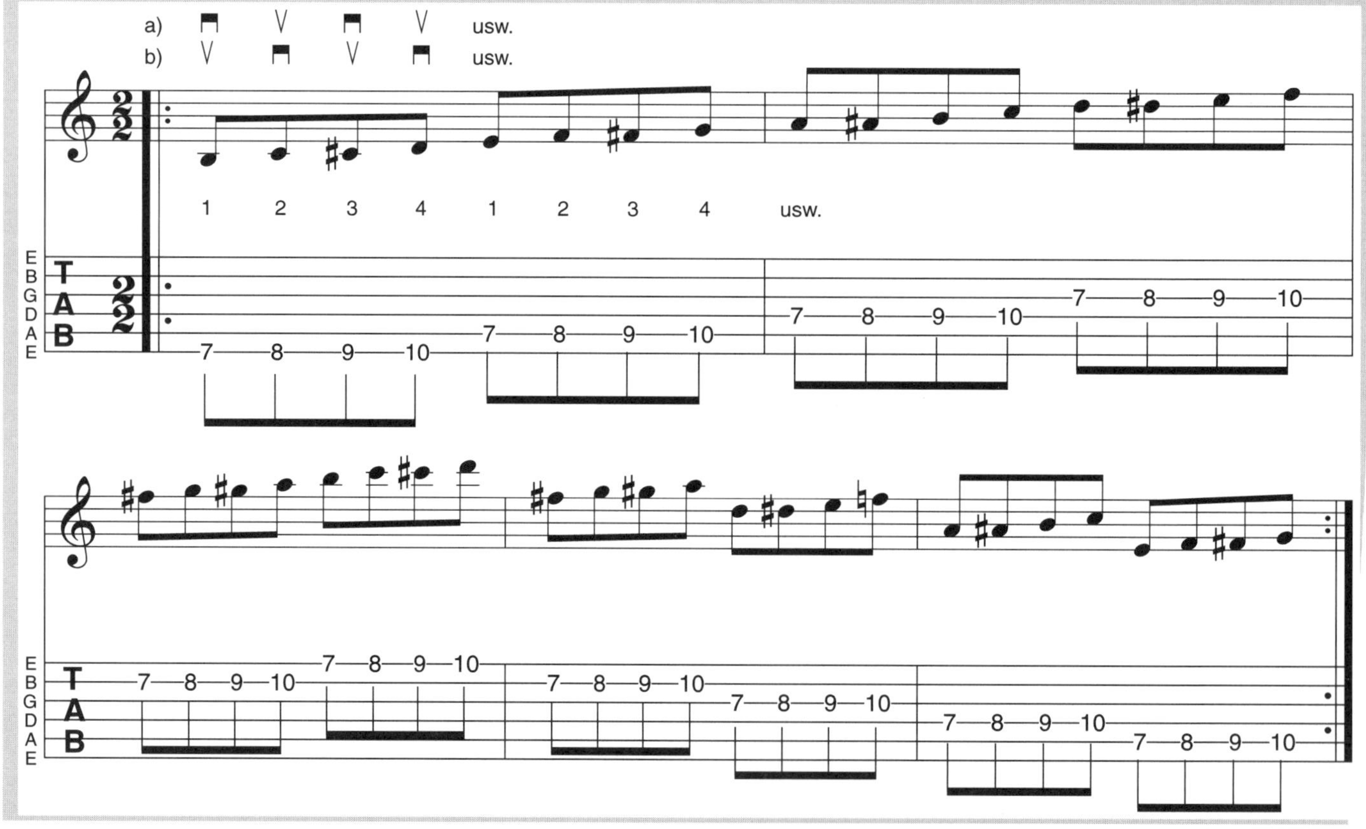

Grundform II

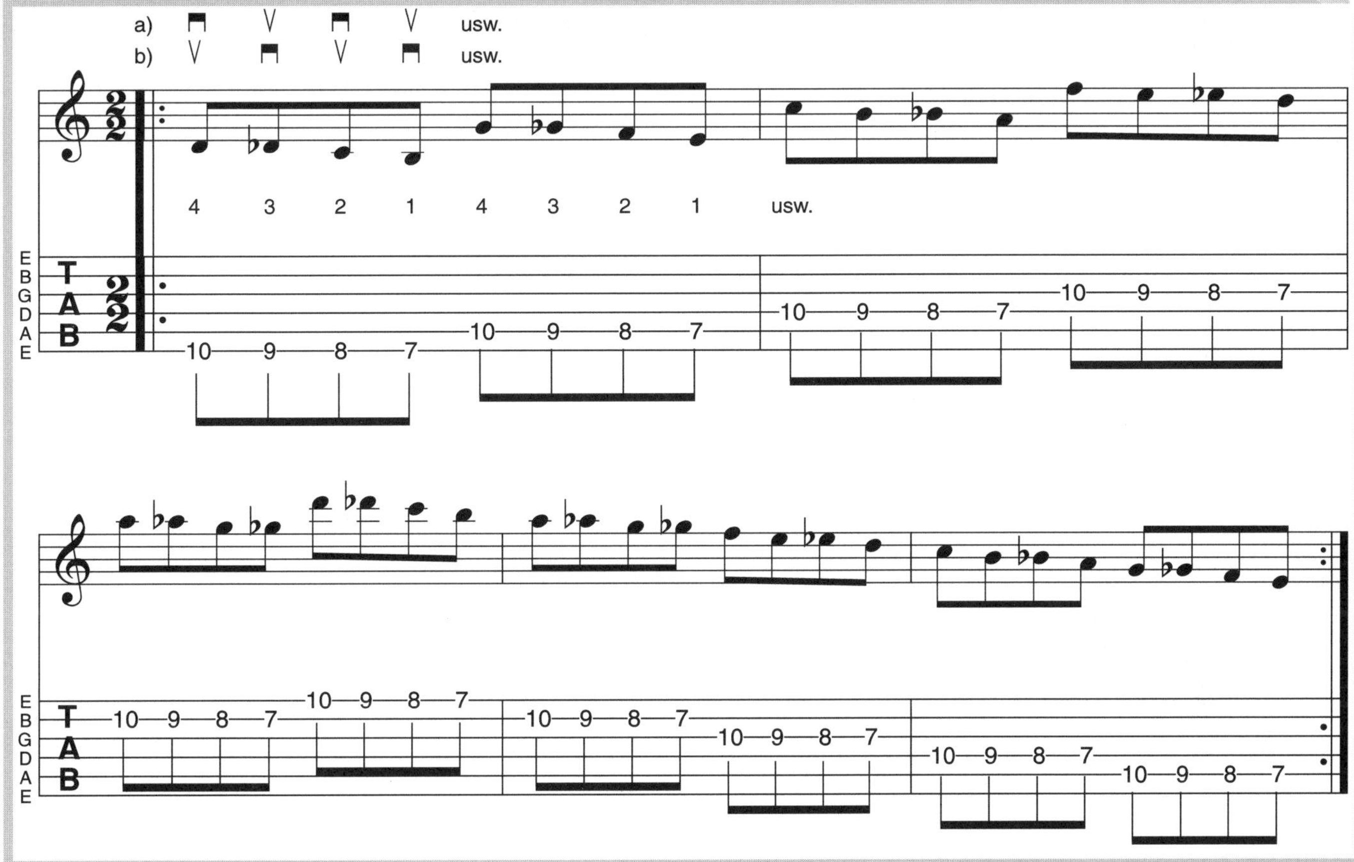

6a Erfinde weitere Übungen, indem du die Grundformen I und II aus Übung 5 variierst. Hierzu ein paar Anregungen.

Verändere das Metrum (z. B. 3/4, 4/4, 5/4, 6/8 usw.)

Beispiel

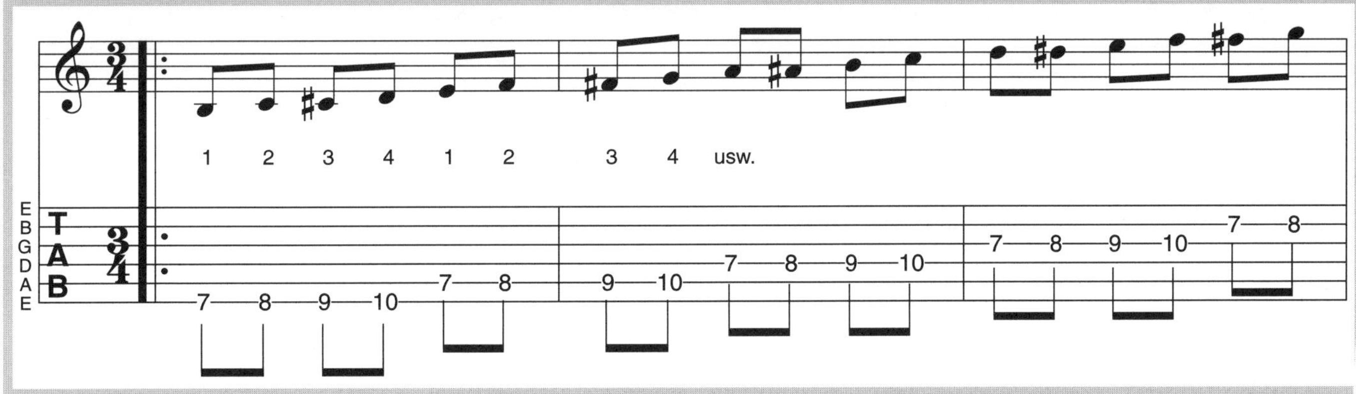

(Fortsetzung)

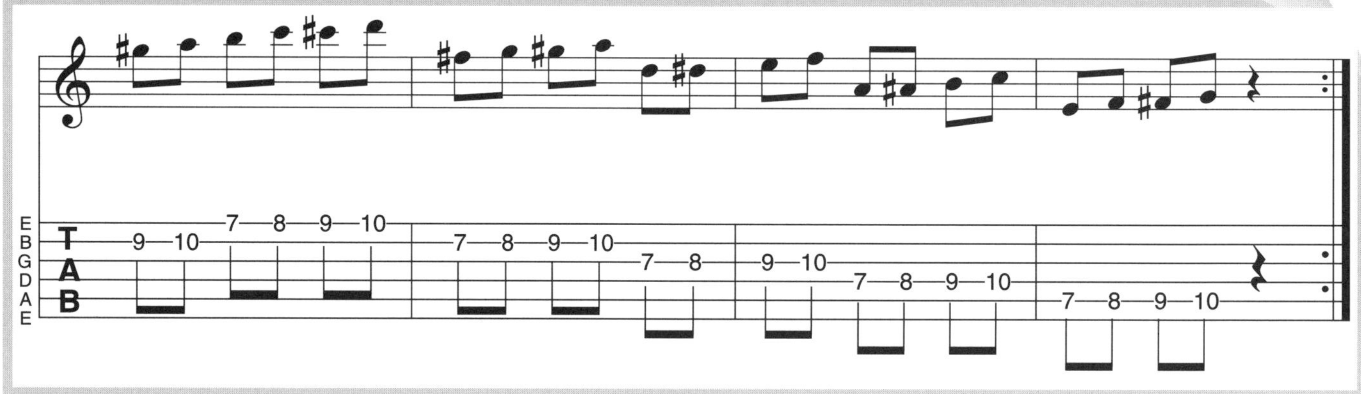

6b Verändere die Notenwerte (z. B. Viertel, Achtel, Sechzehntel, Vierteltriolen, Achteltriolen usw.)

Beispiel

6c Verlege den Startpunkt von Zählzeit 1 auf eine andere Zählzeit (z. B. auf 2, 3, 4 oder auf 1+, 2+, 3+, 4+ usw.)

Beispiel

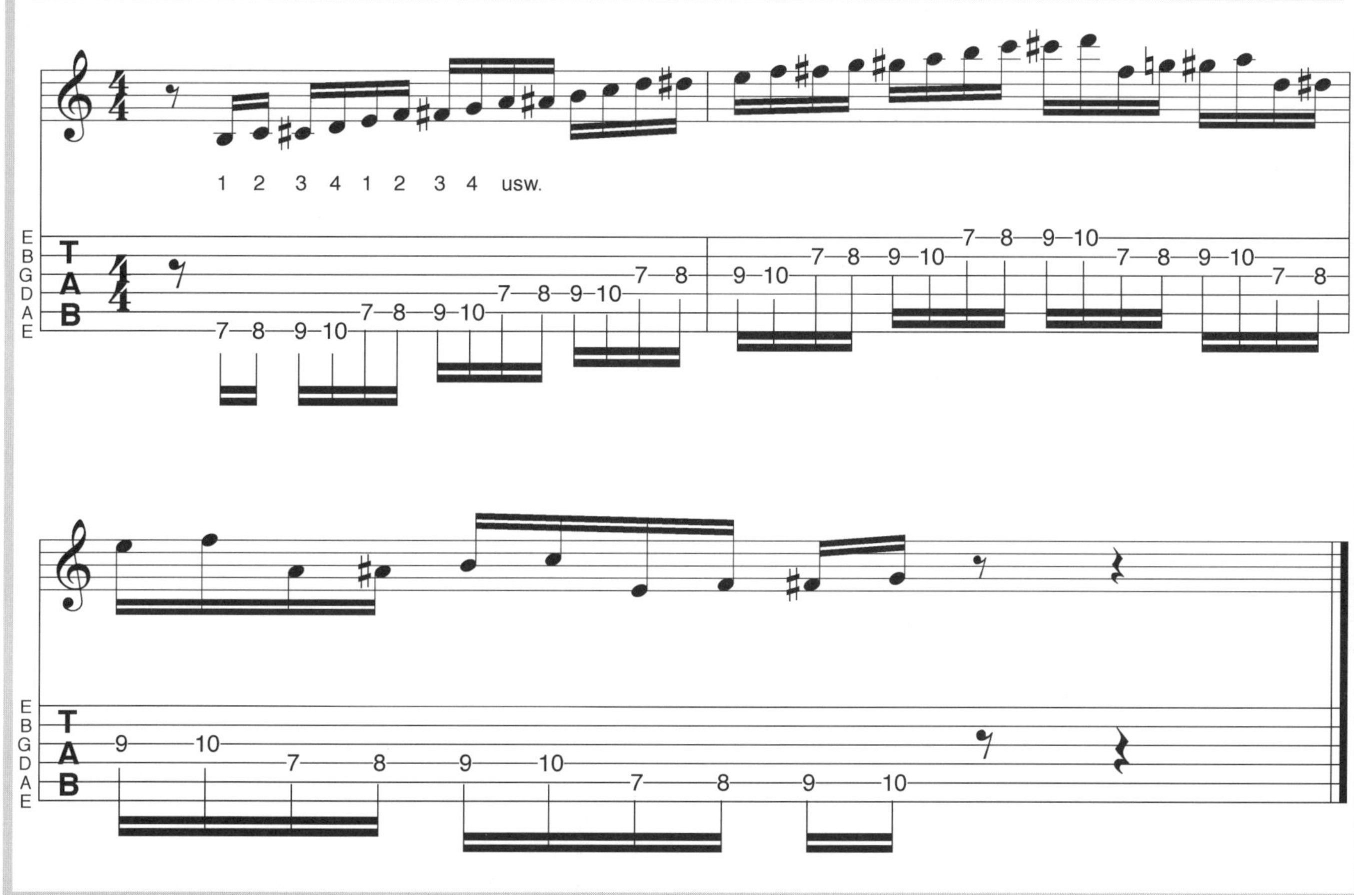

7 Im Prinzip wie Übung 5 (und als Steigerung wie 6). Beginne am I. Bund. Wenn du auf der hohen E-Saite am kleinen Finger angekommen bist, rutsche, ohne den Lauf zu unterbrechen, um einen Bund höher und spiele von dort aus zurück. Bist du wieder mit dem Zeigefinger auf der tiefen E-Saite angelangt, rutsche mit diesem - wiederum ohne den Lauf zu unterbrechen - einen Bund höher und setze das Spiel fort (vergleiche Abbildung). Wenn du in den hohen Lagen des Griffbretts nicht mehr weiterkommst, spiele das Ganze wieder rückwärts. Der kleine Finger bzw. der Zeigefinger rutschen dann entsprechend einen Bund abwärts.

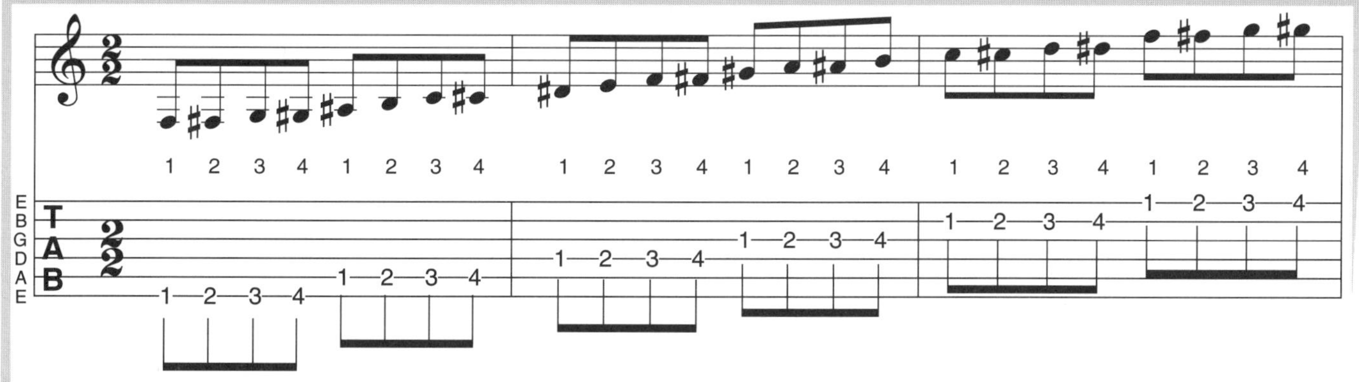

(Fortsetzung)

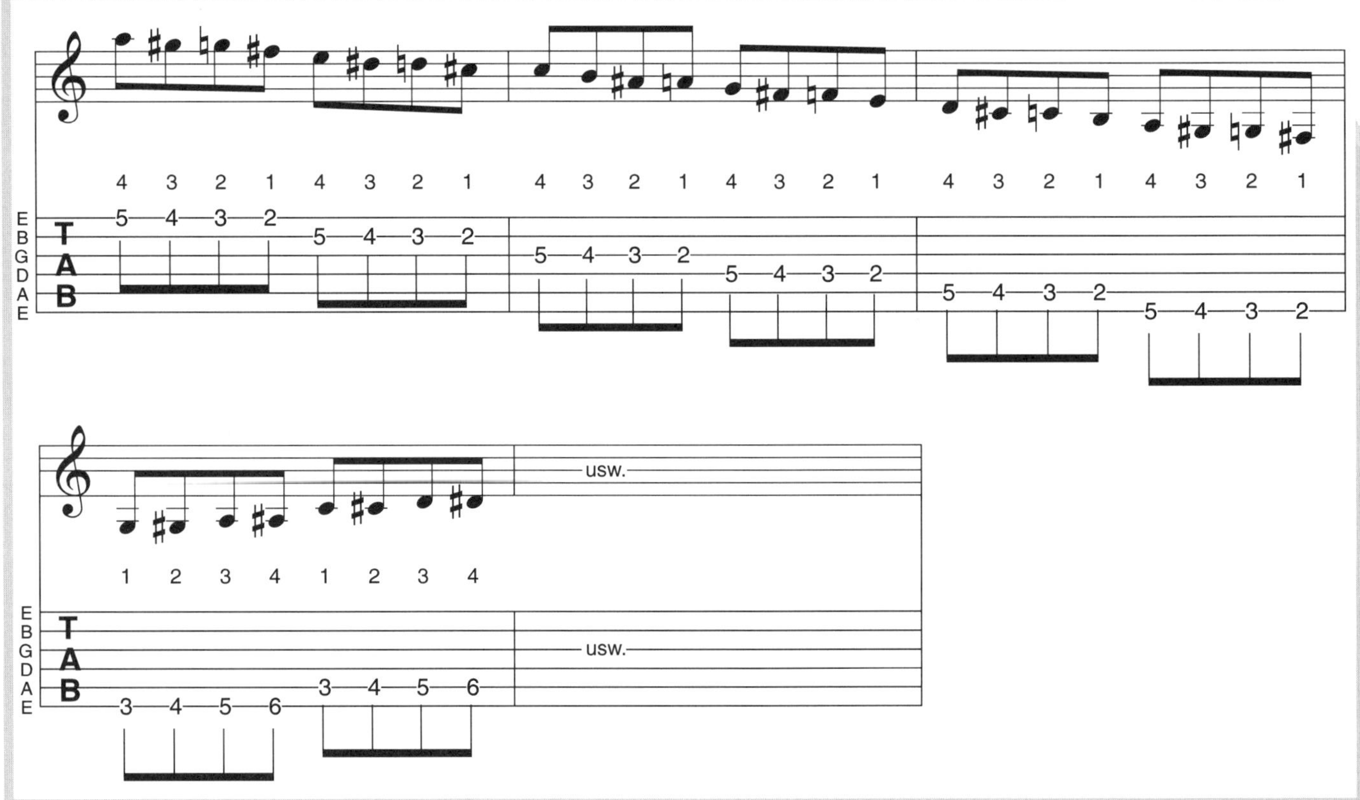

8 Die Finger der Greifhand werden in üblicher Weise durchnummeriert:

Zeigefinger = 1 *Ringfinger* = 3
Mittelfinger = 2 *kleiner Finger* = 4
(*Daumen* = D oder englisch T für thumb).

Die *Reihenfolge beim Greifen* können wir nun einfach durch eine Zahlenkombination ausdrücken. Das, was oben mit *Grundform I* bezeichnet ist, entspricht also der Reihenfolge 1 - 2 - 3 - 4, die *Grundform II* entspricht der Reihenfolge 4 - 3 - 2 - 1. Beispiele für Variationen: 1 - 3 - 2 - 4, 4 - 2 - 3 - 1, 1 - 4 - 2 - 3 usw. Spiele die Übungen 5, 6 und 7 auch mit diesen Variationen. Sie helfen dabei, dass die Greifhand möglichst flexibel wird und die Koordination zwischen linker und rechter Hand auch bei ungewöhnlichen Fingerkombinationen funktioniert.

Beispiel Variation 1 - 3 - 2 - 4

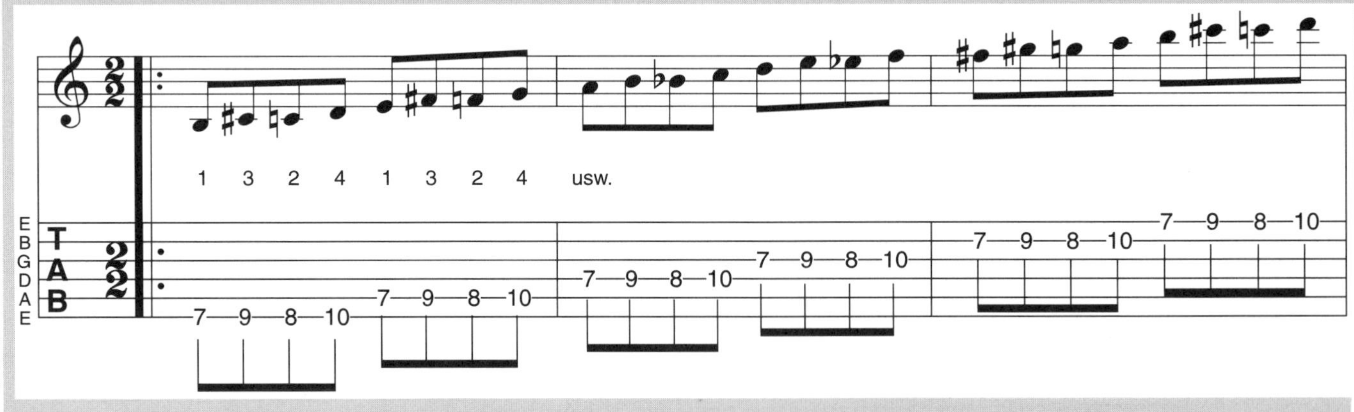

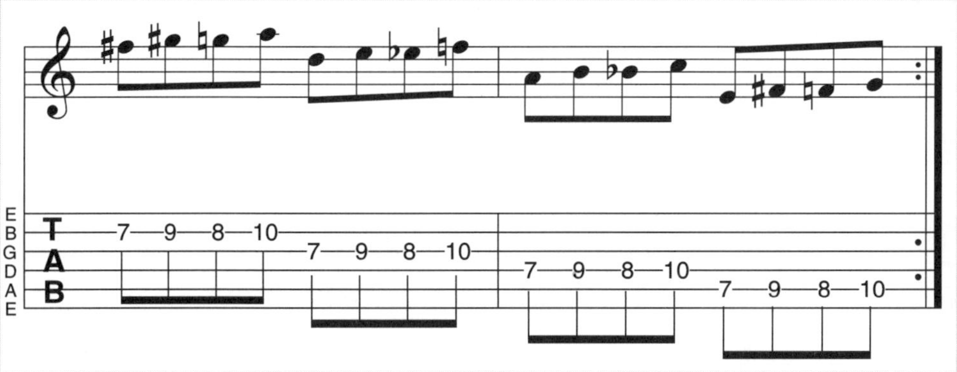

9 Für weitergehende Varianten sind dem Einfallsreichtum keine Grenzen gesetzt. Drei Beispiele möchte ich noch vorstellen. Entwickle eigene Übungen und stelle dir Übungsprogramme für den Anschlag zusammen (z. B. zur regelmäßigen Wiederholung, zum Aufwärmen usw).

9a *Beispiel a) Pseudo-chromatische Übung mit String-Skipping*

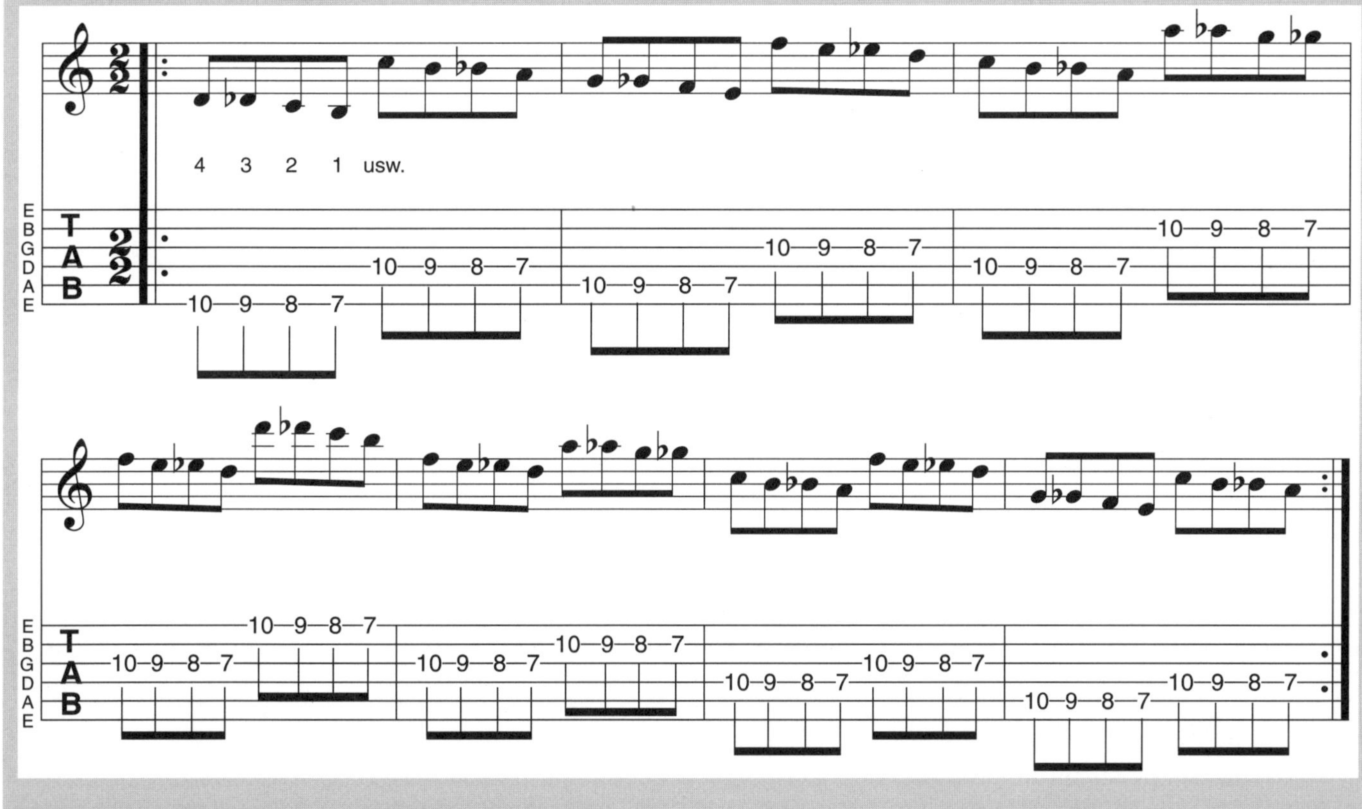

9b *Pseudo-chromatische Übung diagonal*

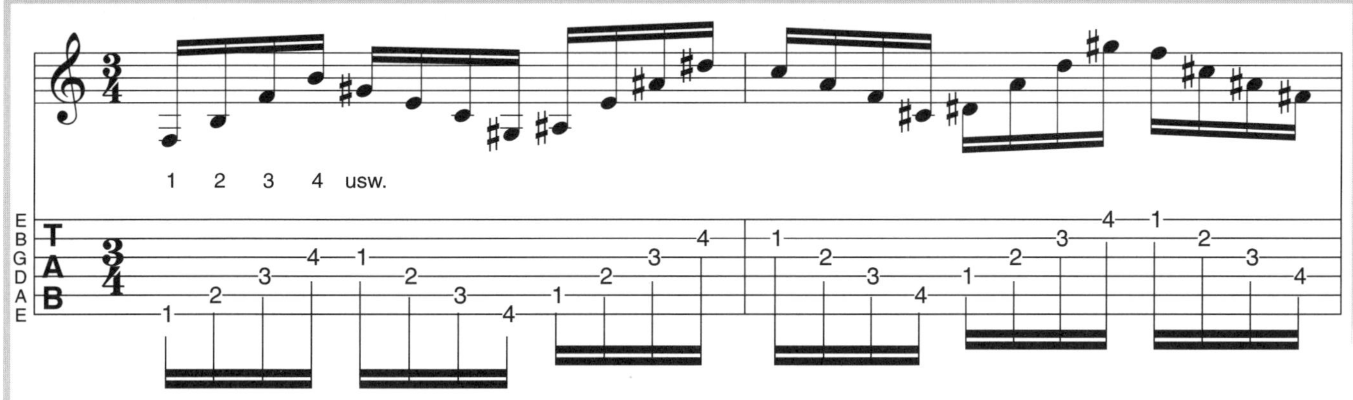

(Fortsetzung)

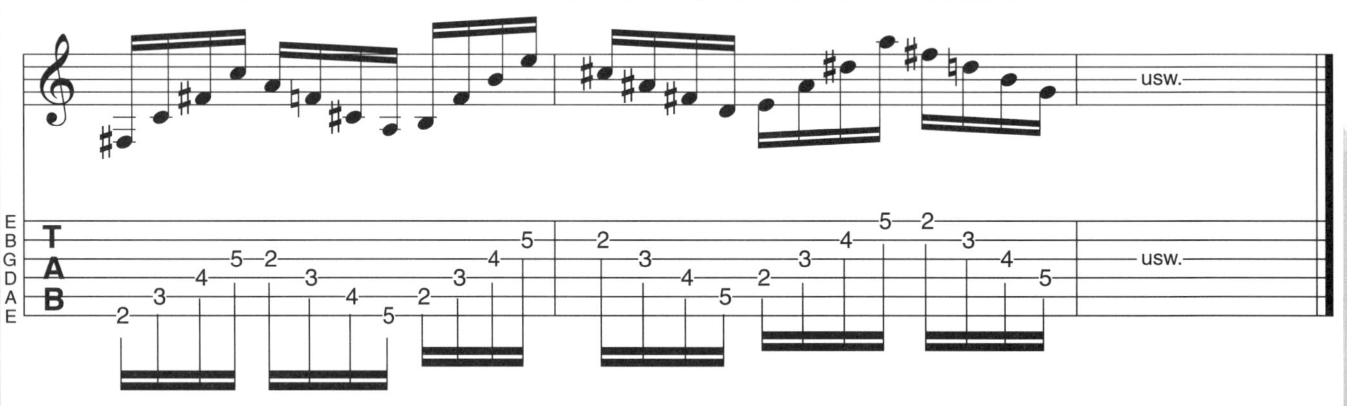

9c *Pseudo-chromatische Übung diagonal*

10 Übe den durchgängigen Wechselschlag auch mit Tonleitern (Fingersätze siehe Anhang).

Der Anschlagwinkel

Durch den Winkel, in welchem das Plektrum die Saite anschlägt, kannst du die Tonqualität von weich, klar bis hin zu scharf, kratzend verändern. Einen ganz weichen, sauberen Ton erhältst du, wenn du die Saite mit der äußersten Spitze des Picks anschlägst, wobei das Plektrum fast parallel zur Saite steht. Je mehr du den Anschlagwinkel vergrößerst, um so perkussiver wird der Klang.

Aufgaben und Übungen

1 Kontrolliere die Qualität des Tones, indem du den Winkel zwischen Plektrum und Saite veränderst. Verwende drei verschiedene Varianten:

Variante 1 (weich) -
Plektrum fast parallel zur Saite ➝ sauberer, weicher Ton

Variante 2 (mittel) -
Kleiner Winkel zwischen Plektrum und Saite ➝ etwas deutlicherer Anschlag, klarer Ton

Variante 3 (scharf) -
Großer Winkel zwischen Plektrum und Saite ➝ scharfer, funkiger Ton

1a Verwende zunächst nur Downstrokes. Stoppe die Saite nach jedem Anschlag kurz ab (kleine Pause zwischen den Tönen). Beginne mit der tiefen E-Saite am III. Bund (g) und spiele die drei Anschlagsvarianten (siehe Abbildung). Die Lautstärke der Töne sollte über alle Varianten hinweg gleich bleiben. Gehe dann ohne abzusetzen in die nächste markierte Griffbrettposition, also nacheinander zum V., VII., IX., XII., XV. Bund.

Beispiel

41

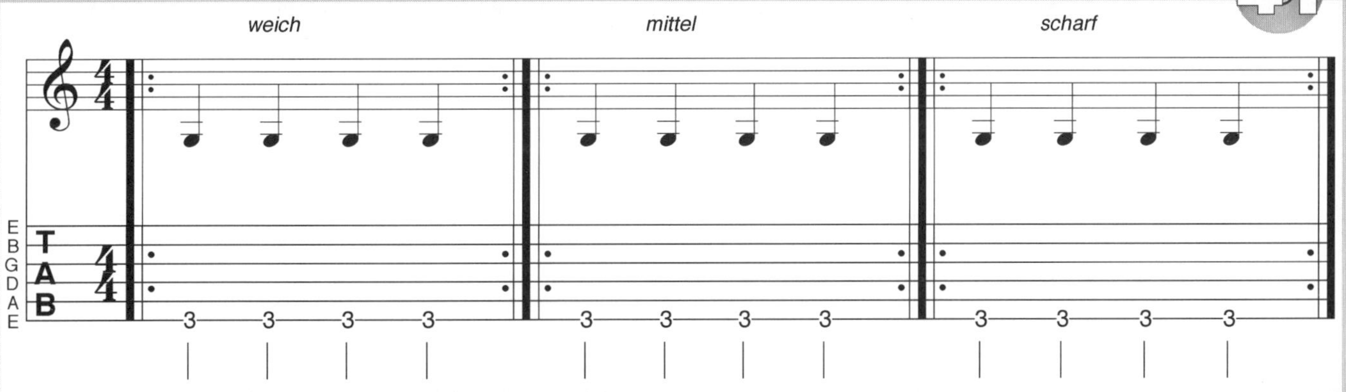

1b Spiele die Übung auf jeder Saite. Verwende weiterhin nur Downstrokes.

1c Sobald du Sicherheit über die Tonqualität mit Downstrokes gewonnen hast, mache die ganze Übung mit Upstrokes.

1d Spiele die Übung mit dem Wechselschlag.

1e Verkürze die Anzahl der gleichartigen Anschläge (bisher vier) auf zwei. Verwende den Wechselschlag.

2 Halte das Plektrum zwischen Daumen und Zeigefinger ganz kurz, so dass beim Anschlag neben dem Plektrum zugleich ein Teil des Daumens oder Fingernagels die Saite berührt. Das Ergebnis ist ein eher perkussiver, aber obertonreicher Klang. Wie stark der Daumen die Saite beim Anschlagen mitberührt, bestimmt darüber, wie stark der eigentliche Grundton ausgeblendet wird. Im Extremfall sind nur noch die Obertöne zu hören. Besonders gut kommt diese Technik mit einem chrunchigen bis stark gezerrten Leadsound.

Spiele in dieser Weise die pseudo-chromatischen Übungen (siehe oben). Verwende ausschließlich Downstrokes (Upstrokes). Variere die Stärke des Effekts, indem du die Saite mit dem Daumen während des Anschlags mal mehr, mal weniger berührst. Besonders die Anschlagsposition und auch der geschaltete Pickup entscheiden (je nach gespieltem Ton) über die Stärke der Obertöne.

Die Position des Anschlags

Auswirkungen auf den Klang hat es, an welcher Stelle du die Saite anschlägst. In Richtung Steg (Bridge) wird der Ton heller, dünner und perkussiver, in Richtung Hals (Neck) bassiger, dicker und weicher.

Aufgaben und Übungen

Variiere die Qualität des Tons in drei Stufen: Anschlagsposition nahe am *Hals*, in der *Mitte* (Normalposition) und nahe am *Steg*. Mache die Übung mit Wechselschlag auf allen Leersaiten (siehe Abbildung), später in unterschiedlichen Lagen. Verwende das Metronom!

42

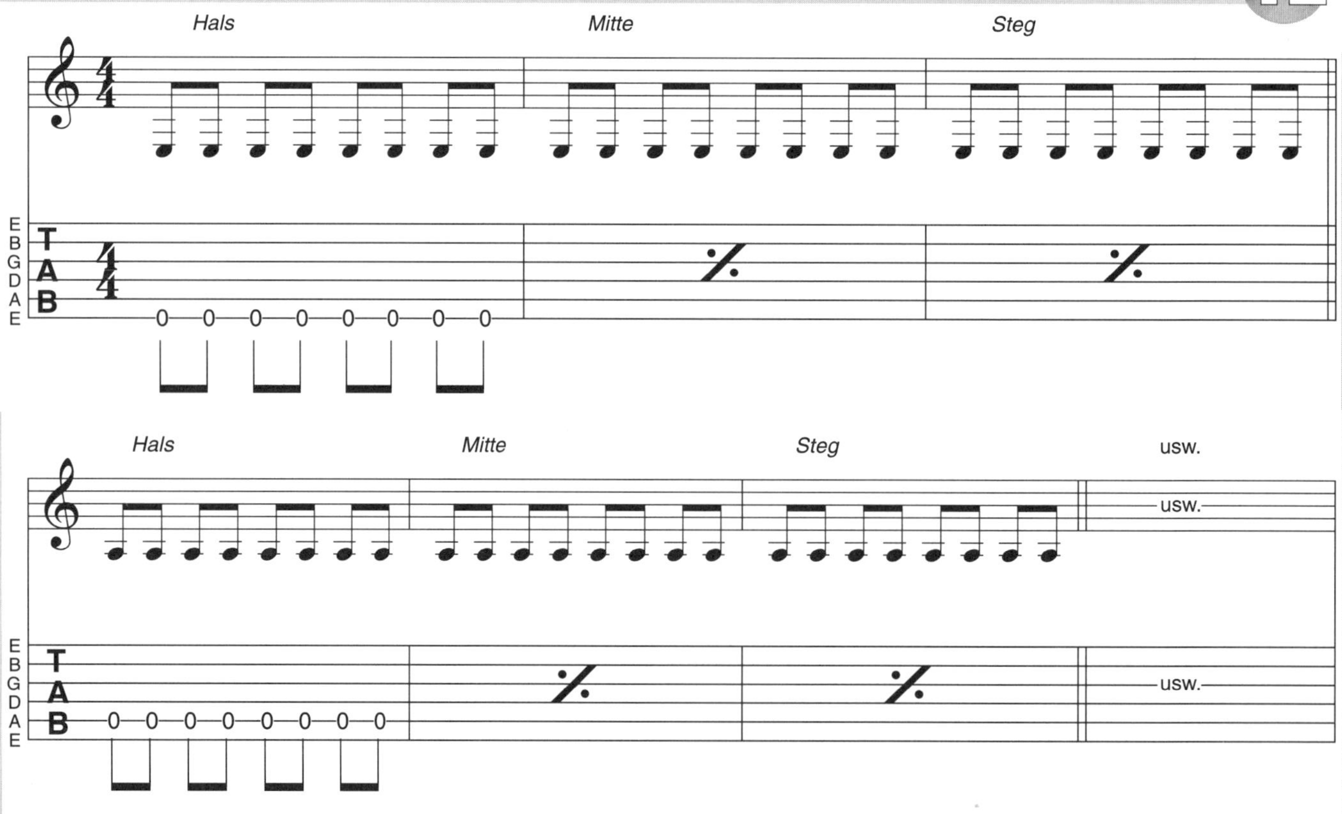

Sweeping

Sweeping [engl. = fegen] ist eine Anschlagtechnik, die die Bewegungen der Anschlaghand so weit wie möglich reduziert bzw. optimiert mit dem Ziel, viele Töne in kurzer Zeit anzuschlagen und trotzdem flüssig (legato) zu klingen. Die Richtung des Anschlags (Downstroke oder Upstroke) wird für eine ganze Gruppe von Tönen beibehalten; die Anschlaghand fegt über die Saiten. Möglich wird das Sweeping erst dann, wenn die Tonfolge in geeigneter Weise über mehrere Saiten verteilt werden kann. Das geht z. B. gut bei Arpeggios.

Beispiel: Arpeggio-Lick a) mit Wechselschlag b) mit Sweeping

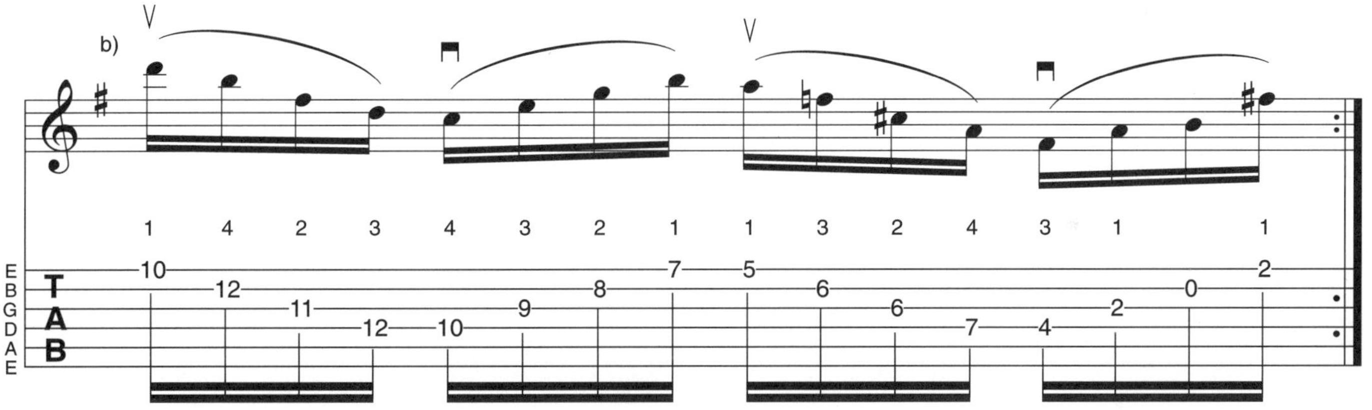

Aufgaben und Übungen

Hinweis: Achte beim Sweeping besonders darauf, in time zu spielen (Metronom)! Setze die Finger der Greifhand möglichst gleichzeitig auf - ähnlich wie bei einem Akkordgriff.

1 Spiele das obige Beispiel zunächst langsam in beiden Varianten (a und b). Steigere nach und nach das Tempo. Achte auf den Unterschied.

2 Beginne wieder in einem langsamen Tempo. Verschiebe den Lick auch in andere Positionen.

Sweeping-Lick

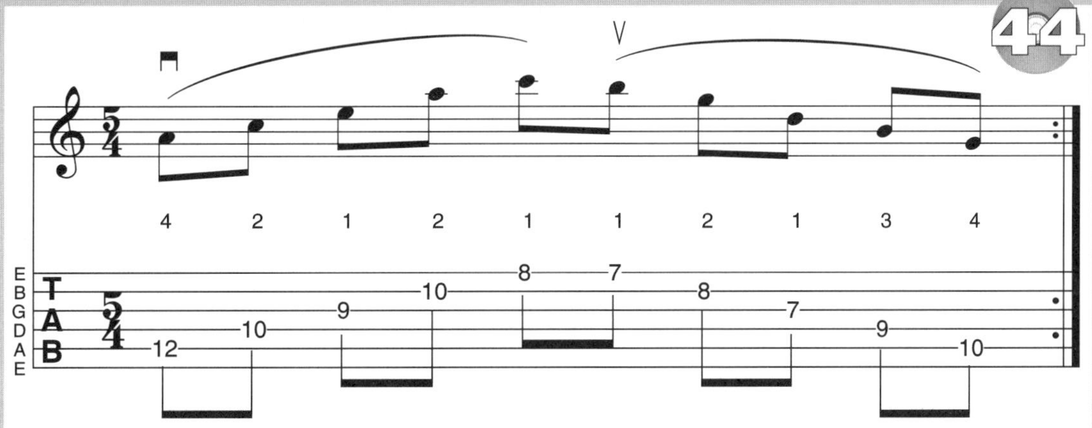

3 Erfinde eigene Arpeggio-Licks mit Sweeping-Technik. Notiere und übe sie.

4 Mische deine Sweeping-Licks mit normalen Wechselschlag-Passagen. Notiere und übe diese neuen Linien. Beachte die Übergänge Wechselschlag/Sweeping.

Anschlag und Ampsound

Die Anschlagsvarianten, die in den vorangegangenen Abschnitten vorgestellt worden sind, reagieren in Abhängigkeit vom Setup und von der Einstellung unterschiedlich. Je nach Gitarre, Vorstufe und Endstufe kann man mit demselben Anschlag etwas andere klangliche Nuancen erhalten. Die folgende Übung soll dich auch für diesen Aspekt sensibilisieren.

Aufgaben und Übungen

Die Tabelle zeigt für die Vorstufe (⇒ *Gain*) und für die Endstufe (⇒ *Mastervolume*) jeweils drei verschiedene Einstellungen. Daraus ergeben sich neun Kombinationen.

Kombinationen Gain/Master

Gain ⟶ ↓ **Master**	*a) clean*	*b) crunch*	*c) lead*
1. leise	*1a)*	*1b)*	*1c)*
2. mittel	*2a)*	*2b)*	*2c)*
3. laut	*3a)*	*3b)*	*3c)*

1 Beginne mit der leisen Mastervolume-Einstellung.

1a Stelle das Gain so ein, dass du einen völlig klaren Sound erhältst. Mache dann einige Aufgaben aus den Abschnitten Anschlagwinkel und Position des Anschlags.

1b Stelle nun das Gain so ein, dass du einen ⇒ *crunchigen* Sound erhältst (die Verzerrung sollte von der Anschlagstärke abhängig sein:
Leichter Anschlag - relativ cleaner Sound,
starker Anschlag - mittelstarke Verzerrung.
Spiele wiederum die gleichen Aufgaben. Achte auf die Unterschiede.

1c Wiederhole schließlich das Ganze mit einem Leadsound.

2 Verfahre ebenso bei der mittel-lauten Einstellung des Mastervolumes.

3 Verfahre ebenso bei der lauten Einstellung des Mastervolumes.

Saiten dämpfen

Übersicht

Beim Gitarrespielen setzen wir unsere Hände hauptsächlich für das Greifen und Anschlagen von Tönen ein. Eine genauso wichtige Aufgabe ist das Abdämpfen der Saiten, die nicht oder nicht mehr klingen sollen. Kontrolle über den Klang bedeutet, alle unerwünschten Töne und Nebengeräusche zu minimieren bzw. ganz auszuschalten. Nur so wird dein Spiel bestmöglich zur Geltung kommen können.

Darüber hinaus ist das Spielen auf abgedämpften Saiten eine interessante Klangvariante. Der Grad des Abdämpfens bestimmt, wie perkussiv der Ton klingt. In notierter Musik wird das Abdämpfen mit ⇒ *mute* (Dämpfen mit der Greifhand oder der Schlaghand) bzw. ⇒ *palm-mute* (Dämpfen mit der Schlaghand) bezeichnet. Solche Stellen sind in der Regel mit leicht abgedämpften Saiten zu spielen, so dass der ursprüngliche Ton noch mehr oder weniger deutlich zu erkennen ist.

Beispiel 1

Wird die Saite sehr stark bzw. völlig gedämpft, lassen sich sehr perkussive, funkige Klänge erzeugen werden, deren Tonhöhe relativ unbestimmt bleibt. In diesem Fall werden die Notenköpfe als Kreuzchen notiert (x - engl. ⇒ *ghost notes* oder ⇒ *dead notes).*

Beispiel 2

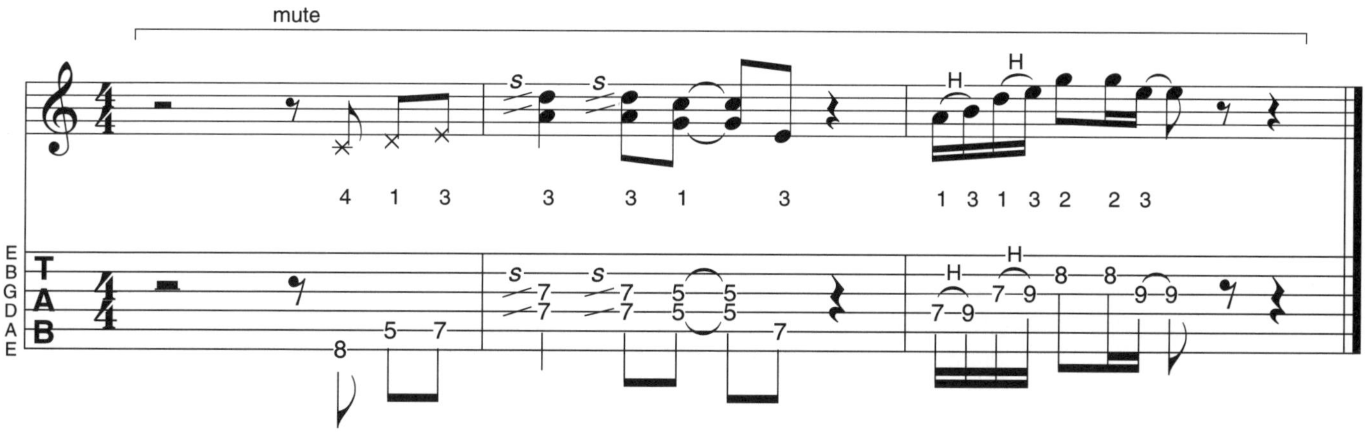

Abdämpfen mit der Greifhand

Du benötigst eine bestimmte Kraft, um mit einem Finger der linken Hand einen Ton sauber zu greifen. Legst du den Finger nur leicht auf die Saite, wird die Saite an der freien Schwingung gehindert. In ähnlicher Weise kann ein greifender Finger auch eine benachbarte Saite abdämpfen, wenn er sie gleichzeitig berührt. Eine bereits schwingende Saite wird abgestoppt, indem der Druck auf die Saite schnell nachgelassen wird, so dass der Finger die Saite nur noch berührt.

Aufgaben und Übungen

1a Stoppe jeden Ton nach dem Anschlag im angegebenen Rhythmus wieder ab, indem du den Druck des greifenden Fingers schlagartig nachlässt (⇒ *staccato*, Achtelnote wird etwa als Sechzehntel gespielt, siehe Abbildung). Achte darauf, dass der Finger in seiner Position bleibt. Beginne in einem sehr langsamen Tempo.

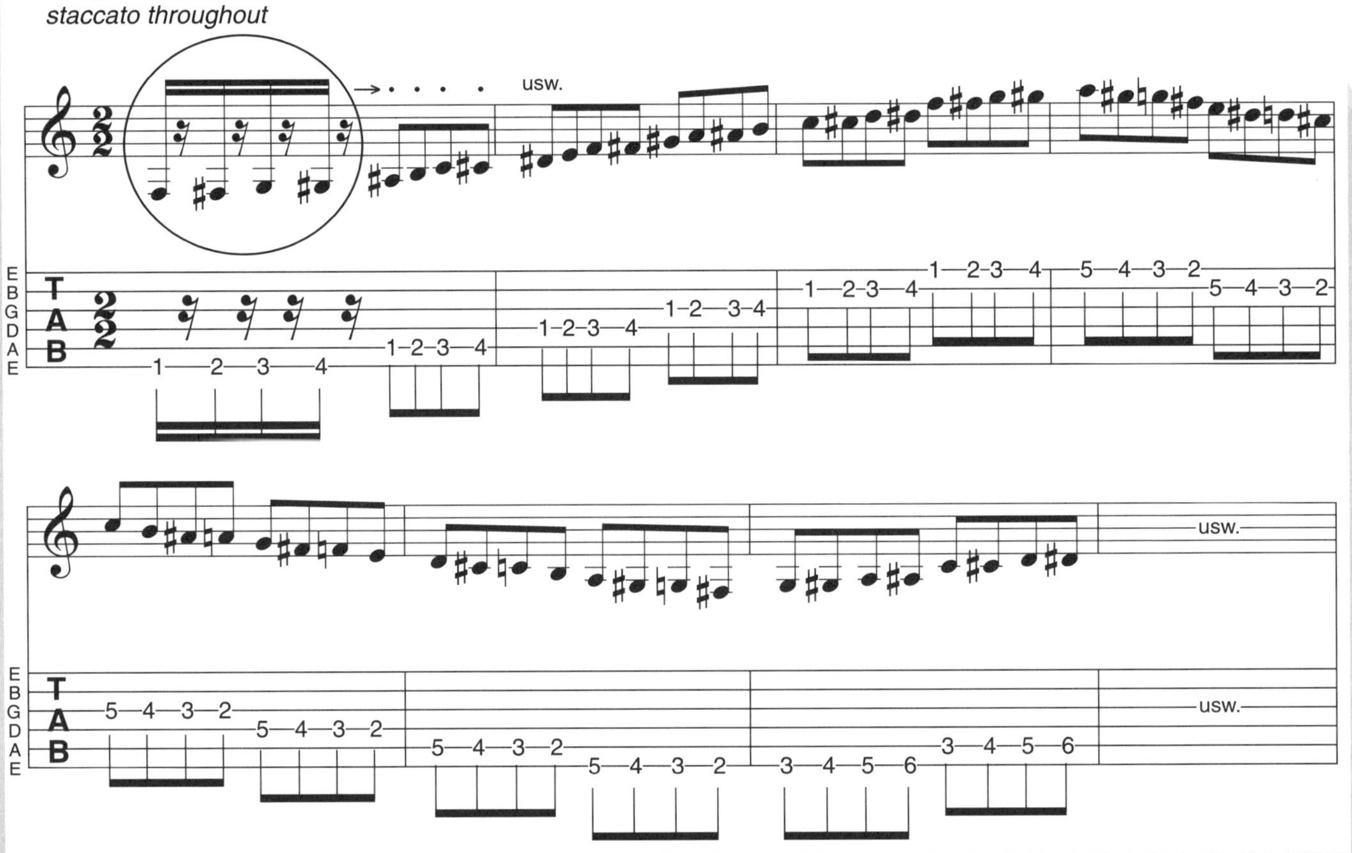

1b Spiele die anderen ***pseudo-chromatischen Übungen*** (siehe oben) in gleicher Weise. 118

1c Minimiere gleichzeitig die nötige Kraft, um einen Ton sauber zu greifen.

2 Spiele die pseudo-chromatischen Übungen völlig abgedämpft. Das heißt, die Finger der Greifhand liegen nur ganz leicht auf der Saite auf. Der Ton ist sehr perkussiv und in seiner Tonhöhe unbestimmt (ähnlich einem Schlaginstrument).

3 Spiele die pseudo-chromatischen Übungen leicht abgedämpft. Die Finger der Greifhand üben nur wenig Druck auf die Saite aus. Wie leicht du greifst, bestimmt darüber, wie perkussiv es klingt. Verwende gerade soviel Druck, dass der ursprüngliche Ton noch zu erkennen ist (also zwischen richtig gegriffen und völlig abgedämpft).

Abdämpfen mit der Schlaghand (palm-mute)

Um einen Klang abzustoppen, lege einfach deine Schlaghand auf die Saite(n) auf. Willst du die Saiten, während du spielst, nur leicht abdämpfen, lege die Schlaghand (zwischen Handkante und hinterem Handballen) kurz vor dem Steg (Bridge) auf die Saiten. Je mehr deine Schlaghand noch auf der Bridge liegt, desto weniger stark ist der Dämpfungseffekt. Probiere verschiedene Positionen aus. Wichtig ist, dass du schnell und ohne ausladende Handbewegung zwischen Abdämpfen und Spielen wechseln kannst (Sollen die Saiten wieder frei schwingen, hebe die Hand einfach etwas von den Saiten ab).

Aufgaben und Übungen

1 Stoppe jeden Ton nach dem Anschlag mit der rechten Hand ab (wie „***Abdämpfen mit der Greifhand***", Aufgabe 1). 130

2 Spiele die ***pseudo-chromatischen Übungen*** mit mittelstark abgedämpften Saiten (palm-mute). 118

3 Greife die tiefe E-Saite am V. Bund. Schlage im Wechselschlag durchgängig Viertelnoten an, wobei du die Saite durch Auflegen der Schlaghand gleichmäßig immer mehr abdämpfst (und wieder freilässt). Mache die Übung auf allen Saiten und auch in verschiedenen Lagen. Ziel ist, dass du Kontrolle über den Grad des Abdämpfens bekommst.

Als ***Rake*** bezeichnet man ein schnelles, rhythmisch relativ unbestimmtes Sweeping über abgedämpfte Saiten.

Beispiel

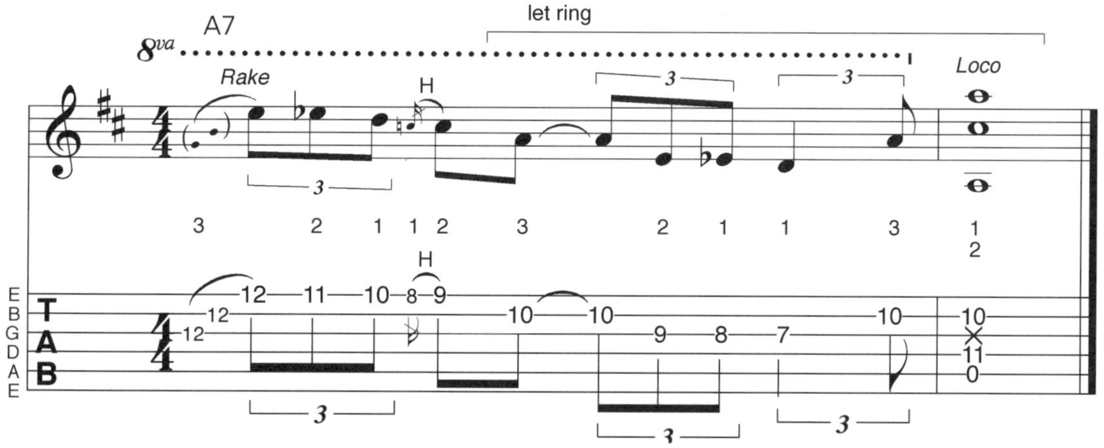

Dynamik

Die Bedeutung der Dynamik

Neben der Höhe, der Dauer und der Klangfarbe besitzt ein Ton eine Lautstärke (Tonstärke), in der er erklingt. Die verschiedenen Grade der Lautstärke bezeichnet man als *Dynamik*. Spielt ein Musiker oder eine Band sehr dynamisch, bedeutet es, dass die Möglichkeiten ausgeschöpft werden, die Lautstärke von sehr leise bis sehr laut abzustufen.

Dynamik ist aber ein relativer Begriff: Je nach Instrumentierung, Musikstil, Ort der Aufführung, Auffassung der Musiker oder des Dirigenten/Bandleaders usw. wird sie verschieden ausfallen (vergleiche nur eine mittellaute Passage bei einer verstärkten Rockband mit der bei einem akustischen Gitarrenduo). Auch bei hoher Grundlautstärke kann dynamisch gespielt werden. Maßgeblich ist, wie du die dynamischen Möglichkeiten unter Kontrolle hast.

Die Dynamik ist ein effektives Mittel, um musikalischen Aussagen eine bestimmte Wertigkeit zuzuschreiben, so wie wir z. B. Wichtiges in einem Text unterstreichen und dadurch die Bedeutung hervorheben. Auch erzeugt der Wechsel von einer lauten zu einer leisen Passage (oder umgekehrt) Kontrast und Spannung. Ein ⇒ *crescendo* (allmählich lauter werdend, Zeichen: *cresc.* bzw. <) bewirkt eine Steigerung, ein ⇒ *decrescendo* (allmählich leiser werdend, Zeichen *decresc.* bzw. >) ein Nachlassen der Spannung. Ein Musikstück, eine Melodie oder ein Solo kann also mit einer mehr oder weniger wirksamen Dynamik versehen werden. Andererseits steckt bereits in Melodien, Phrasen und Motiven aufgrund von Melodieverlauf und Rhythmus eine gewisse natürliche Dynamik, die beim Spielen berücksichtigt werden kann. So bedeutet z. B. ein Ansteigen der Tonhöhe in der Regel auch ein entsprechendes Ansteigen der Tonstärke und umgekehrt. Auch Höhepunkte werden generell durch entsprechend starke Dynamik unterstützt.

Dynamikstufen werden mit Hilfe von italienienischen Abkürzungen (*p* = *piano*, leise; *f* = *forte*, laut; *m* = *mezzo*, mittel) und Kombinationen daraus notiert. Eine siebenstufige Dynamik könnte dann so ausssehen: So leise wie möglich (*ppp*), sehr leise (*pp*), leise (*p*), nicht mehr leise/mittellaut (*mp/mf*), etwas lauter (*f*), sehr laut (*ff*), so laut wie möglich (*fff*).

Dynamisches Spielen auf der Gitarre

Auf der Gitarre kannst du die Dynamik durch die Anschlagstärke kontrollieren. Hierbei wirst du feststellen, dass ein stärkerer oder schwächerer Anschlag zugleich auch den Klang des Tones verändert. Bei sehr starkem Anschlag wird die Saite sogar scheppern. Das ist wie beim Sprechen. Je nachdem, ob wir schreien, normal reden oder flüstern, der Klang unserer Stimme wird ein anderer. Wir sind sogar fähig, allein am Klang zu erkennen, ob jemand schreit, normal redet oder flüstert - unabhängig davon, wie groß die Lautstärke tatsächlich ist. Dass sich der Klang des Gitarrentons mit der Stärke des Anschlags verändert, ist also kein Manko, sondern unterstützt die Wahrnehmung von Dynamikunterschieden.

Aufgaben und Übungen

1 Stecke deinen Dynamikspielraum an drei Punkten ab:

- So laut wie möglich (*fff*) → *sehr starker Anschlag*
- Das Normalniveau in der Mitte / mittellaut (*mf*) → *mittelstarker Anschlag*
- So leise wie möglich, den Umständen entsprechend gerade noch hörbar (*ppp*) → *sehr schwacher Anschlag*

(Innerhalb dieses Rahmens kannst du später weitere Abstufungen vornehmen)

1a Wähle einen festen Ton auf der hohen E-Saite. Verwende Down- und Upstrokes sowie den Wechselschlag.

Drei Dynamikstufen mit festem Ton
(1)

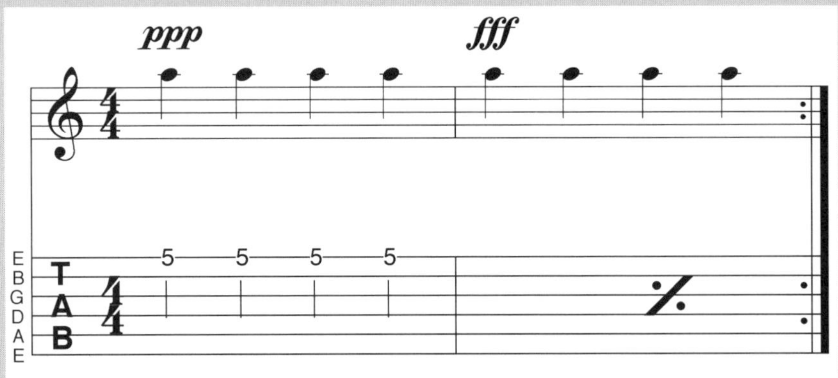

(2)

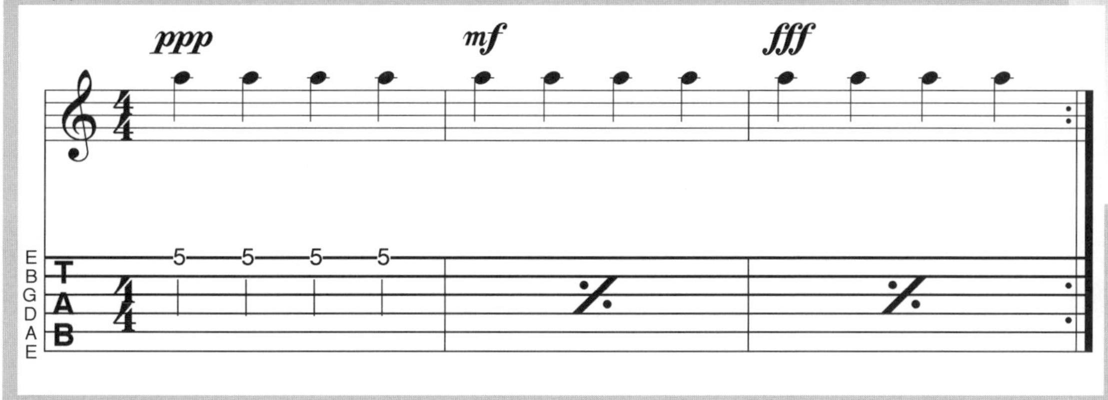

(3)

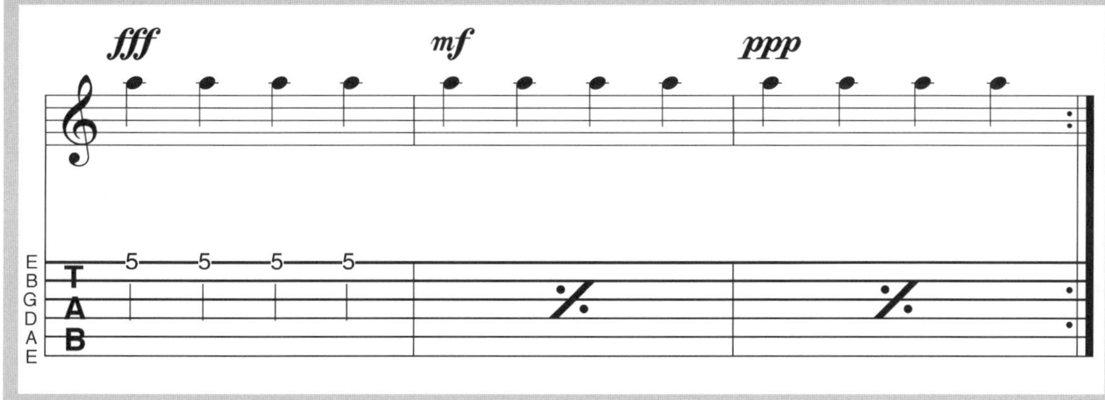

(4) (5)

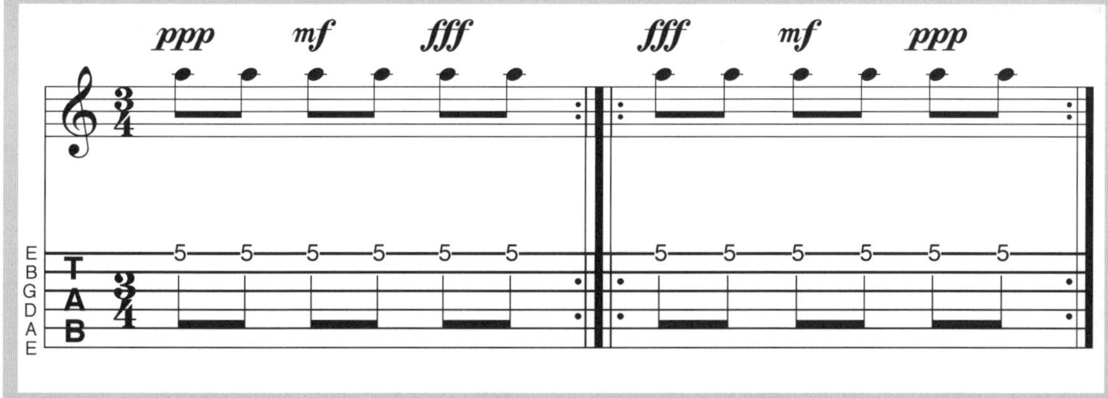

1b Übertrage die Übung in unterschiedliche Positionen und auf jede andere Saite. Achte auf die jeweils notwendige Anschlagstärke.

1c Übe in unterschiedlichem Tempo (z. B. mit 40, 80, 160, 240 bpm).

1d Übe mit verschiedenen Amp-Einstellungen (laut, leise, clean, verzerrt).

2 Verwende jetzt fünf verschiedene Dynamikstufen. Es kommen also zwei weitere hinzu: *fff, ff/f, mf/mp, p/pp, ppp.*

2a Mache die Übung wieder mit einem festen Ton auf einer Saite.

Fünf Dynamikstufen mit festem Ton

(1)

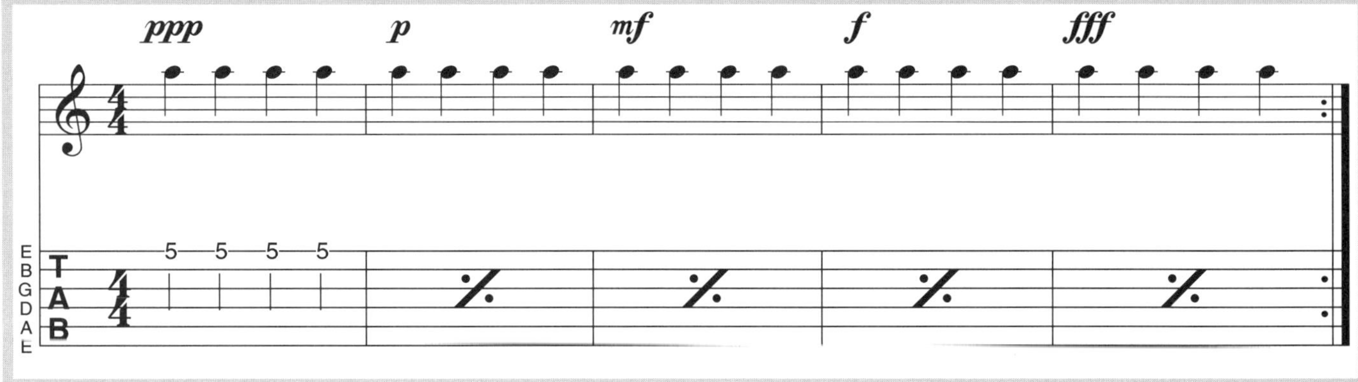

(2)

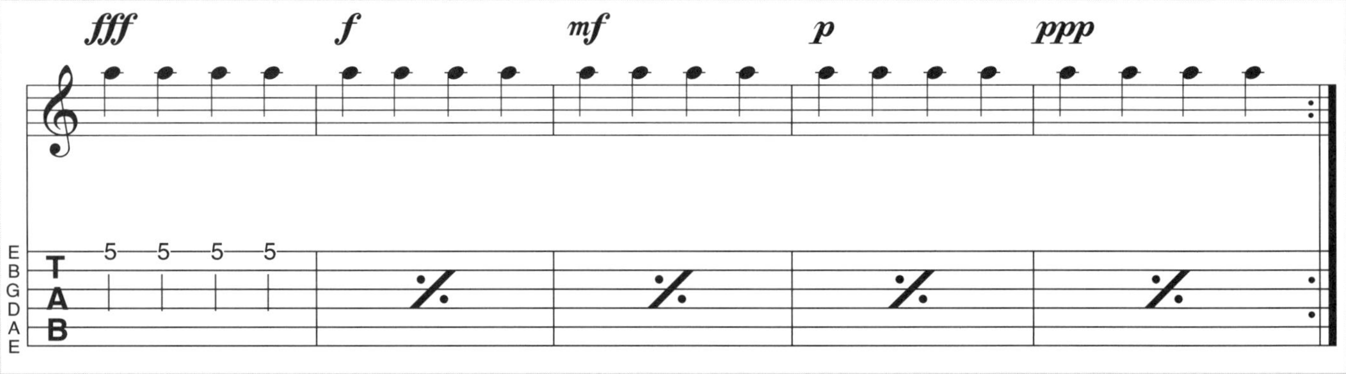

(3)

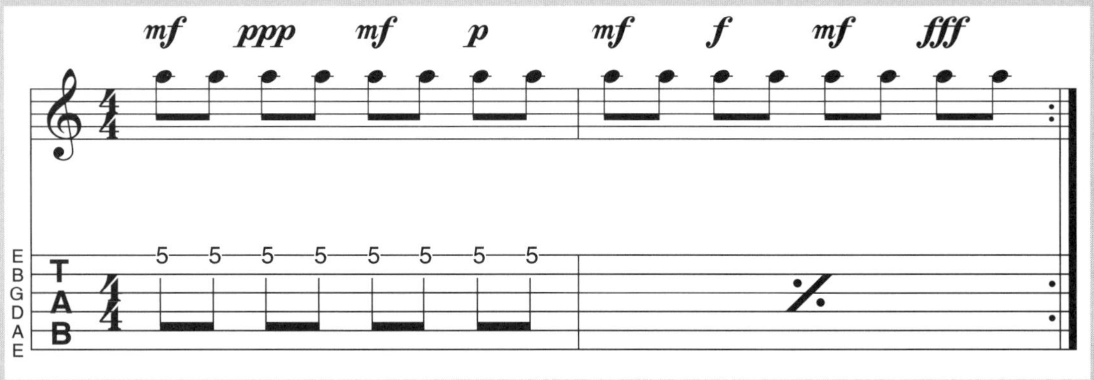

2b Übe auf allen Saiten und in verschiedenen Positionen.

2c c) Spiele in unterschiedlichem Tempo.

2d d) Übe mit verschiedenen Ampeinstellungen (laut, leise, clean, verzerrt).

3 Spiele die folgenden Beispiele entsprechend ihrem natürlichen Dynamikverlauf:

Ansteigende Melodie → zunehmende Tonstärke (crescendo),
absteigende Melodie → abnehmende Tonstärke (decrescendo).

Beachte die Lautstärke zu Beginn und am Ende des crescendos bzw. decrescendos.

Dynamikverlauf

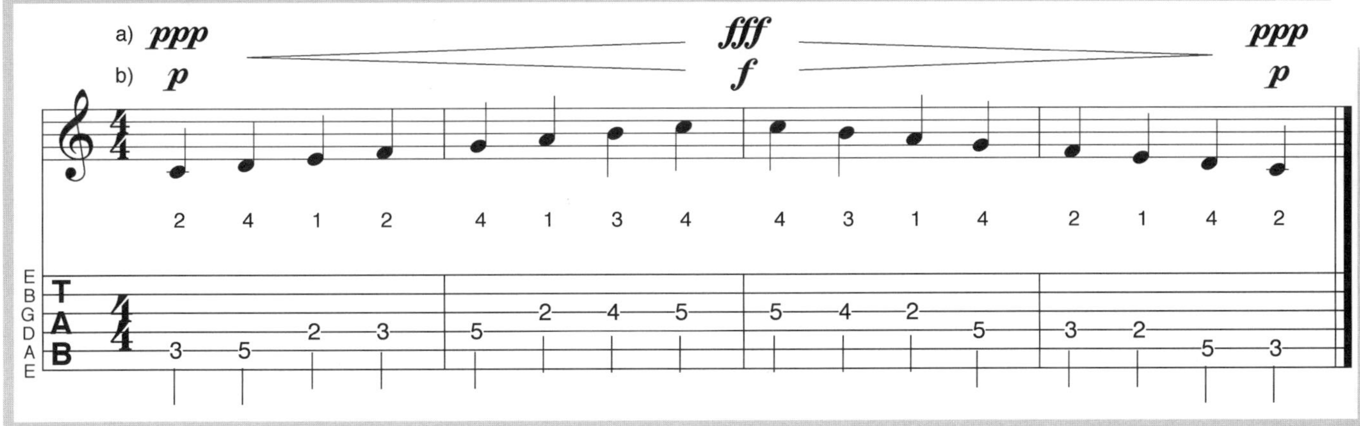

Die Kontrolle der Dynamik mit Hilfe des Volumereglers an der Gitarre oder durch ein Volumepedal soll nicht unerwähnt bleiben. Die wohl gängigste Anwendung ist, die Lautstärke über die vorherrschende Dynamikstufe auf Soloniveau anzuheben, ähnlich dem Einsatz des Gaspedals im Auto beim Überholen. Eine weitere Verwendung des Volumereglers oder -pedals ist besonders interessant: Wie beim Singen kann man so die Lautstärke an- bzw. abschwellen lassen kann (geschieht beim Singen durch die Regulation des Luftstroms). Der Effekt ist besonders stark, wenn der Anschlag nicht zu hören ist, weil das Anschwellen bei Null beginnt. Ohne den typischen Anschlag klingt es dann auch kaum noch nach Gitarre.

Aufgaben und Übungen

Lasse jeden Ton mit dem Volumeregler an der Gitarre oder mit einem Volumepedal wie eine Stimme anschwellen. Probiere unterschiedliche Fading-Geschwindigkeiten aus (Volumeregler langsam/schnell auf).

1a Der Anschlag ist nicht zu hören (Volumeregler beim Anschlag ganz zu).

1b Der Anschlag ist leicht zu hören (Volumeregler aber deutlich hörbar zurückgenommen).

Anschwellen von Tönen mit dem Volumeregler

47

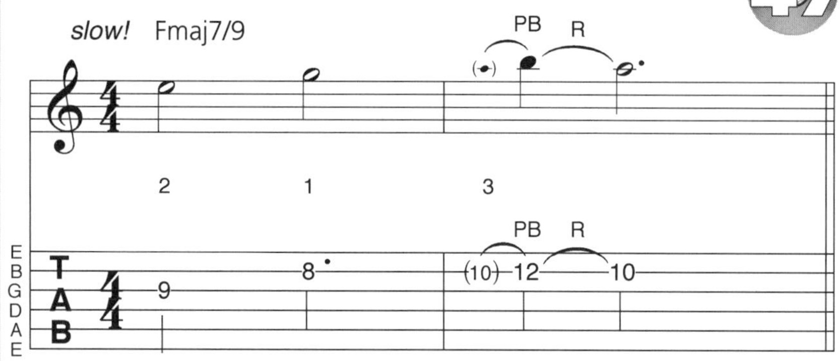

Akzentuierung

Ein Akzent ist eine Betonung. In der Regel setzen wir Akzentuierung mit dynamischer Betonung gleich (auch mit Hilfe der Klangeigenschaft kann ein Akzent gesetzt werden z. B. durch perkussiveren Anschlag).

Akzentzeichen

> Ton wird sehr stark betont, d. h. deutlich lauter als seine Umgebung gespielt.

Die Melodie kann bereits Töne vorgeben, die aufgrund von Tonhöhe, Tondauer oder rhythmischer Platzierung eine besondere Stellung haben. Ein deutlicher Akzent wird daraus, wenn wir einen solchen Ton zugleich etwas lauter spielen.

Akzente verändern den musikalischen Ausdruck. Die Wirkung eines Motivs oder einer Phrase wird je nach Akzentuierung unterschiedlich ausfallen.

Beispiel 1: Unterschiedliche Akzentuierung

48

Beispiel 2: Akzentuierung von herausragenden Töne

48

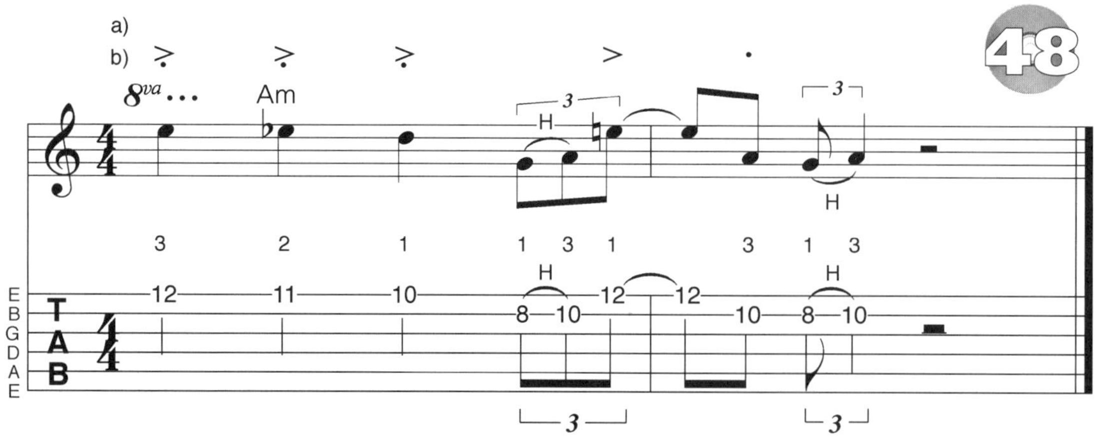

Aufgaben und Übungen

1a Spiele die folgenden Übungen mit Metronom. Beginne mit einem langsamen Tempo. Achte bei der Ausführung der Akzente darauf, dass du sie deutlich betonst und zugleich rhythmisch präzise spielst.

Achtel

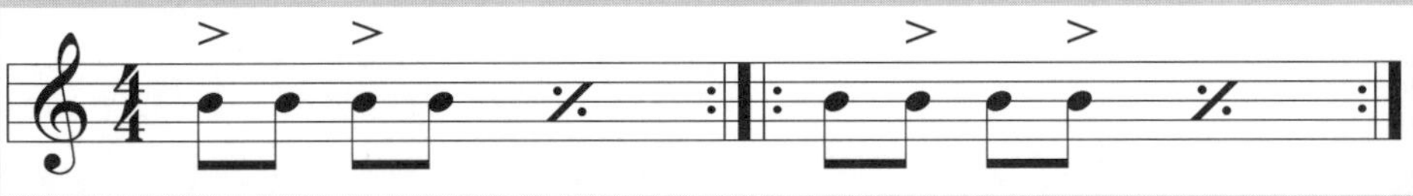

Achteltriolen

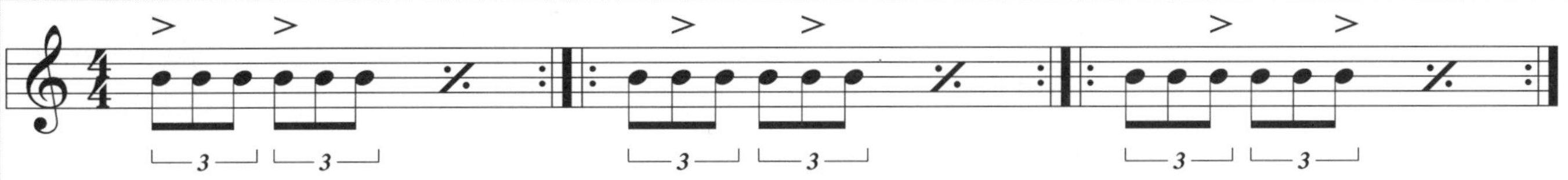

Sechzehntel

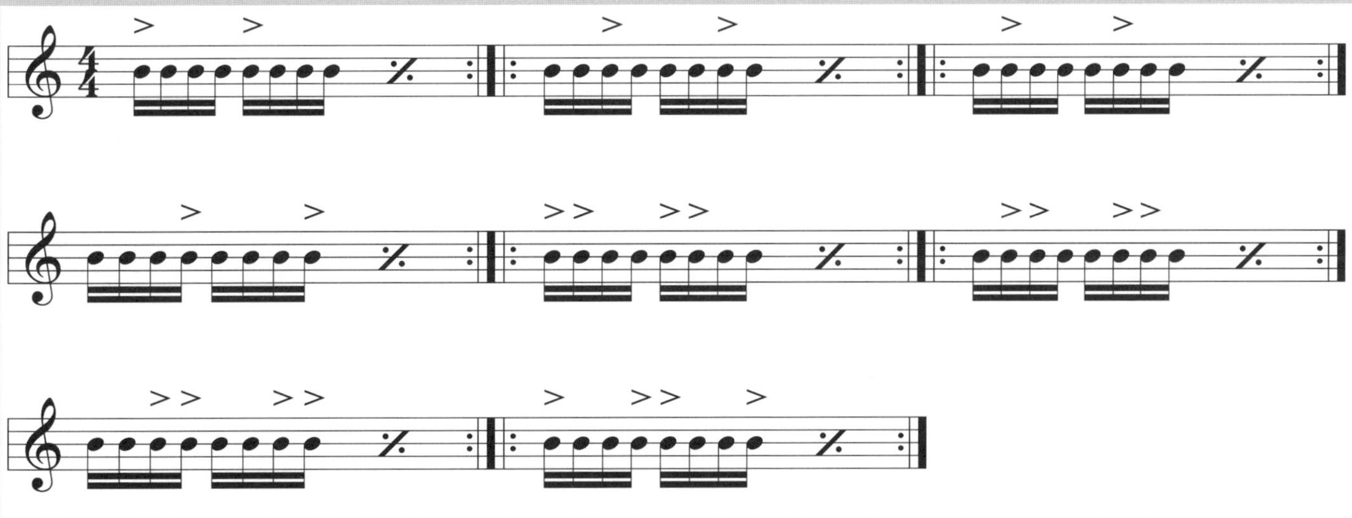

1b Spiele die Übungen in unterschiedlichen Lagen und auf jeder Saite.

1c Wähle verschiedene Grundlautstärken/Dynamikniveaus (z. B. *p*, *mp*, *f*), von denen sich die Akzente dann abheben müssen. Beachte auch den „headroom", der jeweils für die Akzentuierung zur Verfügung steht. Z. B. bleibt auf dem Niveau *ff/fff* kaum noch dynamischer Spielraum übrig.

2 Spiele den Lick.

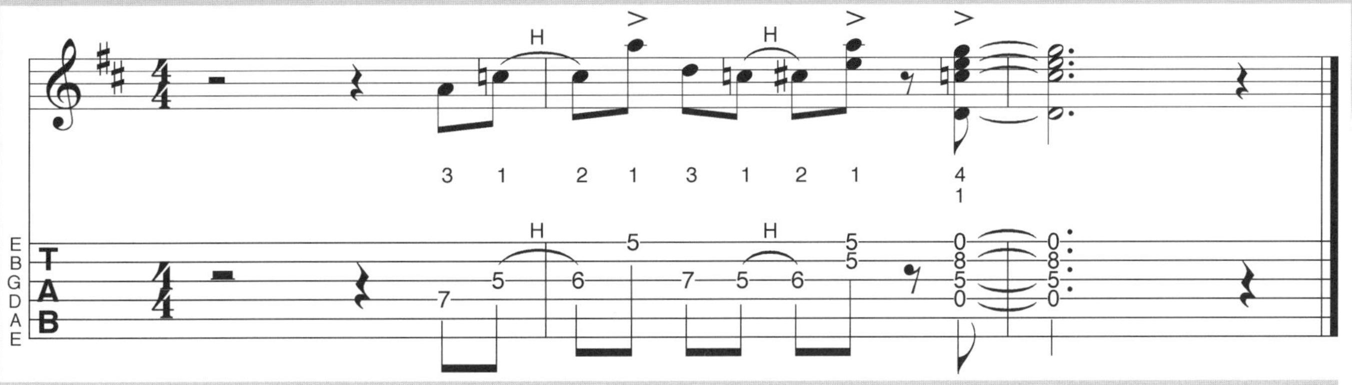

3 Akzentverschiebung (⇒ *Accent-Shifting*). Bei einer Sequenz kann der Akzent innerhalb des Patterns oder auch zusammen mit dem Pattern verschoben sein.

3a *Akzentverschiebung innerhalb des Patterns*

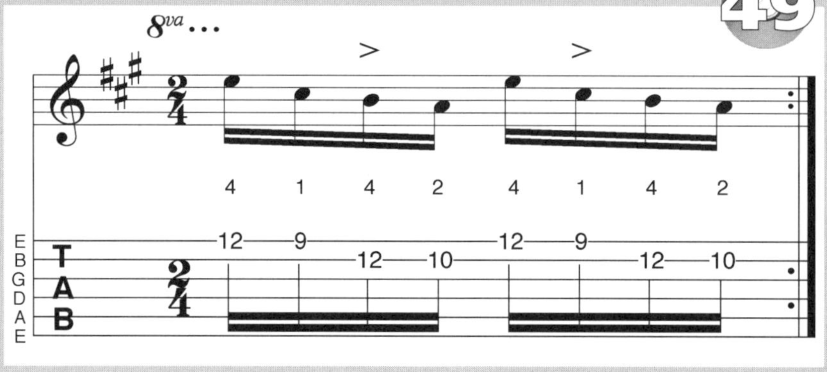

3b *Akzentverschiebung innerhalb des Patterns aufgrund des Metrums (Akzente folgen dem Beat)*

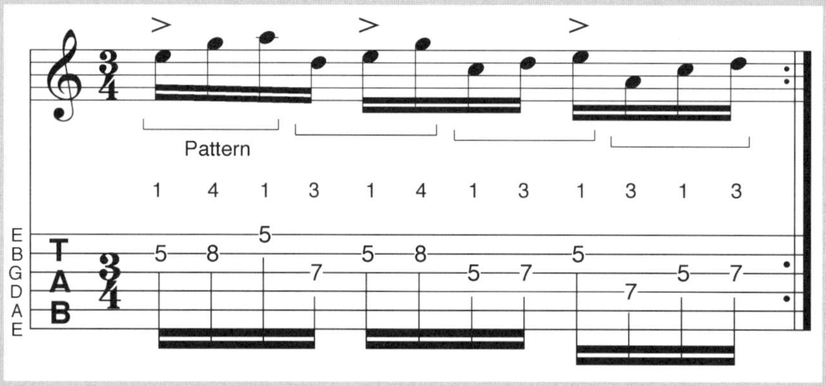

3c *Akzentverschiebung durch das Pattern (Akzente folgen dem Pattern)*

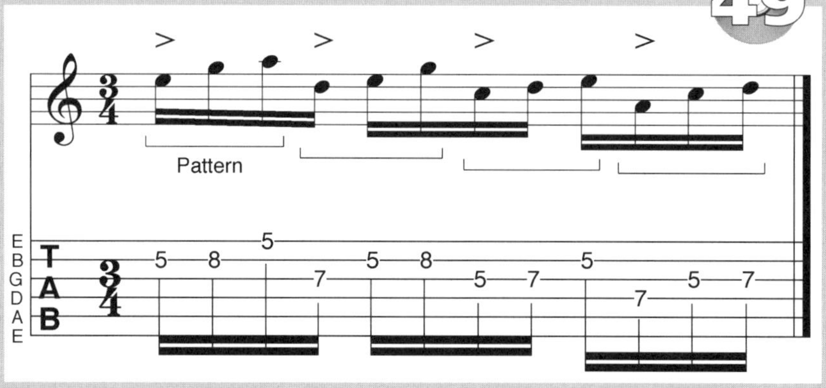

Vibrato

Das ⇒ *Vibrato* (Zeichen: ~~~~~) stellt eine der wichtigsten Gitarrentechniken dar. Der Klangeindruck einer ganzen Phrase kann durch ein Vibrato beeinflusst werden. Um seine Wirkung entfalten zu können, benötigt ein Vibrato Raum. Längere Töne sind also dafür prädestiniert (z. B. bei einer schnell gespielten Sechzehntelfolge können sich Vibratos nicht entfalten). Spiele dazu die Beispiele a) und b) einmal ohne und einmal mit Vibrato.

Beispiele

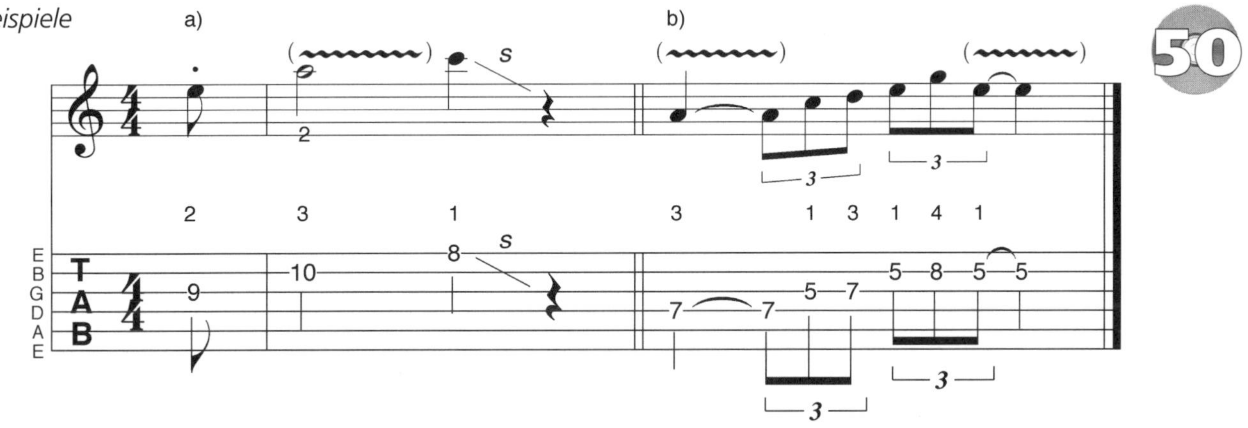

Beim Vibrato wird die Tonhöhe eines Tones regelmäßig verändert. Wir unterscheiden die zwei maßgeblichen Variablen: Die *Stärke* (Grad der Tonveränderung) und die *Geschwindigkeit* (Frequenz der Tonveränderung). Bei einem gleichmäßigen Vibrato entfernt sich die Tonhöhe fortwährend in gleichem Abstand und gleicher Zeitdauer vom Ausgangston, d. h. weder Stärke noch Geschwindigkeit des Vibratos schwanken.

Vibrato mit der Greifhand

Es herrschen zwei Vibratotechniken vor. Bei der ersten Technik zieht bzw. drückt der greifende Finger die Saite quer zum Griffbrett hin und her, zum Teil unterstützt von Handgelenk und Unterarm (ähnlich wie beim Bending, nur nicht so stark). Diese Vibratotechnik erlaubt alle Varianten von schwach bis stark und von langsam bis schnell. Bei der zweiten Technik dehnt der greifende Finger die Saite in Längsrichtung, indem er auf der Fingerkuppe hin und her rollt. Dabei wird die Hand aus dem Unterarm heraus quasi locker geschüttelt. Das ist auch die Technik, die Geiger oder klassische Gitarristen verwenden. Im Vergleich zur ersten Technik lassen sich damit auf der Gitarre weniger starke, aber dafür sehr feine Vibratos ausführen. Da beide Techniken die Saite dehnen, pendelt die Tonhöhe zwischen Ausgangston und erhöhtem Ton. Ein Vibrato, das die Tonhöhe nach unten verändert oder gar symmetrisch um den Ausgangston herumpendelt, ist mit diesen Techniken also nicht möglich.

Aufgaben und Übungen

Hinweise für alle Übungen: Achte bei einem Vibrato darauf, dass seine Geschwindigkeit (Frequenz) und Stärke konstant bleiben. Um die Geschwindigkeit des Vibratos zu kontrollieren, verwende eine Unterteilung der jeweiligen Note; z. B. kann eine ganze Note mit einem Vibrato versehen werden, das in Halben, Vierteln, Achteln, Sechzenteln, Triolen, Quintolen usw. vibriert. Setze das Metronom ein. Der Ton soll so lange wie möglich klingen. Übe die Vibratos mit jedem Finger der Greifhand (d. h. Zeige-, Mittel-, Ringfinger und auch kleiner Finger).

1 Mache ein sehr starkes Vibrato und variiere die Geschwindigkeit. Beginne am VII. Bund auf der G-Saite (= bequeme Saite/Lage zuerst). Ändere die Lage mehrfach. Verfahre ebenso auf den anderen Saiten.

1a Geschwindigkeit sehr langsam (z.B. in Halben, Vierteln, Vierteltriolen, Achteln)

1b Geschwindigkeit mittelschnell (z.B. in Achteln, Achteltriolen, Sechzehnteln)

1c Geschwindigkeit sehr schnell (z.B. in Sechzehnteln, Sechzehnteltriolen, Zweiunddreißigsteln)

2 Wie Übung 1. Mache ein sehr schwaches Vibrato und variiere die Geschwindigkeit. Probiere hier auch die zweite Vibratotechnik aus.

3 Wie Übung 1. Mache ein mittelstarkes Vibrato und variiere die Geschwindigkeit.

4 Mache ein sehr schnelles Vibrato und variiere die Tonhöhenveränderung / Vibratostärke. Beginne wiederum am VII. Bund auf der G-Saite (bequeme Saite/Lage zuerst). Ändere die Lage mehrfach. Verfahre ebenso auf den anderen Saiten.

4a Tonhöhenveränderung sehr stark

4b Tonhöhenveränderung mittelstark

4c Tonhöhenveränderung sehr schwach

5 Wie Übung 4. Mache ein sehr langsames Vibrato.

6 Wie Übung 4. Mache ein mittelschnelles Vibrato.

7 Verlangsame oder beschleunige die Geschwindigkeit des Vibratos.

7a Lasse ein schnelles Vibrato langsam werden, ohne seine Stärke zu verändern. Probiere dabei unterschiedliche Vibratostärken aus (sehr stark, mittelstark, sehr schwach).

7b Beschleunige ein langsames Vibrato, ohne seine Stärke zu verändern. Verwende unterschiedliche Vibratostärken (sehr stark, mittelstark, sehr schwach).

8 Achte auf die gekennzeichneten Vibratos. Probiere unterschiedliche Vibratogeschwindigkeiten und -stärken aus.

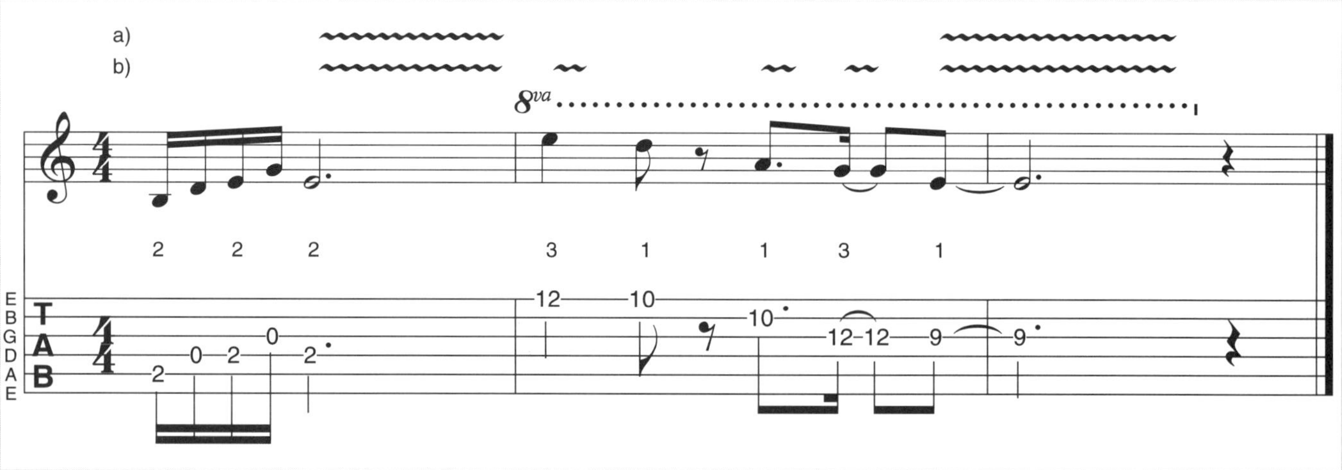

Vibrato mit dem Whammybar

Manche Klänge können auf der Gitarre mit den oben vorgestellten Vibratotechniken nur mit Mühe (Akkorde) bzw. überhaupt nicht (⇒ *Flageolets*) mit einem Vibrato versehen werden. Hier hilft das ⇒ *Whammybar* (Vibratohebel). Der Druck auf den Hebel bestimmt die Stärke des Vibratos. Je nach montiertem System und Einstellung kann die Tonhöhe auch in beide Richtungen verändert werden. Bei einem Standard-Vibratosystem, wie z. B. auf einer Stratocaster, wird der Ton beim Drücken des Hebels erniedrigt und - falls es frei schwebend eingestellt ist - beim Ziehen erhöht.
Die Geschwindigkeit des Vibratos wird reguliert, indem man den Hebel wiederholt entprechend schnell drückt und wieder in die Ausgangsstellung zurücklässt. Ein Whammybar-Vibrato unterscheidet sich im Klang von einem Fingervibrato und eröffnet dadurch weitere Ausdrucksmöglichkeiten.

Aufgaben und Übungen

Bei dieser Übung lassen wir Flageolets vibrieren. Ein Flageolet bringt einzelne Obertöne der entsprechenden Saite laut und deutlich zum Klingen. Anstatt einen Ton richtig zu greifen, berührt die Fingerkuppe nur kurz die Saite (in der Regel über einem Bundstäbchen) gleichzeitig mit dem Anschlag. Notiert werden Flageolets mit rautenförmigen Notenköpfen. Aus der Tabulatur wird ersichtlich, über welchem Bundstäbchen das Flageolet gespielt wird. In den Notenlinien ist die klingende Tonhöhe vermerkt.

Halte die einmal gewählte Stärke und Geschwindigkeit des Vibratos konstant durch. Probiere nach und nach unterschiedliche Vibratostärken und -geschwindigkeiten aus. Kontrolliere die Geschwindigkeit des Vibratos mit dem Metronom. Achte darauf, dass du die nicht gespielten Saiten mit der rechten und linken Hand gut abdämpfst, da sie sonst durch die Bewegung des Vibratohebels mitschwingen würden.

(1) 51

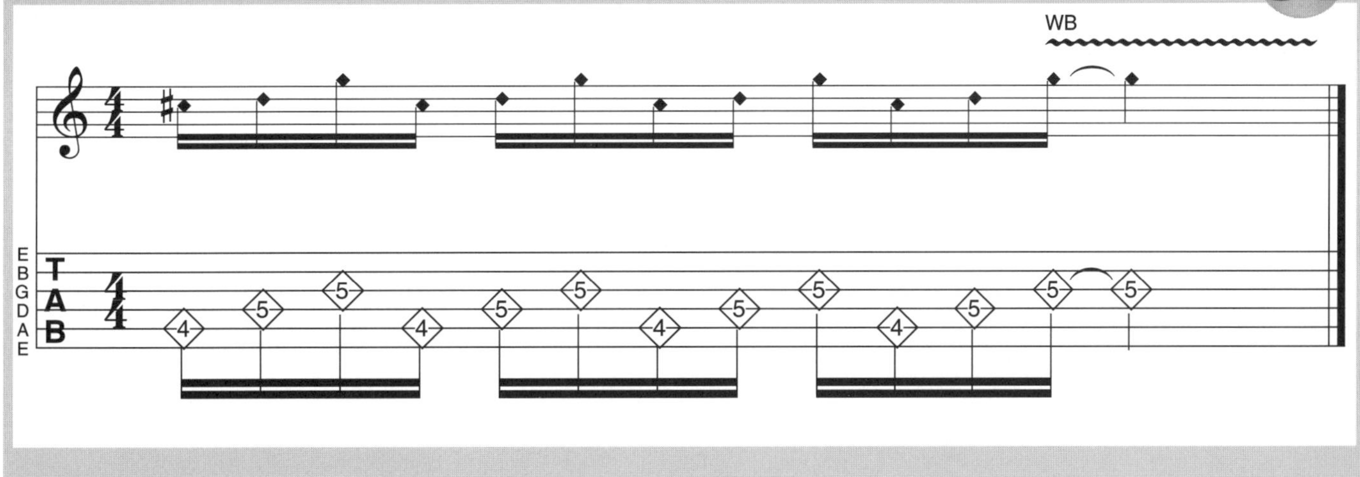

(2)

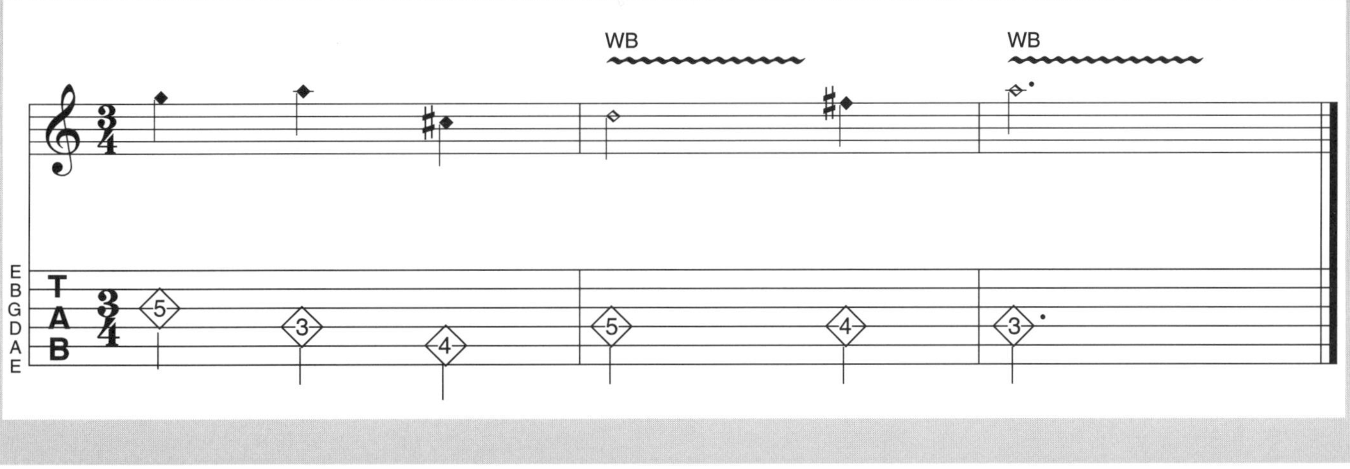

Artikulation

Artikulation meint in der Musik, wie ein Ton im Hinblick auf seinen Nachfolger gespielt wird. Hauptsächlich geht es dabei um zwei Fragen:

1. Wird ein Ton bis zu seinem Nachfolger ausgehalten (⇒ tenuto, ⇒ let ring) oder klingt er kürzer (⇒ staccato)?

2. Ist der Übergang von einem Ton zum nächsten weich (⇒ legato) oder hart (⇒ staccato)?

Je nach Artikulation kann eine Tonfolge sehr unterschiedlich klingen. Auf der Gitarre stehen uns dafür eine ganze Menge an Möglichkeiten in vielen Abstufungen zur Verfügung. Die Artikulation ist eingebettet in den gesamten Vorgang des Spielens, d. h. Artikulation, Phrasierung, Tempo, Rhythmus, Tongebung, Dynamik usw. wirken zusammen.

Weil das Legatospiel auf der Gitarre eine recht umfangreiche Thematik ist, erhält es ein eigenes Kapitel - siehe „***Legatotechniken***". 144

Tenuto und staccato

1. Tenuto

gehalten, breit, einzeln angeschlagener Ton, voller Notenwert
Notation: Strich über bzw. unter dem Notenkopf

Beispiel

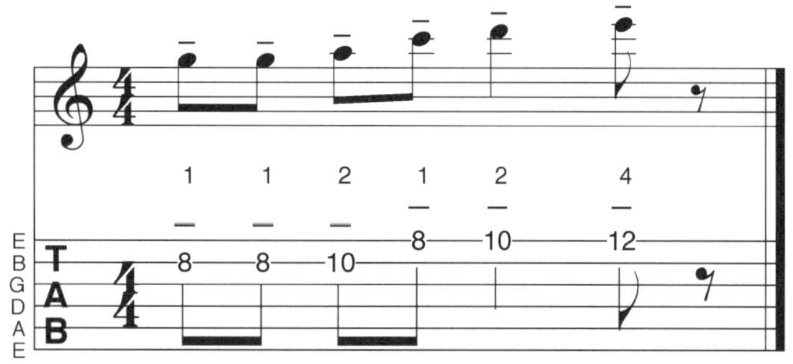

2. Staccato

getrennt, einzeln angeschlagener Ton
gekürzter, z. B. etwa halber Notenwert
Notation: Punkt über bzw. unter dem Notenkopf

Beispiel

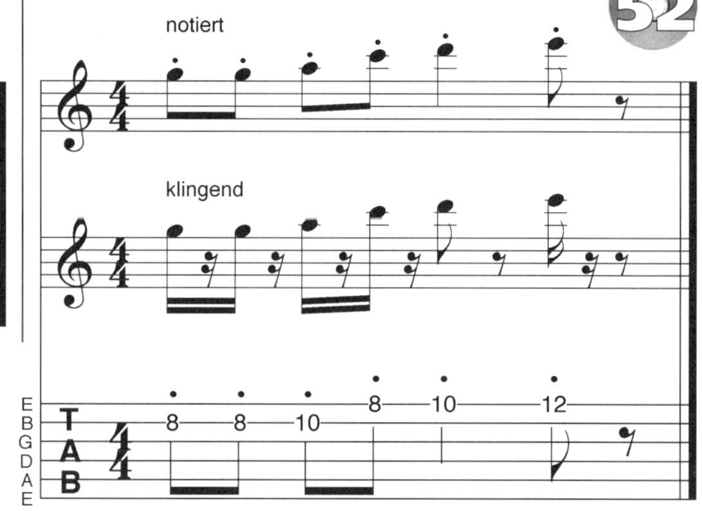

Aufgaben und Übungen

Achte auf die unterschiedliche Wirkung, die durch die veränderte Artikulation (tenuto / staccato) erzielt wird. Kontrolliere die Notenlänge der Staccato-Töne durch Abdämpfen.

Let ring

Let ring heißt übersetzt „Lass' es klingen". Bei dieser Spielweise wird jeder einzelne Ton so lange wie möglich ausgehalten (im Vergleich zur Notation bedeutet das viel länger als sein Notenwert). Dabei fließen die Töne ineinander und vermischen sich zu einem akkordähnlichen Klang. Die Schritte und Sprünge der Melodielinie werden gemildert, die Übergänge zwischen den Tönen erscheinen weicher als normal. Die harmonischen Schwebungen und Reibungen, die dabei entstehen, können reizvolle Stimmungen schaffen. Die Klänge erinnern etwa an Harfe oder an ⇒ *Steel Guitar*. Gerade für Countrygitarristen gehört „let ring" zum Grundrepertoire. Die besten Ergebnisse erzielt man (wie bei vielstimmigen Akkorden auch) mit einem ⇒ *cleanen* bis maximal⇒ *crunchigen* Ampsound. Durch etwas Hall und ⇒ *Delay* kann die Wirkung verstärkt werden.

Spieltechnisch erfordert „let ring" einige Umstellung, die besonders die linke Hand betrifft. Damit möglichst viele Töne möglichst lange klingen können, werden sie ähnlich wie bei einem Akkord gegriffen. Die greifenden Finger bleiben dabei länger als gewöhnlich in ihrer alten Lage, bevor sie in eine neue Position wechseln. Die Töne müssen präzise gegriffen und angeschlagen werden, so dass die benachbarten Saiten - besonders auch die verwendeten Leersaiten - weiterschwingen können.

Aufgaben und Übungen

Spiele die Licks. Beginne in einem langsamen Tempo.

Lick 1

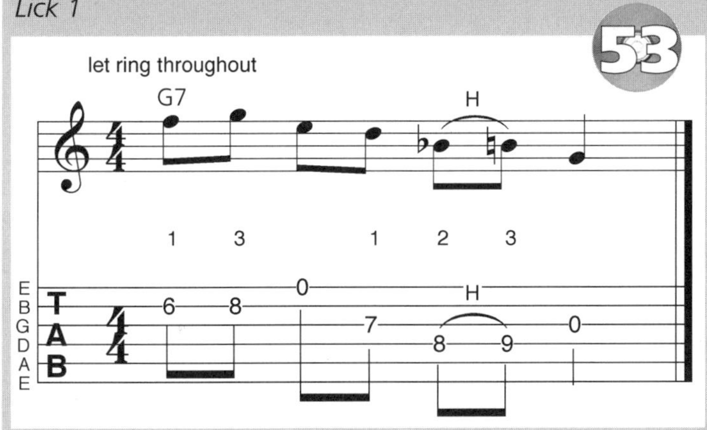

Lick 2

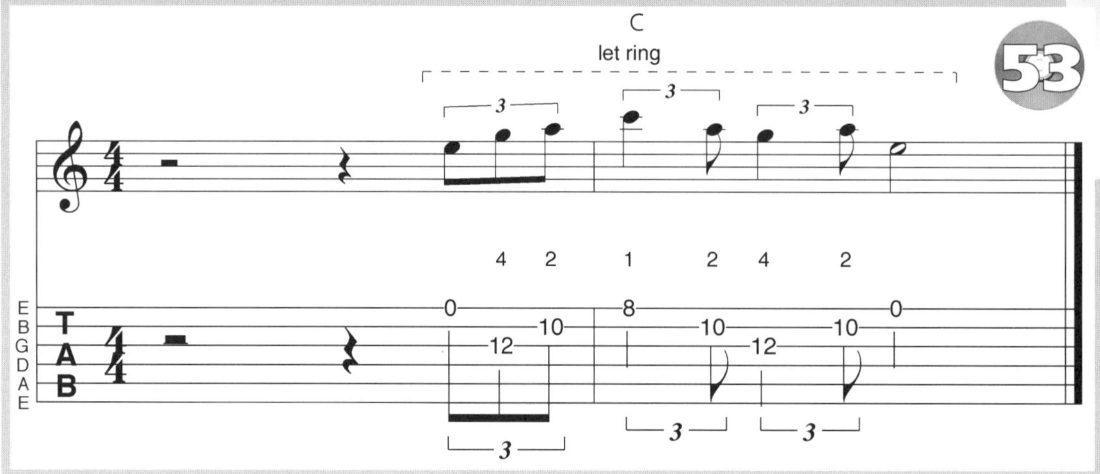

Lick 3

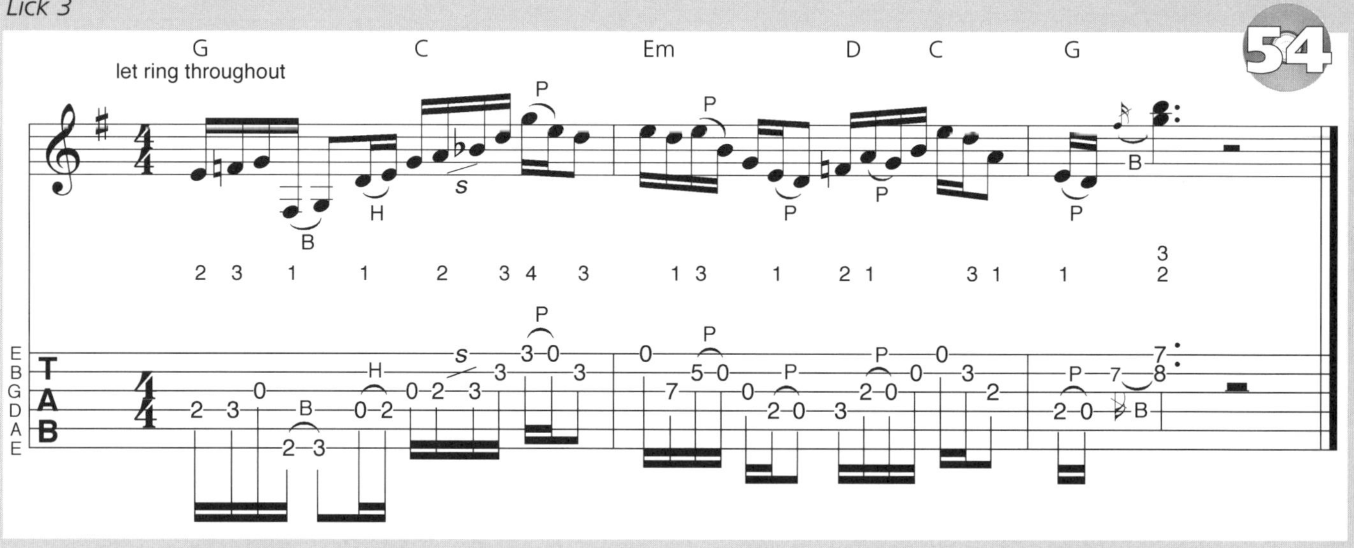

Legatotechniken

Übersicht

Legato zu spielen bedeutet, aufeinanderfolgende Töne durch einen weichen Übergang zu verbinden. Hierin liegt eine besondere Stärke der Gitarre, denn es gibt eine ganze Reihe von Legatotechniken. ⇒ *Bend* und ⇒ *Slide* übernehmen eine vorhandene Saitenschwingung. ⇒ *Hammer-On* und ⇒ *Pull-Off* versetzen die Saite ihrerseits in weitere Schwingung, können also prinzipiell auch ohne vorangehenden Saitenanschlag auskommen. Im Extremfall kann man völlig ohne Anschlaghand auskommen und die Saiten allein durch die entsprechende Technik der Greifhand in Schwingung bringen bzw. halten. Der Klang wird sehr weich und fließend. Da die Anschlaghand von ihrer eigentlichen Aufgabe entbunden ist, kann sie auch zum Greifen verwendet werden (*Stanley Jordan* wurde mit dieser Art zu spielen bekannt).

Ordnet man die Legatotechniken nach ihrem „Weichheitsgrad", ergibt sich folgende Reihenfolge (von nicht so weicher bis sehr weicher Übergang): Hammer-On, Pull-Off, Slide, Bend. Jede Technik wiederum besitzt ein breites Spektrum an Variationsmöglichkeiten.

Ist in der Notation nur der Legatobogen bzw. Bindebogen (nicht zu verwechseln mit Haltebogen) angegeben, kannst du die Technik frei wählen. Hierbei sind dein Einfühlungsvermögen und deine Artikulationsfähigkeit um so mehr gefordert.

Beispiel 1

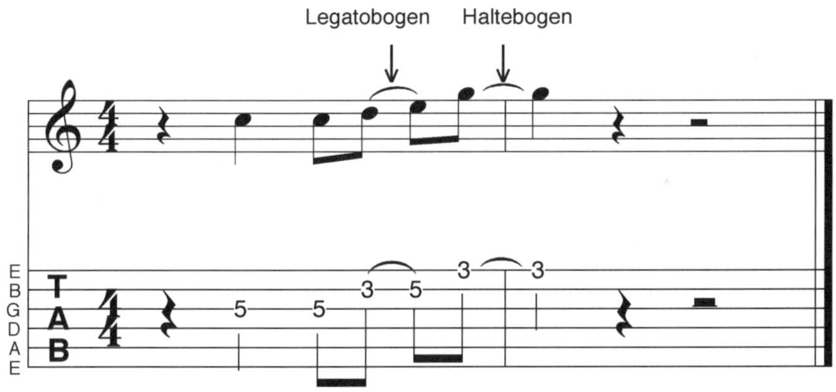

In einer Notation für Gitarre ist meist angegeben, mit welchen Spieltechniken die Legatopassagen ausgeführt werden sollen.

Beispiel 2

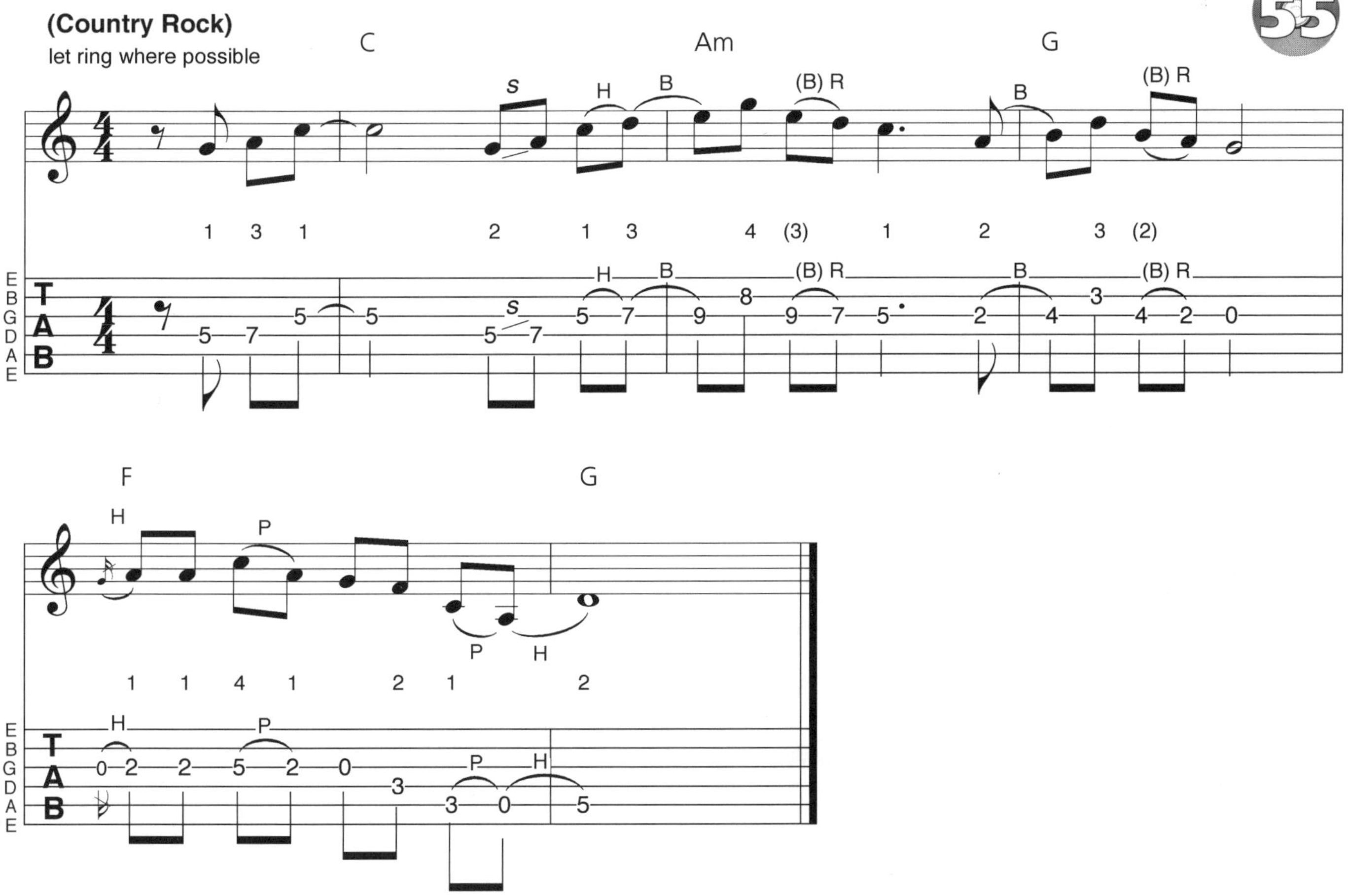

Hammer-On

Wie aus der Bezeichnung „Hammer-On" hervorgeht, wird der Ton nicht normal gegriffen und angeschlagen, sondern ein Finger der Greifhand hämmert die Saite auf den Bund. Häufig schwingt die Saite bereits, weil noch ein tieferer Ton auf derselben Saite klingt (gegriffene oder offene Saite). Ein Hammering bringt also immer einen höheren Ton zum Klingen. Die Fingerkuppe sollte sich zu Beginn nicht allzu weit über dem Griffbrett befinden. Hämmere nun mit dem Finger sehr schnell und kräftig auf die Saite (ohne erneuten Anschlag durch die rechte Hand) und belasse den Finger dort (wie beim normalen Greifen). Der gehämmerte Ton sollte klar und deutlich klingen und annähernd so laut wie der angeschlagene Ausgangston sein. Ein Hammer-On kann mit jedem Finger ausgeführt werden.

Aufgaben und Übungen

Achte bei allen Übungen darauf, rhythmisch exakt mit dem Metronom zu spielen. Beginne in einem mittleren Tempo (später schneller und langsamer). Das Ziel ist, die Hammer-On-Bewegung mit jedem Finger kräftig und zielsicher, aber gleichzeitig locker spielen zu können. Lege rechtzeitige Pausen ein, um nicht zu verkrampfen.

1 Pseudo-chromatische Übungen mit Hammer-On

Übertrage die Beispiele auch in andere Lagen. (Weitere Beispiele für Pseudo-Chromatik siehe oben.)

Beispiel 1

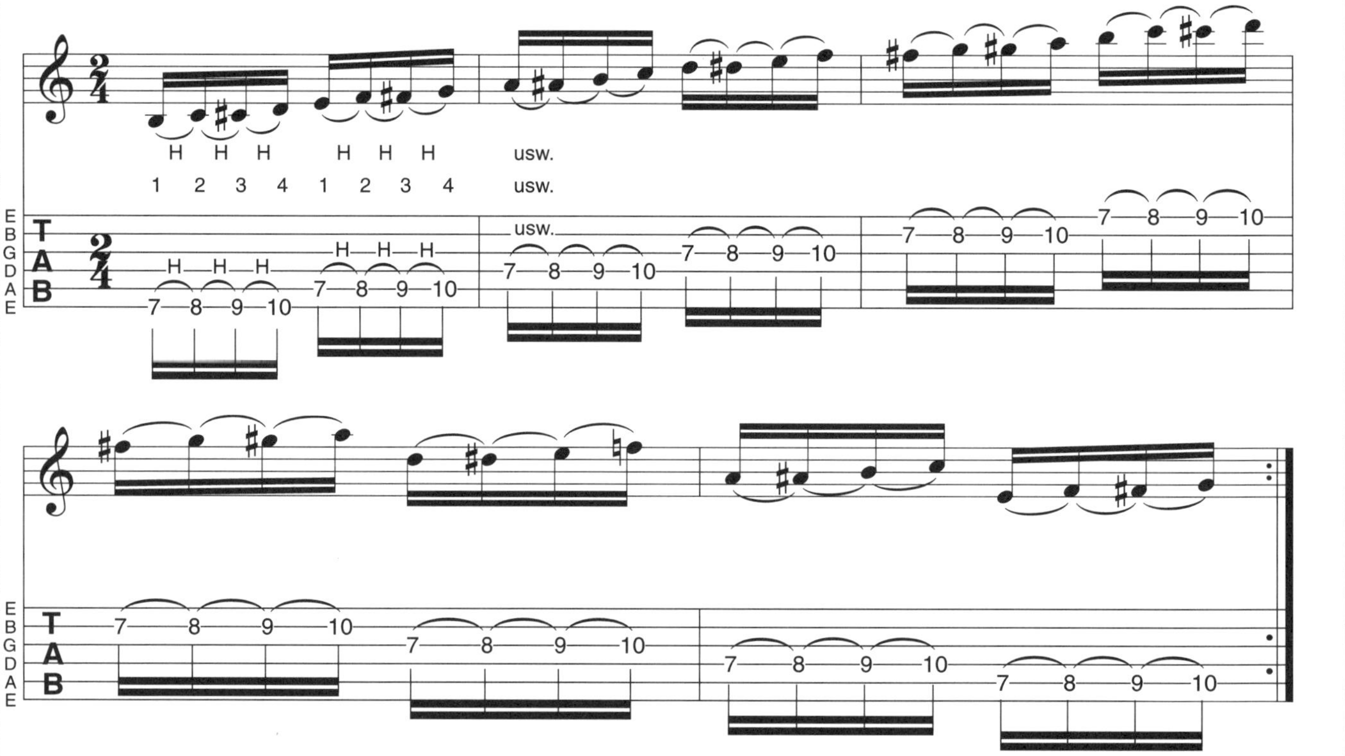

Beispiel 2

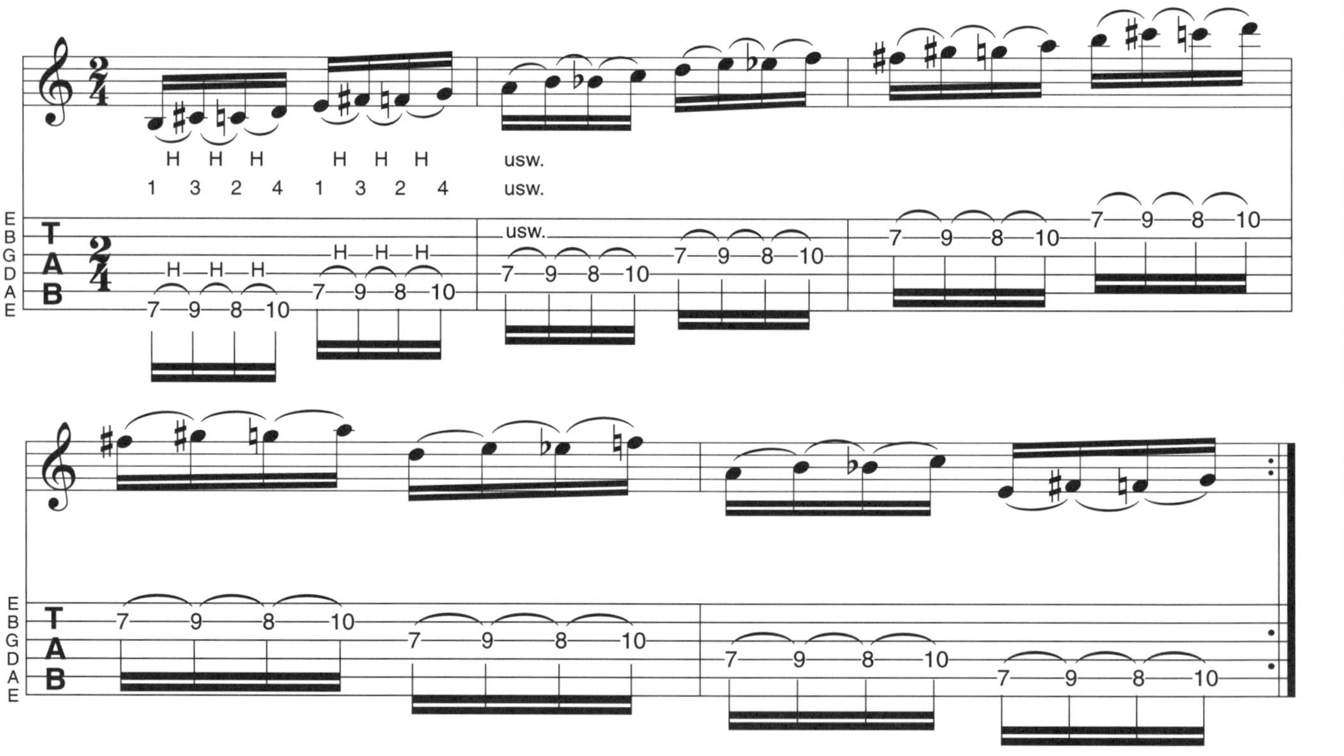

2 Spiele die Übungen auch in anderen Lagen.

Finger 1-2-4

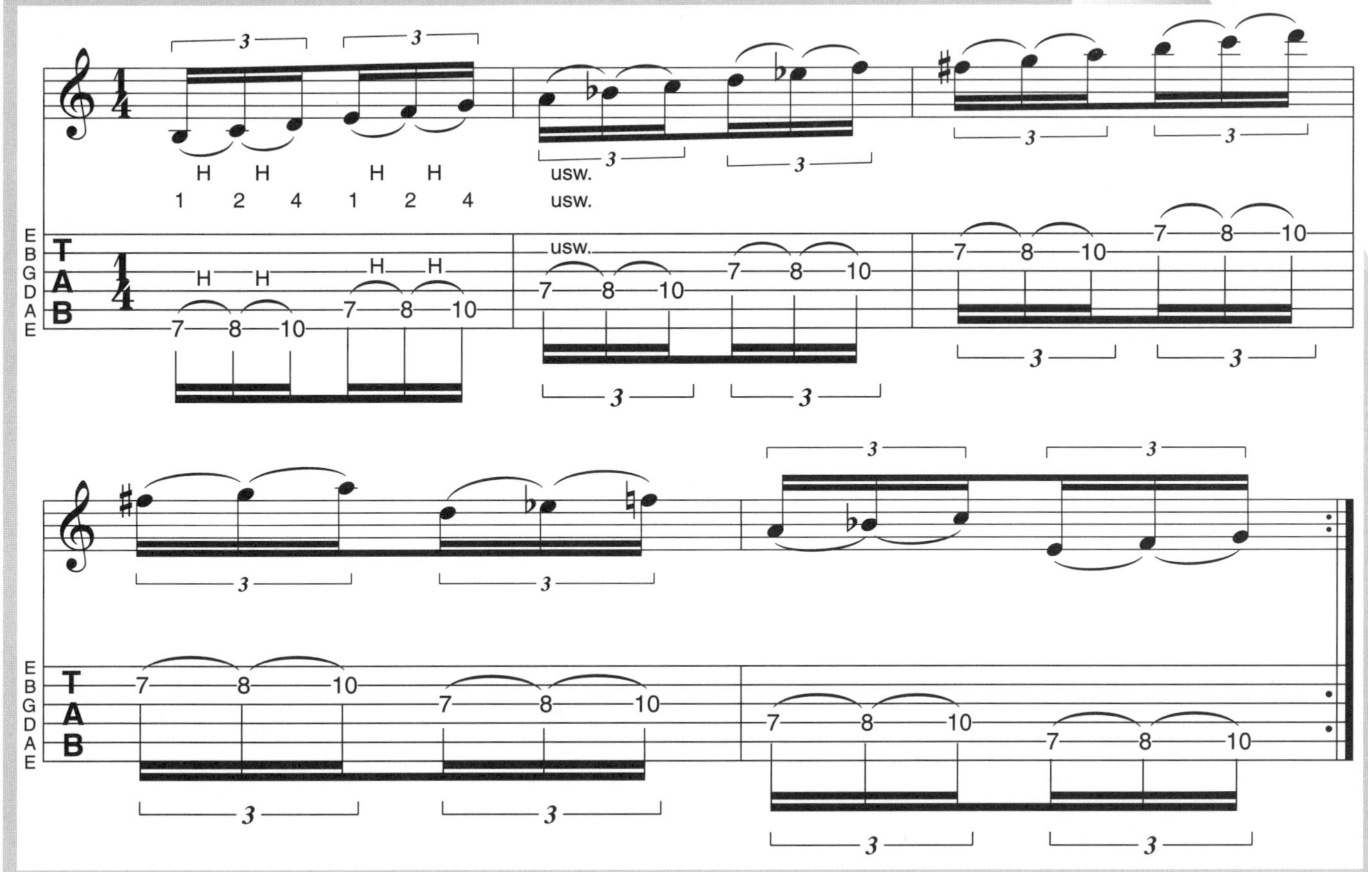

Finger 1-3-4

3 Hammer-On mit offenen Saiten

a)

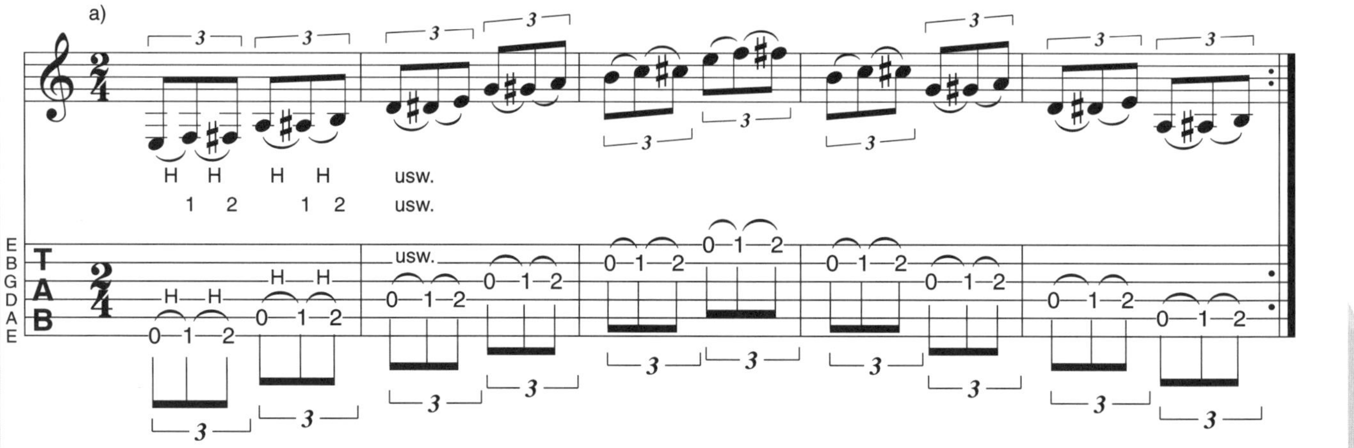

b)

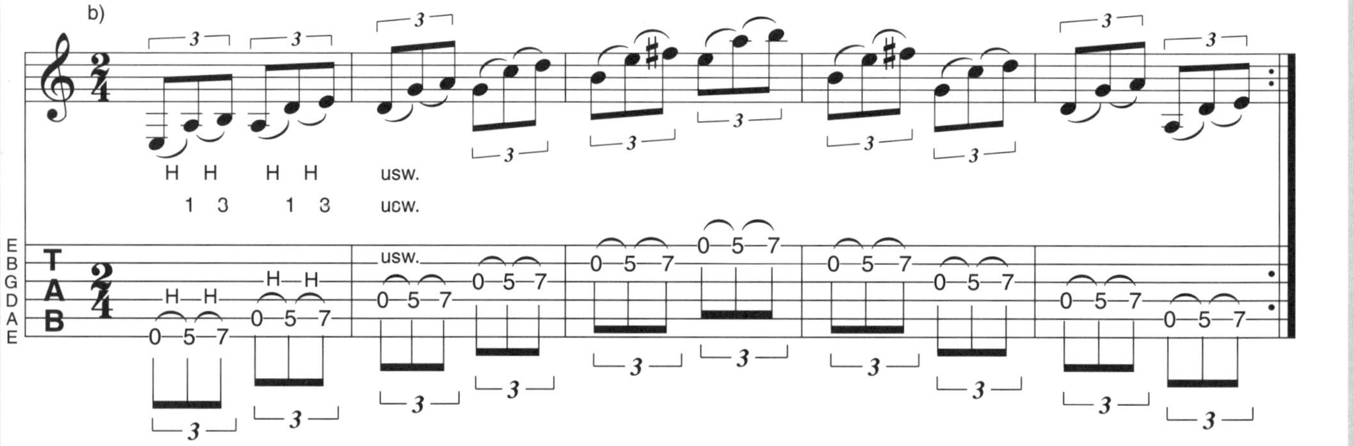

c)

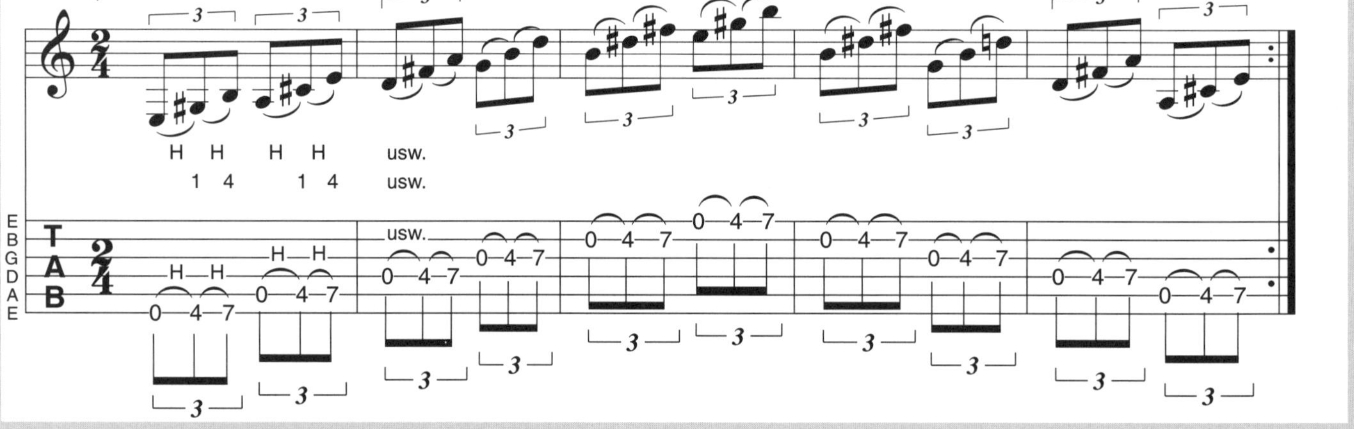

4 Hammer-On bei pentatonischen Tonleitern

Beispiel: A-Moll-Pentatonik mit Hammer-On

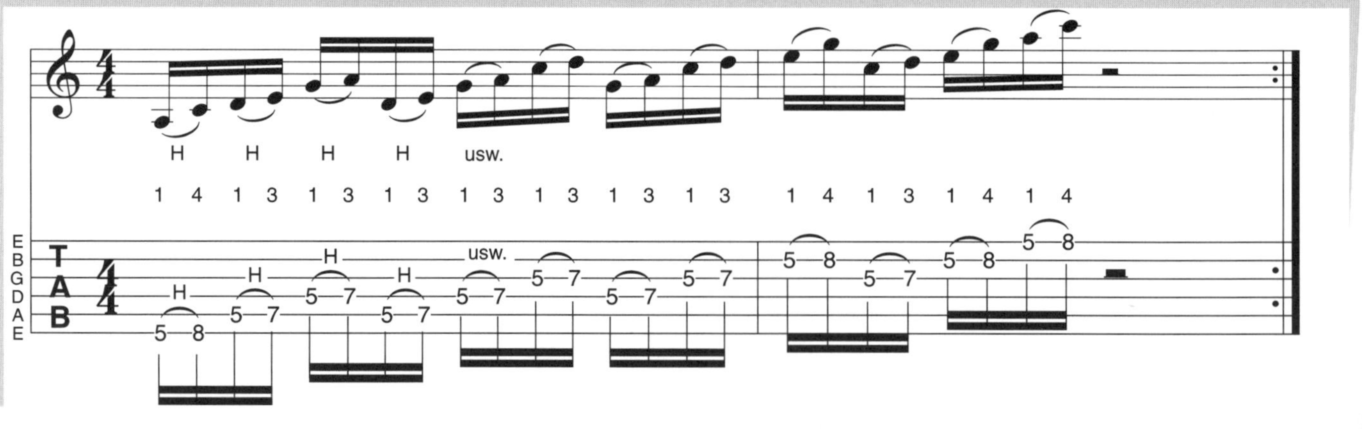

Beispiel: C-Dur-Pentatonik mit Hammer-On

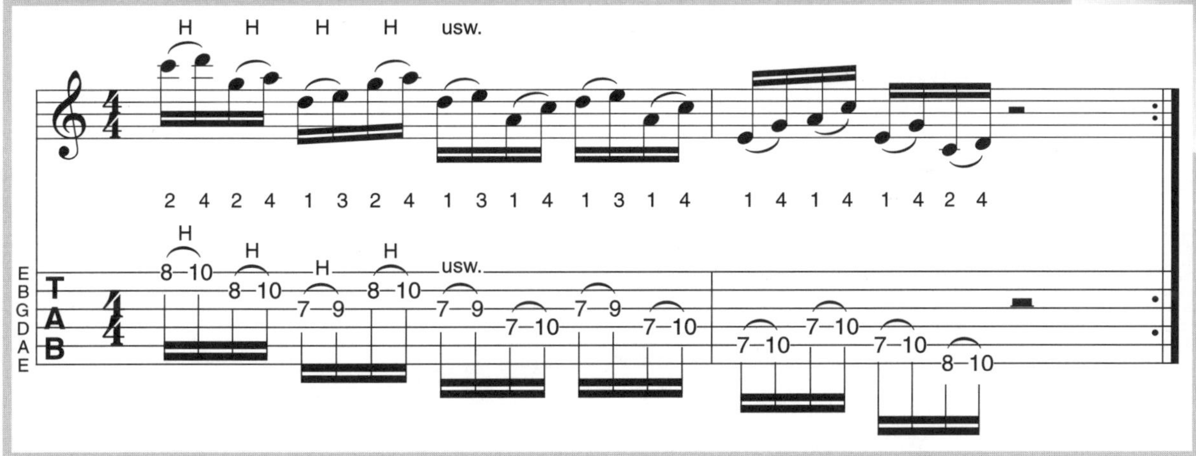

4a Übertrage die Übungen auch in andere Lagen. (Siehe Anhang für weitere Fingersätze).

4b Spiele in gleicher Weise eine Abfolge von Fingersätzen mit Hammer-On über das gesamte Griffbrett (von den tiefen bis in die hohen Lagen und zurück). Wähle verschiedene Tonarten aus.

Beispiel: Fingersätze für A-Moll-Pentatonik mit Hammer-On

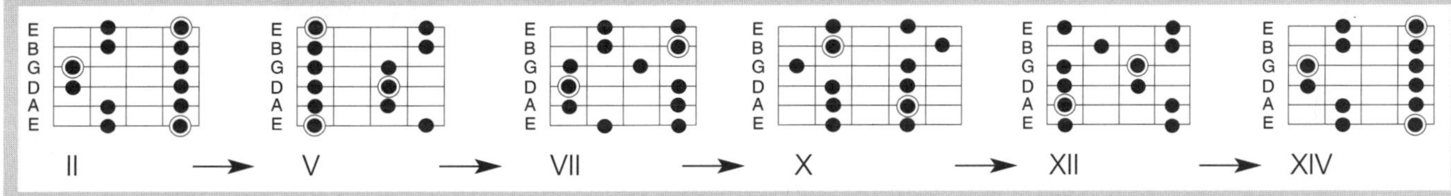

5 41 Hammer-On bei ***diatonischen Tonleitern***

Beispiel: A-Äolisch mit Hammer-On

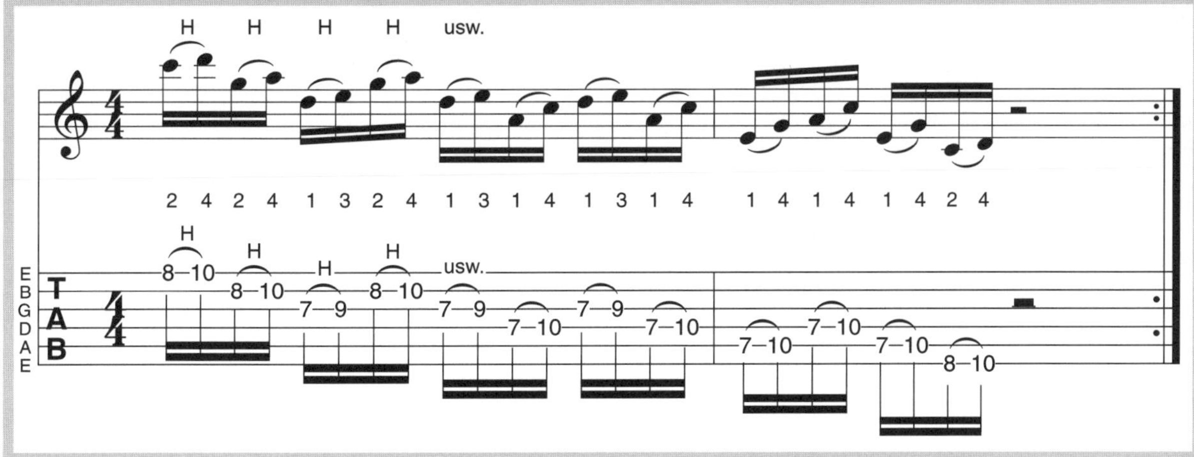

Beispiel: C-Ionisch mit Hammer-On

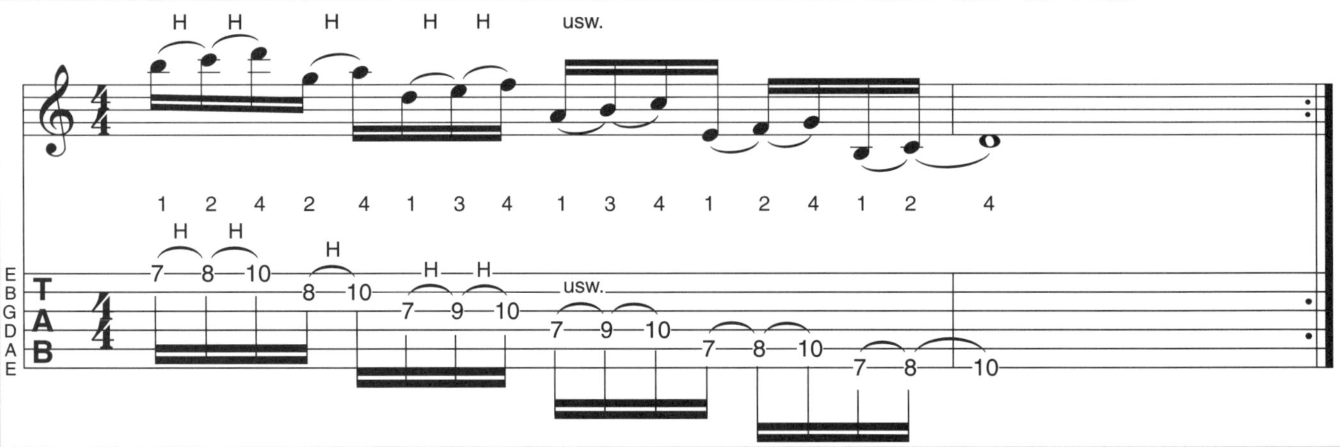

5a Übertrage die Übungen auch in andere Lagen. (Siehe Anhang für weitere Fingersätze).

5b Spiele in gleicher Weise eine Abfolge von Fingersätzen mit Hammer-On über gesamte Griffbrett (von den tiefen bis in die hohen Lagen und zurück). Wähle verschiedene Tonarten aus.

Beispiel: Fingersätze für C-Ionisch mit Hammer-On

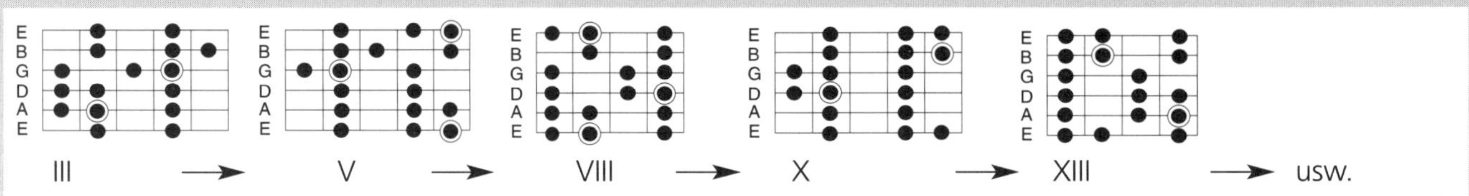

6 Fingersätze, die eine gleiche Anzahl von Tönen pro Saite haben, sind für schnelles Spiel gut geeignet. Übertrage den folgenden Fingersatz auch in andere Tonarten. Finde weitere Fingersätze mit drei Tönen pro Saite.

Beispiel: Hammer-On bei G-Ionisch mit drei Tönen pro Saite

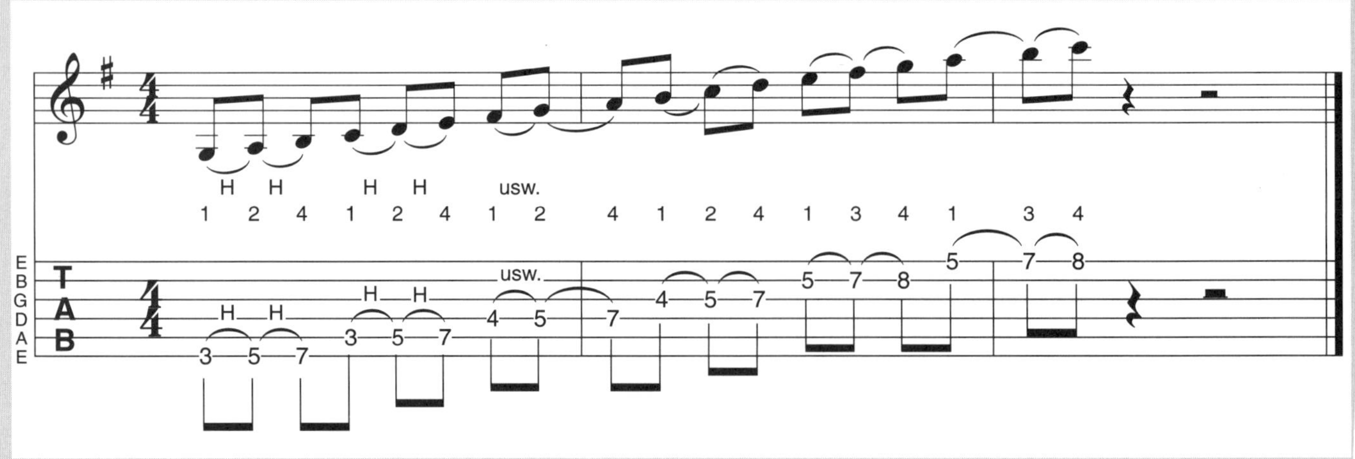

Pull-Off

Pull-Off bedeutet so viel wie „abziehen“. Der Zielton liegt tiefer und ist gegriffen oder befindet sich auf der leeren Saite. Grundlegend für ein Pull-Off ist, den greifenden Finger in einem kleinen, gegen das Griffbrett gerichteten Bogen von der Saite abzuziehen, so dass sie (erneut) in Schwingung versetzt wird. Du hebst den Finger also nicht einfach ab! Der kleine Bogen bedeutet, dass die Fingerkuppe zu Beginn der Bewegung kurzzeitig den Druck erhöht und dann erst die Saite in schräger Richtung verlässt (vergleichbar mit dem Absprung von einem Sprungbrett). Dabei kannst du die Saite zusätzlich durch die Fingerkuppe mehr oder weniger stark anreißen. Doch bereits die Saitenspannung selbst bewirkt beim Abziehen eine Schwingung, denn die Saite versucht stets, in ihre Ausgangslage zurückkommen. Auch das lässt sich entsprechend ausnutzen.

Beachte, dass auf den dünneren Saiten weniger Kraft nötig ist als auf den dickeren Saiten. Auch beim Pull-Off sollte der Ton klar und deutlich klingen und annähernd so laut wie der angeschlagene Ausgangston sein. Ein Pull-Off kann mit jedem Finger ausgeführt werden.

Aufgaben und Übungen

Achte bei allen Übungen darauf, rhythmisch exakt mit dem Metronom zu spielen.
Beginne in einem mittleren Tempo (später schneller und langsamer).
Verringere die eingesetze Kraft und Bewegung so weit wie möglich, ohne an Tonqualität einzubüßen. Versuche, die Pull-Offs mit möglichst wenig Nebengeräuschen zu spielen, d. h. die Fingerkuppe sollte beim Abziehen keine anderen Saiten in Schwingung versetzen (eventuell ist die Haltung der Greifhand etwas zu ändern). Zusätzlich solltest du nötigenfalls die benachbarten Saiten mit Greif- und Schlaghand abdämpfen.

1 Pull-Off mit verschiedenen Fingerkombinationen

Übertrage die Übungen auch in andere Lagen.

1a

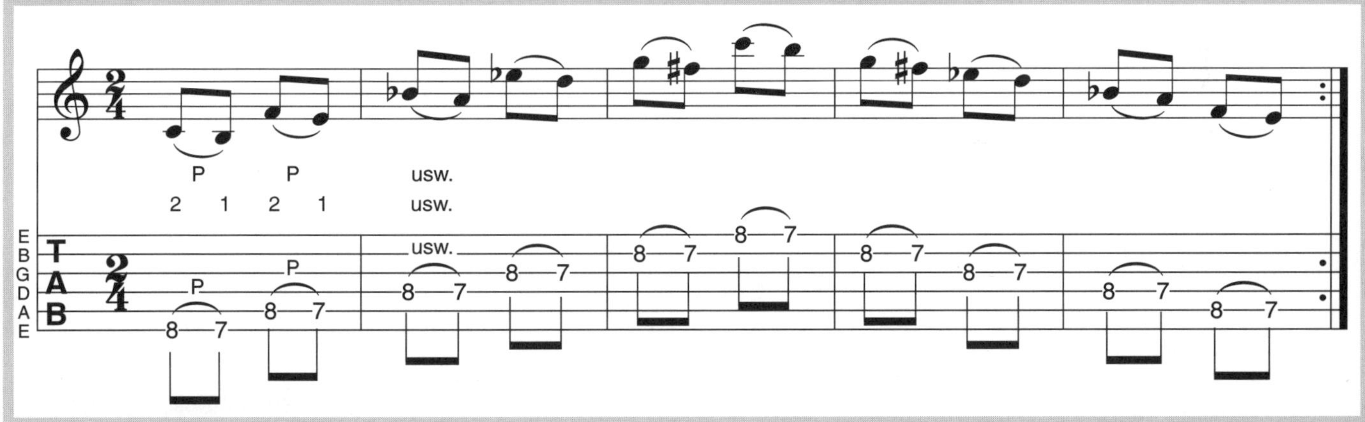

1b

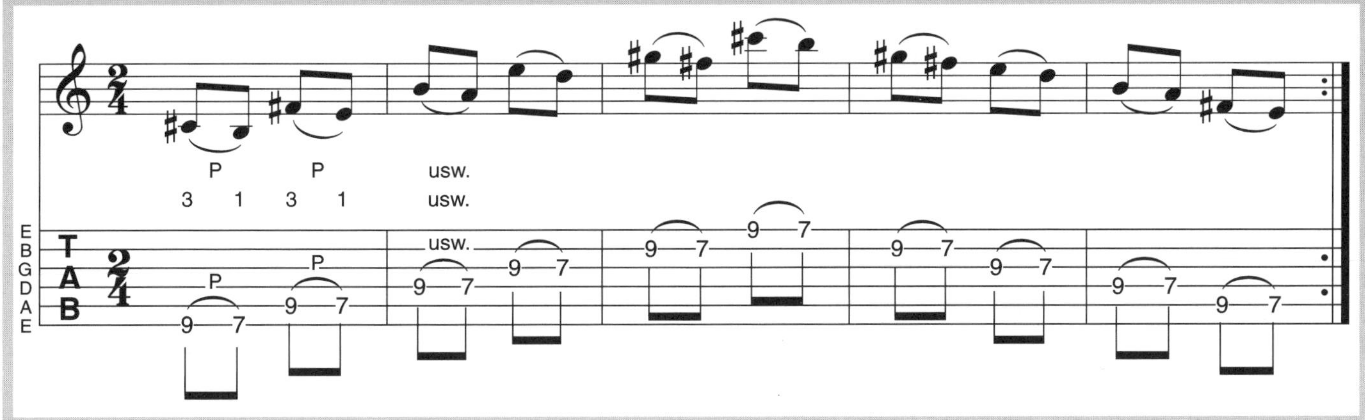

1c

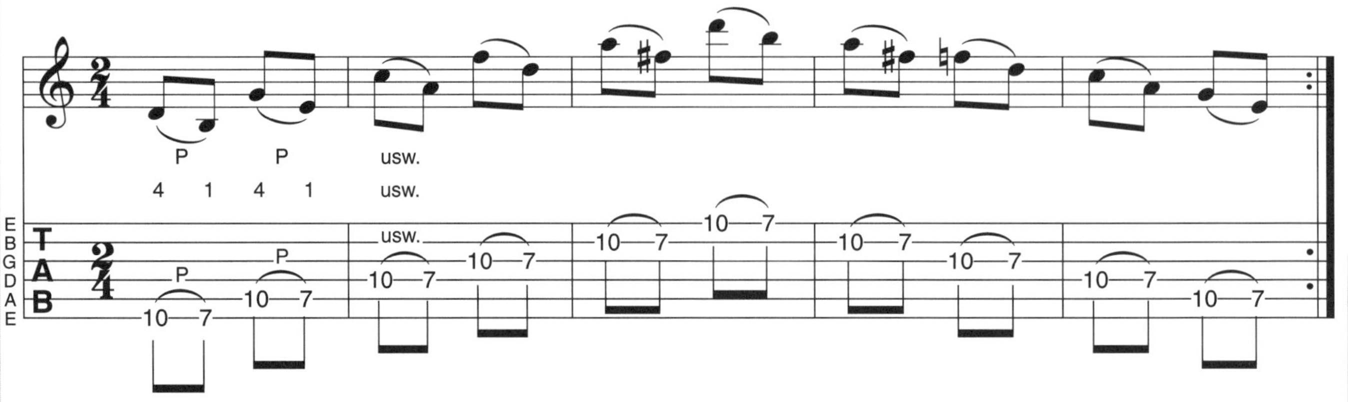
P P usw.
4 1 4 1 usw.
TAB

1d

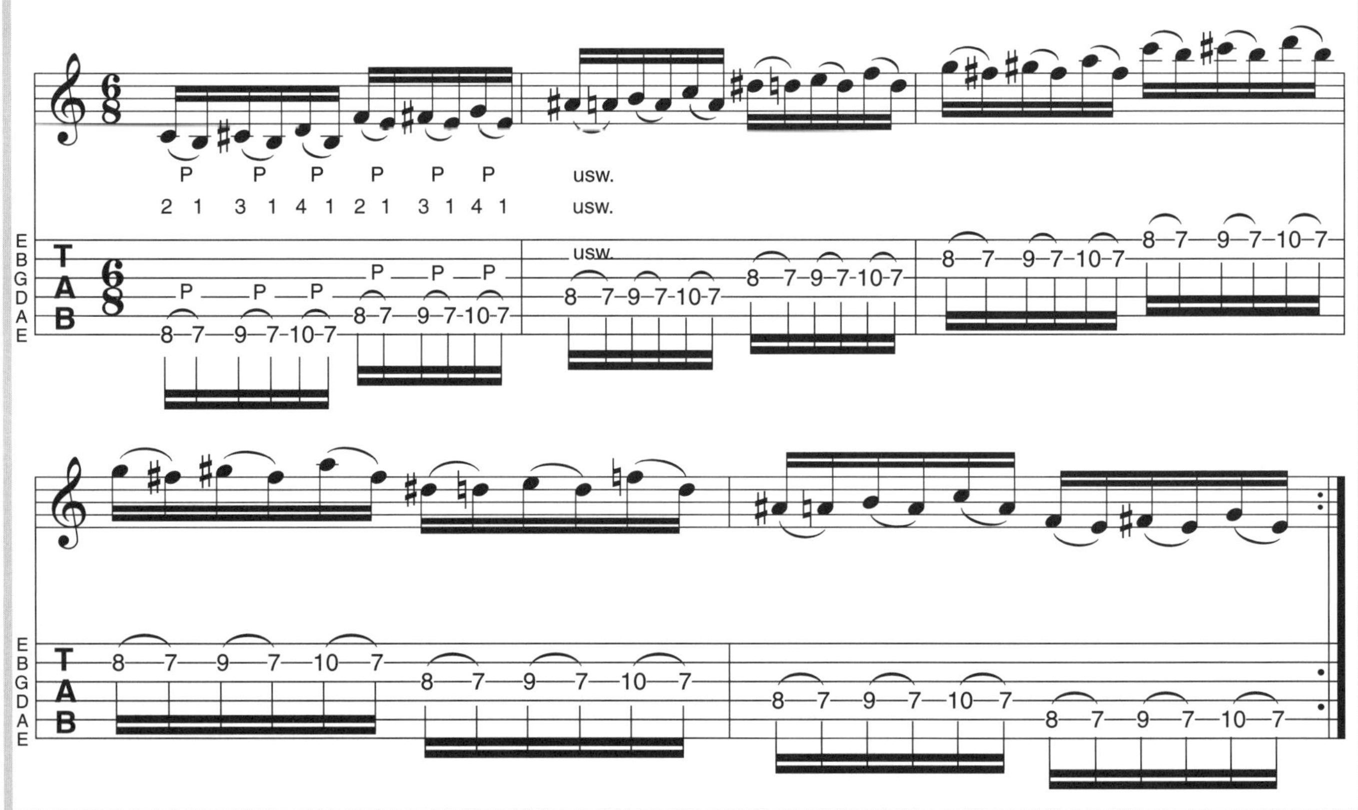
P P P P P P usw.
2 1 3 1 4 1 2 1 3 1 4 1 usw.
TAB

1e

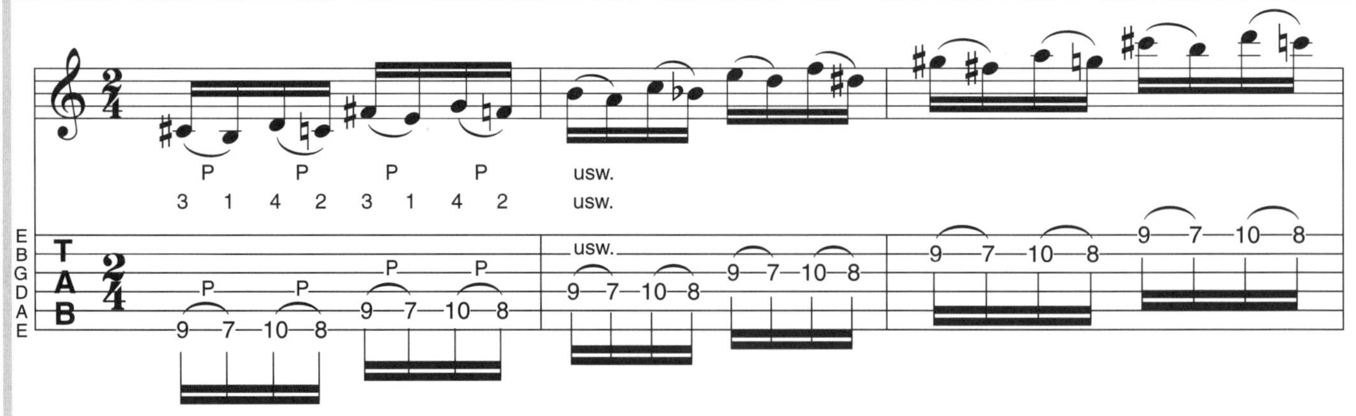
P P P P usw.
3 1 4 2 3 1 4 2 usw.
TAB

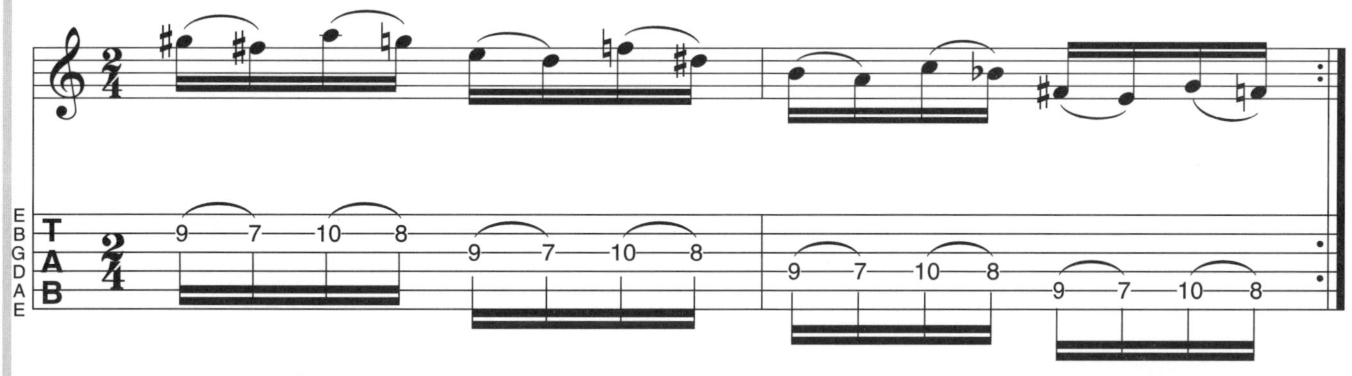

1f

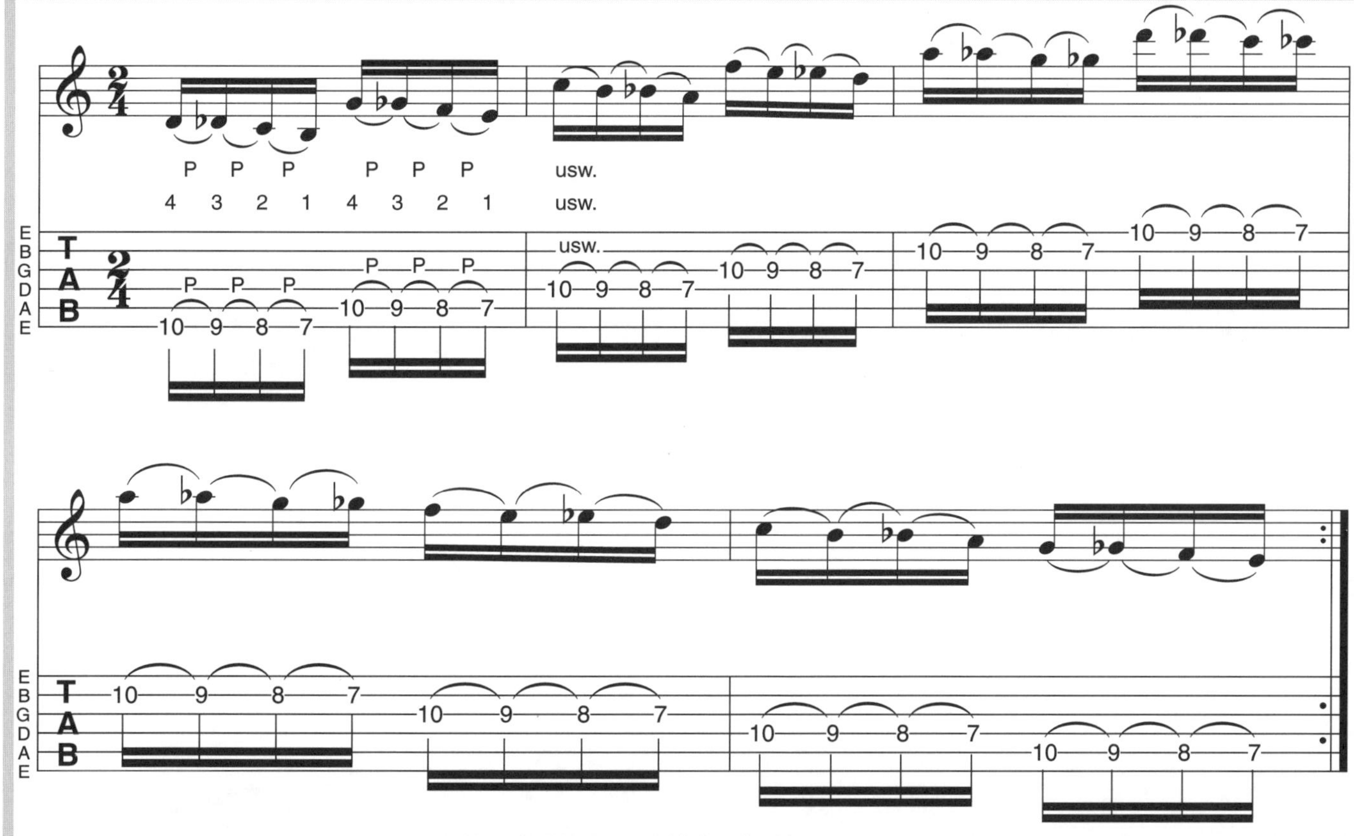

2a

Übungen mit Leersaiten
Mache die Übung mit jedem Finger und übertrage sie auch auf die anderen Saiten.

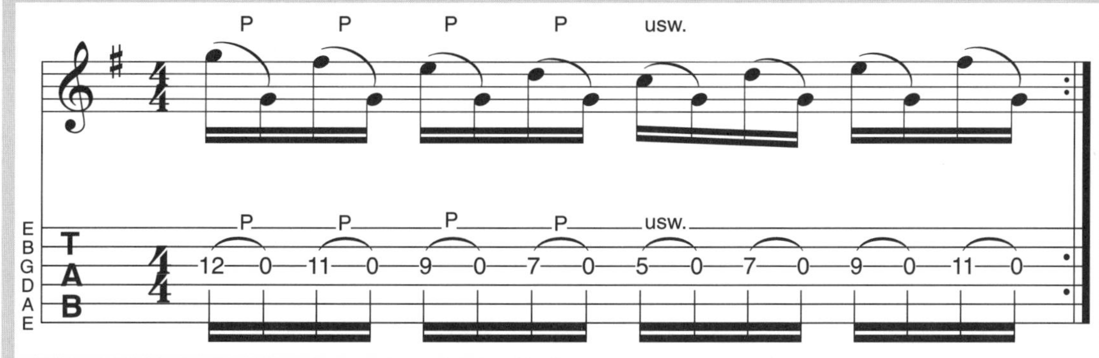

2b Übungen mit Leersaiten
Übertrage die Übung auch auf die anderen Saiten.

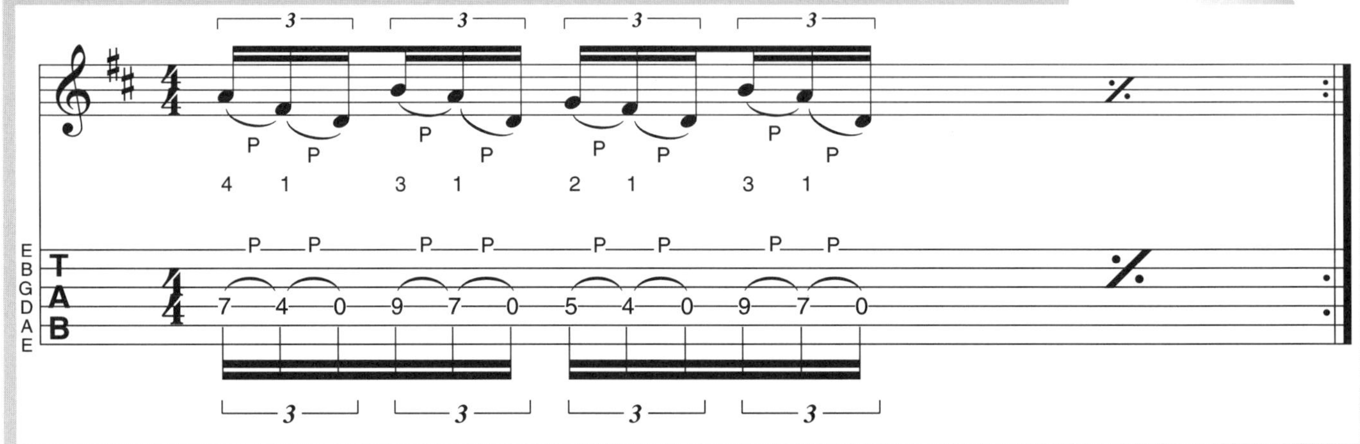

2c

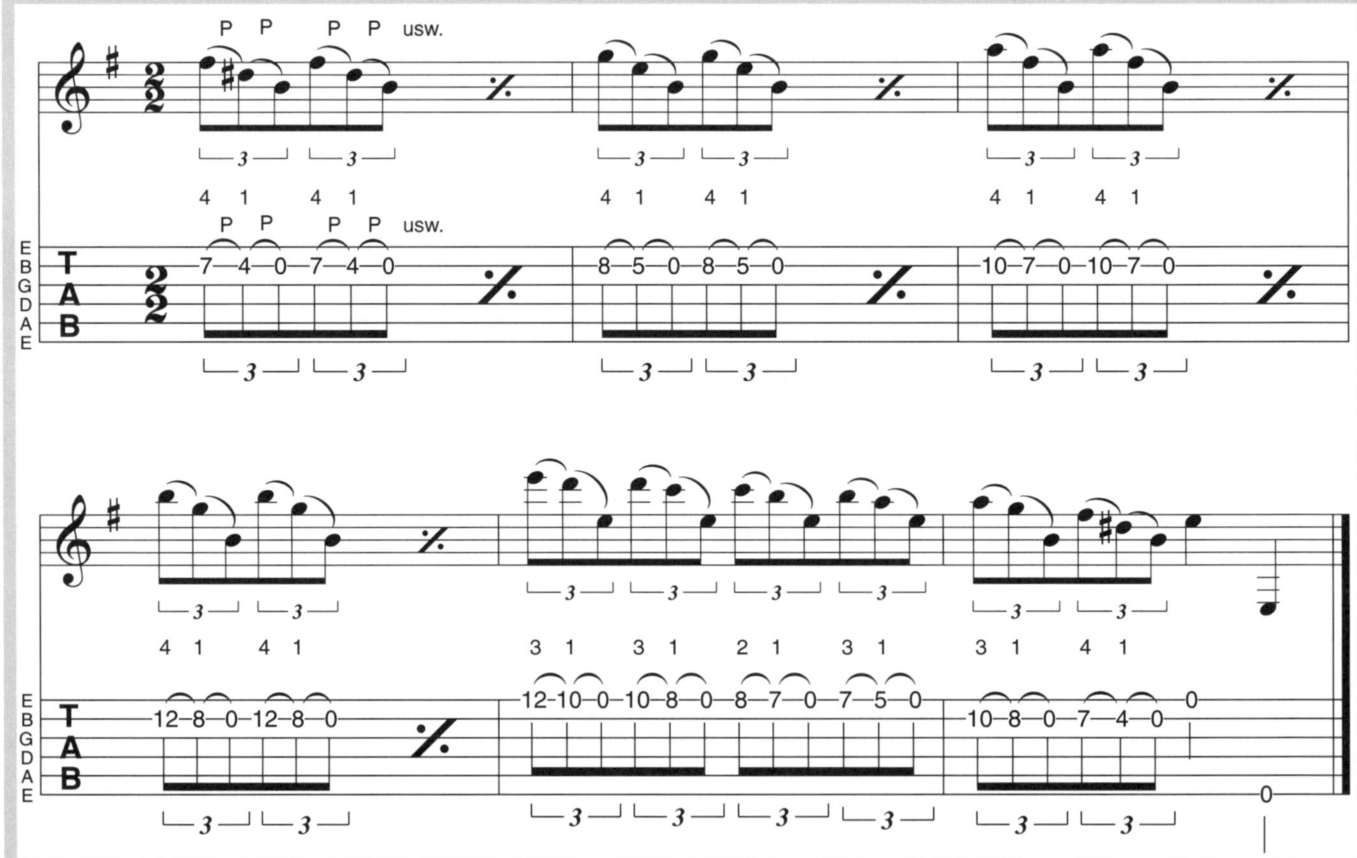

3 Pull-Off bei pentatonischen Tonleitern
Beispiel

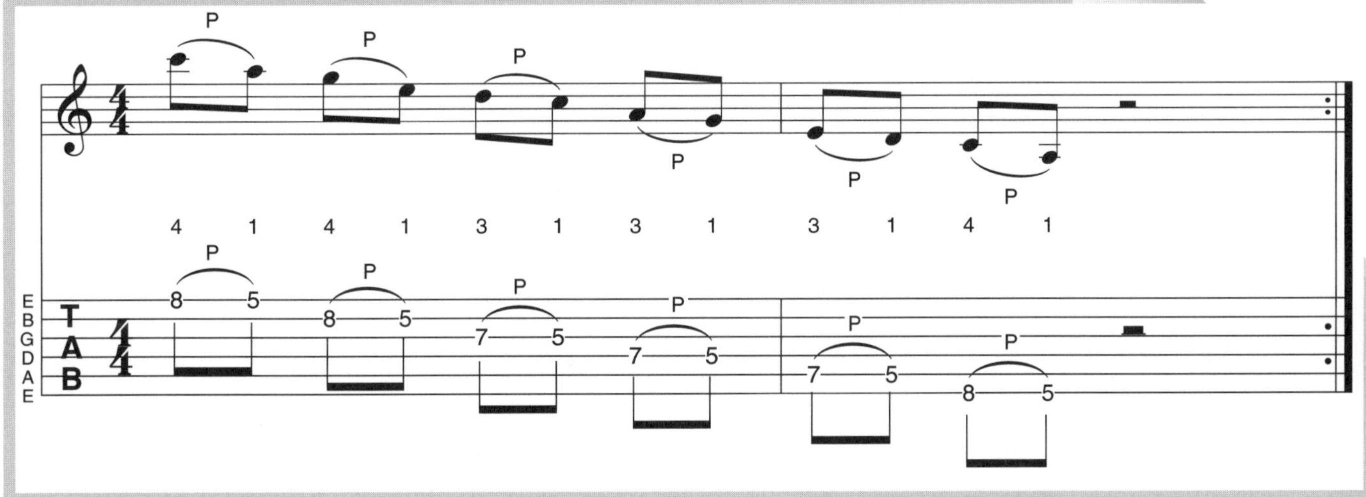

Für weitere Übungen siehe *„**Hammer-On**"*, Übung Nr. 4. Verfahre entsprechend mit Pull-Offs. 145

4 Pull-Off bei diatonischen Tonleitern
Beispiel

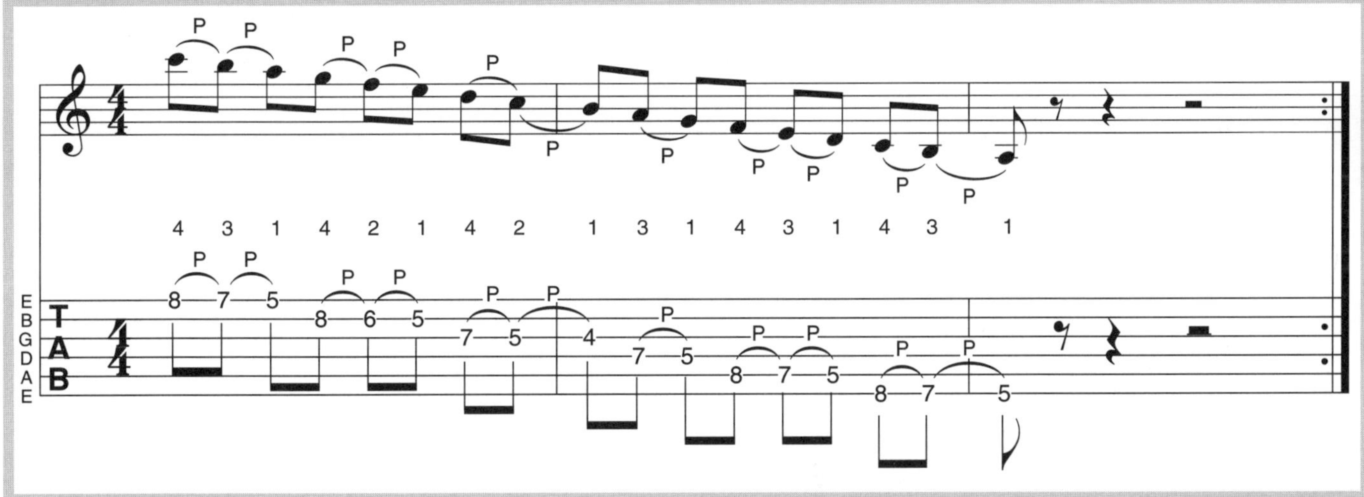

Für weitere Übungen siehe *„**Hammer-On**"*, Übung Nr. 5. Verfahre entsprechend mit Pull-Offs. 145

Hammer-On/Pull-Off Kombinationen

Hammer-On und Pull-Off lassen sich wunderbar miteinander kombinieren. Als Nebeneffekt wird unser Gitarrespiel in eine neue Geschwindigkeitsdimension versetzt: Wir können viel mehr Töne mit der linken Hand spielen, als wir mit der rechten anschlagen müssen. Die Anschlaghand ist entlastet und wir sind von der problematischen Koordination von Anschlag / Greifen befreit. Jedoch besteht dabei die Gefahr, sich schnell zu sinnlosem Gedudel verleiten zu lassen.

Beachte: Geschwindigkeit ersetzt keine Ideen. Geschwindigkeit ist ein Nebenprodukt von Genauigkeit!

Aufgaben und Übungen

Achte wiederum bei allen Übungen darauf, rhythmisch exakt mit dem Metronom zu spielen. Spiele locker, vermeide alle unnötigen Bewegungen und lege Erholungspausen ein. Beginne in einem mittleren Tempo, das du schrittweise bis zu deiner oberen (*so schnell wie möglich*) und unteren Grenze (*so langsam wie möglich*) veränderst.

1 H-P-Kombinationen können mit einem Hammer-On oder mit einem Pull-Off beginnen, ⇒ *binär* (a) oder ⇒ *ternär* (b) ausgeführt werden. Ein ⇒ *Triller* (c) ist der schnelle gleichmäßige Wechsel eines Tones mit seiner oberen kleinen oder großen Sekunde. Übertrage die Übungen in andere Lagen (auch mit offenen Saiten) und auf die anderen Saiten.

1a *Binäre H-P-Kombinationen*

1b *Ternäre H-P-Kombinationen*

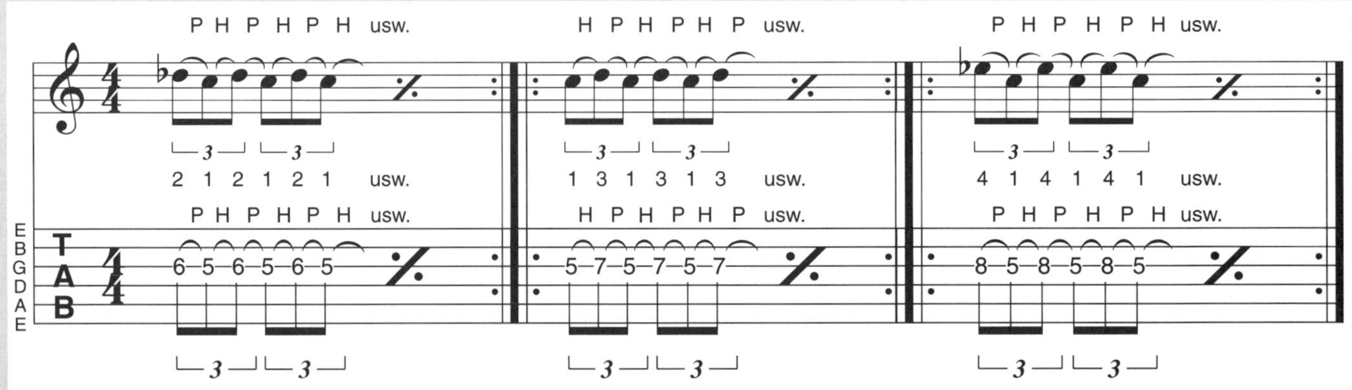

1c *Triller*

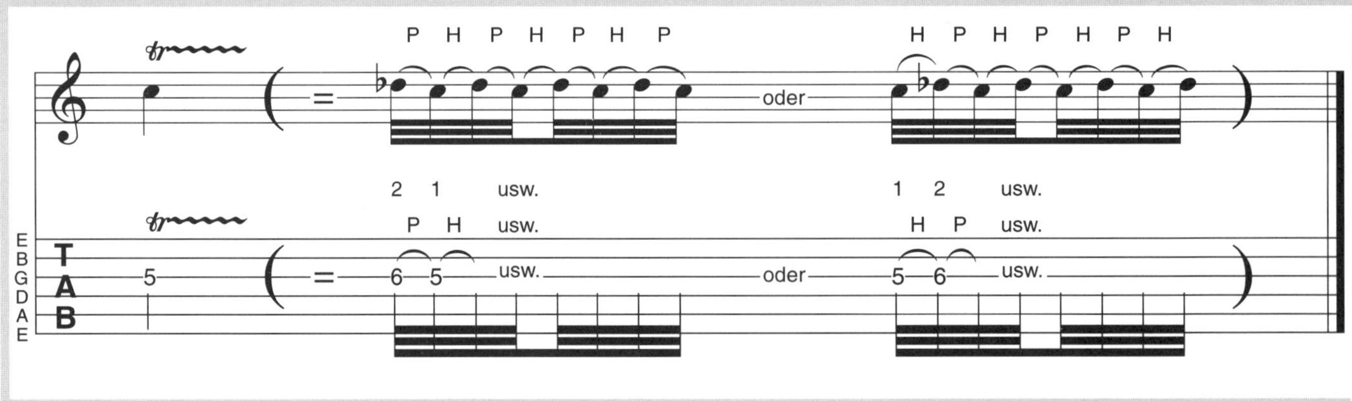

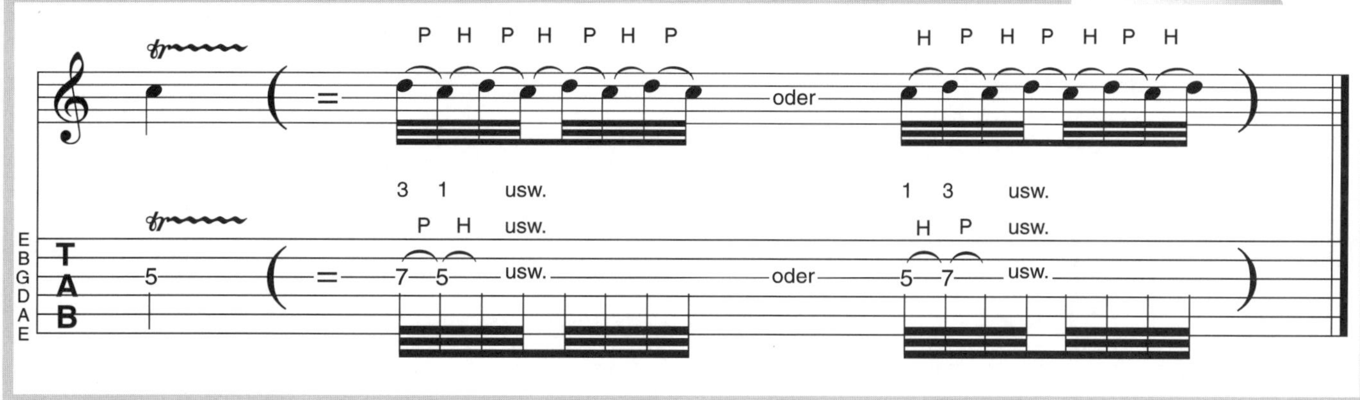

2 Bei beiden Übungen verschiebt sich das Pattern in Halbtonschritten entlang der Saite. Achte bei Übung b) darauf, alle vier Finger zu Beginn des neuen Taktes gemeinsam aufzusetzen.

2a *Chromatisch aufwärts/abwärts mit H und P*

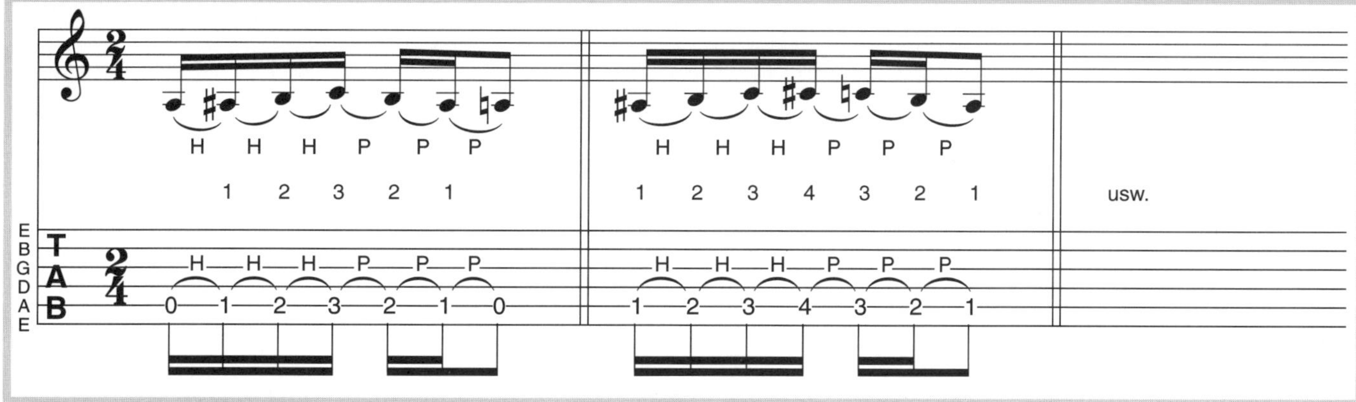

2b *Chromatisch abwärts/aufwärts mit P und H*

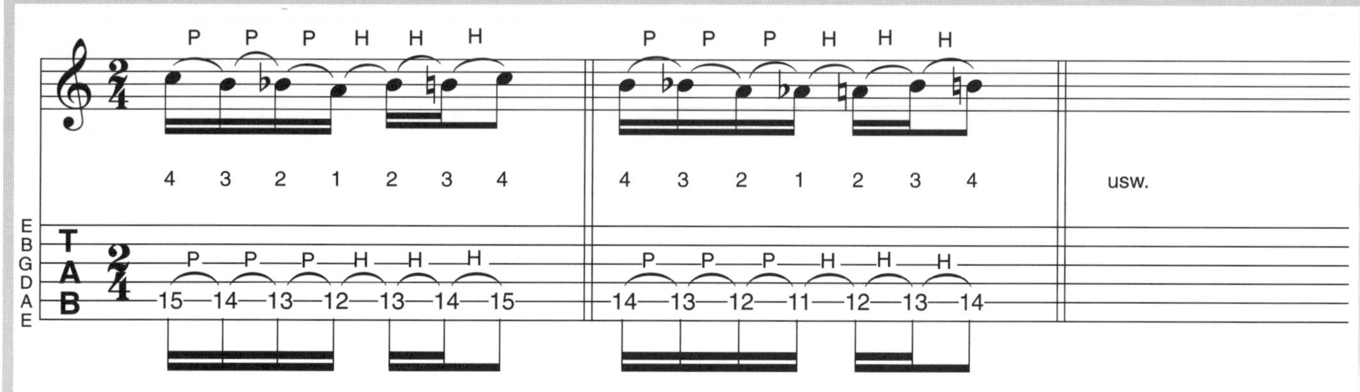

3 Spiele die Übung mit nur einem Finger. Wechsele von Zeit zu Zeit den Finger (Zeigefinger, Mittelfinger, Ringfinger, kleiner Finger). Übertrage die Übung auf die anderen Saiten.

H-P-Kombination mit Leersaite

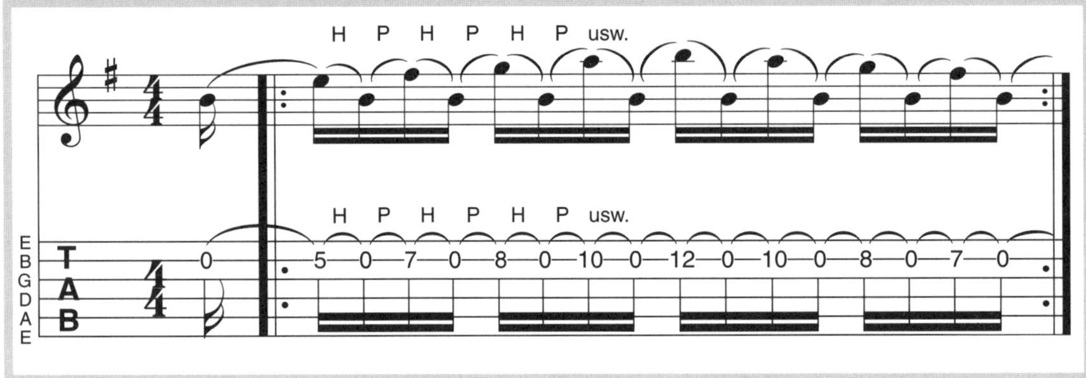

4 *Licks mit H-P-Kombinationen*

4a

56

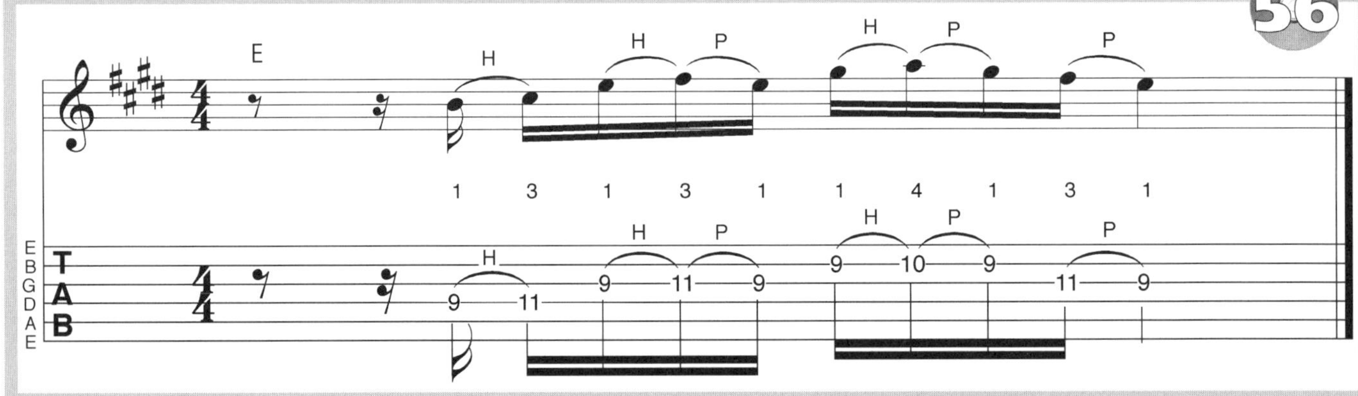

4b

56

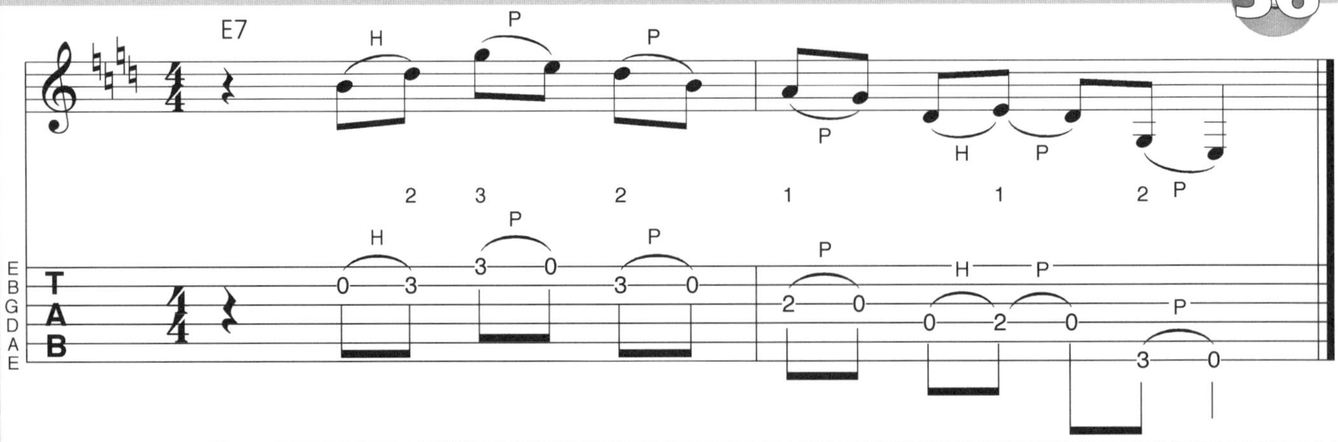

4c

56

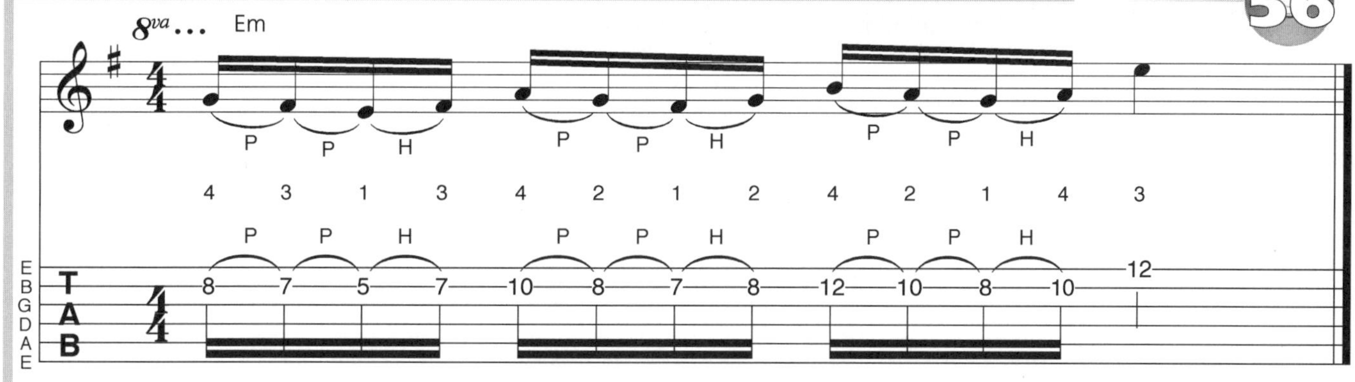

Tapping

Tapping ist der Oberbegriff für Hammer-On, Pull-Off und Slide mit der rechten Hand (Schlaghand) und wird besonders von vielen Gitarristen des Rock- und Heavy-Bereichs gerne ausgiebig zelebriert (Zeichen Ⓗ Ⓟ Ⓢ). Die Wirkung beruht auf interessanten Intervallsprüngen und Arpeggioumkehrungen, die leichtfüßig daherkommen. Tapping gelingt am einfachsten mit einem komprimierten oder verzerrten Leadsound. Auf der akustischen Gitarre erfordert es schon etwas mehr Geschick (vgl. z. B. Tappingmeister *Eddie Van Halen* in *„Light up the Sky"* auf *„Van Halen II"* - 1979).

Will man nur einen einzelnen getappten Ton oder eine kürzere Tapping-Phrase einwerfen, stellt sich die Frage, wohin auf die Schnelle mit dem Plektrum? Tappt man mit dem Mittel- oder Ringfinger, kann das Pick weiterhin zwischen Daumen und Zeigefinger bleiben.
Will man den Zeigefinger einsetzen, kann man das Plektrum z. B. mit einem anderen Finger in der Handfläche halten oder man wirft es freigiebig und publikumswirksam in die Menge.

Aufgaben und Übungen

Die Bewegung beim Tapping sollte nur aus den Fingern kommen. Stütze dazu die Hand mit dem Daumen am Hals/Griffbrett oder durch den Unterarm ab.

1 Beginnen wir mit einer leichten, aber wirkungsvollen Übung:
Ein einzelner getappter Ton.

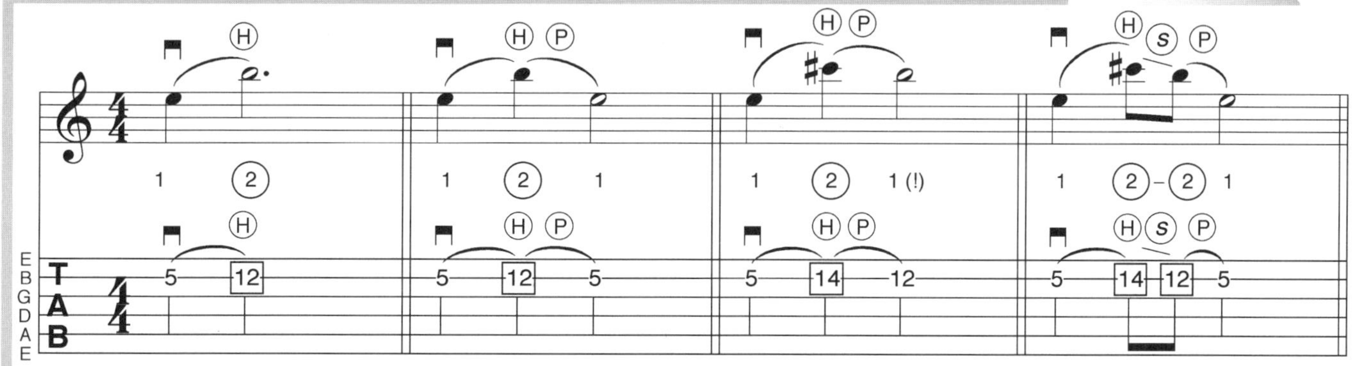

(2) = Mittelfinger der Anschlaghand

(S) = Slide mit Anschlaghand

2 In diesem Beispiel entfällt der normale Anschlag völlig. Die Saite wird jeweils zu Beginn eines Taktes durch das Tapping in Schwingung versetzt.

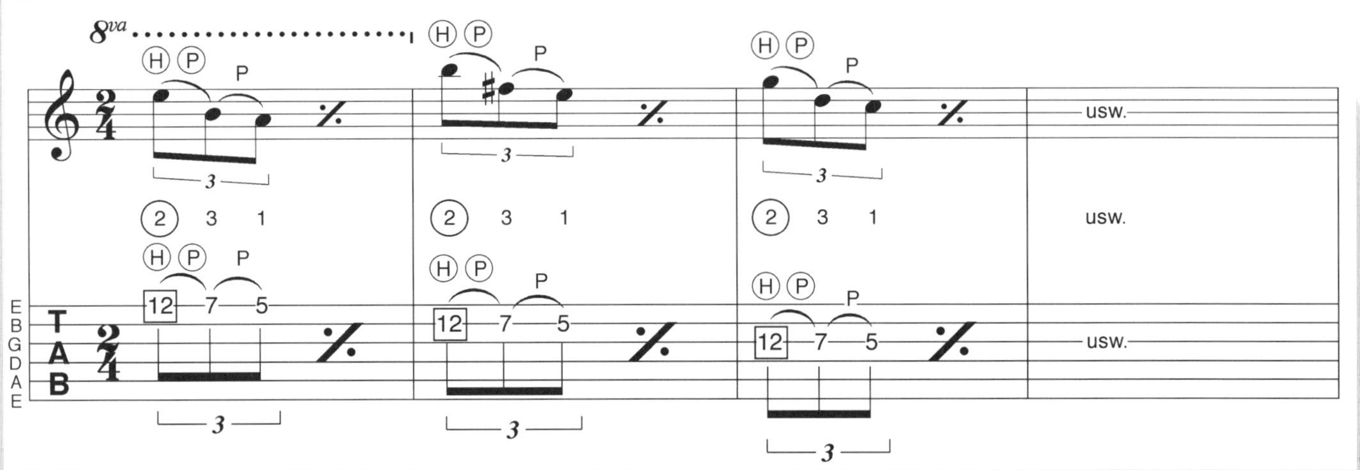

3 Eine Arpeggio-Sequenz mit Tapping

57

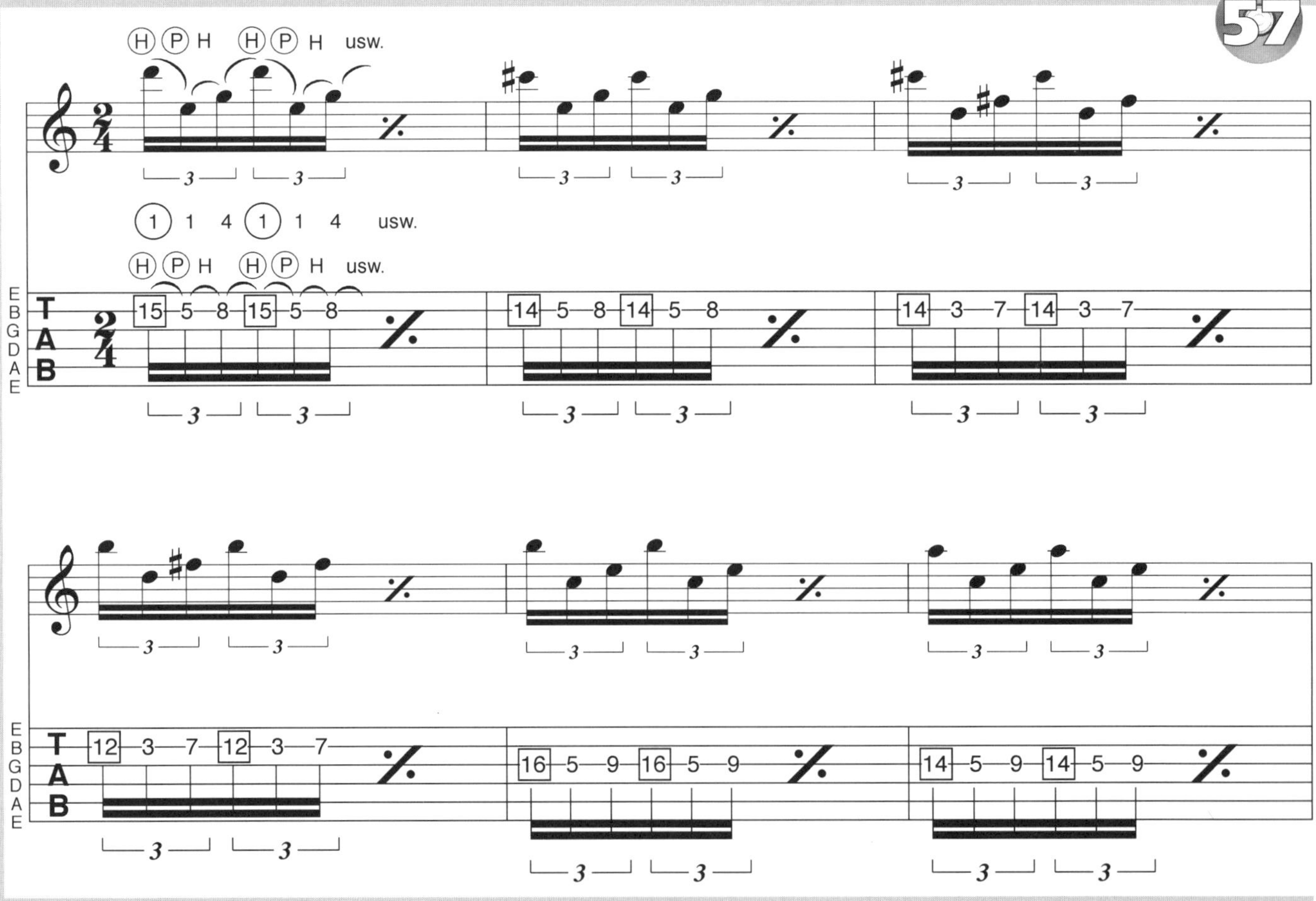

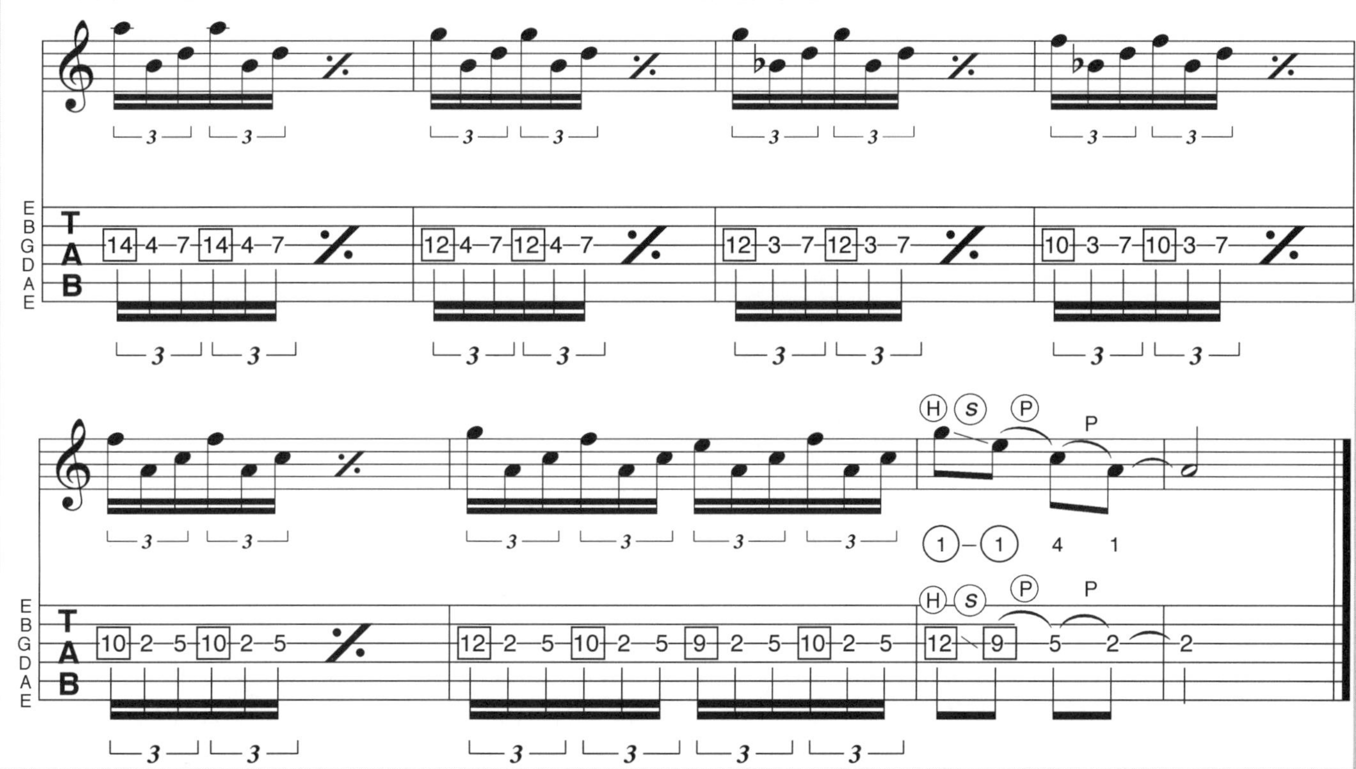

4 Nur im ersten und fünften Takt wird normal angeschlagen. Alle anderen Töne werden mit Hilfe von Legatotechniken zum Klingen gebracht. Besonders trickreich ist der zweite Takt: Den ganzen Takt hindurch hält die linke Hand die Saite gezogen (still bend). Dadurch ist auch der getappte Ton um einen Ganztonschritt höher (= „a“). Das Bending wird auf den ersten Schlag in Takt drei gelöst, wobei die rechte Hand ihren Ton immer noch am Klingen hält, der somit zu „g“ wird.

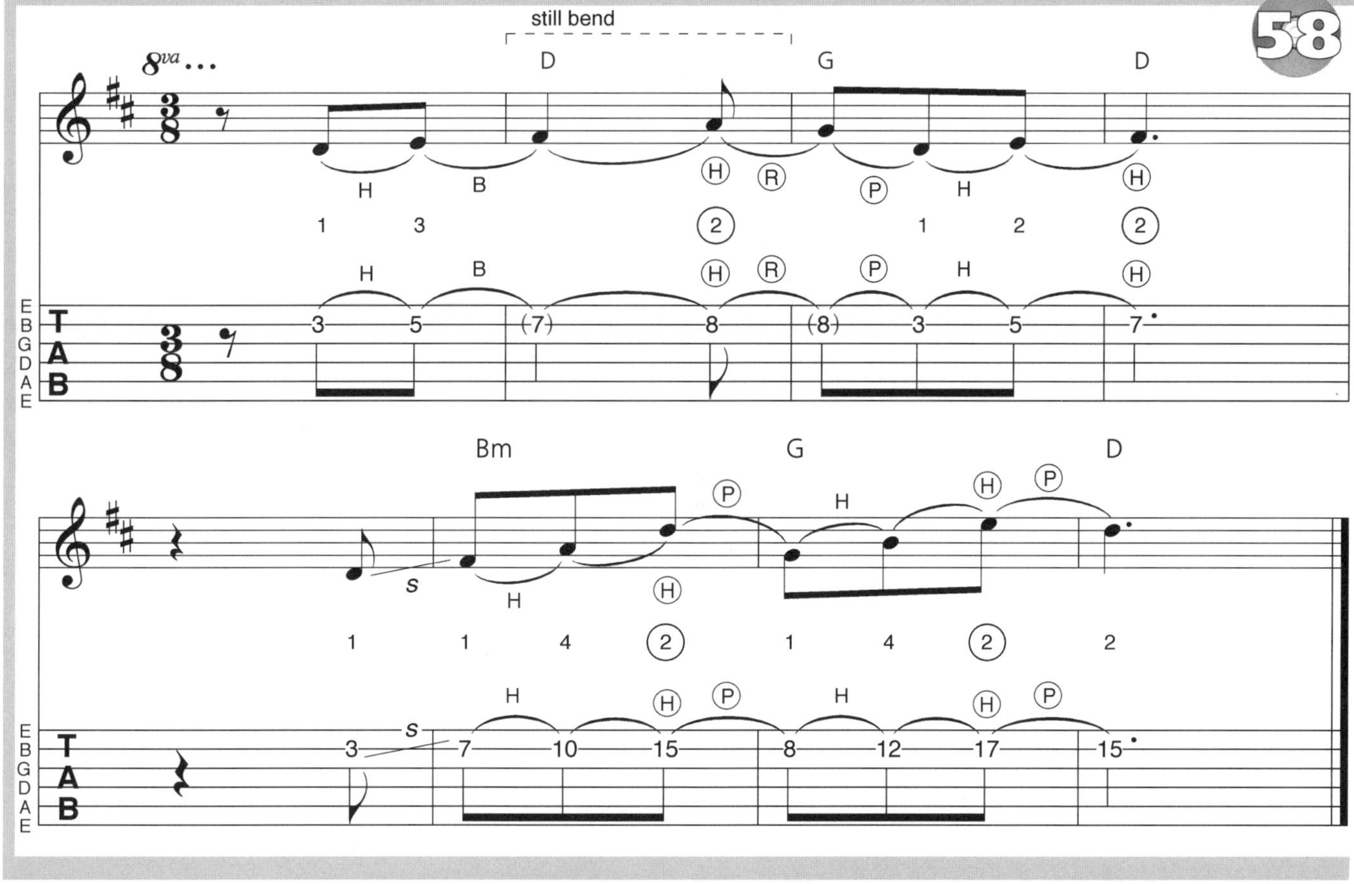

Slide

Bei einem ⇒ *Slide* gleiten wir auf der Saite von einem Ton zu einem anderen. Der Zielton kann sowohl tiefer als auch höher liegen. Damit der Ton unterwegs nicht abstirbt, muss der Finger den Druck auf die Saite beibehalten. Anders als bei der Verwendung eines ⇒ *Bottlenecks* sind die Zwischentöne eindeutig durch die Bünde vorgegeben. Die Tonhöhe verändert sich also nicht stufenlos, sondern springt in Halbtonschritten. Ein Slide kann in unterschiedlicher Geschwindigkeit ausgeführt werden. Achte jedoch darauf, dass der Zielton ⇒ *„in time“*, d. h. genau zum richtigen Zeitpunkt erreicht wird. Sliding ist auch eine elegante Lösung, um innerhalb einer Phrase in eine neue Lage zu wechseln. In der Gitarrennotation wird Slide mit S gekennzeichnet, im übrigen auch durch die Bezeichnung gliss. (⇒ *glissando*, ital. = gleitend).

Aufgaben und Übungen

Variationen für alle Übungen

a) Variiere die Geschwindigkeit, mit der du das Slide ausführst (langsam, mittel, schnell).
b) Spiele die Übungen in unterschiedlichem Tempo.
c) Spiele die Übungen mit jedem Finger.
d) Übertrage die Übungen in andere Griffbrettlagen und auf die anderen Saiten.

1 *Slide aufwärts*

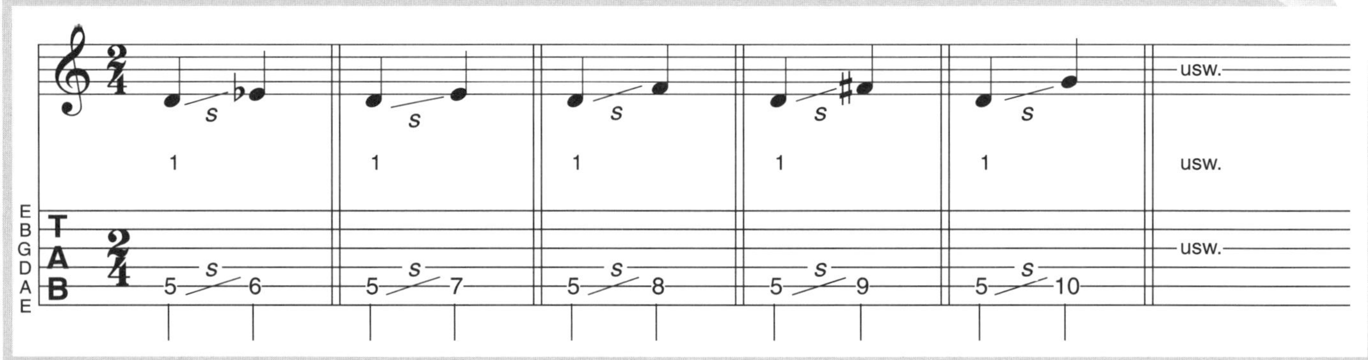

2 *Slide abwärts*

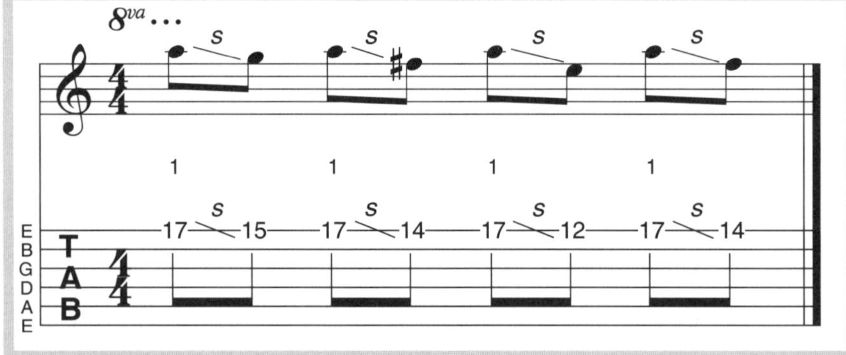

3 *Beispiel 1: Slide aufwärts und abwärts*

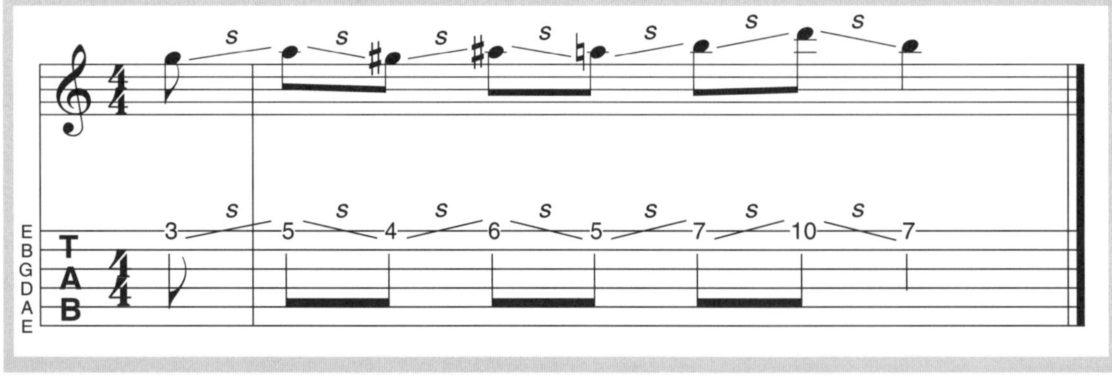

59

Beispiel 2: Slide aufwärts und abwärts

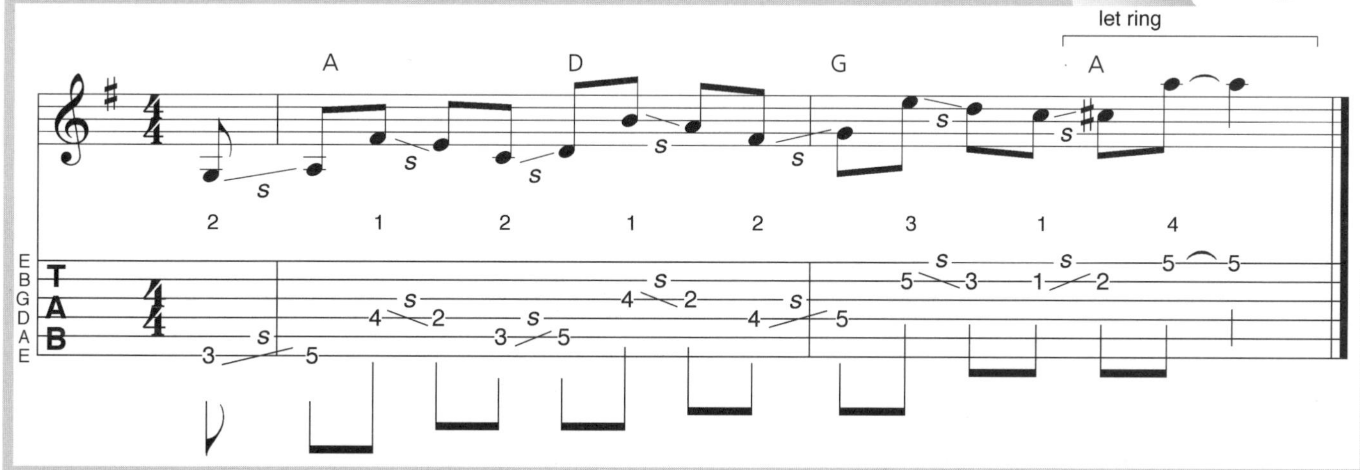

4

88 Slides können - wie alle anderen Legatotechniken auch - für ***Vorschlagnoten*** verwendet werden (siehe erster Takt, erste Note). Eine Besonderheit stellt das schnelle Hineingleiten („Slide in“) in einen Zielton von einem unbestimmten Ausgangston dar. Notiert wird das Hineingleiten durch einen Strich vor der Note (siehe zweiter Takt, erste und zweite Note).

60

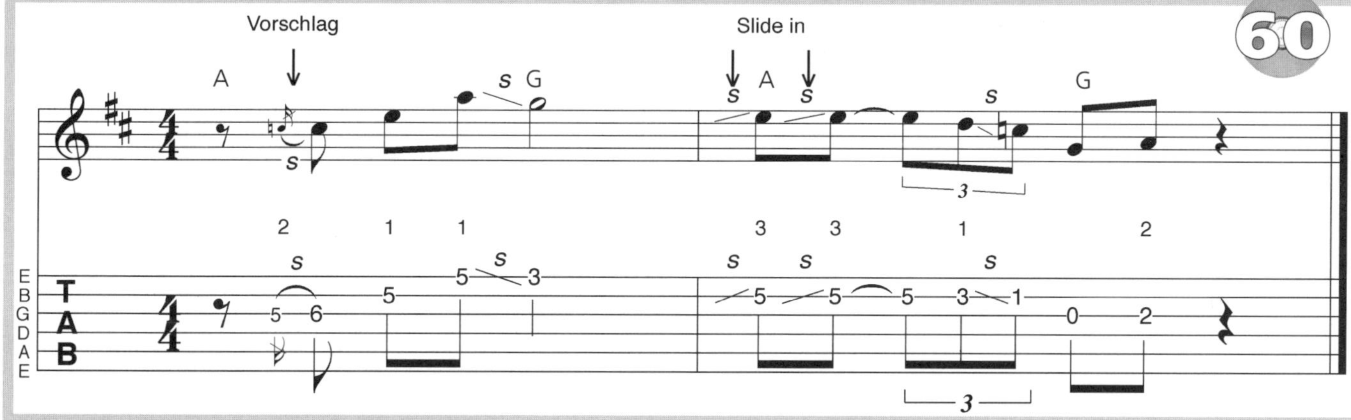

Bend

Beim ⇒ *Bending* wird die Saite quer zum Griffbrett gedehnt und dadurch die Tonhöhe des urprünglichen Tons erhöht. Im Deutschen sagt man dazu auch Ziehen der Saite, was aber nur eine Hälfte der Technik beschreibt. So sollte man nur die drei tiefen Saiten E, A, D ziehen, die drei hohen Saiten G, B, E drücken (jeweils in Richtung des weiter entfernten Griffbrettrands). Der Grund für diese Zweiteilung liegt darin, dass die Saite beim Dehnen nicht vom Griffbrett kippen soll. Der Finger, der das Bend ausführt, sollte zur besseren Kontrolle durch mindestens einen weiteren Finger, den man dahinter auf die Saite setzt, unterstützt werden. Daraus folgt, dass für Bendings in der Regel der Mittelfinger, der Ringfinger oder der kleine Finger eingesetzt werden. Wie leicht ein Bend von der Hand geht, hängt von der verwendeten Saitenstärke, vor allem aber vom Trainingsstand ab.

Übliche Bendings erhöhen den Ton um einen, zwei oder drei Halbtonschritte. Auch sogenannte ⇒ *Mikrobendings*, bei denen der Zielton z. B. nur um einen Vierteltonschritt entfernt liegt, sind möglich. Bendings können sehr langsam, sehr schnell oder irgendwo dazwischen ausgeführt werden. Die Wirkung ist erstaunlich verschieden.

Ein gutes Bending zeichnet sich dadurch aus, dass die Bewegung zielsicher bis zum angestrebten Ton durchgehalten wird. Der Zielton muß genau getroffen und gehalten werden. Das bedeutet, dass deine linke Hand ein Gefühl dafür entwickeln muss, auf welcher Saite und wo auf dem Griffbrett wie stark gezogen bzw. gedrückt werden muss, um den beabsichtigten Zielton zu erreichen.

Lässt man einen gezogenen Ton zur ursprünglichen Tonhöhe zurück, nennt man das ⇒ *Release*. Eine interessante Variante ist das ⇒ *Pre-Bend* & Release. Hierbei wird ein Bend unhörbar vor dem eigentlichen Anschlag ausgeführt. Dann wird die Saite angeschlagen, das Bend wird nachgelassen und die Tonhöhe erniedrigt sich. Diese Umkehrung des gewohnten Bending-Vorgangs wirkt überraschend - vorausgesetzt, man verwendet sie nicht allzu zu oft.

Aufgaben und Übungen

1 Genaues Bending mit Kontrolle der Tonhöhe. Der erste Ton dient jeweils als Vergleich für die Tonhöhe des Bends. Übertrage die Übungen in höhere und tiefere Lagen. Übe das Bending mit Mittelfinger, Ringerfinger und kleinem Finger.

1a *Bending um einen Halbton*

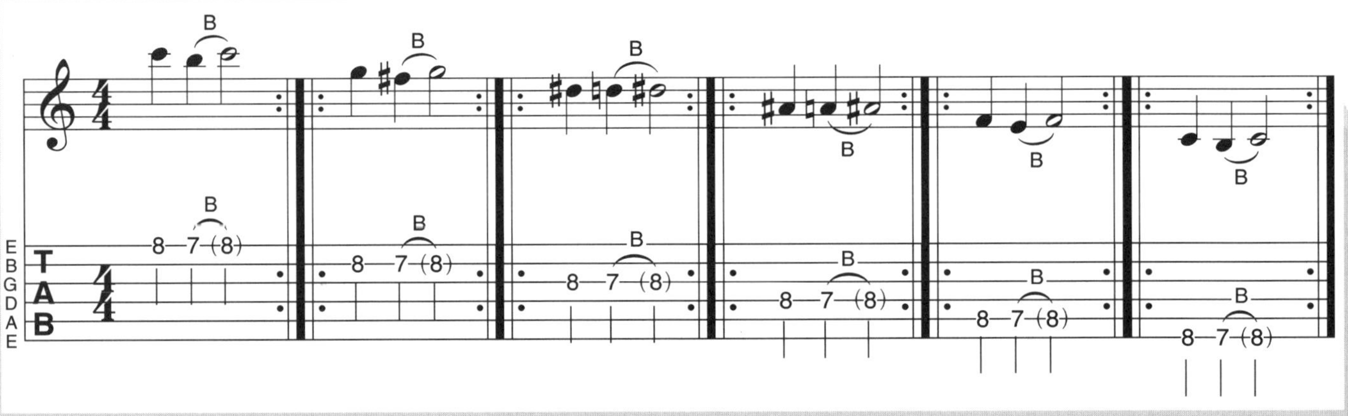

1b *Bending um zwei Halbtöne*

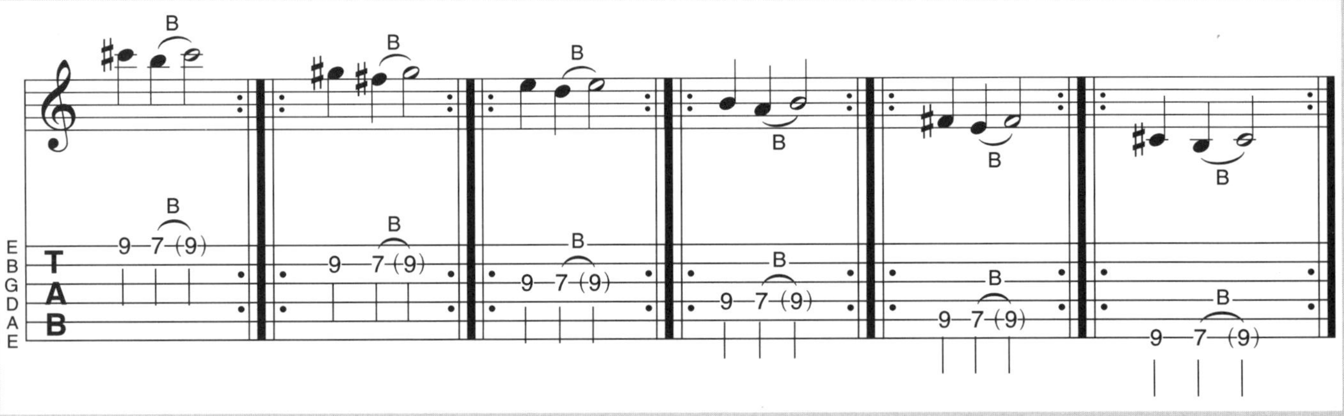

1c *Bending um drei Halbtöne*

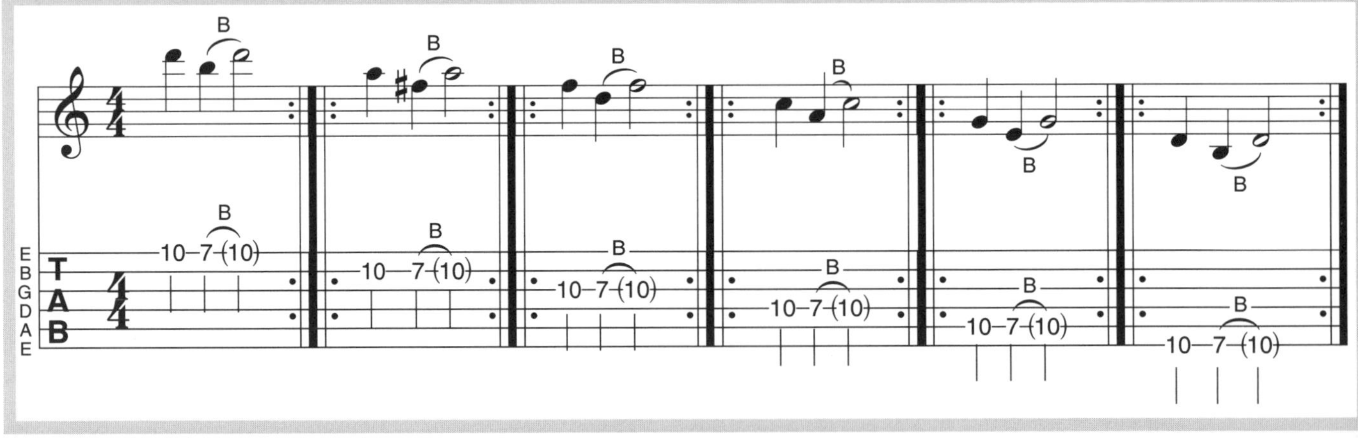

1d *Kombination aus a, b und c*

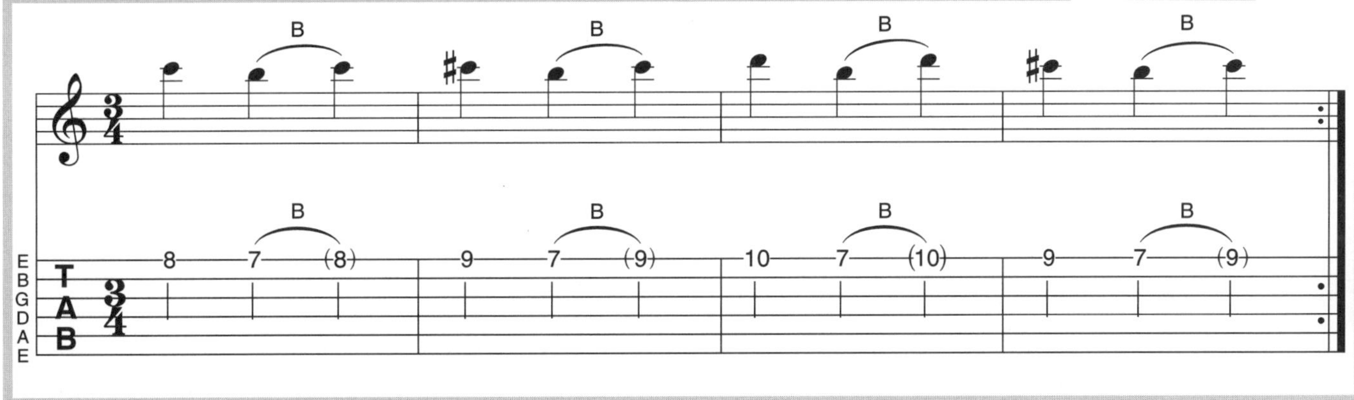

(entsprechend für die anderen Saiten)

2 **Geschwindigkeit des Bendings**
Wiederhole Aufgabe 1, indem du die Geschwindigkeit des Bendings variierst. Achte aber darauf, den Zielton stets *in time* zu erreichen.

2a Schnelles Bending: Halte den Ausgangston so lange wie möglich und ziehe die Saite dann blitzschnell zum Zielton.

2b Langsames Bending: Gestehe dem Ausgangston nur etwa die halbe Notenlänge zu und beginne ab da mit dem Bending.

2c Mittelschnelles Bending: Startpunkt des Bendings zwischen a) und b).

3 **Bend & Release**

3a Lasse den gezogenen Ton ohne erneuten Anschlag wieder zurück. Mache die Übung auf allen Saiten und in unterschiedlichen Lagen.

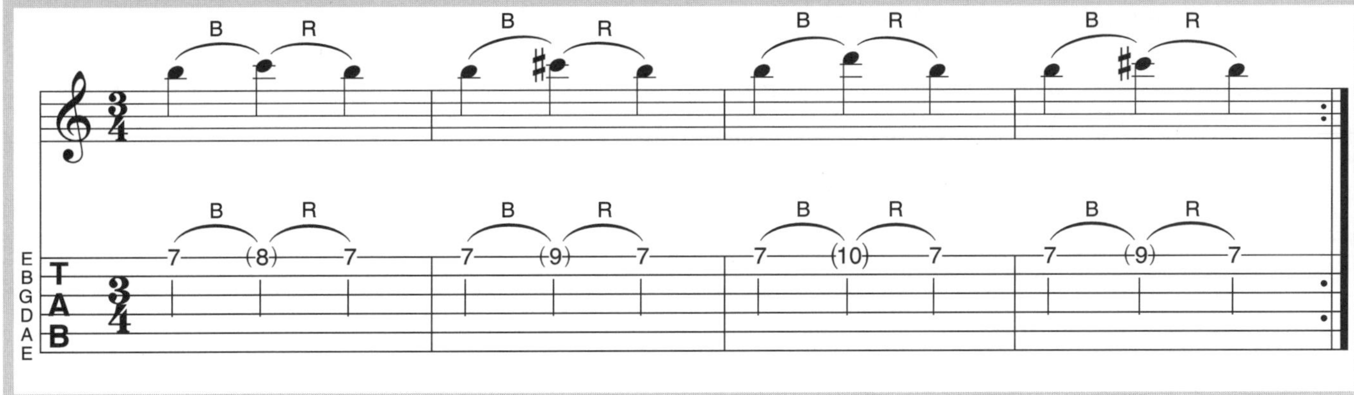

(entsprechend für die anderen Saiten)

3b Variiere die Geschwindigkeit des Bend & Release (vergleiche Aufgabe 2).

4 Bending in Halbtonschritten

Die Saite wird nur einmal zu Beginn angeschlagen. Achte darauf, die einzelnen Töne exakt zu erreichen und zu halten. Übertrage die Übung entsprechend auf die anderen Saiten und in andere Lagen.

4a *Bending*

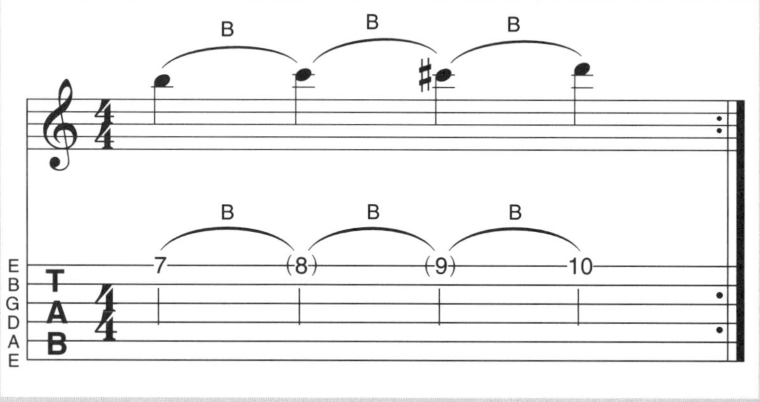

4b *Bending & Release*

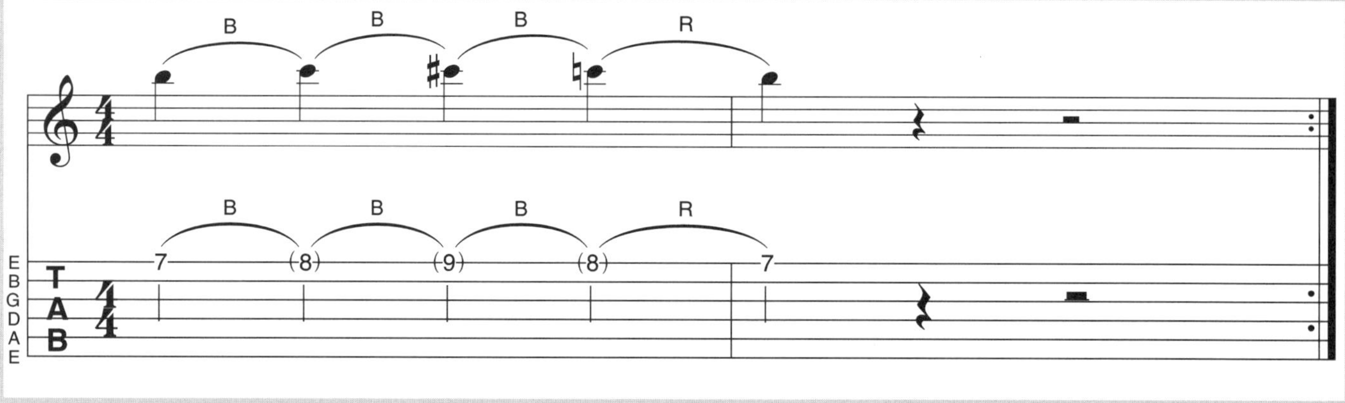

5 Pre-Bend & Release

Ein Pre-Bend birgt die grundsätzliche Schwierigkeit, dass man während des Bendings keine hörbare Kontrolle über die Tonhöhe hat. Dies erfordert relativ viel Gefühl für den jeweils notwendigen Krafteinsatz. In der Notation gibt ein eingeklammerter Notenkopf an, von welchem Ton aus das Pre-Bending ausgeführt werden soll.

61

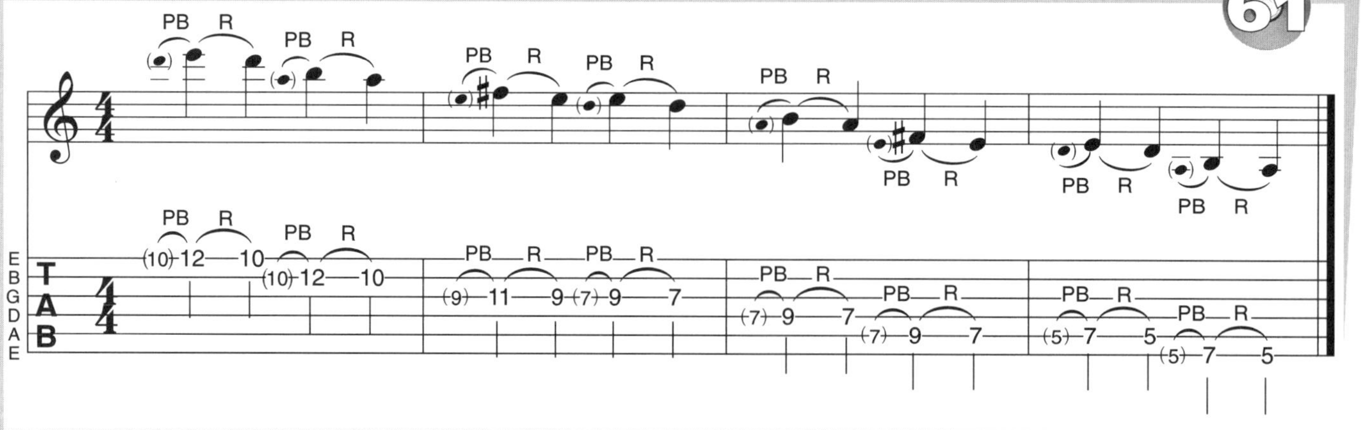

6 Mikro-Bending

Mikro-Bending um ca. 1/4-Ton für Bluenotes

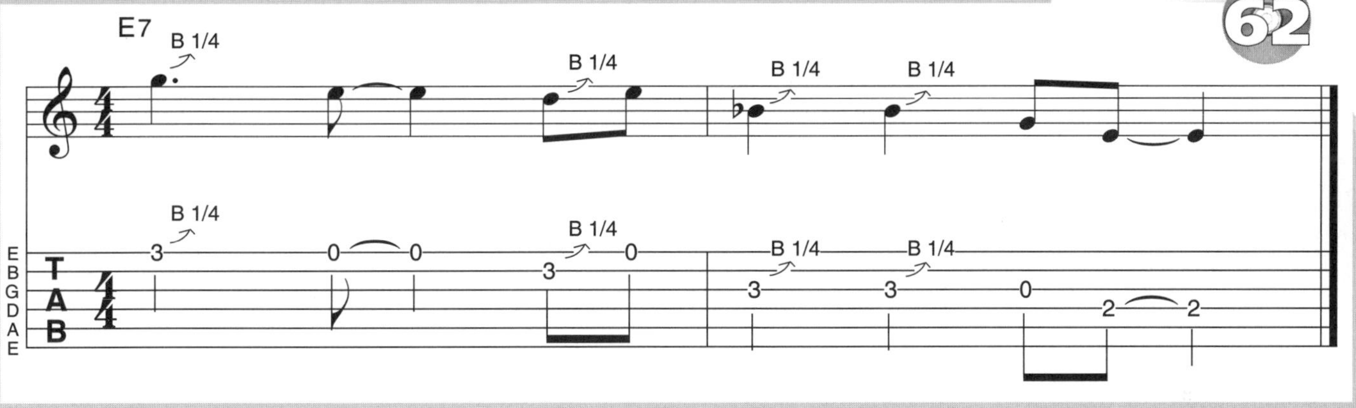

7 Bend & Vibrato

Ein gezogener und gehaltener Ton kommt durch ein Vibrato voll zur Geltung.

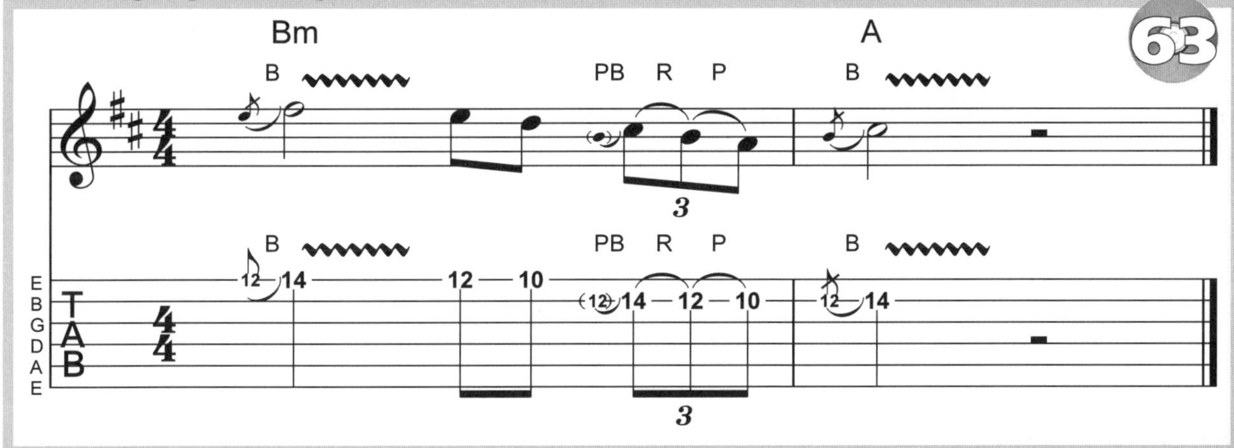

8 Harmony Bending

Bendings können auch in einem mehrstimmigen Kontext (⇒ *Harmony Bending)* ausgeführt werden. Etwas problematisch wird das auf einer Gitarre mit Vibratosystem, weil dessen Federn beim Saitendehnen nachgeben. Gleichzeitig zu einem Bending gespielte Töne klingen dabei immer leicht zu tief.

Lick 1

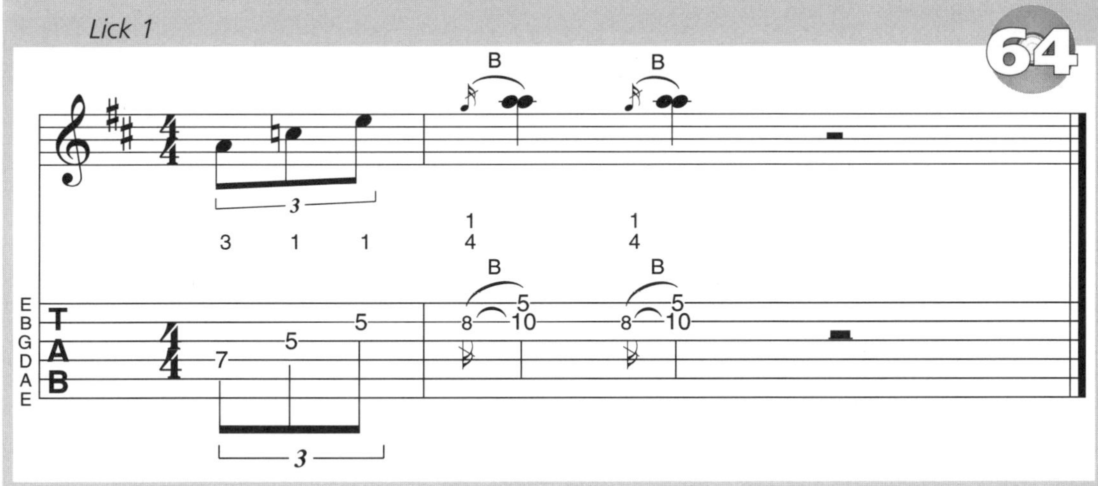

Lick 2

64

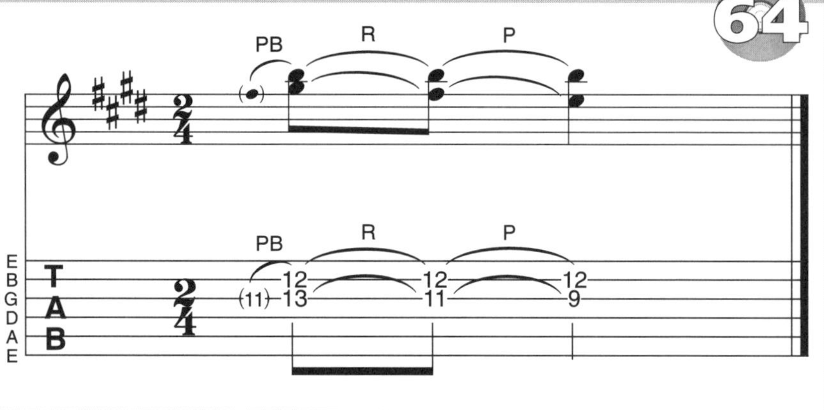

Whammybar

Durch Herunterdrücken des ⇒ *Whammybars* wird die Saitenspannung und damit die Tonhöhe stufenlos erniedrigt. Die Saiten können in der Regel völlig entspannt werden. Zieht man den Hebel herauf, erhöht sich die Spannung und ebenso die Tonhöhe. Dem Heraufziehen sind durch die Konstruktion des Whammybars und durch die Zugbelastbarkeit der Saiten Grenzen gesetzt. Wie stimmungsfest das ganze System ist, merkt man spätestens bei starkem Gebrauch des Hebels.

Die Einsatzmöglichkeiten des Whammybars reichen 141 vom leichten ***Vibrato*** bis hin zu extremen Effekten (z. B. ⇒ *Dive Bomb*). Im folgenden stelle ich ein paar Bend-Legatotechniken vor, die auch mit einem einfachen Vibratosystem, wie es z. B. auf einer normalen Stratocaster montiert ist, machbar sind. Achte darauf, die Nebengeräusche durch Abdämpfen der nicht gespielten Saiten im Rahmen zu halten.

Aufgaben und Übungen

1 Um den Zielton zu erreichen, verringere die Saitenspannung durch Herunterdrücken des Whammybars, und halte ihn dort. Achte auf die exakte Tonhöhe, was du durch normales Spielen des Zieltons überprüfen kannst.
Übe auch mit anderen Tönen (andere Lagen, Saiten, Intervalle).

65

2 Drücke zuerst den Vibratoarm lautlos herunter, schlage dann an und lasse den Hebel in die Ausgangsstellung zurück. Die besondere Schwierigkeit besteht darin, den Anfangston mit dem Herunterdrücken genau zu treffen.

65

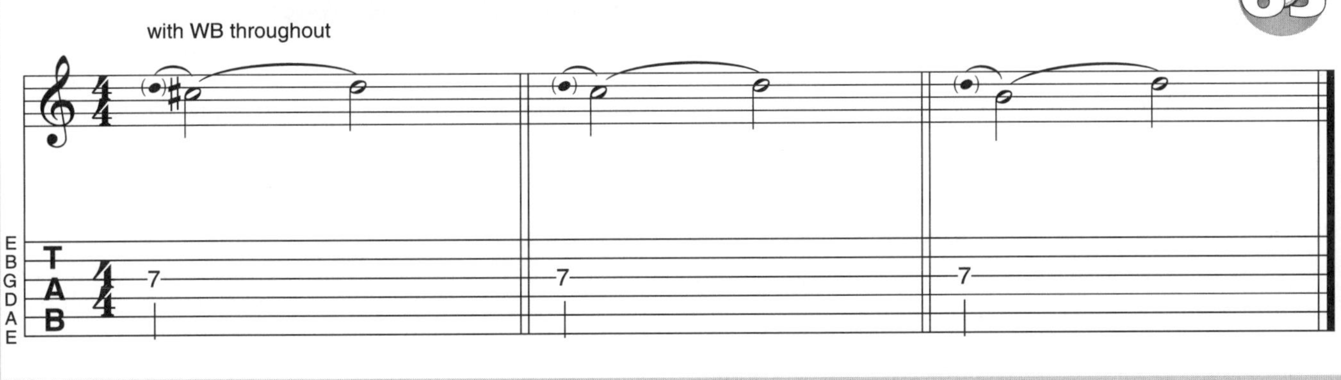

3 Durch eine kleine Variation der Technik aus Übung 2 kann man wie beim Slide in einen Ton Hineingleiten. Du drückst den Hebel kurz vor bzw. mit dem Picking leicht herunter und lässt ihn gleich wieder zurück. Dazu sollte sich der Vibratohebel bei deiner Anschlaghand befinden, so dass du zugleich drücken und anschlagen kannst. Wie weit du das Whammybar niederdrückst, ist dir überlassen (Tonhöhe unbestimmt - somit etwas leichter als Übung 2). Es sollte bei Wiederholungen aber gleichmäßig ausfallen.

65

Aufbau und Dramaturgie eines Solos

Die einzelnen Aspekte eines Solos wurden in den vorangegangenen Kapiteln dargestellt. Das Ganze ist aber mehr als die Summe seiner Teile. Letztlich sind nicht allein die Zutaten ausschlaggebend, ob ein Solo positiv auffällt, beeindruckt oder mitreißt, sondern sie müssen auch zusammenpassen. Für mich hat sich folgende bildhafte Vorstellung als hilfreich erwiesen:

Stelle dir den Verlauf eines Solos wie den Lauf eines Flusses vor, der in einer Gefällstrecke schnell, in der Ebene ruhig und gleichmäßig, in Stromschnellen turbulent, mal in engen oder weiten Kurven und mal geradeaus dahinfließt.

Vorgaben für das Solo

Musikstück und Stilistik geben bereits Bedingungen für den Aufbau des Solos vor. Auch Dirigent, Bandleader, Produzent, Mitmusiker usw. haben bestimmte Ziele und äußern Erwartungen. Der Solist hat die Aufgabe, alle diese Vorgaben und seine eigenen Zielvorstellungen in Einklang zu bringen. Negativ gesehen schränken Vorgaben zwar die Möglichkeiten ein, doch positiv gesehen können sie wertvolle Anhaltspunkte für den Soloaufbau sein.

Ziele

Ein Solo kann unterschiedliche Ziele auf unterschiedlichen Ebenen verfolgen. Ein Solo soll z. B. ...

- unterhalten
- dem Musikstück etwas Neues hinzufügen
- eine Nebensache sein
- die Hauptsache sein
- dem Song dienen
- Abwechslung bringen
- überleiten
- Spannung erzeugen
- ein Freiraum für den Solisten sein
- das instrumentale Können des Solisten demonstrieren
- usw.

Die Länge des Solos

Oft wird die Länge des Solos von vorneherein auf eine bestimmte Anzahl von Takten, auf bestimmte Formteile oder die Anzahl der ⇒ *Chorusse* festgelegt. Du bist also gezwungen, dein Statement innerhalb dieses zeitlichen Rahmens abzugeben. Ist die Länge des Solos offen, wie es z. B. bei vielen improvisierten Solos im Jazz der Fall ist (manchmal auch im Blues/Rock), trägst du die alleinige Verantwortung dafür, ob dein Solo zu lang oder (seltener) zu kurz ausfällt.

Der Ort und die Funktion des Solos

Der Ort im Musikstück, an dem das Solo vorgesehen ist, gibt Aufschluss über seine Funktion: Am Beginn des Stückes als ⇒ *Intro* (Einstimmung), am Ende als ⇒*Outro* (Ausklang) und innerhalb des Musikstücks als Überleitung, als ⇒ *Interlude* (Abwechlung), als Einwurf oder eben als eigenständiger Solopart.

Die Stilistik

Die Stilistik und die spezielle Art des Musikstücks setzen einen gewissen Rahmen hinsichtlich Sound, Spielweise, Stimmung usw. Hier kommt es besonders auf dein musikalisches Gespür, deinen Geschmack und deinen Mut an, inwieweit du bekannte und deshalb meist auch erwartete Klischees wiedergibst oder auch versuchst, neue und eigene Aspekte einfließen zu lassen.

Die Bedeutung des Solos

Die Bedeutung eines Solos hängt mit der Länge und dem Ort des Solos, mit der Stilistik und der Art der Produktion zusammen. Zum Beispiel ist ein Solo in leichtverdaulicher Popmusik eher schmückendes Beiwerk von untergeordnetem Stellenwert, darf deshalb nicht zu lang und zu kompliziert sein und sollte sich gut einpassen. In vielen Stilrichtungen des Jazz dagegen ist gerade das Solo die Hauptsache, wobei der Solist dazu noch größtmögliche Freiheiten bei der Ausführung hat.

Gliederung des Solos

Anfang und Ende

Einfach betrachtet, besteht ein Solo aus einem Anfang, einer Mitte und einem Ende. Besonders der Anfang ist bedeutsam. Bereits durch den Wechsel zum Solo (etwas Neues beginnt) wird die Aufmerksamkeit der Zuhörer geweckt. Der Beginn des Solos hat die wichtige Aufgabe, die gewonnene Aufmerksamkeit des Publikums schnellstmöglich zu binden und in weitergehendes Interesse, in Erwartung zu verwandeln. Der Solo-Anfang legt auch den Grundstein, auf dem sich das Solo entwickeln kann. Das Anfangsmotiv und die Stimmung sollten in irgendeiner Weise ausbaufähig sein. Grundsätzlich gibt es die verschiedensten Anfänge: Viele Töne, wenige Töne, laut, leise, kurze Phrase, lange Phrase, etwas Bekanntes, etwas Neues, eine bestimmte Spieltechnik, einen Sound, einen Effekt usw. Je nach Zusammenhang, Vorgaben und Ideen wird man sich für einen Solo-Anfang entscheiden. In der Regel beginnt ein Solo auf einem eher niedrigen Niveau hinsichtlich Anzahl der Töne, Rhythmik, Lautstärke usw., um sich auf einen oder mehrere Höhepunkte hin zu steigern. Dieses Vorgehen erlaubt, den Aufbau und die Richtung des Solos in weitem Bereich zu steuern. Aber auch andere Wege sind möglich.

Der Schluss des Solos ist nicht ganz so kritisch wie der Anfang. Deutlich sollte jedoch eines werden: Hier ist das Solo zu Ende. Punkt. Ausnahmen sind ein Fade-Out-Solo (das ganze Stück wird langsam ausgeblendet) oder eine Sololinie, die z. B. in Refrain oder Vers überleitet, so dass das Soloende mit dem Anfang des neuen Teils verschmilzt.

Fixpunkte

Eine äußerst praktikable Methode, um ein Solo aufzubauen und zu gliedern, ist das Setzen von Fixpunkten. Man entwirft ein Anfangs-, ein Endmotiv und ein paar markante Motive für bestimmte Stellen im Soloverlauf (z. B. Höhepunkt). Die zwischen diesen Fixpunkten liegenden „Leerräume" füllt man durch Variationen der verwendeten Motive oder Übergänge z. B. in Form von Sequenzen oder Arpeggios.

Als ⇒ *Hook* oder *Hookline* wird eine besonders hervorstechende und wiederkehrende Figur bezeichnet, durch die der Zuhörer quasi an den Haken genommen wird. In einem Popsong übernimmt zum Beispiel der Refrain diese Aufgabe. Der Grundgedanke einer wiederkehrenden Hookline funktioniert selbstverständlich auch in einem Solo.

Formteile

Erstreckt sich das Solo über mehrere Formteile (z. B. A A B A B C), kann man die Phrasen so bilden, dass sie dieser formalen Gliederung folgen. Mit anderen Worten, die Phrasen befinden sich jeweils innerhalb der einzelnen Formteile. In dieser Weise verlaufen in der Regel auch die Melodie bzw. die Themen eines Musikstückes. Interessanter und souveräner klingt das Ergebnis, wenn man es schafft, sich im Solo - zumindest zeitweise - von dieser Einteilung zu lösen und über die Nahtstellen der Formteile hinweg zu spielen.

Spannung und Entspannung

Spannung und Entspannung ist ein Merkmal des Lebens, das man in vielfältiger Form antrifft: Werden/Vergehen, Wachen/Schlafen, Tag/Nacht, Einatmen/Ausatmen usw. Auch Musik lebt durch Spannung und Entspannung. Oft wird Spannung / Entspannung gleichgesetzt mit Dynamik (vereinfacht: laut/leise spielen). Aber wie aus der folgenden (unvollständigen) Zusammenstellung zu ersehen ist, stellt die Dynamik nur eine von vielen Möglichkeiten dar, wie Spannung und Entspannung erzeugt werden können.

Grundsätzlich gilt, dass man eine Steigerung oder einen Höhepunkt nur dann als solche/n wahrnehmen wird, wenn die Intensität zuvor geringer war. Oftmals ist die Steigerung der Spannung auch nur zu spüren, ohne dass man genau angeben könnte, was sich dabei eigentlich ändert (z. B. Stichwort ⇒ *Drive*). Die wohl wichtigste Umsetzung des Prinzips von Spannung und Entspannung findet sich im Spielen/Pausieren, wobei Spannung sowohl durch Spielen als auch durch Pausieren erzeugt werden kann.

Spannung und Entspannung können sich nur dann entfalten, wenn der Solist durch die Begleitband entsprechend unterstützt wird. Wenn die Mitmusiker vor sich hin spielen, ohne auf den Solisten zu hören und ohne mitzufühlen, laufen dessen Bemühungen ins Leere.

Erzeugen von Spannung

- weniger Pausen lassen
- Erhöhen der Phrasendichte (mehr Töne spielen)
- Längere Phrasen spielen
- unerwartete Pausen einlegen
- den Beginn der nächsten Phrase hinauszögern (länger pausieren)
- mehrfaches Wiederholen eines Tons, eines Motivs, eines Patterns
- lauter spielen
- Verändern des Klangs (z. B. weich ➤ perkussiv/aggressiv)
- akkordfremde Töne (d. h. zusätzliche Erweiterungen/Tensions, auch alterierte Töne)
- Intervallsprünge
- aufsteigende Tonfolge
- Tonumfang ausreizen
- in höheren Lagen spielen

...

Erzeugen von Entspannung

- mehr Pausen lassen
- Verringern der Phrasendichte (weniger Töne spielen)
- längere Töne spielen
- leiser spielen
- Verändern des Klangs (z. B. hart ➤ weich)
- akkordeigene Töne
- absteigende Tonfolge
- schrittweise Melodiebewegung
- nicht mehr extrem hohe Töne spielen

...

Wiederholung als Prinzip

Ein typisches Merkmal von Kommunikation (ob sprachlich oder musikalisch) ist, dass sie sich eine Zeit lang mit einem Thema befasst. Würde ein Redner fortlaufend das Thema wechseln, könntest du wohl kaum verstehen, was er eigentlich meint und worauf er hinaus will. Das gleiche gilt für die Musik. Melodien bzw. Solos, die dauernd neue Themen und Ideen anbringen, in denen also keine Ähnlichkeiten erkennbar sind, erschweren die Kommunikation. Der Zuhörer wird nach kurzer Zeit abschalten, weil er dem Solo nicht mehr folgen kann. Denn zu viel Neues überfordert. Andererseits wird der Zuhörer auch bei zu viel Gleichem abschalten. Denn er kann den Verlauf des Solos vorhersagen und sein Interesse wird schwinden. Ein ausgewogenes Verhältnis zwischen Bekanntem/Vorhersagbarem und Verändertem/Neuem macht ein Solo für den Zuhörer mitvollziehbar und interessant. Das Mittel dafür ist die Wiederholung.

Wiederholung ist ein universelles musikalisches Prinzip. Man findet sie im *Großen* (Wiederholung von Formteilen z. B. Strophe, Refrain, Thema) wie im *Kleinen* (Wiederholung von Motiven und einzelnen Elementen). Seltener handelt es sich dabei um exakte Kopien. Meist wird ein Motiv oder ein Thema verändert wiederholt (⇒ *Variation*). Variationen unterscheiden sich durch den Grad ihrer Veränderung. Je mehr verändert wird, desto weniger wird wiederholt und desto weniger bekannt klingt das Ergebnis - und umgekehrt. Oftmals reicht bereits eine kleine Abweichung vom Original aus, um einen neuartigen Eindruck zu schaffen. Bei starken Veränderungen übernehmen die neuen Ideen die Vorherrschaft, und lassen das, was vom Ursprünglichen noch vorhanden ist, in den Hintergrund treten.

77

Wiederholung in seiner gesamten Bandbreite - von exakter Kopie bis hin zu starker Veränderung, im Großen wie im Kleinen - hilft dabei, ein Solo zu schaffen, das gleichzeitig neu und bekannt klingt, und dadurch das Interesse der Zuhörer weckt und erhält. Wiederholungen tragen dazu bei, dass das Solo in sich logisch, stimmig und sinnvoll klingt.

Anhang

Lösungen zu den Aufgaben
Die Stammtöne auf dem Griffbrett
Die Intervallbezeichnungen
Der Quintenzirkel der Dur-Tonarten
Die Dur-Tonarten und ihre Stufenakkorde (Übersicht)
Fingersätze für Tonleitern
CD-Empfehlungen
Stichwort-Lexikon
Kopiervorlagen

Lösungen zu den Aufgaben

Relative Position: Die Intervalle

Aufgabe 1 36

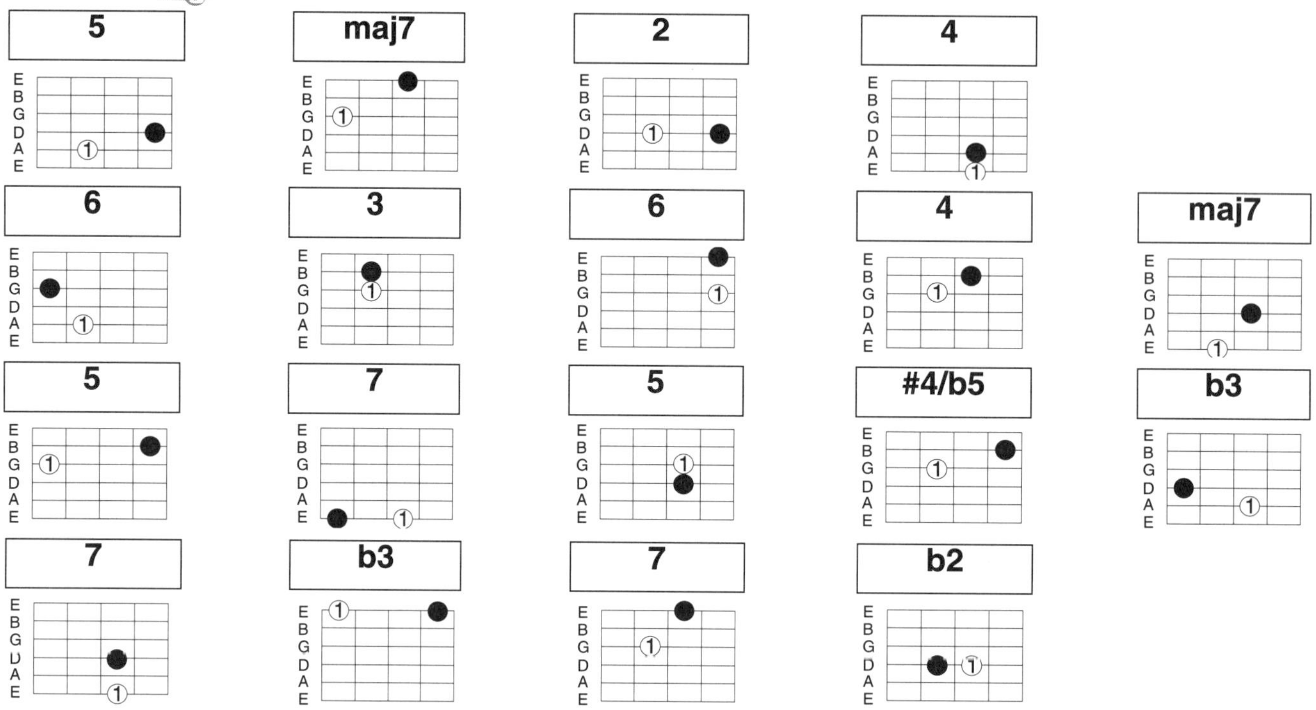

Aufgabe 2a 37

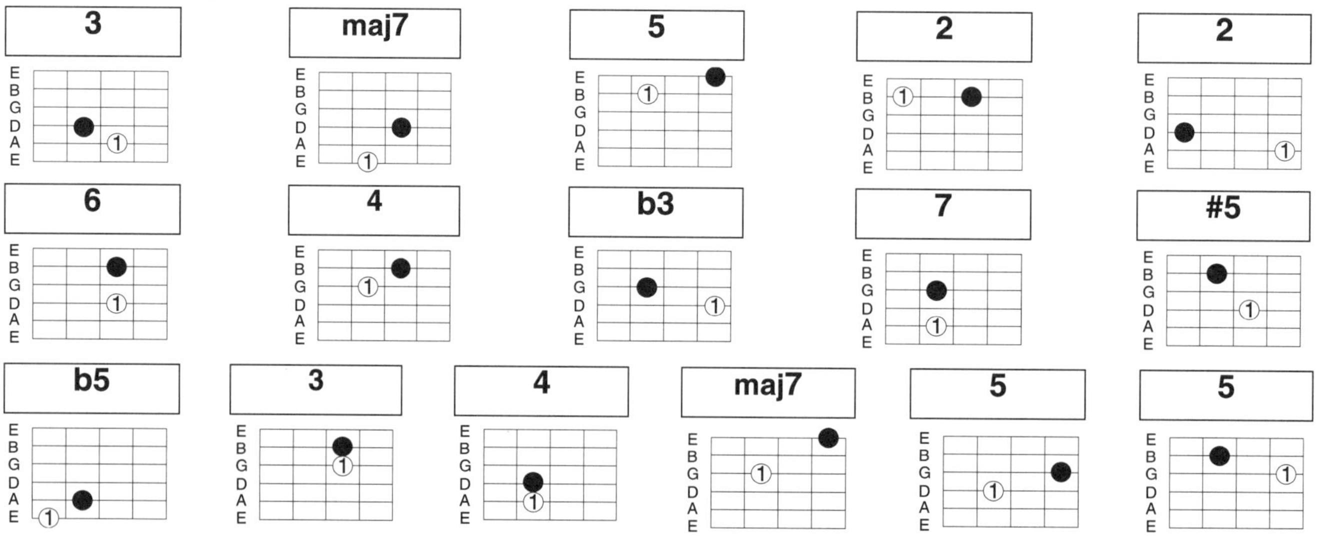

Aufgabe 2b 37

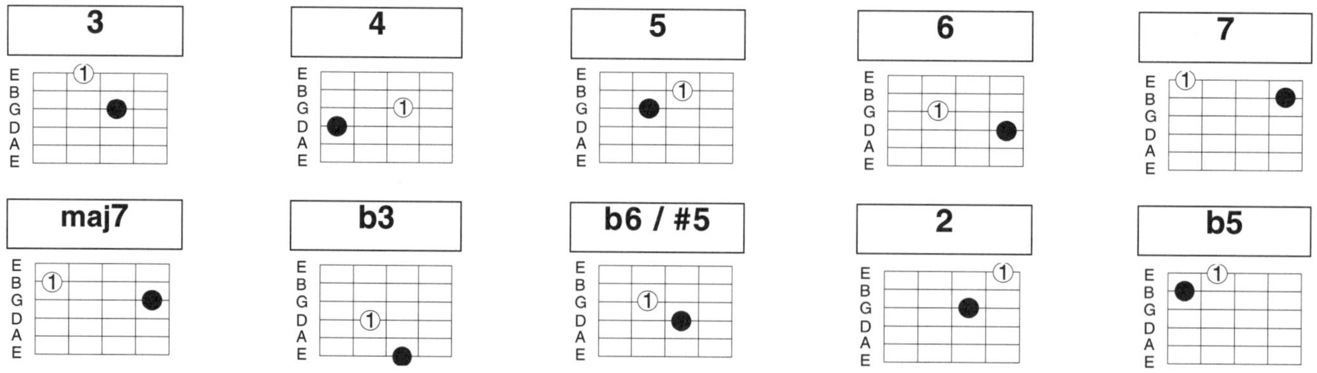

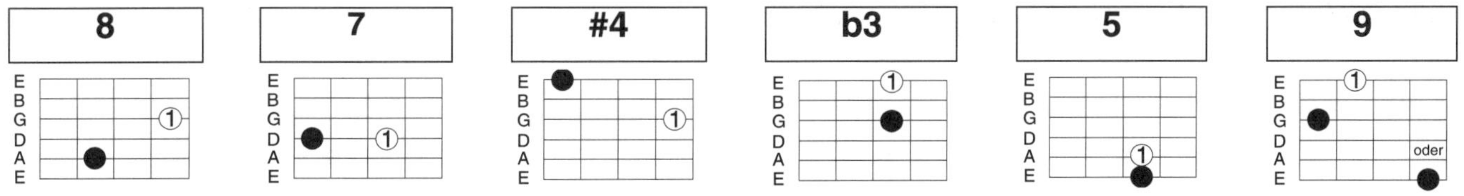

Aufgabe 5a 38

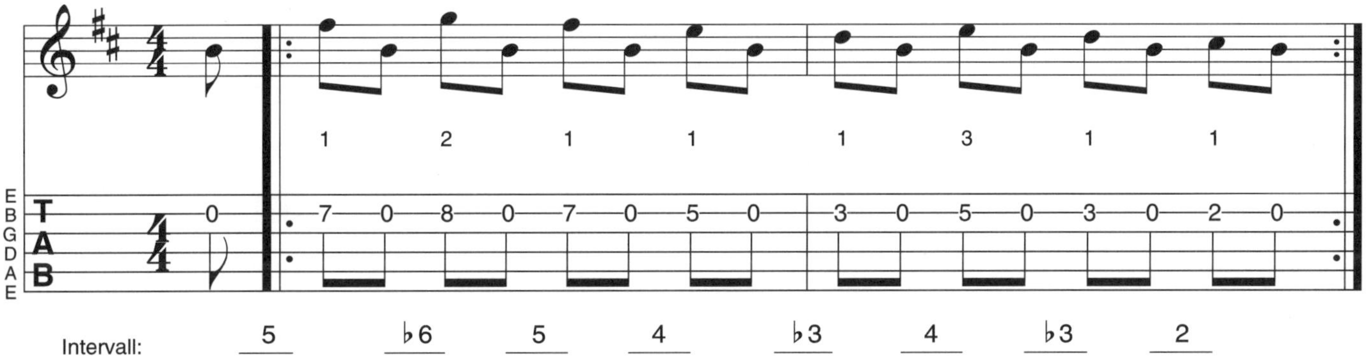

Aufgabe 5b 39

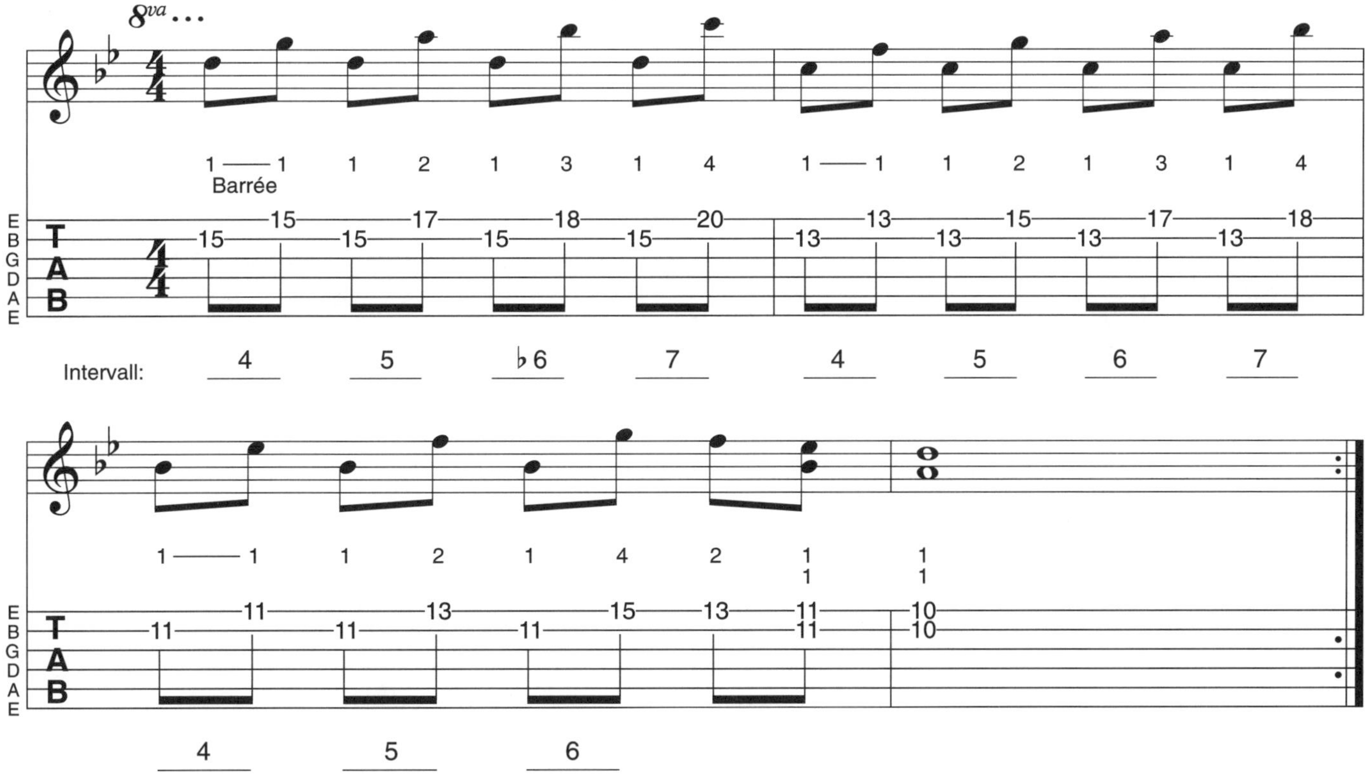

Aufgabe 5c 39

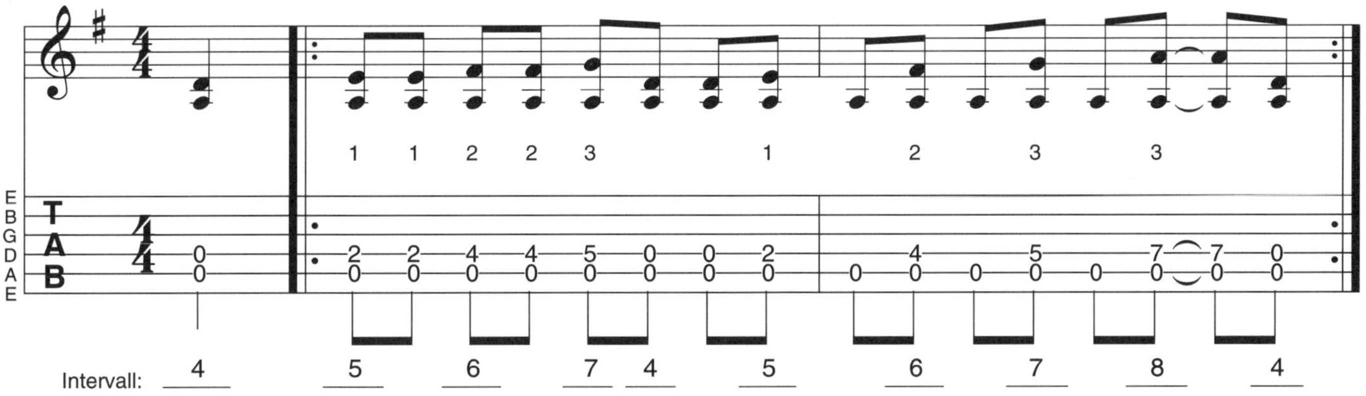

Aufgabe 5d 40

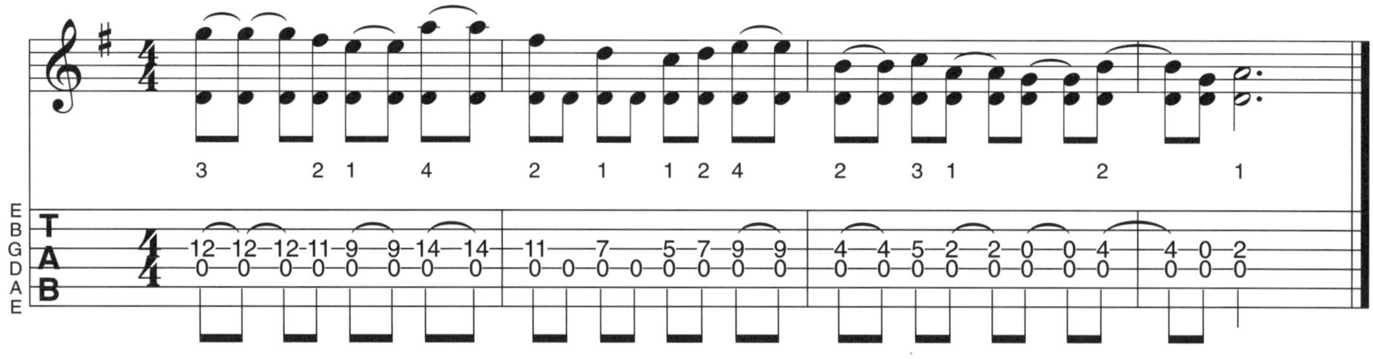

Intervall: 4 (11) 3 2 5 3 8 7 8 2 6 7 5 4 6 4 5

Arpeggios

Aufgabe 1 48

b) ***F-Dur-Arpeggio (I. Lage)***

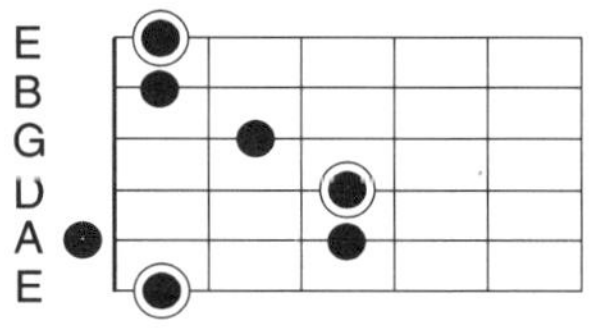

I.

F-Dur-Arpeggio (III. Lage)

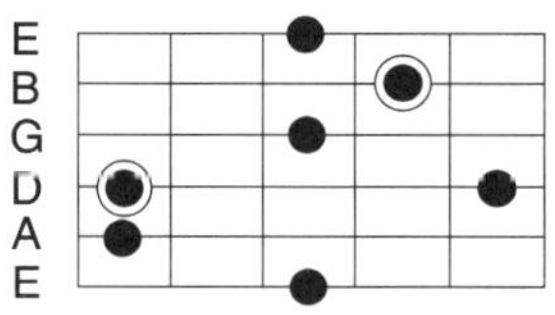

III.

F-Dur-Arpeggio (V. Lage)

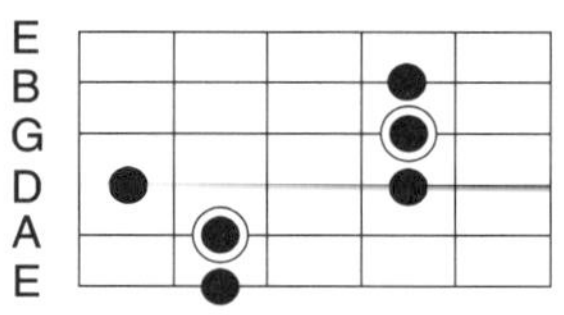

V.

c) ***Gmaj7-Arpeggio (V. Lage)***

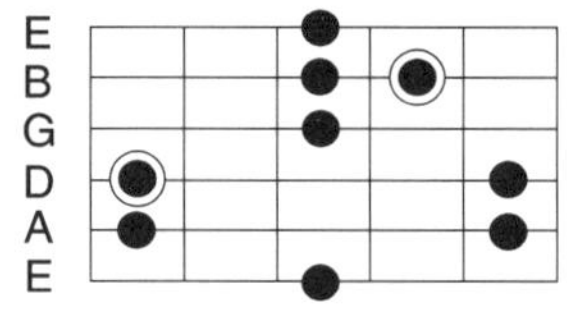

V.

Gmaj7-Arpeggio (IX. Lage)

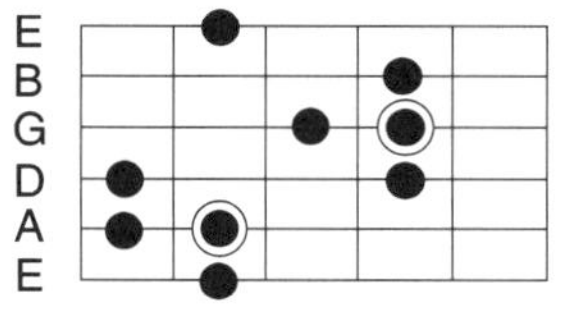

IX.

Gmaj7-Arpeggio (XII. Lage)

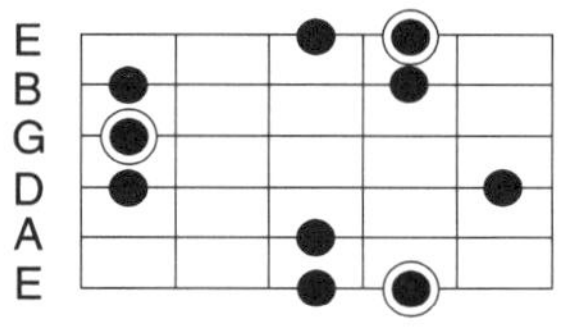

XII.

d) ***E7-Arpeggio (I. Lage)***

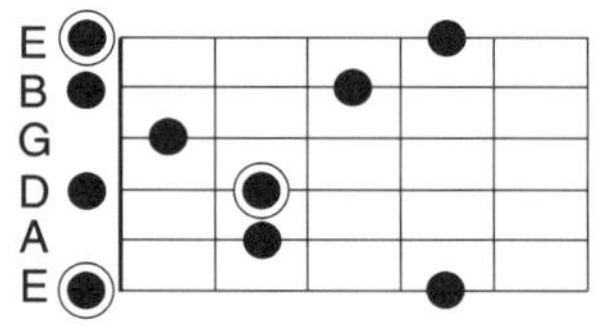

I.

E7-Arpeggio (IV. Lage)

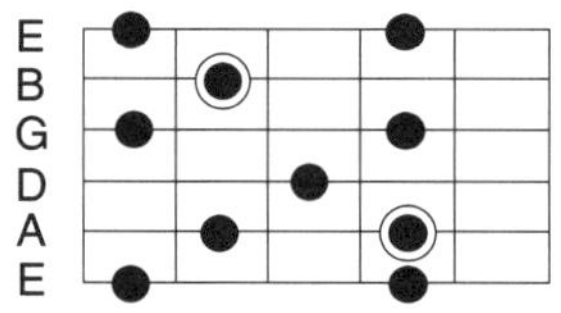

IV.

E7-Arpeggio (IX. Lage)

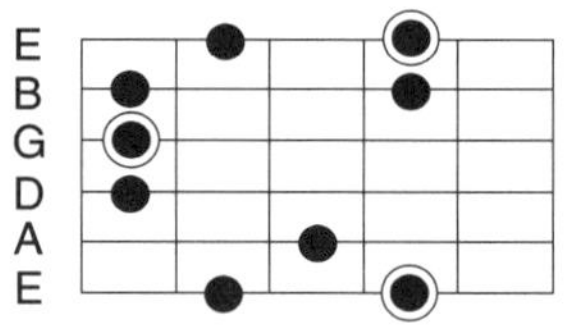

IX.

e) ***A♭+-Arpeggio (I. Lage)***

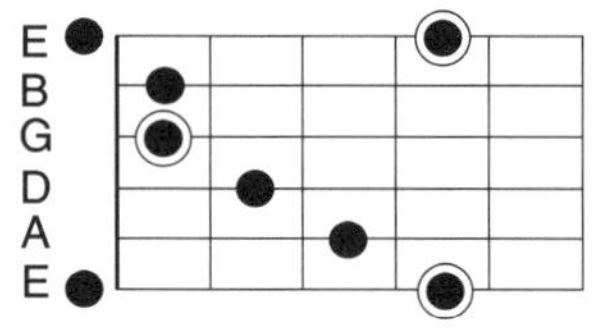

I.

A♭+-Arpeggio (IV. Lage)

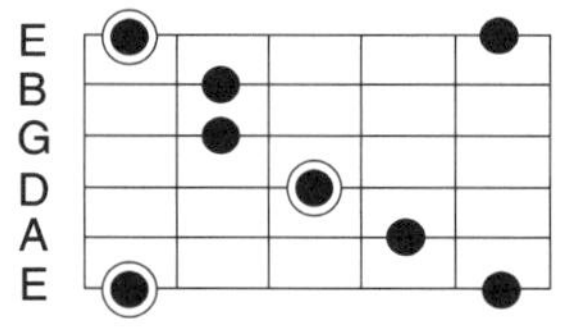

IV.

A♭+-Arpeggio (VII. Lage)

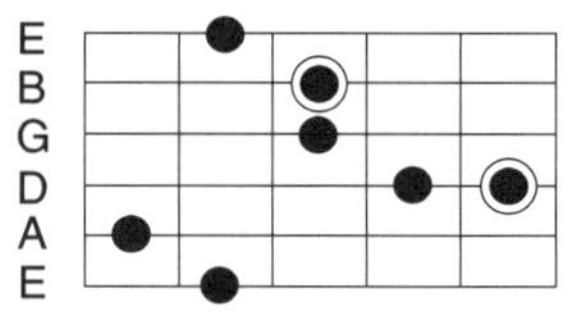

VII.

f) **D°7-*Arpeggio (III. Lage)***

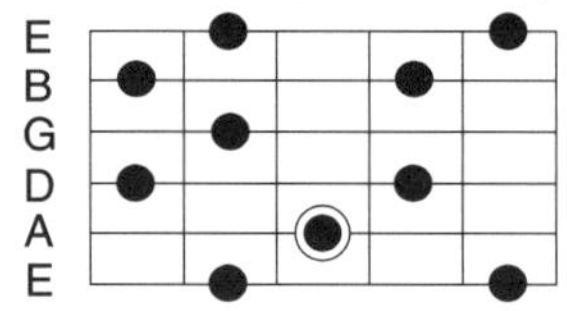

III.

D°7-*Arpeggio (V. Lage)*

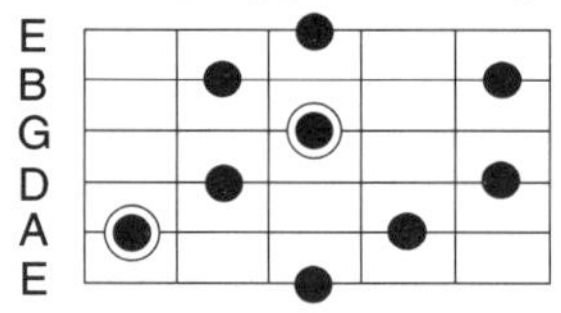

V.

D°7-*Arpeggio (VIII. Lage)*

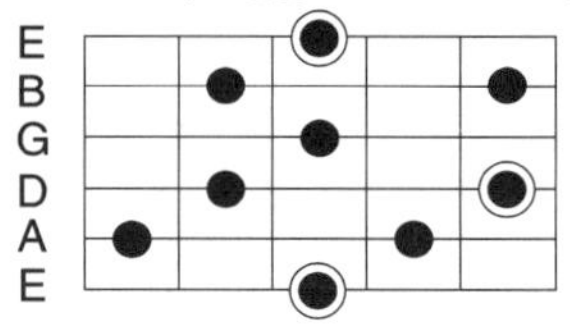

VIII.

Aufgabe 2 49

b) F-Dur-Arpeggio mit Lagenwechsel (Start: I. Bund)

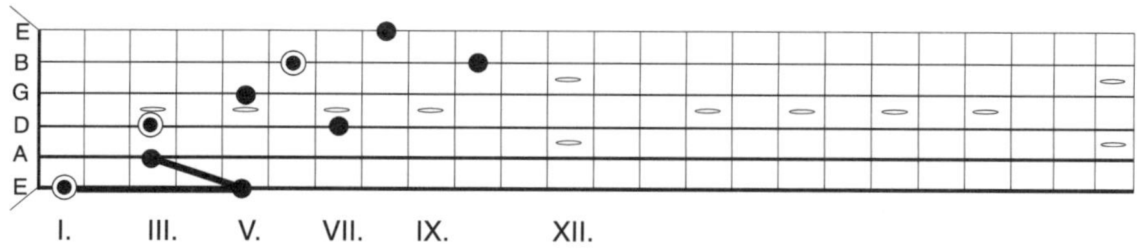

c) Dmaj7-Arpeggio mit Lagenwechsel (Start: IV. Bund)

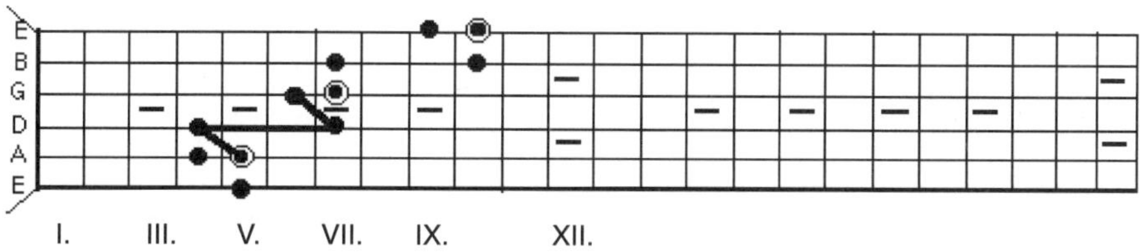

d) G7-Arpeggio mit Lagenwechsel (Start: III. Bund)

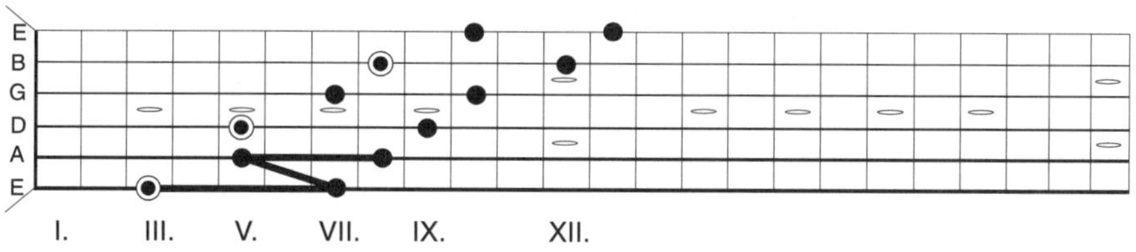

e) Bb7/#5-Arpeggio mit Lagenwechsel (Start: V. Bund)

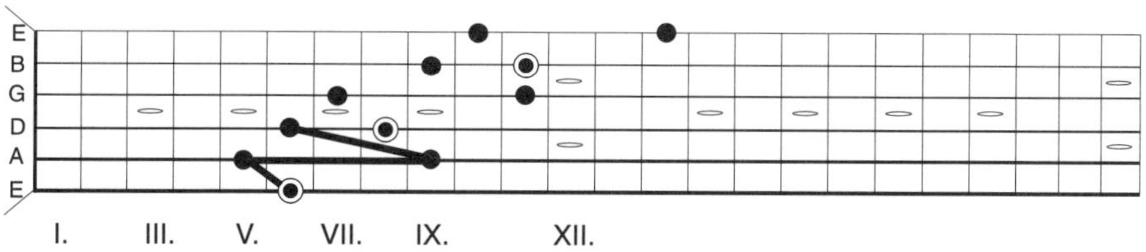

f) G#°7-Arpeggio mit Lagenwechsel (Start: IV. Bund)

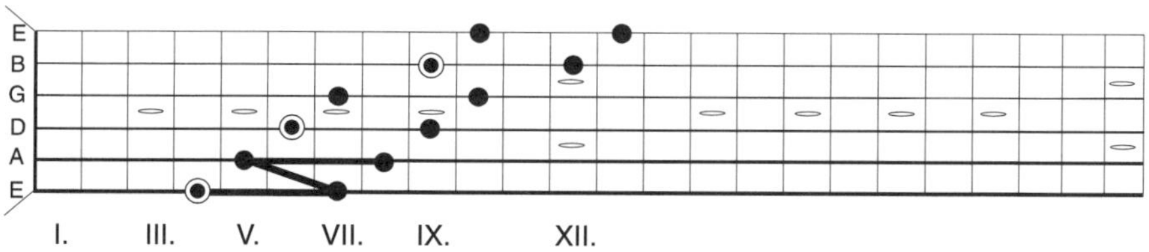

g) C6-Arpeggio mit Lagenwechsel (Start: V. Bund)

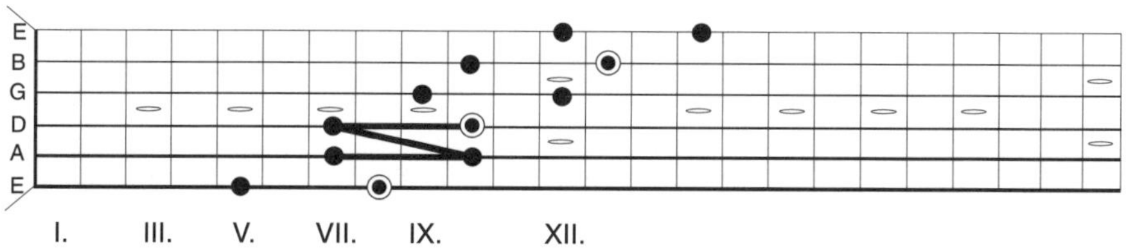

Wesentliche Akkordtöne bei Drei- und Vierklängen 53

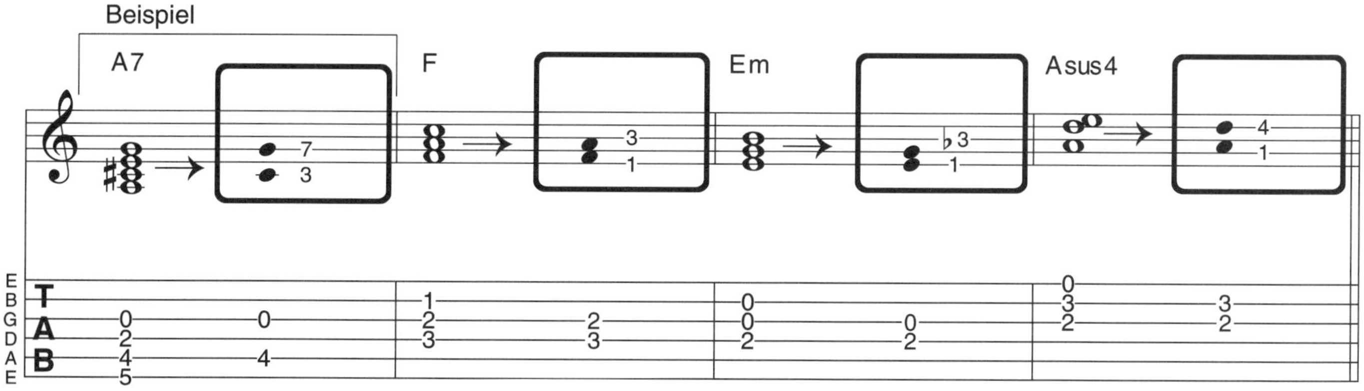

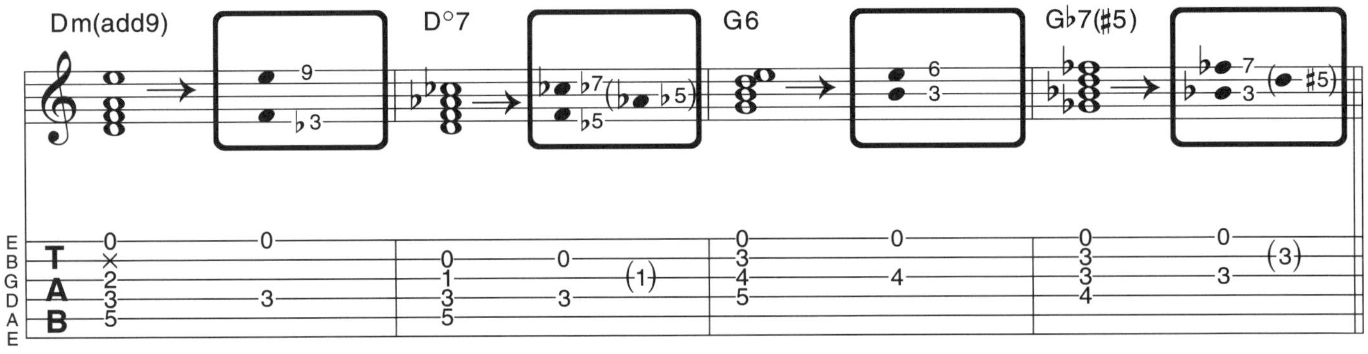

Wesentliche Akkordtöne als Fixpunkte der Melodie 54

a)

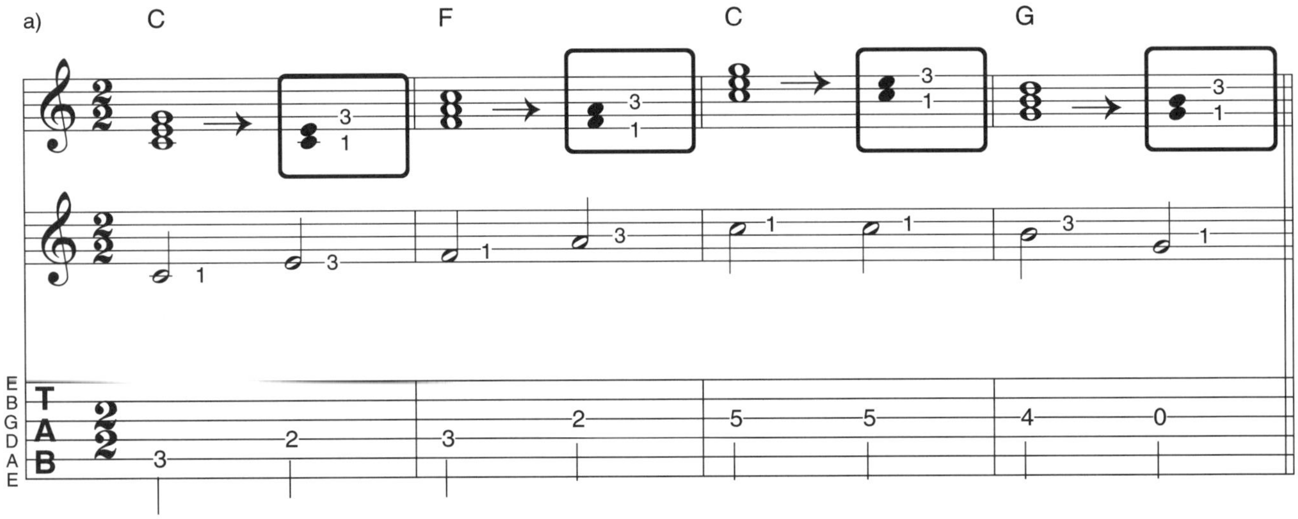

b)

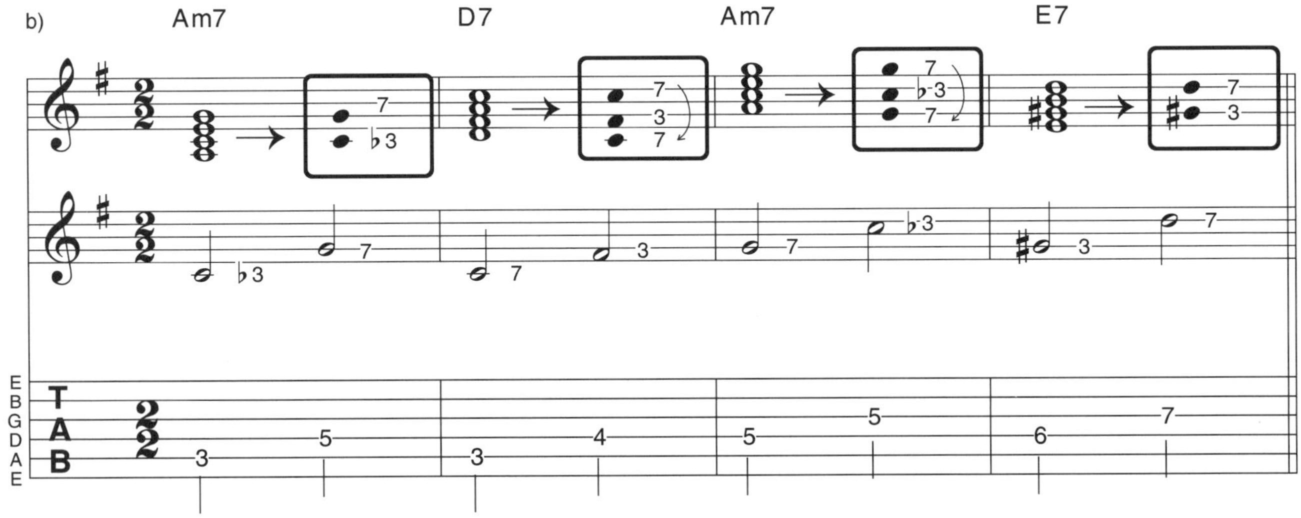

Standard-Akkordfolgen / Kadenzen

Aufgabe 1 a) I - IV - V - I mit Dreiklängen 63

I	IV	V	I
C	F	G	C
G	C	D	G
D	G	A	D
A	D	E	A
E	A	B	E
B	E	F#	B
F# G♭	B C♭	C# D♭	F# G♭
D♭	G♭	A♭	D♭
A♭	D♭	E♭	A♭
E♭	A♭	B♭	E♭
B♭	E♭	F	B♭
F	B♭	C	F

Aufgabe 1 b) IIm7 -V7 - Imaj7 mit Vierklängen 63

in	IIm7	V7	Imaj7
C	Dm7	G7	Cmaj7
G	Am7	D7	Gmaj7
D	Em7	A7	Dmaj7
A	Bm7	E7	Amaj7
E	F#m7	B7	Emaj7
B	C#m7	F#7	Bmaj7
F# G♭	G#m7 A♭m7	C#7 D♭7	F#maj7 G♭maj7
D♭	E♭m7	A♭7	D♭maj7
A♭	B♭m7	E♭7	A♭mai7
E♭	Fm7	B♭7	E♭maj7
B♭	Cm7	F7	B♭maj7
F	Gm7	C7	Fmaj7

Aufgabe 2 64

#	Akkordfolge	Tonart	als Stufenakkordfolge
a)	Am I D I G I	G-Dur	IIm - V - I
b)	Fm7 I B♭7 I	E♭-Dur	IIm7 - V7
c)	F#m7 I Bm7 I E7 I Amaj7 I	A-Dur	VIm7 - IIm7 - V7 - Imaj7
d)	Gmaj7 I A7 I Dmaj7 I	D-Dur	IVmaj7 - V7 - Imaj7
e)	A♭ I D♭ I E♭ I A♭ I	A♭-Dur	I - IV - V - I
f)	A I D I E I	A-Dur	I - IV - V
g)	Dm7 I Gm7 I B♭ I F7 I B♭ I	B♭-Dur	IIIm7 - VIm7 - I - V7 - I
h)	C I D I	G-Dur	IV - V
i)	Dmaj7 I Amaj7 I	D-Dur	Imaj7 - IVmaj7
j)	D#° I G#m I C#m I F#m I	E-Dur	VII° - IIIm - VIm - IIm
k)	E♭maj7 I Am7/♭5 I	B♭-Dur	IVmaj7 - VIIm7/♭5

Modale Akkordfolgen 65

Bestimme den Mode.

a) II: Cm I Dm I E♭ I Dm :II → C-Dorisch

b) II: Em I A7 :II → E-Dorisch

c) II: F I G :II → F-Lydisch

d) II: C I Gm :II → C-Ionisch / -Mixolyd.

e) II: Gm7 C7 :II → G-Dorisch

f) II: A I G D :II → A-Mixolydisch

g) II: E7sus4 I E7 :II → E-Mixolydisch

h) II: Bm7 I Em7 :II → B-Äolisch / -B-Phrygisch

i) II: Fm I B♭ I E♭ I Fm :II → F-Dorisch

Weitere Akkordfolgen 71

Finde passende Tonleitern für die folgenden Akkordfolgen.

Akkordfolge

1) im Stile von *„Isn't she lovely"* - Stevie Wonder

II: C#m7 I **F#9** I B11 I E :II
VI **II** V I *in E-Dur*
Ausnahme: **F#9** (3 statt b3, Zwischendominante) → *F#-Dorisch ♮ 3 = F#-Mixolydisch*

2) im Stile von *„On Broadway"* - George Benson

II: A7 G7 I A7 G7 I A7 G7 I A7 G7 I G7 F7 I G7 F7 I A7 G7 I A7 G7 :II

Aufgefasst als parallele Akkordfolge: *A-Mixolydisch* über A7 und *G-Mixolydisch* über G7 (später G-Mixolydisch über G7 und F-Mixolydisch über F7).
Über A7/G7 passt aber auch einfach die *Am-Pentatonik* oder die *G-Dur-Pentatonik* (über G7/F7 die Gm-Pentatonik oder die F-Dur-Pentatonik).
Etwas exotischer wirkt die Interpretation als IV7 und V7 von *D-Melodisch-Moll* (bzw. C-Melodisch.-Moll).

3) im Stile von *„Sitting on the dock of the bay"* - Otis Redding, Steve Cropper

Strophe: II: G I **B** I C I **A** :II
I **III** IV **II**
Ausnahmen:
B (3 statt b3) → *„B-Phrygisch ♮ 3" = B-Mixolydisch b9 b13 = B-HM5.*
A (3 statt b3) → *„A-Dorisch ♮ 3" = A-Mixolydisch*

4) im Stile von *„Wild World"* - Cat Stevens

Strophe (1. Zeile) I Am I D7 I G I Cmaj7 I F I Dm I **E** I **E** II Am I ...
II V I IV IV II III
G-Dur *C-Dur*
Ausnahme: **E** (3 statt b3, Zwischendominante) ⟶ *„E-Phrygisch ♮ 3" = E-Mixolydisch b9 b13 = E-HM5*

5) im Stile von *„Sultans of swing"* - Dire Straits

Strophe II: Dm I C B I **A** I **A** :II F I F I C I C I B I B I Dm I Dm B I C I C II

D-Äölisch / F-Dur
Ausnahme: A (3 statt b3) ⟶ *„A-Phrygisch ♮ 3" = A-Mixolydisch b9 b13 = A-HM5.*

6) im Stile von *„On the sunny side of the street"* - Jimmy McHugh

I C I **E7** I F I G7 I Am I **D7** I Dm7 I G7 II C I ...
I **III** IV V VI **II** II V in *C-Dur*
Ausnahmen:
E7 (3 statt b3) ⟶ *„E-Phrygisch ♮ 3" = E-Mixolydisch b9 b13 = E-HM5*
D7 (3 statt b3) ⟶ *„D-Dorisch ♮ 3" = D-Mixolydisch* (Am7-D7 bildet lokale II-V-Verbindung).

7) im Stile von *„Back on the road"* - Earth, Wind & Fire

II: Am I **D7** I F I C :II
VI **II** IV I in *C-Dur*
Ausnahme:
D7 (3 statt b3) ⟶ *„Dorisch ♮ 3" = D-Mixolydisch*

8) im Stile von *„Just the two of us"* - McDonald, Salter, Withers

Strophe II: Dbmaj7 **C7** I Fm **Ebm7 Ab7** I **Dbmaj7** C7 I Fm :II
F-Äolisch (Ab-Dur)
Ausnahmen:
C7 (3 statt b3) ⟶ *C-Mixolydisch b9 b13 = C-HM5*
Ebm7 - **Ab7** - **Dbmaj7** ⟶ II - V - I in Db-Dur.

9) im Stile von *„Hotel California"* - Eagles

Strophe II: Bm I **F#** I A I **E** I G I D I Em I F# :II
B-Äolisch (D-Dur)
Ausnahmen:
F# (3 statt b3) ⟶ *F#-Mixolydisch b9 b13 = F#-HM5*
E (3 statt b3) ⟶ *E-Mixolydisch.*

10) im Stile von *„Layla"* - Eric Clapton

Strophe I Abm I Ebm I Abm G A I
I V I IV V
Ab-Moll *D-Dur* Überleitung eigentlich nach Bm (VI), wird aber moduliert nach B.

I B I C#m F# I B E I C#m F# I B E II
I II V I IV II V I IV in *B-Dur*

Refrain II: Am F I G Am :II ⟶ *A-Äolisch*

Melodische Verschiebung / Transposition 80

Aufgabe 1 a) Sekunde

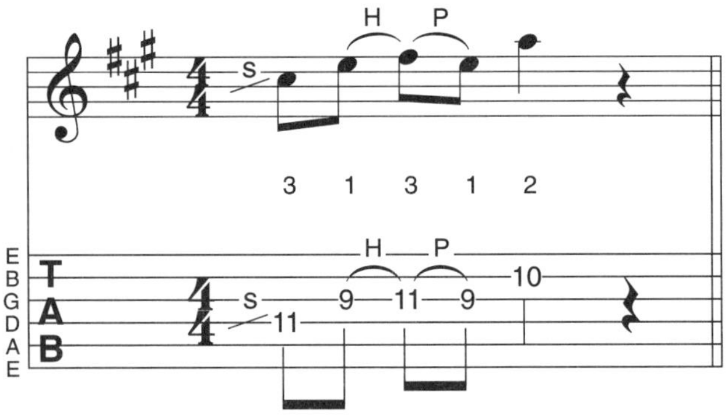

Aufgabe 1 b) Quarte *Aufgabe 1 c) Quinte* *Aufgabe 1 d) Oktave*

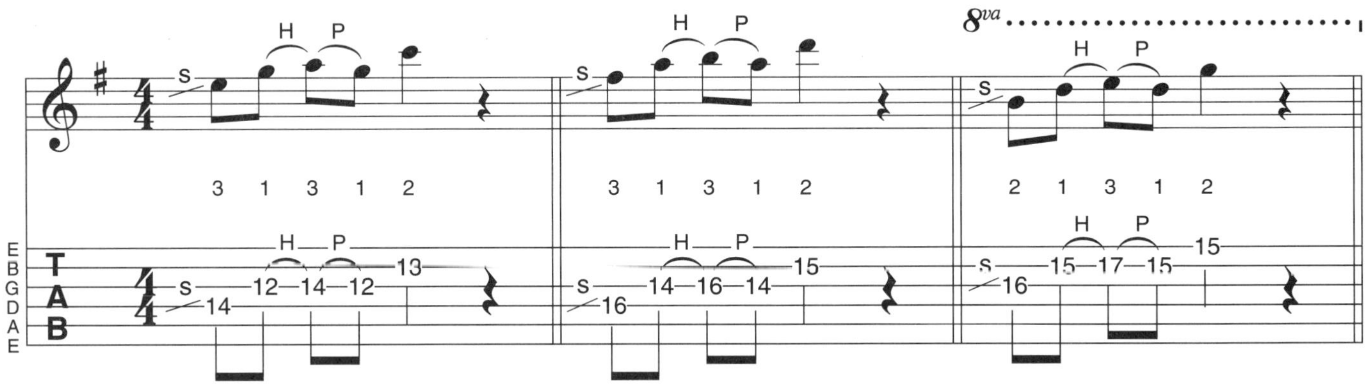

Aufgabe 2 a) Sekunde *Aufgabe 2 b) Quarte*

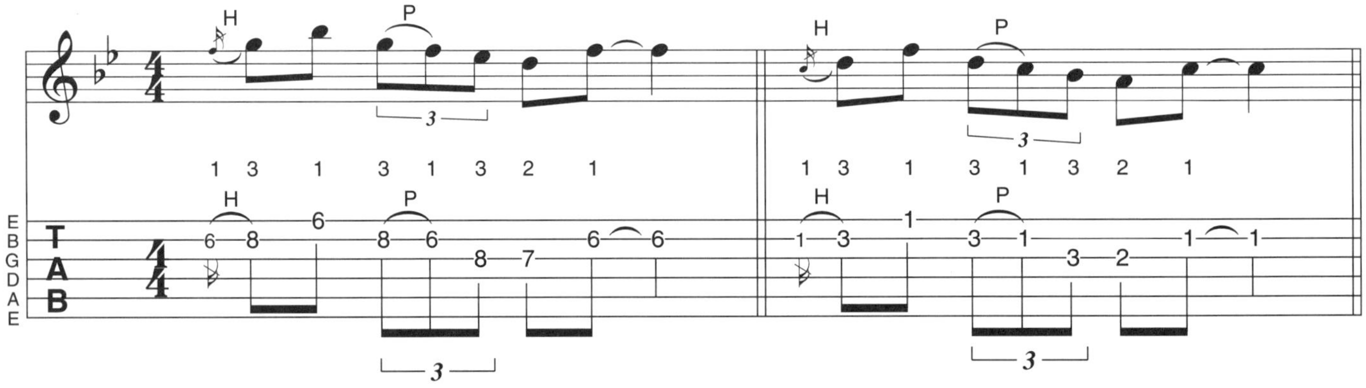

Aufgabe 2 c) Quinte *Aufgabe 2 d) Oktave*

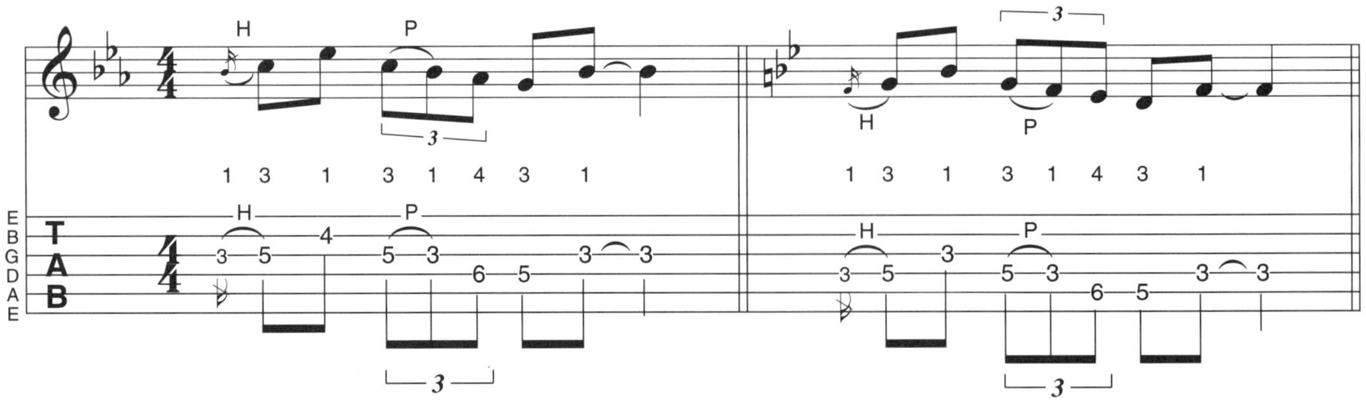

Aufgabe 3

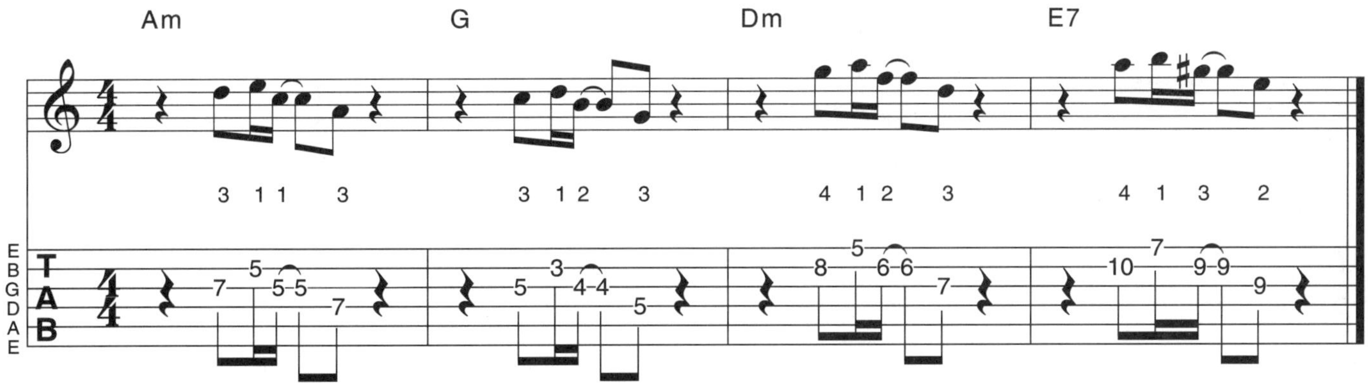

Sequenzen mit Arpeggios

Aufgabe 1 a)

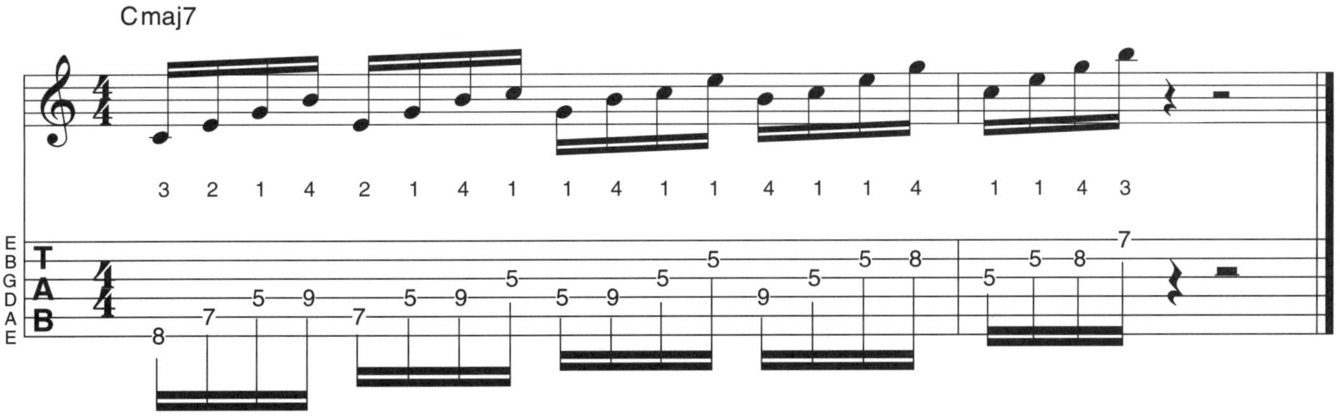

Aufgabe 1 b)

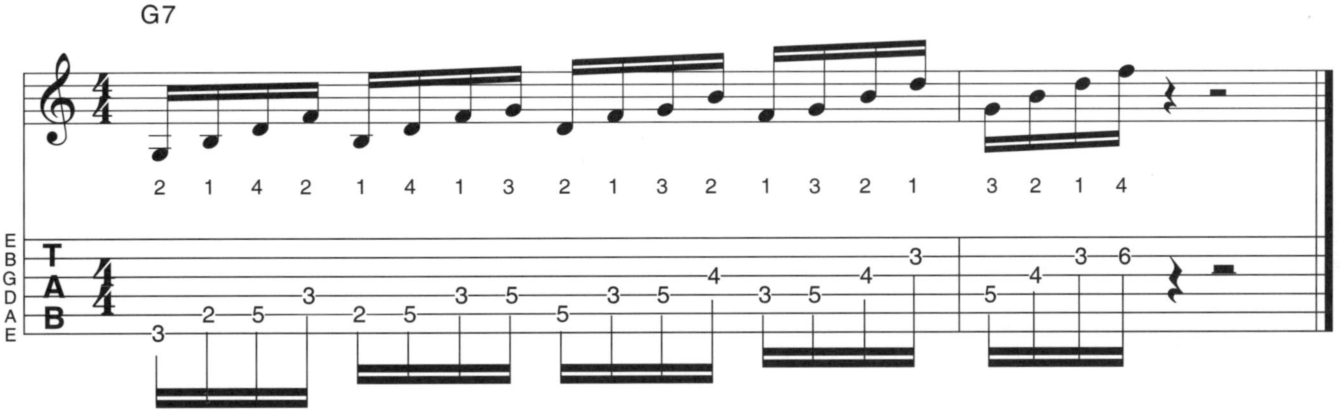

Aufgabe 2 a)

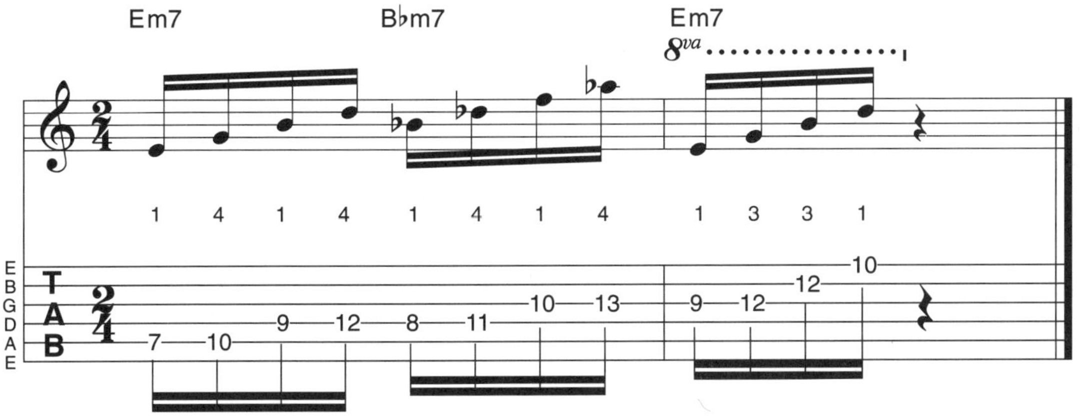

Aufgabe 2 b)

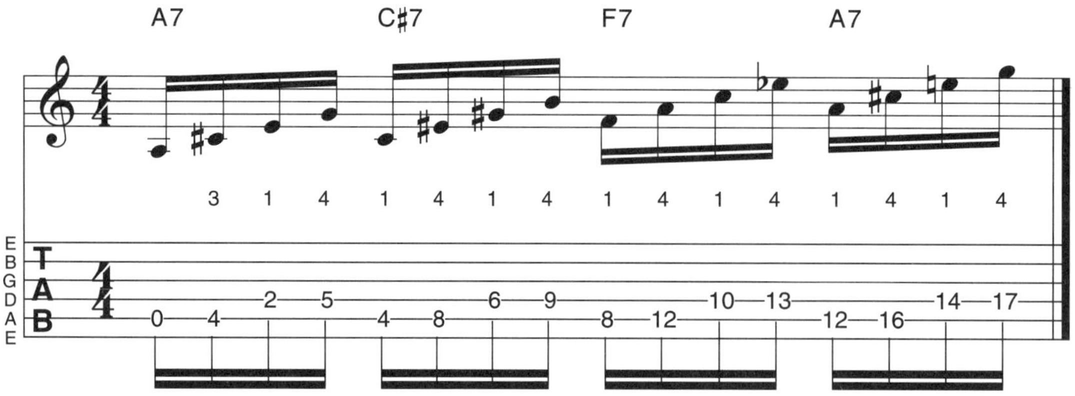

Aufgabe 2 c)

Aufgabe 2 d)

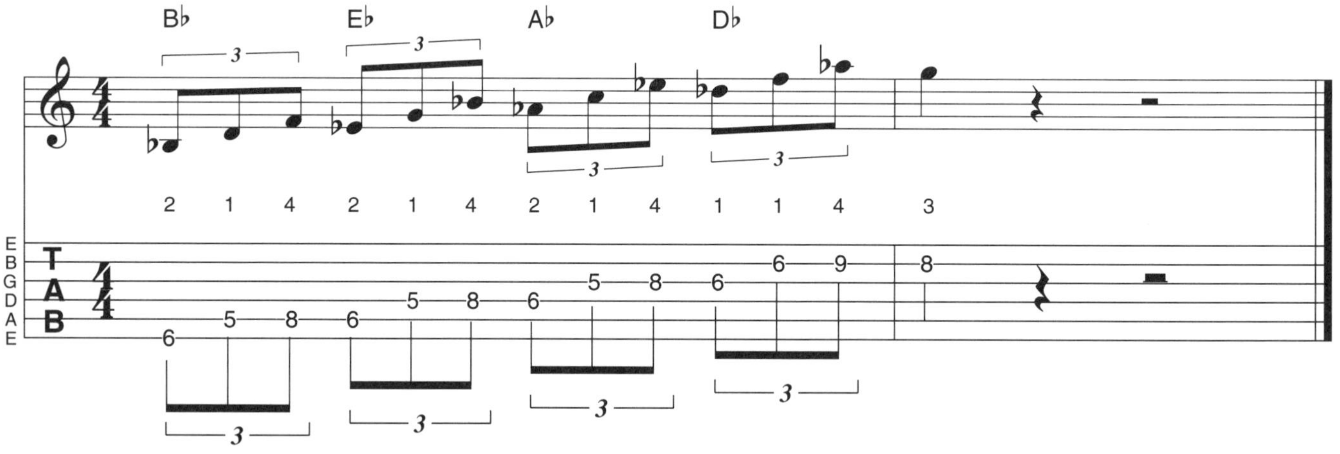

Die Stammtöne auf dem Griffbrett

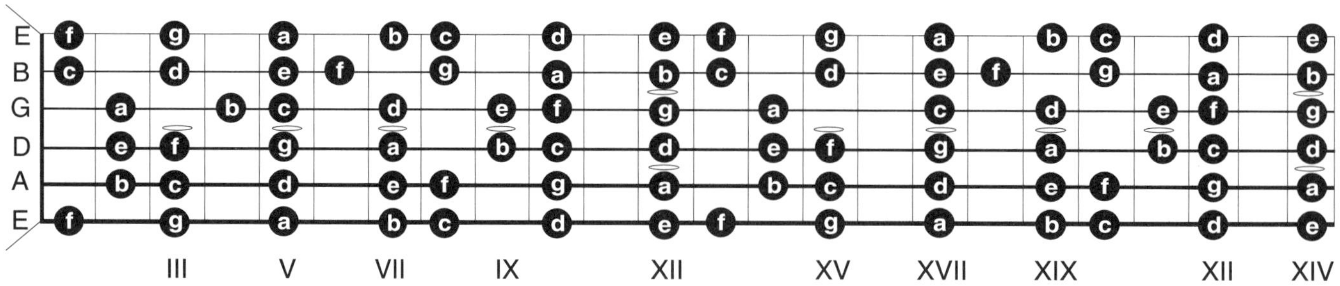

Die Intervallbezeichnungen 35f.

Intervallbezeichung als Ziffer	in Worten	Abstand in Halbtonschritten	Beispiel für c	Beispiel für g
1	Reine Prime	0	c	g
#1 b2	Übermäßige Prime Kleine Sekunde	1 1	c# d♭	g# a♭
2	Große Sekunde	2	d	a
#2 b3	Übermäßige Sekunde Kleine Terz	3 3	d# e♭	a# b♭
3	Große Terz	4	e	b
4	Reine Quarte	5	f	c
#4 b5	Übermäßige Quarte Verminderte Quinte	6 6	f# g♭	c# d♭
5	Reine Quinte	7	g	d
#5 b6	Übermäßige Quinte Kleine Sexte	8 8	g# a♭	d# e♭
6	Große Sexte	9	a	e
7*	Kleine Septime	10	b♭	f
maj7*	Große Septime	11	b	f#
(8 = 1)	Oktave	12	c	g

** Um anzuzeigen, dass es sich um die große Septime handelt, schreibt man z. B. Maj7, M7, j7, △7. Das beugt Verwechslungen mit der kleinen Septime vor, die z. B. in Akkordsymbolen einfach nur mit 7 bezeichnet wird (z. B. G7).*

Beachte: Mit Hilfe von # (gesprochen „Kreuz") und b (gesprochen „be") werden die Bezeichnungen für Zwischenintervalle ⇒ „Intervall" abgeleitet. Gleiche Abstände können je nach Zusammenhang unterschiedlich benannt sein. Zum Beispiel kann der Abstand von einem Halbtonschritt als übermäßige Prime (#1) oder als kleine Sekunde (b2) bezeichnet sein. Der klingende Ton ist derselbe.

Über die Oktave hinausgehende Bezeichnungen

Geht man über die Oktave hinaus, wiederholen sich die Intervalle, nur eben eine Oktave höher. So entspricht die b9 der b2, die 9 der 2 usw.

Intervallziffer	Intervallbezeichnung	Zusammensetzung	in C	in G	in D	in A
b9 (= b2)	Kleine None	Oktave + 1 Halbton	d♭	a♭	e♭	b♭
9 (= 2)	Große None	Oktave + 2 Halbtöne	d	a	e	b
#9 (= #2)	Übermäßige None	Oktave + 3 Halbtöne	d#	a#	e#	b#
11 (= 4)	Reine Undezime	Oktave + 5 Halbtöne	f	c	g	d
#11 (= #4)	Übermäßige Undezime	Oktave + 6 Halbtöne	f#	c#	g#	d#
b13 (= b6)	Kleine Tredezime	Oktave + 8 Halbtöne	a♭	e♭	b♭	c
13 (= 6)	Große Tredezime	Oktave + 9 Halbtöne	a	e	b	c#

Der Quintenzirkel der Dur-Tonarten

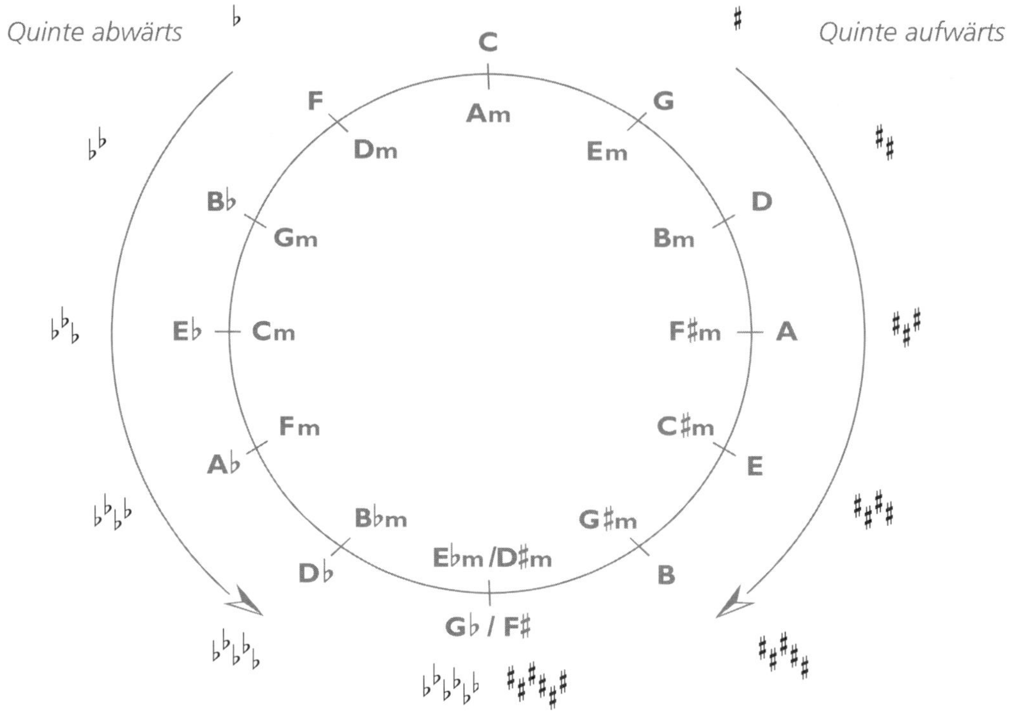

Die Dur-Tonarten und ihre Stufenakkorde (Übersicht)

	Stufe	I	II	III	IV	V	VI	VII
	Dreiklang	Dur	m	m	Dur	Dur	m	o (= dim)
	Vierklang	maj7	m7	m7	maj7	7	m7	m7/♭5
	Fünfklang	maj7/9	m7/9	m7/♭9	maj7/9	7/9	m7/9	m7/♭5/♭9
TONART	C-Dur	c	d	e	f	g	a	b
	G-Dur	g	a	b	c	d	e	f#
	D-Dur	d	e	f#	g	a	b	c#
	A-Dur	a	b	c#	d	e	f#	g#
	E-Dur	e	f#	g#	a	b	c#	d#
	B-Dur	b	c#	d#	e	f#	g#	a#
	F#-Dur G♭-Dur	f# g♭	g# a♭	a# b♭	b c	c# d♭	d# e♭	e# f
	D♭-Dur	d♭	e♭	f	g♭	a♭	b♭	c
	A♭-Dur	a♭	b♭	c	d♭	e♭	f	g
	E♭-Dur	e♭	f	g	a♭	b♭	c	d
	B♭-Dur	b♭	c	d	e♭	f	g	a
	F-Dur	f	g	a	b♭	c	d	e

Erläuterung: Im unteren Teil der Tabelle sind die Dur-Tonleitern in der Reihenfolge des Quintenzirkels zeilenweise abgebildet (Tonarten). Über die Spalten kann man den entsprechenden Akkord ablesen, der auf der jeweiligen Stufe aufbaut.

Beispiele

In C-Dur baut der leitereigene Akkord der IV. Stufe auf dem Ton f auf .
→ F-Dur (Dreiklang mit den Tönen f, a, c),
→ F maj7 (Vierklang mit den Tönen f, a, c, e) oder
→ F maj7/9 (Fünfklang mit den Tönen f, a, c, e, g).

In Ab-Dur baut der leitereigene Akkord auf der II. Stufe auf dem Ton b♭ auf.
→ B♭m (Dreiklang mit den Tönen b♭, d♭, f),
→ B♭m7 (Vierklang mit den Tönen b♭, d♭, f, a♭) oder
→ B♭m7/9 (Fünfklang mit den Tönen b♭, d♭, f, a♭, c)

Fingersätze für Tonleitern

1. Dur- und Moll-Pentatonik in <u>fester Lage</u>

Moll-Pentatonik (1 - b3 - 4 - 5 - 7)

1 2 3 4 5

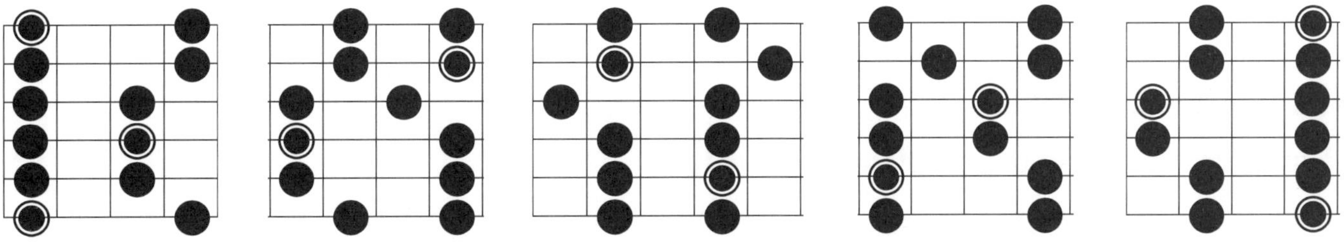

Gesamtmuster

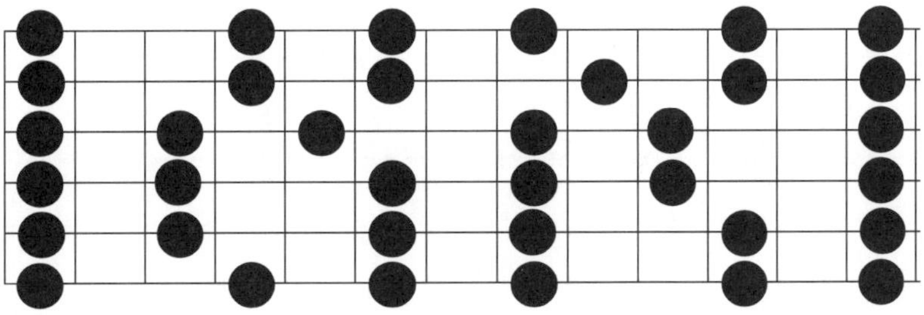

Dur-Pentatonik (1 - 2 - 3 - 5 - 6)

1 2 3 4 5

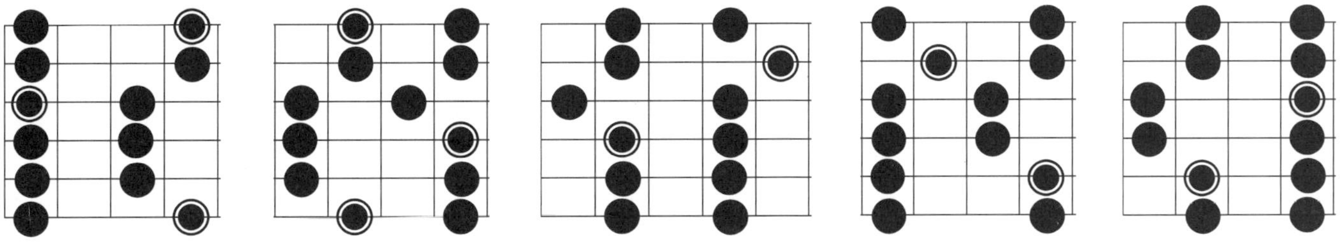

Fingersätze für die Pentatonik <u>mit Lagenwechsel</u>

(abwechselnd zwei/drei Finger pro Saite)

Moll-Pentatonik (1 - b3 - 4 - 5 - 7)

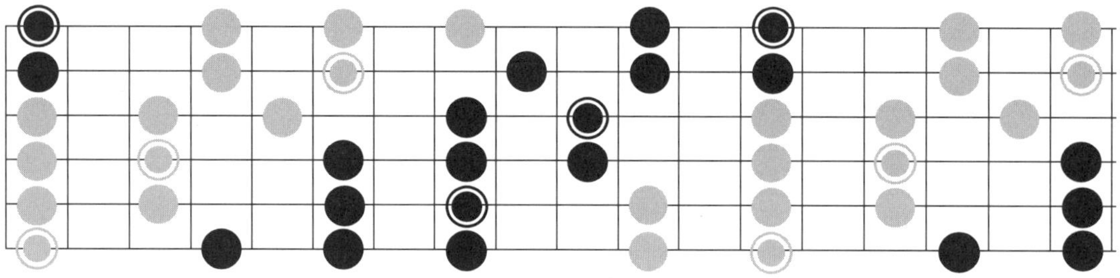

Dur-Pentatonik (1 - 2 - 3 - 5 - 6)

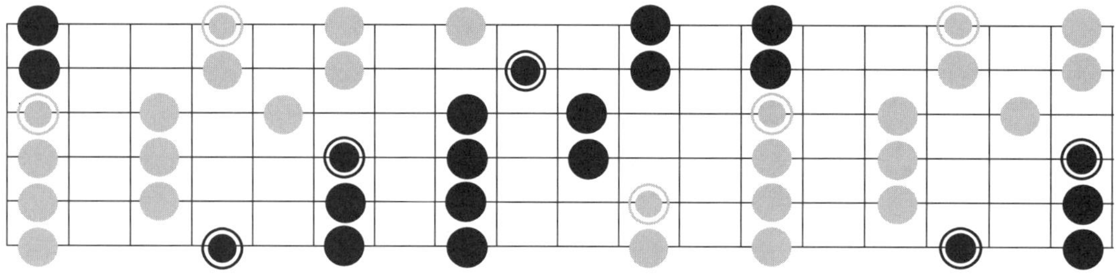

Fingersätze für eine Blues-Tonleiter

Intervallstruktur: 1 - b3 - 4 - b5 - 5 - 7 (= Moll-Pentatonik mit b5)

Gesamtmuster

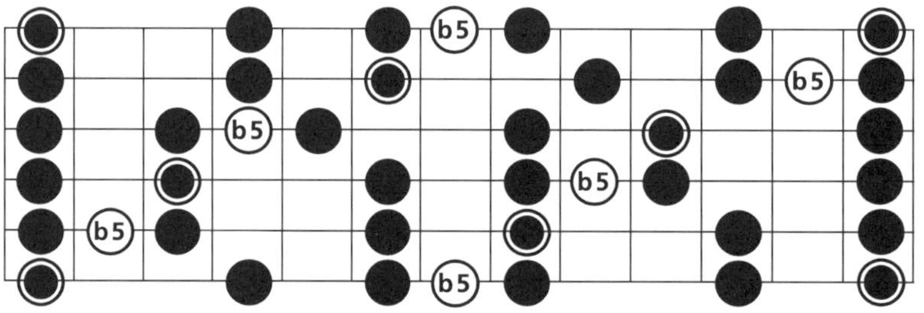

1

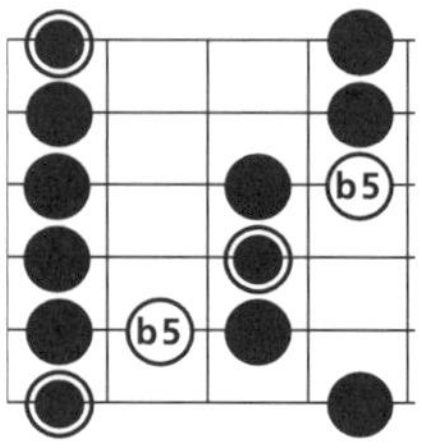

2

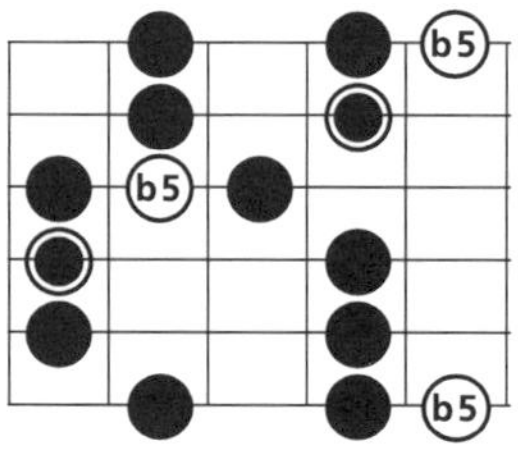

3

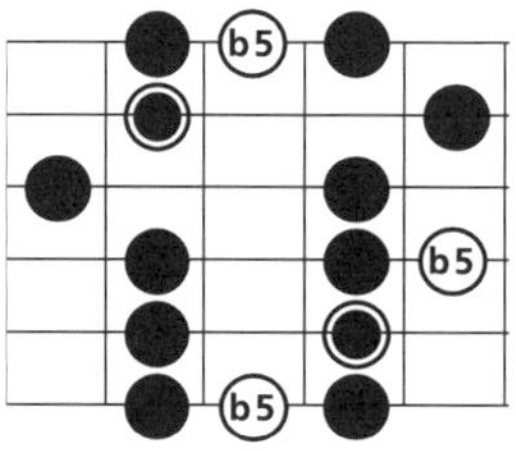

4

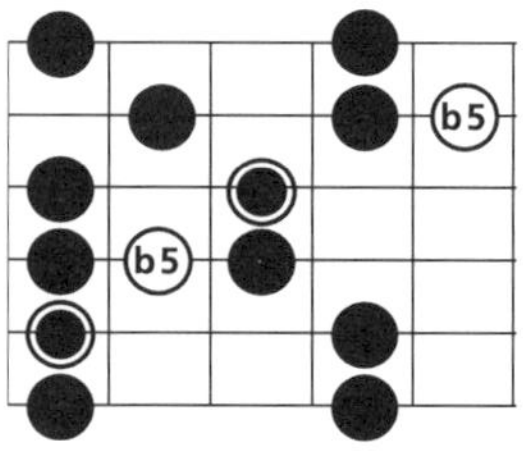

5

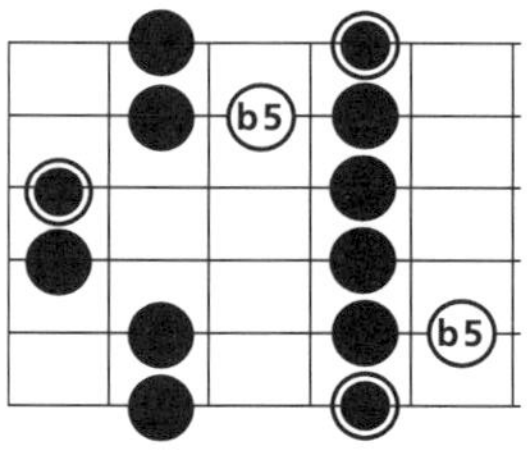

Für Blues-Tonleitern gibt es viele Variationen. Einige weitere Möglichkeiten seien hier nur in ihrer **Intervallstruktur** dargestellt:

1 - b3 -4 - 5 - 6 **1 - b3 - 3 - 4 - 5 - 7** **1 - 2 - b3 - 3 - 5 - 6** **1 - 2 - b3 - 3 - 4 - b5 - 5 - 7**

Fingersätze für die Dur-Tonleiter und ihre Modes in fester Lage

1 **2** **3** **4** **5**

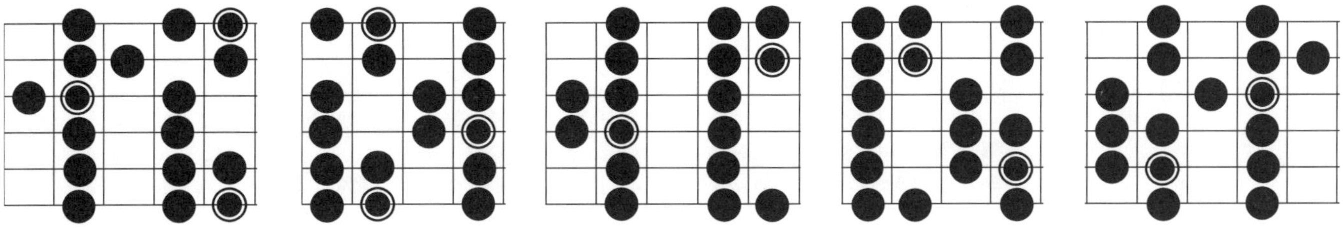

Die Fingersätze sind für alle Modes der Dur-Tonleiter gleich. Der markierte Grundton gilt für die Dur-Tonleiter bzw. den Ionischen Mode. Für einen anderen Mode muss der jeweilige Grundton innerhalb des Fingersatzes neu bestimmt werden.

Fingersätze für die Dur-Tonleiter und ihre Modes mit Lagenwechsel

(abwechselnd drei / vier Finger pro Saite)

Diese Fingersätze bauen jeweils auf einem Muster auf, das sich über zwei Saiten erstreckt und entsprechend auf die anderen Saitenpaare übertragen wird. Dadurch erleichtert sich das Greifen und das Merken eines Fingersatzes. Den Lagenwechsel kann man z. B. mit dem 1. Finger durch einen Slide bewältigen (siehe Markierung). Diese Fingersätze können für alle Modes verwendet werden. Hierzu ist lediglich der jeweilige Grundton innerhalb des Griffbildes zu ermitteln.

1

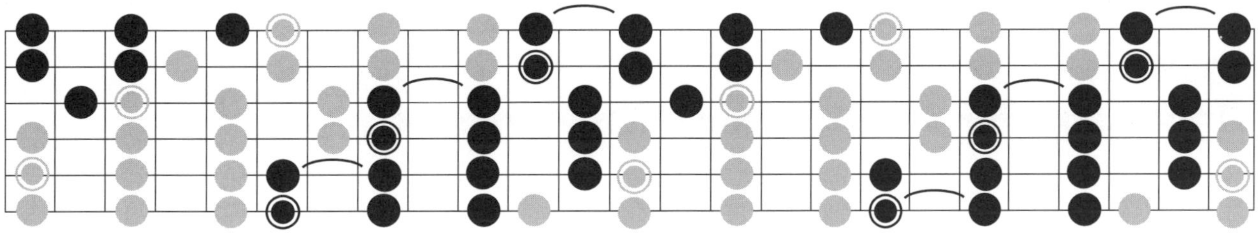

2

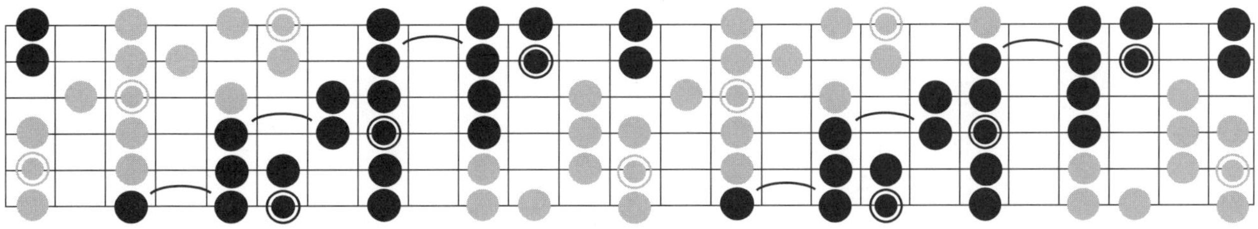

3

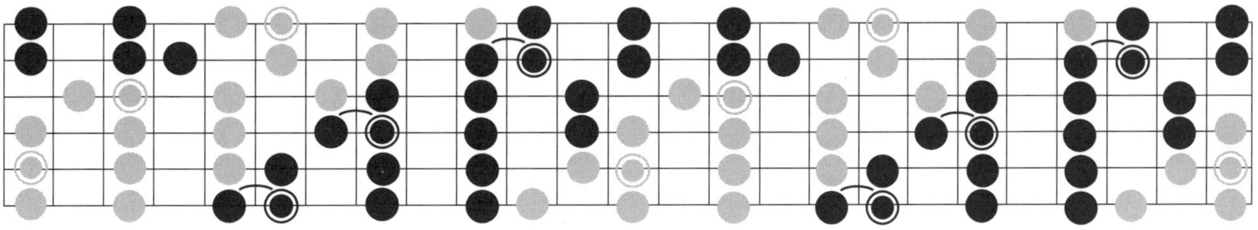

Fingersätze für Melodisch-Moll

Intervallstruktur: 1 - 2- b3 - 4 - 5 - 6 - maj7

1 2 3 4 5

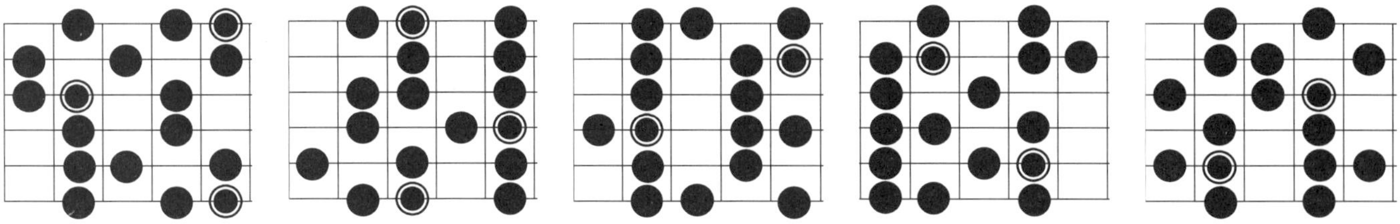

Fingersätze für Harmonisch-Moll

Intervallstruktur: 1 - 2- b3 - 4 - 5 - b6 - maj7

1 2 3 4 5

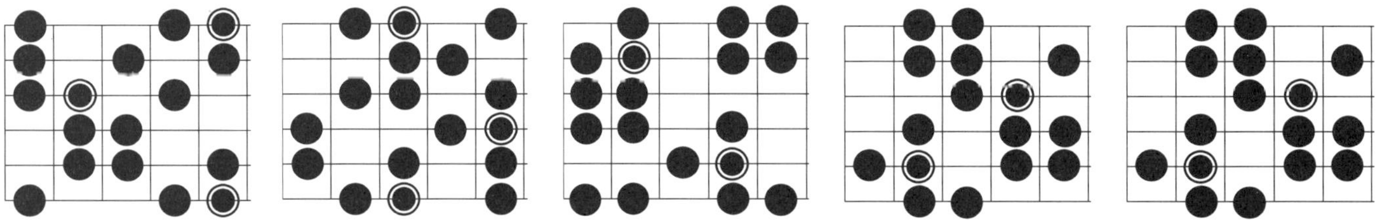

Fingersätze für die HTGT- und GTHT-Tonleiter

Die Halbton-Ganzton-Tonleiter und die Ganzton-Halbton-Tonleiter haben das gleiche Griffbild.

HTGT-Tonleiter

Intervallstruktur: 1 - b9 - #9 - 3 - #11 - 5 - 13 - 7

Verwendung über X7 (Erweiterungen: b9, #9, #11, 13)
Jeder Ton, auf den ein Halbtonschritt folgt, kann Grundton sein.

GTHT-Tonleiter

Intervallstruktur: 1 - 9 - b3 - 11 - #5/b13 - b7/13 - maj7

Verwendung über X^{o} und X^{o}7 (Erweiterungen: b9, #9, #11, 13)
Jeder Ton, auf den ein Ganztonschritt folgt, kann Grundton sein.

Drei Töne pro Saite

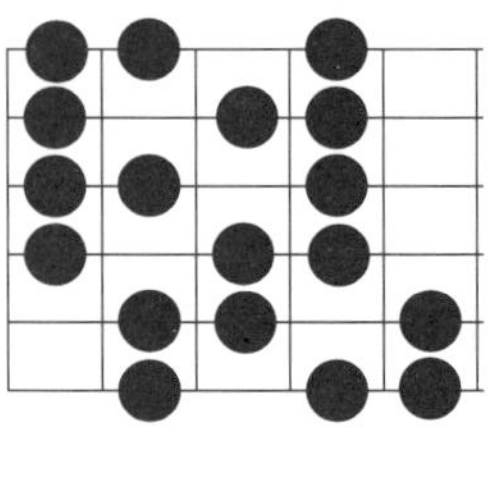

Vier Töne pro Saite

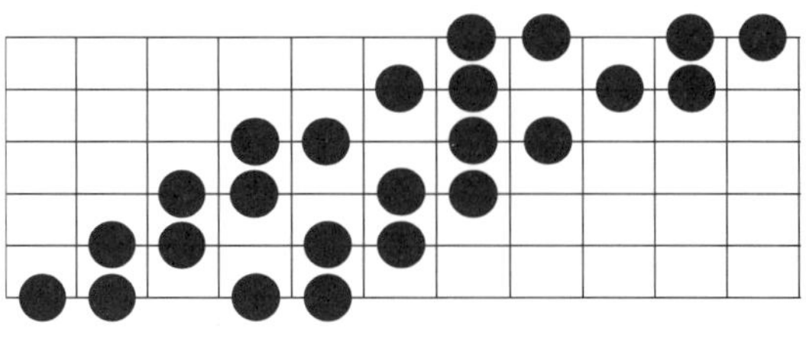

CD-Empfehlungen

Sicherlich gibt es weit mehr gute und sehr gute Gitarristen und deren Aufnahmen. Aber damit eine solche Zusammenstellung nicht ausufert, muss man Grenzen ziehen. So stellen die folgenden CDs eine ganz persönliche Auswahl dar. Zudem beschränkte ich die Anzahl der Alben pro Gitarrist auf maximal drei (bis auf ein paar Ausnahmen). Obwohl viele der älteren Aufnahmen bereits auf CD wiederveröffentlicht sind, gilt das leider (noch) nicht für jedes Vinyl-Schätzchen.

Eine Kategorisierung nach Blues, Rock, Jazz usw. wird in den meisten Fällen der Vielseitigkeit des Gitarristen nicht gerecht. Trotzdem habe ich mich dafür entschieden, denn es ermöglicht eine erste Orientierung, und mehr soll es auch nicht sein. Oft lässt sich auch die Musik nicht eindeutig in eine Schublade stecken, besonders wenn mehrere unterschiedliche Einflüsse eine stärkere Rolle spielen. Dafür gibt es dann Begriffe wie z. B. ⇒ *Crossover* oder ⇒ *Fusion*.

Gitarrist	***Geburts- / Todesjahr***	***Kategorie***	***Tonträger***
Allison, Luther	1939 - 1997	Blues	*Blue Streak (1995)* *Reckless (1997)*
Batten, Jennifer		Rock	*Above, Below and Beyond (1992)*
Beck, Jeff	1944	Rock/Fusion	*Truth (1968) & Beck-Ola (1969)* 1991 als Compilation wiederveröffentlicht *Wired (1976) & Blow by Blow (1975) & There and Back (1980)* 1995 als Compilation wiederveröffentlicht *Jeff Beck's Guitar Shop, 1989*
Benson, George	1943	Jazz/Pop/Fusion	*Summertime (1966)* 1977 veröffentlicht als Compilation *Best of Benson 1971-76 (CBS)* *The George Benson Collection (1976)* *Tenderly (1989)*
Bettencourt, Nuno	1966	Rock	mit Extreme: *Extreme II: Pornograffitti (1990)*
Blackmore, Ritchie	1945	Rock	mit Deep Purple: z. B. *Made In Japan (1972)* mit Rainbow: *Best of Rainbow (1981)*
Buchanan, Roy	1939 - 1988	Blues/Rock	*Sweet Dreams: The Anthology (1992)*
Carlton, Larry	1948	Jazz/Fusion	*Larry Carlton (1978)* *Strikes Twice (1981)* mit Crusaders: z. B. *Crusaders Vol. 1 (1971)* mit Steely Dan: *Aja (1977)*
Clapton, Eric	1945	Rock/Blues	*461 Ocean Boulevard (1974)* *Slowhand (1977)* *From the Cradle (1994)* mit Cream: z. B. *Disraeli Gears (1967)* oder diverse *Best of*
Cooder, Ry	1947	Blues/Rock/Slide Guitar	*The Very Best of Ry Cooder (1998)* auf Alben von den Rolling Stones, Randy Newman, Little Feat, Taj Mahal u. v. a.
Coryell, Larry	1943	Jazz/Fusion	*Spaces (1970)* *Together (1985)*
Di Meola, Al	1954	Jazz/Jazz-Rock/World Fusion	*Elegant Gypsy (1976)* *Splendido Hotel (1979)* mit John Mc Laughlin & Paco de Lucia: *Friday Night in San Francisco (1980)*
Donahue/Jorgenson/Ray		The Hellecasters (Telecaster Torture)	*The Return of the Hellecasters (1993)*
Ford, Robben	1951	Blues/Jazz/Fusion	*Talk to your Daughter (1988)* *Mystic Mile (1993)* *Tiger Walk (1997)*
Frampton, Peter	1950	Rock	*Frampton Comes Alive (1976)*

Frisell, Bill	1951	Jazz/Avantgarde	*Have a Little Faith* (1992) *Nashville (1995)*
Gatton, Danny	1945 - 1994	Rockabilly/Rock/Blues/ Jazz/Country	*88 Elmira Street (1991)* *Anthology, 1999 (2 CDs)*
Gilbert, Paul		Rock/Hard-Rock	mit Racer X: *Street Lethal (1986)* mit Mr. Big: *Lean Into It (1991)*
Gilmour, David	1944	Rock	mit Pink Floyd: *Dark Side of the Moon (1973)* *Wish You Were Here (1975)* *The Wall (1979)*
Henderson, Scott	1955	Jazz/Blues/Rock/Fusion	*Tore Down House (1997)* mit Tribal Tech: *Illicit (1992)* *Face First (1993)*
Hendrix, Jimi	1942 - 1970	Rock/Blues-Rock	*Are You Experienced? (1967)* *Axis: Bold as Love (1967)* *Electric Ladyland (1968)* *Band of Gypsies (1970)*
Johnson, Eric	1954	Rock	*Tones (1986)* *Ah Via Musicom (1990)*
Jordan, Stanley	1959	Jazz	*Stanley Jordan (1984)* *Magic Touch (1985)*
King, B.B.	1925	Blues/Rhythm & Blues	*King of the Blues - The Definitive B.B. King Collection, MCA 1992 (4 CDs)*
Knopfler, Marc	1949	Rock/Pop	mit Dire Straits: *Dire Straits (1978)* *Brothers in Arms (1985)*
Lee, Albert	1943	Rock/Country-Rock	*Black Claw & Country Fever (1968-70)*, veröffentlicht 1991 *Speechless (1987)* *Gagged But Not Bound (1988)*
Lukather, Steve	1957	Rock	*Luke (1997)* mit Toto: z. B. *Toto (1978)* *Toto IV (1982)*
Malmsteen, Yngwie		Neo-Classical-Rock	*Rising Force (1984)*
May, Brian	1947	Rock, Pop	mit Queen: *Greatest Hits 1 & 2 (1992/94)*
McLaughlin, John	1942	Jazz-World-Fusion	*My Goals Beyond (1970)* *Electric Guitarist (1980)* *The Promise (1995)* mit Mahavishnu Orchestra: *Apocalypse (1974)* weitere Alben mit Miles Davis, Paco de Lucia, Al DiMeola, Carlos Santana u. v. a.
Metheny, Pat	1954	Jazz	*Bright Size Life (1975)* *Pat Metheny Group (1978)* *Secret Story (1992)*
Montgomery, Wes	1925 - 1968	Jazz	*The Incredible Jazz Guitar of W. M.(1960)* *Full House (1962)*
Morse, Steve	1954	Rock/Rock-Fusion	*The Introduction (1984)* mit Dixie Dregs: *alle Alben* neuerdings mit Deep Purple
Page, Jimmy	1944	Rock	mit Led Zeppelin: *Alben I - IV (1969-1971)*
Pass, Joe	1929 - 1994	Jazz/Solo-Jazz-Guitar	*Virtuoso-Serie*, z. B. *Vol. 1 (1973)* *We'll Be Together Again (1984)* (Duo mit J.J. Johnson/trb)

Petrucci, John		Rock	mit Dream Theater: *Images & Words (1992)* *Change of Seasons (1995)*
Reinhardt, Django	1910 - 1953	Jazz	*Verve Jazz Masters 38 (Compilation) (1994)* D. Reinhardt and Stephane Grapelli: *Le Hot Club de France, Compilation (4 CDs), Nostalgia o. J.*
Rhoads, Randy	1956 - 1982	Rock	mit Ozzy Osbourne: *Diary of a Madman (1981)* *Blizzard of Ozz (1981)*
Ritenour, Lee	1952	Jazz/Fusion	*Captain Fingers (1977)* *Larry & Lee (1994) mit Larry Carlton* *Alive in L.A. (1997)*
Santana, Carlos	1947	Rock	*Abraxas (1970)* *Lotus (live) (1974)* mit John McLaughlin: *Love, Devotion and Surrender (1973)*
Satriani, Joe	1956	Rock	*Surfing with the Alien (1987)* *The Extremist (1992)* *Time Machine (1993)*
Scofield, John	1951	Jazz	*John Scofield Live (1977)* *Hand Jive (1993)* *A Go Go (1997)*
Shelton, Louie		Jazz/Rock/Fusion	*Guitar (1996)*
Vai, Steve	1960	Rock	*Flex-able (1984)* *Passion & Warfare (1990)* mit David Lee Roth: *Eat'em & Smile (1986)* *Skyscraper (1988)* mit Whitesnake: *Slip of the Tongue (1989)*
Van Halen, Eddie	1957	Rock	*Van Halen (1978)* *Van Halen II (1979)* *1984 (1984)*
Vaughan, Stevie Ray	1954 - 1990	Blues-Rock	*Texas Flood (1983)* *Couldn't Stand the Weather (1984)* *Live Alive (1986)* *In Step (1989)* mit David Bowie: *Let's Dance (1983)*
Walker, Joe Louis	1949	Blues	*Great Guitars (1997)*
Watson, Johnny „Guitar"	1935 - 1996	Rhythm & Blues	*The Best of Johnny „Guitar" Watson* Castle Com. *(1995)*
Winter, Johnny	1944	Blues-Rock	*Johnny Winter And... (1970)* *Austin, Texas (1972)* *Johnny Winter Story '69 to '78,* CBS *(1980)* *Let Me In (1991)*
Wylde, Zakk		Rock	mit Pride & Glory (seine eigene Band): *Pride & Glory (1994)* mit Ozzy Osbourne: *No More Tears (1991)*

Stichwort-Lexikon

Absolute Position - An jeder Kombination Bund/Saite auf dem Griffbrett erklingt genau ein bestimmter Ton. (⇒ S. 33).

Accent Shifting - Verschieben eines Akzents bei einer ⇒ *Sequenz*

ahead - leicht vor dem ⇒ *Beat.*

Akkord - Zusammenklingen mehrerer (mindestens drei) verschiedener Töne.

Akkorderweiterung - [engl. = ⇒*Tension*]

Akkordsymbol - wird zur Mitteilung von ⇒ *Akkorden* verwendet. Ein Akkordsymbol besteht aus einem Großbuchstaben (= ⇒ *Grundton*) und kann mit etlichen Zusätzen versehen sein.

Akzent - Betonung eines einzelnen Tones oder Akkords (in der Regel durch Lauterspielen). Zeichen: ^ starker Akzent, > sehr starker Akzent.

Allman Brothers Band, The - einflussreiche amerikanische Blues-Rock Band, gegründet 1969, mit den zwei ausdrucksstarken Gitarristen Duane Allman und Dickey Betts. Besonders hörenswert ist das Doppelalbum *„Live at Fillmore East"* von 1971, das kurz vor dem Tod von Duane Allman entstand und worauf sich der im Text erwähnte Klassiker *„Stormy Monday Blues"* befindet.

Alteration - [lat. = Änderung, Veränderung]. Ein Akkordton (aus der Grundstruktur oder eine Akkorderweiterung) wird chromatisch verändert, d. h. um einen Halbtonschritt erhöht oder erniedrigt, so dass er nicht mehr zur vorherrschenden Tonleiter gehört.

Alternate Picking = ⇒ *Wechselschlag*

Arpeggio - [ital. = harfenartig gebrochener Akkord]. Die Töne eines Akkords werden nicht gleichzeitig, sondern nacheinander gespielt.

Artikulation - meint in der Musik, wie ein Ton im Hinblick auf seinen Nachfolger gespielt wird. Hauptsächlich geht es dabei um zwei Fragen:

1. Wird ein Ton bis zu seinem Nachfolger ausgehalten (⇒ tenuto, ⇒ let ring) oder klingt er kürzer (⇒ staccato)

2. Ist der Übergang von einem Ton zum nächsten weich (⇒ legato) oder hart (⇒ staccato)

augmented, aug = übermäßig (⇒*Übermäßiger Akkord*)

Avoid Note - Bezeichnung für einen Ton aus der zugrundeliegenden Tonleiter, der zu dem aktuellen Akkord nicht gut klingt und deshalb vermieden werden sollte. Beispiel: f (4) bei Cmaj7.

Beat - a) [engl. = Schlag]; b) Puls der Musik

Bend, Bending - Spieltechnik, die die Tonhöhe erhöht, indem die Saite quer zu Griffbrett gedehnt wird.

binär - [lat. = zweiteilig]. Man unterteilt einen Notenwert in zwei gleiche Teile.
Beispiel: 1 Ganze = 2 Halbe. 1 Halbe = 2 Viertel.
1 Viertel = 2 Achtel usw.

Blue Notes - prägen den Sound des Blues. Sie befinden sich außerhalb unseres normalen (europäischen) Tonmaterials zwischen der b3 und 3 und der b5 und 5.

Bottleneck = Flaschenhals. Ursprünglich wurde ein Flaschenhals abgetrennt, heute gibt es Bottlenecks als Glas- oder Metallröhrchen zu kaufen. Der Bottleneck wird über einen Finger der Greifhand gesteckt und mit mäßigem Druck flach auf die Saiten gelegt (die Saiten sollten die Bundstäbchen nicht berühren). Die Tonhöhe lässt sich durch Verschieben des Bottlenecks stufenlos - da unabhängig von den Bundstäbchen - verändern.

bpm - beats per minute = Schläge pro Minute; Einheit um ein ⇒ *Tempo* anzugeben.
Beispiel: Beträgt das Tempo ♩ = 120 bpm, können in 1 Minute genau 120 Viertel (= ⇒ *Beats*) gespielt werden.

Chorus - a) ist eine Abfolge (Formablauf, Durchgang) bestimmter ⇒ *Formteile*, über die das Solo gespielt wird.
b) im Englischen für Refrain
c) Effektgerät

clean = klar, sauber, unverzerrt

Coverversion - Neuauflage eines bereits auf Tonträger vorliegenden Musikstücks durch einen anderen Interpreten bzw. eine andere Band.

crescendo - Dynamikbezeichnung; allmählich lauter werdend. Symbol: <

Crossover = Rubrikgrenzen durchbrechend (Bezeichnung aus dem Musikbusiness)

crunch = knirschen; hier: leicht angezerrter Sound

Dead Notes - Töne, die mit sehr stark gedämpften Saiten erzeugt werden. Die Tonhöhe bleibt relativ unbestimmt. Notation: x

decrescendo - (Dynamikbezeichnung) allmählich leiser werdend. Symbol: >

Delay = Echo, Verzögerung; Auch Kurzform für das Effektgerät, das Echos erzeugt.

Diatonische Tonleiter - besteht aus 7 Tönen, die in fünf Ganzton- und zwei Halbtonschritten angeordnet sind. Die Begriffe *diatonisch* und *Diatonik* meinen also eine solche Tonleiter bzw. deren Töne. Die bekanntesten diatonischen Tonleitern sind
C-Dur: c – d – e ⌣ f – g – a – b ⌣ (c) und
A-(Natürlich-)Moll: a – b ⌣ c – d – e ⌣ f – g – (a)
— = *Ganztonschritt* ⌣ = *Halbtonschritt*

diminished, dim = vermindert (⇒ *Verminderter Akkord*)

Dive Bomb - ⇒ *Whammybar*-Effekt, bei dem die Saiten durch schnelles Herunterdrücken des Hebels ganz entspannt werden (die Tonhöhe ändert sich ähnlich einer ankommenden und einschlagenden Bombe)

Dominante - Akkord auf der V. ⇒*Stufe*; besitzt die Tendenz, sich zur ⇒ *Tonika* hin aufzulösen.

Double-Stops - werden zweistimmig in Terzen oder Sexten gespielte Motive genannt. Sie sind ein beliebtes Stilmittel in bluesorientierter Musik.

Downstroke - Abwärtsschlag, Symbol: ⊓

Durchgangsakkord - steht auf unbetonter Zählzeit und verbindet zwei Akkorde, die auf betonten Zählzeiten stehen (z. B. G-Gb-F).

Dramaturgie - spannungs- und wirkungsvolle Gestaltung

Drive - *hier:* rhythmische Intensität der Musik

Dynamik, dynamisch - Bezeichnung für die verschiedenen Grade der Lautstärke. Spielt ein Musiker oder eine Band sehr dynamisch, bedeutet es, dass die Möglichkeiten ausgeschöpft werden, die Lautstärke von sehr leise bis sehr laut abzustufen.

Enharmonische Verwechslung - Ein und derselbe (klingende) Ton kann je nach harmonischem Zusammenhang unterschiedlich benannt sein (z. B. f# oder g♭). Enharmonische Verwechslung bedeutet, dass die Tonbezeichnung ausgetauscht wird. So kann z. B. eine komplizierte gegen eine einfachere Bezeichnung enharmonisch verwechselt werden (b♭♭ = a).

Equipment - die instrumentale und technische Ausrüstung z. B. Gitarre, Amp, Effektgeräte usw.

Ersatzdominante - ist ein Akkord, der an Stelle der eigentlichen ⇒ *Dominante* eingesetzt wird und diese vertritt. Beispiel: Db7 ersetzt G7 und umgekehrt (im Abstand einer verminderten Quinte/b5).

Evergreen - [engl. = immergrüne Pflanze]. Bezeichnung für einen älteren Schlager, der selbst nach Jahrzehnten noch populär ist.

fade, fading - [engl. to fade = vergehen, schwinden]. *hier*: ausblenden (fade out); einblenden (fade in)

Faulenzer - Kurzsymbol für Wiederholung der/des vorherigen Takte/s: 𝄎

Flageolet - Man kann einzelne Obertöne der Saite zum Klingen bringen, wenn man eine Saite mit einem Finger gleichzeitig mit dem Anschlag an bestimmten Stellen kurz berührt. Notation eines Flageolets: 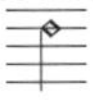

Flat Picking - Bezeichnung für das Anschlagen der Saiten mit ⇒ *Plektrum* im Gegensatz zum Anschlagen mit den Fingern

Formteile - Abschnitte eines Musikstückes z. B. ⇒ *Intro*, Strophe, ⇒ *Chorus*, ⇒ *Solo*, ⇒ *Outro* oder Teil A, B, C usw.

forte - Dynamikbezeichnung; [ital. = stark]. Abkürzung: ***f***

Friday Night In San Francisco - Live-Projekt (1981) von John McLaughlin, Al di Meola, Paco de Lucia. Als Trio geben diese virtuosen Gitarristen mit unterschiedlichem musikalischen Background Stücke aus Jazz, Rock und Flamenco - übrigens „unplugged" - zum Besten. Zu hören auf gleichnamiger CD!

Fusion = Verschmelzung. In einem speziellen Sinn Bezeichnung für eine bestimmte Stilistik (Jazz-Rock-Funk-Blues-Kombination) mit Ursprung in den 70er Jahren

Gain - *hier:* Einstellung des Verstärkungsgrades der Vorstufe eines Amps; mitverantwortlich für den Verzerrungsgrad.

Ganzton-Halbton-Tonleiter - Abk.: GTHT (⇒ *S. 190)*

Ghost Notes ⇒ *Dead Notes*

glissando - [ital. = gleitend]. (Abkürzung: *gliss.*). Bezeichnung für das Hineingleiten in einen Ton (⇒ *Slide*)

Grundstruktur eines Akkordes - besteht in der Regel aus den drei Tönen: *Grundton, Terz, Quinte*

Grundton - auch Zentralton, Tonzentrum
a) der Grundton einer Tonleiter ist der erste Ton, von dem aus die anderen Töne aufsteigend angeordnet sind und nach dem die Tonleiter benannt ist.
b) Der Grundton eines ⇒ *Akkordes* ist der Ton, auf den die anderen Akkordtöne bezogen werden und nach dem der Akkord benannt ist (Großbuchstabe im ⇒ *Akkordsymbol*). Der Grundton eines Akkordes muss nicht immer der tiefste Ton sein (⇒ *Slash-Chords*).

Halbton-Ganzton-Tonleiter - Abk.: HTGT (⇒ S. 190)

Hammer-On - Spieltechnik, bei der ein Finger der Greifhand die Saite auf den Bund „hämmert" und so zum Klingen bringt.

Harmony Bending - ⇒ *Bend*, während mehrere Töne gleichzeitig klingen

Homophonie = Melodie/Hauptstimme + harmonische Begleitung/Akkorde. Dabei ist es unerheblich, ob die Akkorde tatsächlich gespielt oder nur gedacht werden. In der populären Musik ist die Homophonie vorherrschend.

Hook, Hookline = Haken, Hauptidee; bezeichnet eine besonders hervorstechende und wiederkehrende rhythmische oder melodische Figur (⇒ *Melodie*, ⇒ *Lick*, ⇒ *Riff*), durch die der Zuhörer an den „Haken" genommen wird.

Improvisation - spontanes Erfinden und Spielen, meist im Zusammenhang mit ⇒ *Solo* verwendet. Aber auch ein improvisiertes Solo ist nicht völlig frei erfunden, sondern wird durch den Solisten mehr oder weniger bewusst vorbereitet: Er berücksichtigt den Ablauf, die Harmonien, den Rhythmus, macht sich Gedanken zur Stilistik, versucht die Stimmung zu erfassen, sucht nach Ideen, entwirft vielleicht im vorneherein einige Motive, legt sich Fingersätze zurecht usw. Bei geübten Musikern geht das intuitiv und sehr schnell. Improvisation ist quasi Komposition in Echtzeit.

Inside - bedeutet, innerhalb der harmonischen Vorgaben zu spielen, d. h. Töne zu verwenden, die sich aus den zugrundeliegenden Akkorden und Tonleitern ableiten (⇒ *outside*).

Interlude - instrumentaler Zwischenteil

Intervall - Musik besteht aus Tönen, die nacheinander (⇒ *Melodie*, horizontale Betrachtung) und gleichzeitig (⇒ *Akkord*, vertikale Betrachtung) erklingen.
Die Tonhöhen/Frequenzen der beteiligten Töne stehen in einem bestimmten Verhältnis zueinander.
Die Intervalle beschreiben dieses Verhältnis. z. B. bei der Oktave ist das Verhältnis 2:1 (⇒ *Intervallziffern*).

Intervallstruktur einer Tonleiter - Jeder Ton einer ⇒*Tonleiter* lässt sich auch durch das ⇒ *Intervall* beschreiben, das er im Verhältnis zum ⇒ *Grundton* bildet. Schreibt man die ⇒ *Intervallziffern* nacheinander auf, erhält man eine aufsteigende Intervallfolge, die *Intervallstruktur* der Tonleiter.

Intervallziffern - ⇒ *Intervalle* können mit Ziffern benannt werden. Als Referenz dient die Intervallstruktur einer Dur-Tonleiter; hierbei erhält jeder der sieben Töne eine Ziffer nach folgendem System: Der Grundton ist die 1, der nächste Ton die 2 usw. Das ergibt 1, 2, 3, 4, 5, 6, maj7 (⇒ *Die Intervallstruktur einer Tonleiter, S. 42*). Der 8. Ton entspricht wieder dem ⇒ *Grundton*, nur ist er eine Oktave höher, d. h. 8 = 1, 9 = 2 usw. Zwischenintervalle, die einen Halbtonschritt höher oder tiefer liegen, werden mit # bzw. b gekennzeichnet z. B. b2, #5. (⇒ *Anhang*: Die Intervallbezeichnungen, S. 185).

in time = zur rechten Zeit. *hier:* passend zu vorgegebenem Rhythmus und Tempo.

Intro - Einleitung/Vorspiel am Anfang des Stückes mit der Aufgabe, auf das Kommende einzustimmen oder neugierig zu machen.

Jordan, Stanley - (*1959) seine revolutionäre Art Gitarre zu spielen, war in den 80er Jahren eine Sensation. Er verwendet beide Hände wie bei einem Klavier: z. B. spielt die rechte Hand die Melodie, während gleichzeitig die linke Hand die Begleitakkorde beisteuert. Spieltechnische Grundlage dafür ist das ⇒ *Tapping* (siehe S. 159).

Kadenz - Bezeichnung für eine Akkordfolge mit mehr oder weniger stark ausgeprägter Schlusswirkung (Auflösungstendenz).

King, B.B. (*1925) - Bluesgitarrist und Sänger, dessen stilvolles, sparsames und ausdruckstarkes Gitarrenspiel unzählige Gitarristen bis heute beeinflusste. Das im Text erwähnte *„The Thrill Is Gone"* gehört zu den wenigen Bluesstücken, die auch im Pop-Bereich zum Hit avancierten (1970).

Kirchentonarten - [engl. = ⇒ *mode*]

laid-back - leicht hinter/nach dem ⇒ *Beat*.

lead = (an-)führen
a) Bezeichnung für das führende Instrument oder für die führende Stimme in mehrstimmigen Sätzen
b) Bezeichnung für einen durchsetzungsfähigen, meist verzerrten Solosound der E-Gitarre

legato - [ital. = gebunden]. Spielweise, bei der die Töne durch einen weichen Übergang verbunden werden.

Leitereigener Akkord - besteht ausschließlich aus Tönen der vorherrschenden Tonleiter.

Let Ring - [engl. = „Lass' es klingen"]. Spielweise, bei der jeder einzelne Ton einer Melodie so lange wie möglich ausgehalten wird, so dass die Töne sich zu einem akkordähnlichen Klang vermischen.

Lick - Bezeichnung für ein/e besonders beachtenswerte/s Motiv/Motivfolge. In manchen Stilistiken gibt es eine ganze Reihe von Standard-Licks, die zum Grundrepertoire eines Gitarristen zählen (z. B. bestimmte Blues-Licks).

Lineare Basslinie - ist eine Basslinie, die nicht in Sprüngen, sondern in Schritten (Halb- oder Ganztonschritt) verläuft.

loop [engl. = Schleife]. In der analogen und digitalen Aufnahmetechnik wird damit das mehrfache Wiederholen oder Wiederverwenden eines bestimmten Abschnittes einer Aufnahme bezeichnet.

major - a) = groß; bei Intervallen
z. B. major7 = große Septime
b) = Dur (große Terz); bei Tonleitern/Tonarten
z. B. C-major = C-Dur; bei Akkorden
z. B. C-major = C-Dur-Dreiklang

Malmsteen, Yngwie - verband Heavy Metal mit seiner Vorliebe für klassische Komponisten wie Bach, Beethoven und Paganini. Sein ultraschnelles Arpeggio-orientiertes Solospiel fand viele Anhänger und Nachahmer unter den Gitarristen der 80er Jahre.

Master - *hier:* Hauptregler für die Leistung der Endstufe eines Amps (Gesamtlautstärke)

Melodie - eine zusammengehörende, linienhafte Folge von Tönen. Sie ist meist der Kern eines Musikstückes. Merkmale sind u. a. Singbarkeit und Ausdruckskraft. Eine Melodie kann aus mehreren ⇒ *Phrasen* und ⇒ *Motiven* bestehen.

Metronom - [griech. = Taktmesser]. Ein Gerät, das ein einstellbares, konstantes Klicken von sich gibt, wodurch das ⇒ *Tempo* eines Musikstückes oder einer Übung genau festgelegt und kontrolliert werden kann. Einheit: ⇒ *bpm*

Metrum - meint die Anordnung der starken und schwachen Zählzeiten in einem Takt.

mezzo - [ital. = mittel]. Abkürzung in Verbindung mit Dynamikbezeichnungen: z. B. ***mp***, ***mf***.

Mikrobending - ist die Tonerhöhung durch ein ⇒ *Bend* um weniger als einen Halbtonschritt

minor, min -
a) = klein; bei Intervallen
z. B. minor third = kleine Terz;
b) = Moll (kleine Terz); bei Tonleitern/Tonarten
z. B. C-minor = C-Moll; bei Akkorden
z. B. Cmin = C-Moll-Dreiklang

Modale Akkordfolge - ist eine Akkordfolge, der nicht eine Dur-Tonleiter, sondern ein ⇒ *Mode* (⇒ *Kirchentonleiter*) zugrundeliegt.

Mode = Tonart, Kirchentonart. Ausgehend von einer Dur-Tonleiter kann man eine neue ⇒ *Tonleiter* bilden, indem man das tonale Zentrum (= ⇒ *Grundton*) statt auf den ersten Ton z. B. auf den zweiten Ton (bezogen auf die Dur-Tonleiter) setzt. Die beteiligten Töne ändern sich nicht. Aber diese neue Tonleiter klingt anders, denn sie besitzt eine andere ⇒ *Intervallstruktur*. Die ⇒ *leitereigenen* Akkorde ändern sich ebenfalls nicht, jedoch verschiebt sich deren Abfolge entsprechend.

Modulation - Wechsel der ⇒ *Tonart*

Motiv - [lat. = Beweggrund; musikalischer Leitgedanke]. Ein Motiv ist eine hervorstechende Tonkombination, also keine zufällige, beliebige Aneinanderreihung von Tönen.

mute - *hier:* Abdämpfen der Saiten

Off-Beat - Ein Ton wird nicht auf den ⇒ *Beat*, sondern neben dem Beat gespielt.

On-Beat - Ein Ton wird auf den ⇒ *Beat* gespielt.

Outro - Schlussteil, Gegenstück zu ⇒ *Intro*.

Outside - bedeutet, außerhalb der harmonischen Vorgaben zu spielen (Gegenteil von ⇒ *Inside*).

palm mute - Abdämpfen der Saiten mit dem Handballen der Schlaghand

Pattern = Muster

Pause -
a) ein Zeitabschnitt, in dem nicht gespielt wird (im Gegensatz zu ⇒ *Phrase*, siehe oben).
b) ein einzelner Pausenwert, der genauso lang dauert wie ein entsprechender Notenwert (z. B. Viertelpause und Viertelnote).

Pedalton - (auch Orgelpunkt) wird ein fester Ton genannt, der zu den anderen Tönen hinzugespielt wird. Ein Pedalton kann in allen Tonlagen vorkommen. Ursprünglich wurde der Pedalton auf der Kirchenorgel mit dem Füßen auf den Pedalen gespielt. Daher der Name. Ein Pedalton kann lang ausgehalten, in einem bestimmten Rhythmus gespielt oder wiederholt mit anderen Tönen abgewechselt werden. Aufgrund seiner gleichbleibenden Tonhöhe erzeugt der Pedalton eine Spannung.

Pentatonik, pentatonisch - Die Vorsilbe Penta aus dem Griechischen bedeutet fünf. Eine pentatonische ⇒ *Tonleiter* besteht also aus fünf Tönen. Am bekanntesten ist die Pentatonik ohne Halbtonschritte (z. B. C-Dur-Pentatonik: c, d, e, g, a bzw. Moll-Pentatonik: a, c, d, e, g).

Phrase - [lat. phrasis = rednerischer Ausdruck, Redewendung]. *hier:* zusammengehörende, in der Regel längere Tonfolge, die durch eine ⇒ *Pause* abgeschlossen wird (vergleichbar einem gesprochenen Satz); kann ein oder mehrere ⇒ *Motive* beinhalten. Phrasen gliedern eine Melodie bzw. ein Solo. *Phrasierung*, Phrasieren = Verteilung, Verteilen der Spielanteile.

piano - (Dynamikbezeichnung) [ital. = leise]. Abkürzung: ***p***

Pick = ⇒ *Plektrum*

Plektrum - [lat./griech.]. Blättchen aus Kunststoff oder Metall zum Anschlagen von Saiteninstrumenten (engl. ⇒ *Pick*)

Powerchord - besteht nur aus Grundton und Quinte (keine Terz), die zudem noch gedoppelt/oktaviert werden. Akkordsymbol z. B. E no3 oder E5.

Pre-Bend - (auch Silent Bend) ein ⇒ *Bend*, der unhörbar vor dem Saitenanschlag ausgeführt wird.

pseudo-chromatisch - zu einer vollständigen chromatischen Linie fehlen Töne

Pull-Off - Spieltechnik, bei der der greifende Finger von der Saite „abgezogen" wird und dadurch einen tieferen Ton zum Klingen bringt.

Rake - schnelles, rhythmisch relativ unbestimmtes ⇒ *Sweeping* (siehe S. 127) bei abgedämpften Saiten

Reharmonisation - Ein Musikstück wird erneut mit Akkorden versehen, indem die bestehenden Akkorde verändert, ersetzt und/oder andere Akkorde hinzugefügt werden.

Relative Position - bezeichnet die Stellung, die zwei Töne auf dem Griffbrett zueinander einnehmen. Sie kann als geometrisches Muster aufgefasst werden, das verschoben werden kann, ohne dass sich das ⇒ *Intervall* ändert (⇒ S. 35).

Release - (auch Rebend) nennt man das Zurücklassen der Saite bei einem ⇒ *Bend*, d. h. die Tonhöhe geht wieder auf den Ausgangswert zurück.

Rhythmus - eine Abfolge von Noten- und Pausenwerten.

Riff - Bezeichnung für ein Motiv bzw. eine Motivfolge, das/die mehrfach wiederholt oder eingeworfen wird. Es kann begleitende, einleitende oder überleitende Funktion haben. Beispiele für Riffs: Gitarrenbegleitung von *„Tush"* (ZZ Top), Gitarrenintro von *„Smoke on the water"* (Deep Purple), Bläsereinwürfe in *„Gimme Some Lovin'"* (Blues Brothers).

Ritenour, Lee - (*1952) seit Mitte der 70er Jahre vielbeschäftigter Studiogitarrist in Los Angeles (Pop, Fusion) mit etlichen Soloalben ⇒ *Anhang: CD-Empfehlungen* (S. 191)

Scale = Skala, ⇒ *Tonleiter*

Scat - ist ein lautmalerisches, meist improvisiertes Singen, bei dem anstelle eines Textes beliebige Silben gesungen werden. Die Silben können frei erfunden, aber auch einer Sprache entnommen sein. Sie haben keinen sprachlichen Inhalt, sondern dienen ausschließlich dem Klang.

Sequenz, sequenzieren - Sequenz [lat. = Folge]. *hier:* rhythmische Motivfolge. Ein Ausgangsmotiv (⇒ *Pattern*) wird in einer bestimmten Weise mehrfach wiederholt (= sequenziert).

Shuffle-Rhythmus - die Rhythmusfigur  wird triolisch (⇒ *ternär*) interpretiert, d. h. in etwa  gespielt.

Slash Chord - ist ein Akkord, bei dem nicht der Grundton der tiefste Ton (Basston) ist; der Basston wird hinter dem Schrägstrich angegeben [slash, engl. = trennender Schrägstrich]. *Beispiel:* **Am/G**

Slide - [to slide, engl. = gleiten, rutschen]. Spieltechnik, bei der der greifende Finger auf der Saite von einem Ton zum anderen gleitet.

Solo - [ital. = allein] In einem Solo spielt ein Instrument bzw. ein Musiker die musikalische Hauptrolle. Das Solo kann mit oder ohne Begleitung sein. Seine Länge kann ein paar Takte, mehrere Formteile oder ein ganzes Musikstück umfassen. Solos können ferner danach unterschieden werden, wie stark sie vorbereitet sind, z. B. ein komponiertes Solo, ein nur in einzelnen Teilen festgelegtes Solo, ein improvisiertes Solo (⇒ *Improvisation*).

staccato - [ital. = getrennt]. gekürzter, z. B. etwa halber Notenwert; jeder Ton wird einzeln angeschlagen; Notation: Punkt über bzw. unter dem Notenkopf

Standard - wird ein meist älterer Titel genannt, der zum Grundrepertoire einer bestimmten Stilistik gezählt wird (auch „Klassiker", ⇒ *Evergreen*);
Jazz z. B. *Girl From Ipanema* (Antonio Carlos Jobim),
Rock z. B. *Stairway To Heaven* (Led Zeppelin).

Steel Guitar - E-Gitarren ähnliches Saiteninstrument ohne Resonanzkörper, das waagerecht mit einem Stahl (Steel)- oder Kunstoffstäbchen gespielt wird (vergleichbar der ⇒ *Bottleneck*-Spielweise). Bei einer Pedal Steel Guitar kann die Tonhöhe zusätzlich mit Pedalen verändert werden. Wird vor allem in Country & Western Musik eingesetzt.

String Skipping - eine oder mehrere Saiten werden beim Anschlagen übersprungen

Stufe - Begriff im Zusammenhang ⇒ *Tonleiter*/⇒ *Akkorde*. Die Stufe weist auf die Position eines Tones in der Tonleiter hin. Die Stufenbezeichnungen entsprechen genau den ⇒ *Intervallziffern* (⇒ *Intervallstruktur einer Tonleiter*). Zur Unterscheidung werden für die Stufen römische Zahlen verwendet:

1 = I. Stufe, 2 = II. Stufe , 3 = III. Stufe usw.

Will man Zwischenstufen benennen, verwendet man wie bei den Intervallen die Versetzungszeichen b und #,
z. B. 3 (große Terz) = III. Stufe, b3 (kleine Terz) = bIII. Stufe.
Beachte aber: maj7 (große Septime) = VII und
7 (kleine Septime) = bVII (⇒ *Stufenakkorde*)

Stufenakkorde - Bezeichnungen für Akkorde bzw. Akkordtypen, um sie unabhängig von der jeweiligen Tonart zu betrachten. Dazu wird im ⇒ *Akkordsymbol* der Buchstabe des Grundtons durch die ⇒ *Stufe* ersetzt, auf der der Akkord gebildet wird.
Beispiele: I = Dur-Dreiklang auf der I. Stufe einer Tonleiter,
VIm 7 = Moll-Sieben-Akkord auf einer VI. Stufe der Tonleiter,
bII7 = Dur-Septakkord auf der bII. Stufe einer Tonleiter.

Subdominante - Akkord auf der IV. ⇒ *Stufe*

sus - Abkürzung für suspended = vorgehalten; wird bei ⇒ *Akkordsymbolen* verwendet z. B. sus4 (Quarte statt Terz) oder sus2 (Sekunde statt Terz). In der ursprünglichen Bedeutung wird davon ausgegangen, dass sich der Quart- bzw.- Sekundvorhalt durch einen Halb- oder Ganztonschritt im nachfolgenden Akkord auflöst. Sus-Akkorde werden aber auch eigenständig, d. h. ohne nachfolgende Auflösung verwendet (⇒ *Vorhaltakkord*, ⇒ *Vorhalt*).

Sweeping - [engl. = fegen]. Die Richtung des Anschlags (⇒ *Downstroke* oder ⇒ *Upstroke*) wird für eine ganze Gruppe von Tönen beibehalten und die Anschlaghand fegt schnell über die Saiten.

Synkope - [griech. = Zusammenziehen, Verkürzen]. Ein Ton wird von einer betonten auf eine danebenliegende unbetonte Zählzeit verschoben.

Tapping - [to tap, engl. = klopfen, anschlagen, steppen]. Oberbegriff für ⇒ *Hammer-On*, ⇒ *Pull-Off* und ⇒ *Slide* mit der Anschlaghand. Notation: (H) (P) (S)

Tempo - Die „Geschwindigkeit" eines Musikstückes. Wird angegeben als Anzahl eines bestimmten Notenwerts pro Zeit. Als Zeitrahmen wird üblicherweise 1 Minute, als Notenwert die Hauptzählzeit bzw. der ⇒ *Beat* des Musikstückes gewählt (⇒ *bpm*).

Tension - bzw. Akkorderweiterung wird ein Ton genannt, der einem Akkord zur ⇒ *Grundstruktur* hinzugefügt wird. Akkorderweiterungen sind der vorherrschenden Tonleiter entnommen (leitereigene Töne).

tenuto - [ital. = gehalten, breit]. voller Notenwert; jeder Ton wird einzeln angeschlagen; Notation: Strich über bzw. unter dem Notenkopf

ternär - [lat. = dreiteilig]. Man unterteilt einen Notenwert in drei gleiche Teile.
Beispiel: 1 Ganze = 3 Triolenhalbe.
1 Halbe = 3 Triolenviertel.
1 Viertel = 3 Triolenachtel usw. (⇒ *Triole*).

Terzschichtung - bezeichnet das Übereinanderschichten von großen und kleinen Terzen. Die meisten Akkorde sind in dieser Weise aufgebaut. - Bei einer ⇒ *diatonischen Tonleiter* ergibt sich automatisch ein leitereigener Akkord in Terzschichtung, wenn man folgendermaßen vorgeht:
Man wählt den ⇒ *Grundton* des Akkordes und nimmt fortlaufend den übernächsten Ton aus der Tonleiter hinzu, bis die gewünschte Anzahl von Akkordtönen erreicht ist (Dreiklang , Vierklang, Fünfklang usw. ⇒ S. 60).

throughout - durchgängig

Timing - Zeiteinteilung, Zeit- und Rhythmusgefühl, das Gefühl für den „richtigen" Zeitpunkt

Tonalität - Begriff, der die ⇒ *Tonleiter*, die ⇒ *Tonart* und die dazugehörigen ⇒ *Akkorde* mit ihren Funktionen und Beziehungen umfasst.

Tonart - bezeichnet den Typ der ⇒ *Tonleiter* und die zugehörigen Vorzeichen. So sagt man z. B., das Stück „steht" in G-Dur oder in F-Moll.

Tonika - Akkord auf der I. ⇒ *Stufe*

Tonleiter = Scale; ist eine bestimmte Auswahl von Tönen, die von einem ⇒ *Grundton* aus aufsteigend angeordnet sind.

Transkription, transkribieren - Musik in Notenschrift und/oder Tabulatur schriftlich festhalten.

Transposition, transponieren - [lat. = Übertragung, übertragen]. Beispiele: ein Motiv auf eine andere Tonstufe transponieren; ein Musikstück in eine andere ⇒ *Tonart* transponieren. Dabei wird die Tonhöhe aller Töne in gleichem Maß, d. h. um das gleiche ⇒ *Intervall* geändert.

Triller - schneller gleichmäßiger Wechsel eines Tones mit seiner oberen kleinen oder großen Sekunde. Notation: ***tr*** ~~

Triole - 3 gleiche Notenwerte werden an die Stelle von 2 gleichen Notenwerten gesetzt. Beispiel: 3 Triolenachtel statt 2 Achtel (⇒ *binär*, ⇒ *ternär*)

Übermäßiger Akkord - besteht aus übereinander geschichteten großen Terzen; als übermäßiger Dreiklang: zwei große Terzen übereinander (z.B. C+ = c e g#)

Upstroke - Aufwärtsschlag, Symbol: V

Van Halen, Eddie - (*1957) Rock-Gitarrist der gleichnamigen Band, der besonders durch seine innovative ⇒ *Tapping*-Technik die Gitarrenwelt nachhaltig beeinflusste.

Variation - [lat. = Veränderung] ⇒ S. 77.

Verminderter Akkord - besteht aus übereinandergeschichteten kleinen Terzen
a) Verminderter Dreiklang: 2 kleine Terzen übereinander (z.B. C^{o} = c e♭ g♭);
b) Verminderter Vierklang: 3 kleine Terzen übereinander, bzw. zum C^{o}-Dreiklang kommt ein weiterer Ton im Abstand einer kleinen Terz hinzu:
$C^{o}7$ = c e♭ g♭ b𝄫 (= a) Besonderheit: Die 7 in $C^{o}7$ müsste eigentlich als b7 geschrieben werden, denn ⇒ *enharmonisch* verwechselt ist es die 6.
c) Halbverminderter Vierklang: Verminderter Dreiklang plus „echte" kleine Septime. Beispiel: Cm7/b5

Verzierung - Variation eines Motivs oder einer Melodie, durch Hinzufügen oder Weglassen von Tönen, wobei die markantesten Töne beibehalten werden.

Vibrato - Spieltechnik, bei der die Tonhöhe eines klingenden Tones regelmäßig verändert wird.

Voicing - meint die tatsächliche Ausführung eines Akkordes, d. h. welche Töne verwendet werden und in welcher Reihenfolge sie angeordnet sind.

Vorhalt, Vorhaltton - akkordfremder Ton, der auf dem Beat gespielt wird und sich nachfolgend im Halb- oder Ganztonschritt zu einem Akkordton auflöst (⇒ *sus*, ⇒ *Vorhaltakkord*)

Vorhaltakkord - wird auf betonter Zählzeit gespielt und enthält Töne, die nach Auflösung drängen (z. B. ⇒ *sus-Akkorde*, ⇒ *verminderte Akkorde*)

Wechselschlag - [engl. = alternate picking]. abwechselnder und durchgängiger Ab- und Aufwärtsschlag (⇒ *Downstroke*, ⇒ *Upstroke*)

Whammybar - auch Vibratohebel; verändert stufenlos die Spannung der Saiten (= Tonhöhenveränderung)

Whammybar Bend/Release - Erhöhen und Erniedrigen der Saitenspannung/Tonhöhe mit Hilfe des ⇒ *Whammybars*

Zwischendominante - Ein ⇒ *Stufenakkord* wird durch einen Dur- oder Durseptakkord ersetzt, so dass er für den nachfolgenden Akkord zur Dominante wird (lokale V - I - Kadenz). Beispiel (zugrundeliegende Tonalität C-Dur): E7-Am-G7-C (E7 statt Em bzw. Em7).

zyklisch - [lat./griech. = regelmäßig wiederkehrend].

Kopiervorlagen

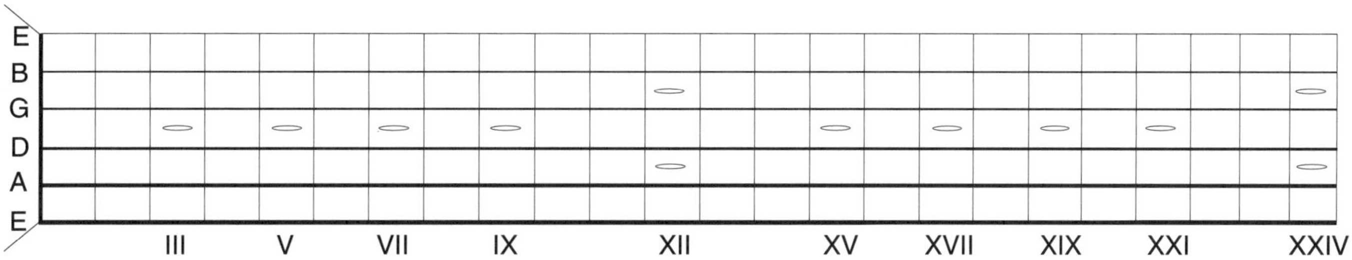

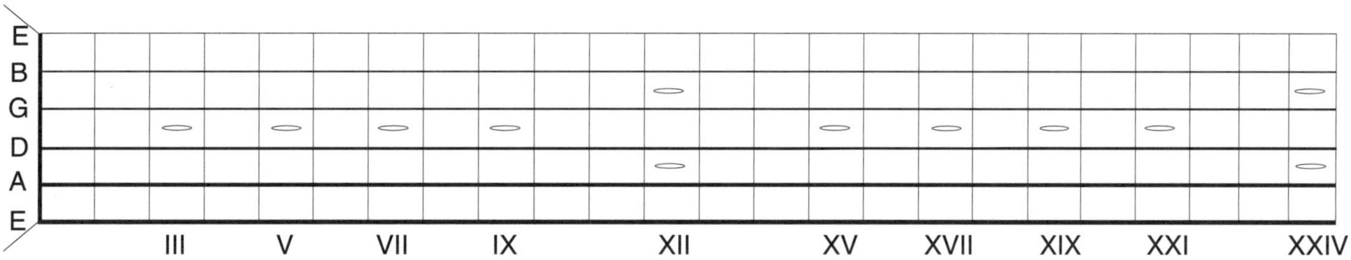

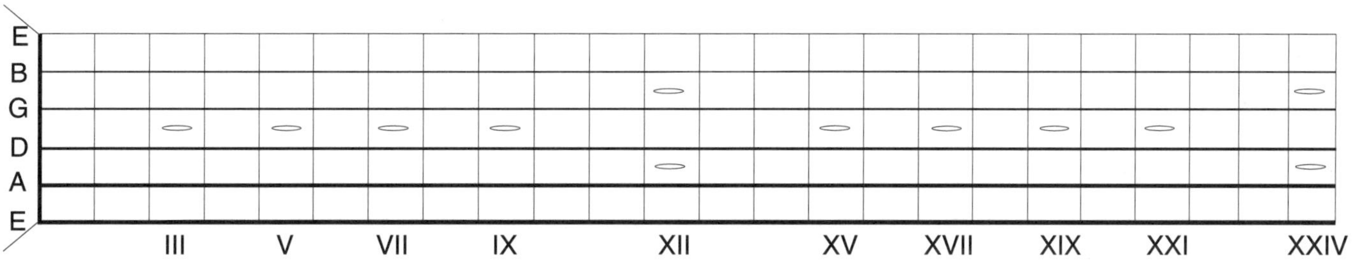

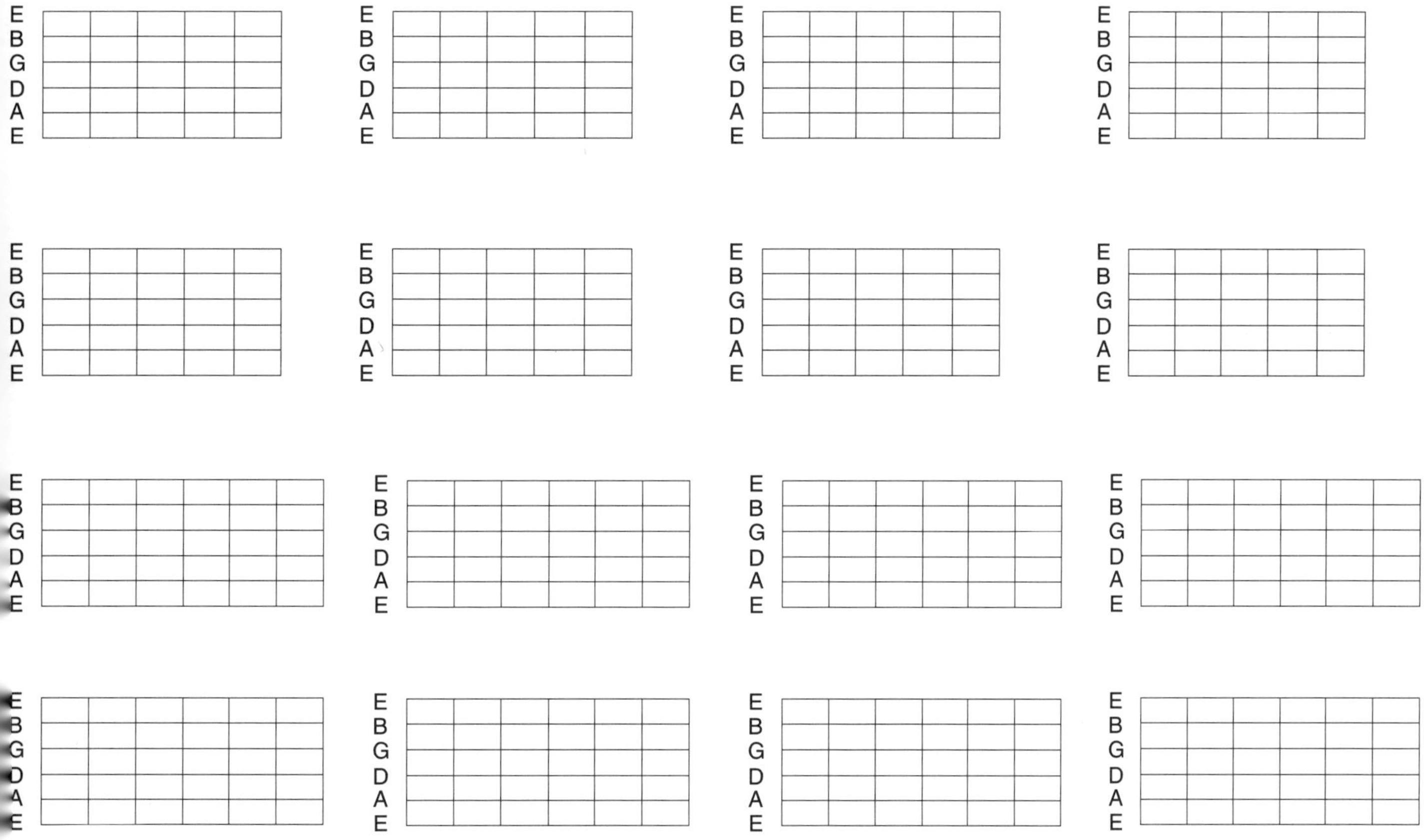

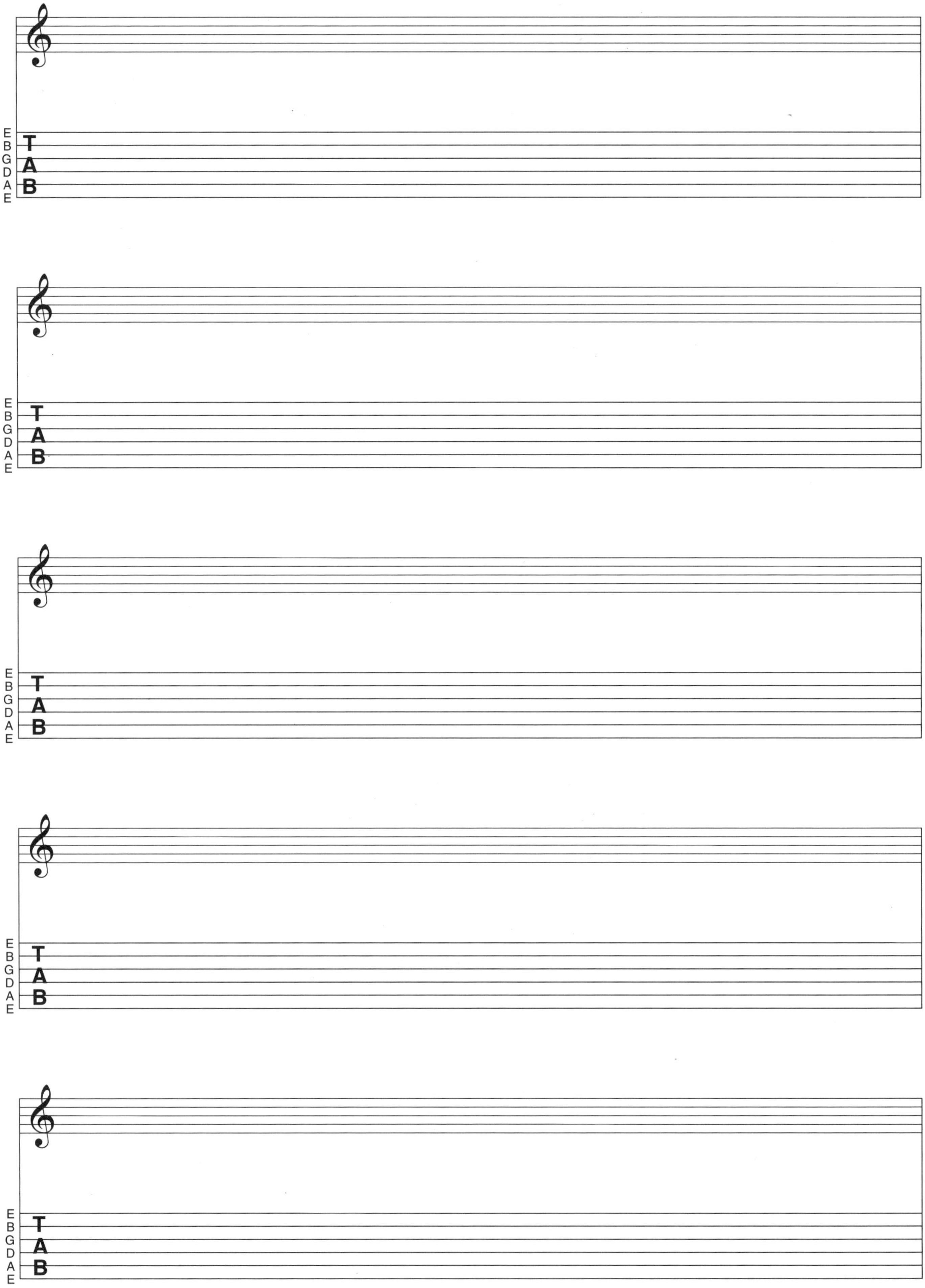
E
B
G
D
A
E
TAB
E
B
G
D
A
E
TAB
E
B
G
D
A
E
TAB
E
B
G
D
A
E
TAB
E
B
G
D
A
E
TAB
E
B
G
D
A
E
TAB